Gregory F. Treverton

Gregory F. Treverton

Geheime
Operationen
und ihre politischen
Auswirkungen

BONN AKTUELL

Cip-Titelaufnahme der Deutschen Bibliothek

Treverton, Gregory F.:
Top Secret!
Geheime Operationen und ihre politischen Auswirkungen/
Gregory F. Treverton
[Übers. aus d. Amerikan. von Ursula Bischoff]
Stuttgart: BONN AKTUELL, 1988
Einheitssacht.: Covert action <dt.>
ISBN 3-87959-340-X

Verlag BONN AKTUELL GmbH
August 1988
ISBN 3-87959-340-X

Bildnachweis: Abb. 1: dpa, Abb. 2: UPI, Abb. 3: UPI, Abb. 4: dpa, Abb. 5: dpa, Abb. 6: dpa, Abb. 7: action press, Abb. 8: action press, Abb. 9: action press, Abb. 10: action press, Abb. 11: dpa, Abb. 12: dpa, Abb. 13: dpa, Abb. 14: dpa, Abb. 15: dpa, Abb. 16: action press

Die amerikanische Originalausgabe ist erschienen unter dem Titel „Covert Action – The Limits of Intervention in the Postwar World" beim Verlag Basic Books, Inc., Publishers, New York.

Umschlagentwurf: Reichert Buchgestaltung, 7014 Kornwestheim
Satz: Fotosatz H. Buck, 8300 Kumhausen
Druck und Bindung: Ebner Ulm

Inhaltsverzeichnis

Vorwort

Die Idee zu diesem Buch entstand vor mehr als einem Jahrzehnt, als ich noch für das Senate Select Committee on Intelligence – auch unter dem Namen seines Vorsitzenden Frank Church als „Church-Ausschuß" bekannt – arbeitete, das nach Bekanntwerden der Watergate-Affäre mit der Untersuchung widerrechtlicher Informationsbeschaffungsmaßnahmen befaßt war. Dieser erste Kontakt mit der Welt geheimdienstlicher Tätigkeit erschien aufregend und frustrierend zugleich. Seither hatte ich als Angehöriger des Lehrkörpers der Harvard Universität und in meiner Funktion als Staatsbeamter – Mitglied des Kongresses und der Exekutive – im Untersuchungsausschuß des Senats und als Beobachter des Weißen Hauses ausreichend Gelegenheit, mich mit der Problematik zu befassen, die die Interventionen in die Politik ausländischer Staaten mit sich bringen.

Ich habe den Eindruck gewonnen, daß in den Kontroversen um die geheimdienstliche Tätigkeit noch immer ein Schwarz-Weiß-Bild dominiert: für manche Menschen stellt sie einen Verstoß gegen Sitte und Moral, eine Absage an tradierte amerikanische Wertvorstellungen dar; andere sehen in ihr eine moralische Notwendigkeit angesichts der bedrohlichen Konflikte, die das Verhältnis zur UdSSR kennzeichnen. Ich möchte in diesem Buch versuchen, dieses kontroverse Thema eingehender zu analysieren und vier Jahrzehnte geheimdienstlicher Tätigkeit objektiver zu beurteilen. Ich suche in der Vergangenheit nach Richtlinien und Handlungsalternativen für die Zukunft und stelle die Frage: Welche Kriterien haben sich geändert, und welche sind noch immer determinierend für die Entscheidungen, die im Zusammenhang mit geheimen Interventionen im Ausland anstehen?

Die Geheimdiensttätigkeit ist mehr noch als die meisten übrigen Bereiche der aktuellen amerikanischen Außenpolitik ein unergiebiges Thema für eine umfassende Analyse, da die Geheimhaltung sowohl der Entscheidungen als auch der

Aktionen – die noch strenger als andere Staatsgeheimnisse gehütet werden – als Schlüsselfaktor für den Erfolg gilt. Dennoch lassen sich verdeckte Aktionen selten geheimhalten: die meisten dringen mehr oder weniger detailliert an die Öffentlichkeit.

Ich werde meine Thesen anhand von Beispielen für verdeckte Aktionen größeren Stils veranschaulichen, an denen die Vereinigten Staaten nach Ende des 2. Weltkrieges beteiligt waren. Die ersten Erfahrungen auf diesem Gebiet, insbesondere 1954 in *Guatemala* und 1961 in *Kuba,* sind durch zahlreiche Dokumente belegt. Im Fall *Iran* (1953) gibt es nur wenig Beweismaterial, und da die Mehrzahl der Akteure inzwischen verstorben ist, war ich hier auf überlieferte Berichte angewiesen. Aufgrund der gegenwärtigen Beziehungen zwischen den USA und dem Iran hat diese Intervention früheren Datums großes Interesse geweckt. Obwohl der damalige Verlauf der Ereignisse im großen und ganzen unbestritten ist, fehlen Einzelheiten, die den Prozeß der Ermächtigung und Kontrolle seitens der amerikanischen Regierung erhellen könnten. Die hier genannten Zitate dienen allein der Veranschaulichung und basieren nicht zwangsläufig in allen Punkten auf hieb- und stichfesten Fakten.

Im Fall *Chile* hatte ich mehr Glück. Als der Church-Ausschuß 1974 gegründet wurde, stand die Untersuchung von Fällen widerrechtlicher innerstaatlicher Informationsbeschaffung an der Spitze der Agenda; der zweite Punkt waren die Ereignisse in Chile. Anfang der siebziger Jahre wurde ‚der Fall Chile‘ von einigen Zeitungen aufgegriffen, die Einzelheiten über die geheimen Aktionen der Vereinigten Staaten – zum Teil jedoch verzerrt – bekanntgaben, insbesondere was den Zeitraum von 1970 bis 1973 betraf, also vor und während der Amtszeit von Salvador Allende, der sich selbst als Marxist bezeichnete. Der Ausschuß beschloß daher, über die damalige Rolle der USA in Chile eingehend zu diskutieren.

Die Recherchen dienten dem Zweck, unserer Generation

größere Klarheit über die geschichtlichen Ereignisse zu verschaffen. Mein Bericht COVERT ACTION IN CHILE, 1963 – 1973 (1) stellte die Arbeitsbasis des Hearings dar, da man mir bei der Materialsammlung Zugang zu allen relevanten Informationen der CIA und des Außenministeriums gewährt hatte. Dieses Buch wird, so hoffe ich, durch meine eigenen Erfahrungen im Staatsdienst bereichert. Ich war stets bemüht, keine der Auflagen zu verletzen, welche diese Stellung mit sich bringt. Deshalb habe ich eine Kopie des Manuskriptes dem außenpolitischen Sicherheitsausschuß des Senats zur Prüfung vorgelegt, um mich zu vergewissern, daß ich nicht unbeabsichtigt gegen diese Auflagen verstoßen hatte.

Im Fall *Angola* waren nur wenige Dokumente vorhanden; bei anderen Recherchen jüngeren Datums gab es hingegen eine Fülle von Informationsmaterial, z.B. über *Nicaragua* und den *Iran*. Bei all diesen Episoden sind die Meinungen über die Rolle der USA kontrovers, was viele Journalisten zu eigenen Nachforschungen veranlaßte. Ich habe diese Berichte geprüft und durch Interviews ergänzt, wie aus den Anmerkungen ersichtlich ist.

Dennoch bin ich nicht gegen lückenhafte Informationen und Fehler anderer Art gefeit. Die Berichte, die an die Öffentlichkeit drangen, sind Erinnerungen oder durch persönliche Interessen der ehemaligen Akteure oder Journalisten gefärbt. Man könnte mir vorwerfen, daß auch mein Urteil bis zu einem gewissen Grad subjektiv ist, weil ,,Fehlschläge'' bisweilen eher als ,,Erfolge'' ins Auge springen. Diese Behauptung wäre allerdings unhaltbar: Auch die geheimen Erfolge drängen ans Licht der Öffentlichkeit, insbesondere, wenn es sich dabei um spektakuläre handelt. Selbst die Aussagekraft eines Dokuments läßt sich in einer Welt, in der das Durchsickern von Informationen und Untersuchungen an der Tagesordnung zu sein scheinen, in Zweifel ziehen, denn der Verfasser könnte mehr Wert auf das Urteil nachfolgender Generationen oder auf seinen eigenen Schutz als auf sachliche Genauigkeit gelegt haben.

Dennoch ist die Geheimdiensttätigkeit ein Thema, das ernsthaft und gründlich durchdacht sein will. Je intensiver ich mich mit der historischen Entwicklung verdeckter Aktionen befaßte, desto klarer wurde mir, in welchem Ausmaß sie die Geschichte der Vereinigten Staaten und ihre weltweite Rolle in der Nachkriegsperiode widerspiegelt. Meine Schlußfolgerungen – auch wenn sie spekulativ sein mögen – basieren auf einer umfassenderen Perspektive als die vieler anderer Analytiker, weil sie grundlegende Veränderungen in den Vereinigten Staaten und weltweit miteinbeziehen – einen Wandel, dem die Beurteilung geheimer Aktionen in den kommenden Jahren Rechnung tragen muß. Ich fand es erstaunlich, in welchem Maße meine Erkenntnisse in bezug auf den generellen Prozeß der politischen Entscheidungsfindung dazu beigetragen haben, die Aufgabenstellung der *Central Intelligence Agency* als einer Organisation sowie die Einstellung Washingtons gegenüber geheimen Interventionen zu verstehen.

Im Gegensatz zu manchen Autoren, die sich an ein ähnliches Unternehmen wagten, habe ich keine finanziellen, sondern lediglich intellektuelle Verpflichtungen zu begleichen. Deshalb möchte ich an dieser Stelle all denen meinen tiefempfundenen Dank aussprechen, die mir bei meiner Arbeit an diesem Buch ihre Unterstützung zuteil werden ließen: den CIA-Angehörigen, mit denen ich während meiner Arbeit im Church-Ausschuß eng zusammengearbeitet habe, besonders Walter Elder und dem kürzlich verstorbenen Seymour Bolton. Bolton gehörte noch zu denen, die die Tradition des ,,Handwerks" pflegten: Wir trafen uns oft um zwei Uhr morgens bei einem Drink in einem Lokal in Georgetown. Ich lernte viel aus den Gesprächen, und wenn ich auch die Richtigkeit mancher Entscheidungen der CIA in Frage stelle, so zweifle ich nicht daran, daß diese Beamten sich mit Leib und Seele für den Dienst an ihrem Land einsetzten.

Es gibt viele, die mir – teilweise sogar mehrmals – ihren Kommentar zu den ersten Manuskriptentwürfen geschickt haben, u.a. John Bross, Leonhard Bushkoff, William Colby, Richard Cottam, Robert Coulam, Stephen Flanagan, Derek Leebaert, Richard E. Neustadt, Raymond Vernon und Martin Kessler von Basic Books, denen ich für ihr Engagement danken möchte. Mein Dank gilt auch Loch Johnson, Freund und Kollege im Church-Ausschuß, auf den ich in Kapitel 7 näher eingehe. Martin Linsky gebührt ebenfalls Dank; er besprach das Manuskript mit mir beim Joggen und unterbreitete mir – zu Hause angekommen – konkrete Änderungsvorschläge. Robert Klitgaard überarbeitete die erste Fassung und machte mich auf stilistische oder sachliche Unstimmigkeiten aufmerksam. Julie Pearl und James Dickinson leisteten mir große Hilfe bei den Recherchen.

Mein besonderer Dank gilt meiner Frau Glen, die mehr zum Entstehen dieses Buches beigetragen hat, als sie ahnt.

Diejenigen, deren Meinung zum Thema ,,Geheimdiensttätigkeit" bereits vorgefaßt ist, werden in diesem Buch entweder einen weiteren Beweis für die Unfähigkeit der USA sehen, der globalen Bedrohung durch die Sowjetunion wirksam zu begegnen, oder als eine Entschuldigung für die Einmischung Amerikas in die Souveränität ausländischer Nationen. Auch wenn die konträre Interpretation mir bis zu einem gewissen Grade zeigt, daß dieses Buch seine Berechtigung hat, so hoffe ich doch, daß es all denen hilft, die sich für die Thematik interessieren, aber noch zu keiner definitiven Schlußfolgerung kommen konnten. Ich bekenne mich voll verantwortlich für die nachfolgenden Erkenntnisse. Der Leser möge entscheiden, ob sie überzeugend sind.

Einführung

„Geheime" Operationen sind in einer Demokratie eine Paradoxie, vor allem wenn man bedenkt, daß diese Operationen eine Einmischung in die Politik ausländischer Staaten darstellen. Ich begegnete diesem Widerspruch zum erstenmal im Frühjahr 1975, als ich in den soeben gegründeten Untersuchungsausschuß des Senats über die Praxis der Nachrichtenbeschaffung berufen wurde, der unter dem Namen Church-Ausschuß – nach seinem Vorsitzenden Frank Church – bekannt ist. Dies war die erste offizielle Aufgabe, die man mir in Washington übertrug. Der Ausschuß verlagerte seinen Tagungsort nach Washington und nahm zusätzlich einige Mitglieder der Watergate-Untersuchungskommission auf. Die Beschuldigung, die CIA habe sich bei der Untersuchung der Watergate-Affäre widerrechtlich Informationen beschafft, war eines der Motive für die Gründung des Church-Ausschusses. Angesichts dieser Umstände genossen wir die Aufmerksamkeit des Senats. Auch die Medien befaßten sich hinlänglich mit unserer Tätigkeit, was für einen Zwanzigjährigen wie mich sehr schmeichelhaft war.

Ich hatte schon für meine Doktorarbeit das Thema „Entscheidungsfindung des Präsidenten im außenpolitischen Bereich" gewählt, und deshalb nahm ich naiverweise an, ich würde meine Zeit vornehmlich im Ausschuß verbringen und zu ergründen versuchen, inwieweit die Auswertung relevanter Informationen die außenpolitischen Entscheidungen des Weißen Hauses beeinflußten. Es stellte sich jedoch heraus, daß ich neun von zehn Stunden damit verbringen sollte, geheime Operationen zu analysieren. Ein zweites starkes Motiv für die Gründung des Ausschusses war die Flut von Zeitungsartikeln über die Aktivitäten der CIA in Chile während der Amtszeit Salvador Allendes, der 1970 gewählt wurde, sich selbst als Marxist bezeichnete und 1973 bei einem Putsch der Militärs ums Leben kam. Die CIA hatte die Gegner Allendes insgeheim unterstützt, hieß es dort, oder sogar zum Staatsstreich ermutigt.

Geheime Operationen in einer offenen Gesellschaft

Mit meiner Arbeit im Church-Ausschuß fand ich den Zugang zur faszinierenden Welt der Geheimdienste. Die strenge Geheimhaltung, die hier herrscht, beeindruckte mich. Aber da diese Anonymität in einer offenen Gesellschaft an sich paradox ist, lassen sich geheime Operationen – gerade in der heutigen Zeit – nicht lange verbergen. Präsident Gerald Ford bekannte sich freimütig zu den geheimen Interventionen in Chile, die zwei Jahre vor dem Sturz des Allende-Regimes begannen. Die Reagan-Administration beschloß ein Jahrzehnt später, ihre Waffenlieferungen an die iranischen Revolutionäre in den Jahren 1985 und 1986 streng geheimzuhalten. Zunächst hatte nicht einmal die CIA Kenntnis von dieser Transaktion; sie wurde direkt vom Weißen Haus, präziser gesagt, vom Nationalen Sicherheitsrat, initiiert und ausgeführt. Als der Präsident zu einem späteren Zeitpunkt davon „erfuhr", ermächtigte er die CIA, sich an der Operation zu beteiligen – allerdings mit der Auflage, keine Informationen an die Ausschüsse des Kongresses weiterzuleiten, die für die Überwachung der CIA zuständig waren, was bedeutete, daß hier zumindest der Geist, wenn nicht der Wortlaut des Gesetzes übertreten wurde.

Dennoch gelang es nicht einmal zwei Jahre lang, die Operation geheimzuhalten. Als erste Berichte durchsickerten, machte man der Regierung den Vorwurf, entgegen ihren klar definierten politischen Richtlinien *amerikanische Geiseln gegen Waffen* ausgetauscht zu haben. Das vorwiegend negative Urteil der amerikanischen Öffentlichkeit bescherte der Regierung die wohl größte Krise in der Amtszeit Reagans.

Geheime Interventionen, die per Definition der höchsten Geheimhaltungsstufe unterliegen, werden dennoch irgendwann einmal publik – meistens früher als später. Es ist ein Kennzeichen dieser Paradoxie, daß geheime Entscheidungen sichtbare Resultate zeitigen – obwohl die Entscheidungsträger davon ausgehen, daß diese Projekte und die

Rolle, die die Vereinigten Staaten dabei spielen, lange genug verschleiert werden können. Strikte Geheimhaltung ist eine notwendige Voraussetzung für den Erfolg derartiger Operationen. Da der Entscheidungsprozeß im krassen Widerspruch zu allen öffentlich geführten Debatten und publik gemachten Beschlüssen steht, stellt sich die Frage, ob die amerikanische Öffentlichkeit angesichts dieser ,,Geheimniskrämerei" verdeckte Aktionen überhaupt registriert. Und wenn ja, über welche Kanäle?

Wenn es sich um geheime Interventionen handelt, haben unter Umständen nicht nur die Öffentlichkeit und der Kongreß, sondern selbst die Beamten in den ausführenden Behörden keine Kenntnis davon. 1975 verglich Senator Church die CIA mit einem ,,streunenden Elefanten, der sich abseits der Herde austobt".[1] Bei verdeckten Aktionen früherer Perioden achtete die Exekutive darauf, der amerikanischen Regierung genügend Spielraum zu lassen, um ihre Beteiligung, oder zumindest die des Präsidenten, für den Fall eines Mißlingens ,,glaubhaft dementieren" zu können. (Es zeigte sich jedoch, daß diese Vorsichtsmaßnahme Washington nicht zu schützen vermochte. Man erreichte damit lediglich, daß die Struktur der Befehlskette gelockert wurde.) Der Mitarbeiterstab im Weißen Haus war somit in der Lage, die Absichten des Präsidenten ohne vorherige direkte Weisung zu interpretieren und damit alle Spuren zu verwischen, die auf eine Initiative des Oval Office deuteten.

In den siebziger Jahren hatte sich der Nutzen, den dieses Konzept, eine Beteiligung der Regierung ,,glaubhaft zu dementieren" mit sich brachte – falls überhaupt je vorhanden – überlebt. Deshalb beschloß der Kongreß, den Präsidenten an die Spitze der Befehlshierarchie zu stellen und seine Unterschrift unter eine ,,Situationsanalyse" zu verlangen, aus der klar hervorging, daß die verdeckten Aktionen für die Sicherheit Amerikas unerläßlich seien. Diese Analyse wurde unter Wahrung strikter Geheimhaltung an den Kongreß weitergeleitet. 1986 gab es jedoch eine 'Schwachstelle' in der Befehlskette; der Kongreß wurde umgangen und die Informationsstruktur erneut gelockert. Dieses Mal befanden sich die „tobenden Elefanten" jedoch nicht in den Reihen der CIA, sondern im engsten Kreis des Präsidenten. Mitglieder seines Beraterstabes hatten die Erlöse aus geheimen Waffenverkäufen an den Iran auf Schweizer Bankkonten transferiert, um damit – offenbar ohne Wissen des Präsidenten oder seine Zustimmung – *die Contras in Nicaragua* zu unterstützen; der CIA war es damals laut Gesetz verwehrt, Waffen ins Ausland zu liefern.

Heute – wie vor einem Jahrzehnt – gilt es, folgende grundsätzliche Fragen zu beantworten: Sind die Vereinigten Staaten überhaupt zu geheimen politischen Interventionen in die Politik ausländischer Staaten berechtigt? Und vorausgesetzt, man zieht es vor, die Frage von Fall zu Fall zu entscheiden, nach welchen Kriterien soll man zwischen den einzelnen Fällen differenzieren? Falls man die geheimen Aktivitäten als angemessene Handlungsalternative betrachtet, wie sollten dann Zuständigkeiten und Kontrolle geregelt sein? Welche Rolle kommt dabei dem Kongreß zu?

1975 war ich verärgert darüber, daß der Ausschuß die Themen eng absteckte und sich mehr für die Suche nach den Schuldigen als für Belange, die die breite Öffentlichkeit angingen, zu interessieren schien. In den folgenden Jahren, als ich Gelegenheit hatte, verdeckte Aktionen innerhalb und außerhalb des unmittelbaren Einflußbereichs der Regierung aus größerer emotionaler Distanz zu verfolgen, konnte ich feststellen, daß meine Frustration sich auch in den kontroversen Meinungen der Öffentlichkeit über verdeckte Aktionen widerspiegelte. Vielleicht widmet man dem Thema auch deshalb nicht die ihm gebührende Aufmerksamkeit und hintergründige Betrachtung, weil verdeckte Aktionen sowohl in aller Stille durchgeführt als auch emotional bewertet werden. Die Diskussionen sind zumeist polemisch und die Standpunkte verhärtet: entweder beklagt man, daß wir in einer morbiden Welt leben oder daß der geheime Krieg ein schmutziges Geschäft sei. Betrachten Sie zum Beispiel die beiden folgenden Kommentare, die von ehemaligen Regierungsbeamten und intimen Kennern der Szene stammen. Ray S. Cline, einst leitender Beamter in der CIA, schreibt:

> *Wir befinden uns seit langem in einem geheimen Krieg mit der Sowjetunion... Die Vereinigten Staaten sehen sich mit der Situation konfrontiert, daß eine Weltmacht, die gegen unser Staatssystem opponiert, ihren Einflußbereich mit Methoden der geheimen Kriegsführung auszudehnen versucht. Ist Amerika deshalb verpflichtet, darauf wie ein Mann zu reagieren, der bei einer Wirtshausschlägerei strikt nach den Regeln des Marquis von Queensbury kämpft?*[2]

Im Gegensatz dazu die Stellungnahme von George W. Ball, Unterstaatssekretär im State Department während der Kennedy- und Johnson-Regierung:

> *Im Prinzip sollten wir den Gedanken, uns in geheime Kriege einzulassen oder geheime Operationen zu initiieren, ablehnen... Wenn die Vereinigten Staaten gegen ihre erklärten Grundsätze verstoßen – z.B. Häfen in Nicaragua bombardieren – verwischen wir das, was uns von der UdSSR unterscheidet. Wir müssen Charakterstärke beweisen, die für die Integrität jeder Weltmacht unerläßlich ist. Wenn wir der in meinen Augen kindlichen Versuchung nachgeben, uns auf das Niveau der Russen herabzulassen und sie mit ihren eigenen Waffen zu bekämpfen, begehen wir einen nicht wiedergutzumachenden Fehler und werfen ein wichtiges Gut unserer Nation leichtfertig weg.*[3]

Beide Standpunkte zeugen von ausgiebiger Reflexion, aber in beiden Fällen werden die Schlußfolgerungen von den Prämissen bestimmt. Die Argumente sind deshalb keinesfalls abzuwerten. Die moralischen Probleme, die durch geheime Interventionen der USA in die internen Angelegenheiten ausländischer Nationen aufgeworfen werden – sei es in Nicaragua, Afghanistan, Angola oder im Iran – erfordern eine eingehende Betrachtung; ich werde in Kapitel 6 noch einmal darauf zu sprechen kommen. Dazu zählt sowohl die Frage, wie unsere Wünsche und Vorstellungen von der Welt und der darin herrschenden Ordnung beschaffen sind, als auch die Erörterung unseres eigenen Verhaltens in einem Lebensraum, der sich nicht mit unseren Präferenzen deckt. Die Problematik beschränkt sich im übrigen nicht nur auf verdeckte Aktionen, sondern beeinflußt die Entscheidungsfindung in zahlreichen außenpolitischen Bereichen. Man kann ihr nicht ausweichen, zum Beispiel wenn es um die Frage geht, ob die USA offen mit Waffengewalt gegen eine souveräne Nation vorgehen soll. Auch die ethischen Aspekte sind nicht nur für verdeckte Aktionen relevant, wenngleich sie hier schärfer hervortreten aufgrund der Annahme, man könne die USA weder mit der Entscheidung noch mit der Operation selbst in Verbindung bringen und daher die Frage nach der Moral von vorneherein ausklammern.

Schon vor zehn Jahren schien es mir, als verdiene die Geschichte der verdeckten Aktionen, an denen die USA beteiligt waren, eine objektive Bewertung und nicht pauschal gelobt oder verurteilt zu werden. Heute bin ich mehr denn je dieser Überzeugung, vor allem in Anbetracht der Entwicklung im Iran. In meinen Augen lassen sich die moralischen Probleme nicht durch die Behauptung lösen, daß sich unsere Gegner nicht an die Regeln des Marquis von Queensbury halten oder daß wir uns, im Gegensatz zu ihnen, daran gebunden fühlen. Ich halte es noch immer für töricht, sich ein moralisches Urteil über verdeckte Aktionen anzumaßen – oder ob und inwieweit sie sich mit den Erfordernissen einer demokratischen Gesellschaft vereinbaren lassen –, ohne zu prüfen, was sie beinhalten und was sie ausschließen, was man damit erreichen kann und was Wunschvorstellung bleibt.

Intentionen, Engagement und Resultate

Die Überprüfung geheimer Aktivitäten – sowohl der Operationen selbst als auch des Wandels, dem sie seit dem 2. Weltkrieg unterliegen – und ihres Stellenwertes im grundlegenden politischen Konzept der USA als auch in den Staaten, die Ziel amerikanischer geheimer Interventionen waren, ist das zentrale Anliegen dieses Buches. Auf dem Höhepunkt des Kalten Krieges hielt man die CIA-Operationen der fünfziger Jahre im Iran und in Guatemala für spektakuläre Erfolge, zumindest aus der Perspektive nachrichten-dienstlicher Tätigkeit.

Diese junge Behörde, die über wenig Personal und geringe finanzielle Mittel verfügte, entschied über das Schicksal beider Regierungen. Die Operationen waren für viele der Beginn einer glänzenden Karriere und trugen dazu bei, das Image der CIA als eines Vorkämpfers im geheimen Krieg der USA gegen Machtübergriffe der UdSSR zu festigen. Die Blitzaktionen, die im bescheidenen finanziellen Rahmen und mit einem akzeptablen Maß an Geheimhaltung durchgeführt wurden, ermutigten Washington zu der Annahme, ähnlichen Operationen andernorts müsse der gleiche Erfolg beschieden sein.

Die Frage ist nur: In welcher Hinsicht waren sie Erfolge? Und wenn man sie als solche definiert, welche Bedeutung haben die Ereignisse der fünfziger Jahre für unsere heutige Zeit und die Zukunft?

Diese ersten Operationen waren hochbrisant, aber verfehlten ihre Wirkung nicht. Deshalb sind wir geneigt, den Gedanken an die Risiken ebenso zu verdrängen wie andere Fragen, die geheime Operationen betreffen – beispielsweise, ob verdeckte Interventionen tatsächlich geheim bleiben könnten. Jede noch so geringfügige Einflußnahme bürdete den USA eine wachsende Verpflichtung auf. Die anfangs noch überschaubaren Operationen wurden von der politischen Realität diktiert. Aber im Laufe der Zeit verlagerten sich die Schwerpunkte amerikanischer Interessen ebenso wie die Ambitionen der Gruppierungen im Ausland, die Amerika insgeheim unterstützte. Als die Vereinigten Staaten beispielsweise die Landung in der Schweinebucht (Kuba 1961) in Betracht zogen, entwickelte der Invasionsplan sehr schnell ein Eigenleben. Es schien keinen geeigneteren Einsatzort für die vom CIA ausgebildeten Rebellen zu geben als Kuba.

Im Laufe der Zeit wurden die Ziele amerikanischer Interventionen zunehmend schwerer manipulierbar. Manche lernten ihre Lektion aus der Geschichte, nicht zuletzt aus den Erfahrungen anderer Staaten mit den verdeckten Aktionen der Amerikaner. Sie waren weniger geneigt, wie Mossadegh im Iran und Arbenz in Guatemala, von der irrigen Annahme auszugehen, die Feindschaft Amerikas sei ihren Interessen abträglich. Im Gegenteil, manche Regierungschefs begrüßten diese Gegnerschaft, die ihrer politischen Motivation neue Antriebskraft verlieh. Sie diente dazu, sich der Loyalität der Streitkräfte zu vergewissern, diese durch eigene starke Kader zu ersetzen oder, sofern möglich, die Zivilbevölkerung zu mobilisieren. Darüber hinaus sicherten sie sich auch militärische Unterstützung und Beratung aus anderen Quellen – aus dem Lager der Russen, der Kubaner oder ihrer Verbündeten. Und sie warteten nicht, wie Arbenz, bis es für solche Alternativen zu spät war.

Nach Vietnam, Watergate und der Affäre um die iranischen Contras sind weder der Kongreß noch die Medien oder die amerikanische Öffentlichkeit wie in den fünfziger Jahren bereit, dem Präsidenten freie Hand bei der Entscheidung über verdeckte Aktionen zu geben. Wenn Berichte über derartige Operationen aus dem Ausland zu uns dringen oder in Washington auftauchen, ignoriert man sie nicht länger. Auch Dementi haben nicht mehr die gleiche Überzeugungskraft wie einst. Ende der siebziger Jahre hatte der Kongreß, wenn auch vage und unzureichend in der Formulierung, eine verantwortliche Rolle bei Entscheidungen über verdeckte Operationen akzeptiert. Er konnte zwar nicht verhindern, daß ein eigenmächtiger Präsident ihn bei der Genehmigung derartiger Projekte umging, aber er konnte ihn darauf hinweisen, daß dieses Versäumnis nicht ohne Folgen bleiben würde.

Wenn man voraussetzt, daß es heute nicht mehr so einfach ist, die Ziele amerikanischer Interventionen im Ausland zu manipulieren, dann kann man auch davon ausgehen, daß Operationen kleineren Umfanges nicht länger ihren Zweck erfüllen. Und je aufwendiger der Einsatz, desto geringer sind die Chancen, sie geheimzuhalten. Es ist heute kaum mehr möglich, die politische Szene eines Landes durch geheime politische Aktionen entscheidend und nachhaltig zu verändern, einer Regierung den Krieg zu erklären oder einen Staatsstreich zu planen, ohne daß die Welt davon erfährt. Zu viele Menschen sind daran beteiligt, und vor allem die unmittelbar Betroffenen – die Ziele geheimer Interventionen – haben ein lebhaftes Interesse daran, Amerika als Drahtzieher zu entlarven.

Man kann nicht nur davon ausgehen, daß verdeckte Aktionen nicht unbemerkt bleiben, sondern daß auch ihre Resultate nicht mit den Zielvorstellungen der Initiatoren übereinstimmen. Das gilt für Regierungsprogramme jeder Art, im In- und Ausland, wobei sich allerdings die Frage stellt, ob diese Diskrepanz zwischen beabsichtigter und tatsächlich erzielter Wirkung für verdeckte Aktionen besonders gravierend ist. Heimliche Beziehungen sind besonders schwer kontrollierbar. Zum Beispiel wußten die offiziellen Vertreter der amerikanischen Regierung vor dem Staatsstreich in Chile 1973 sehr wohl zwischen der geheimen Unterstützung oppositioneller Gruppierungen – dem erklärten Ziel – und der Hilfe bei der Vorbereitung eines Umsturzes, was nicht in ihrem Sinne war, zu differenzieren. Aber in dem Chaos, das in Santiago herrschte, ließ sich dieser subtile Unterschied nicht lange aufrechterhalten. Deshalb zog die Geschichte aus dem Sturz Allendes wohl die Schlußfolgerung, daß nicht Allende aufgrund diverser eigener Fehlleistungen das Experiment zum Scheitern brachte, sondern daß die CIA für seine Entmachtung verantwortlich war.

In Anbetracht all dieser Risiken muß man sich fragen, warum verdeckte Aktionen noch immer als eine Art „Mittelweg" zwischen den zwei Extremen ‚Krieg' und ‚Passivität' betrachtet werden. Und warum haben sich Politiker immer wieder zu der Annahme verleiten lassen, diese Alternative könne mehr oder weniger geheim bleiben?

Von der verdeckten zur offenen Aktion

Die Kontrollvorkehrungen, die der Kongreß nach dem Chile-Debakel traf – der Präsident hatte nunmehr eine Lagebeurteilung abzugeben, die als vertrauliches Material den ständigen Sicherheitsausschüssen beider Häuser zur Verfügung gestellt wurde – schienen Ende der siebziger Jahre noch ausreichend, als nur wenige verdeckte Aktionen initiiert wurden. In den achtziger Jahren, als ihre Zahl sprunghaft wuchs, waren sie jedoch überholt. Die Umstände hatten sich geändert und neue Fragen mit sich gebracht. Im Falle Zentralamerikas, 1982 und 1984, ließ der Kongreß öffentlich und wortreich verlauten – wie schon während der Angola-Episode 1975 – daß er verdeckte Aktionen nicht dulde. Diese offene Absage war ein Zeichen dafür, daß der Kongreß entweder seinen eigenen Kontrollinstanzen nicht traute oder daß die Exekutive diese ignorierte – oder signalisierte beides.

Geheime Operationen waren plötzlich ein Thema geworden. Sie traten aus der Anonymität ans Licht der Öffentlichkeit. Das Erstaunliche Mitte der achtziger Jahre war, wie wenig sich bei verdeckten Aktionen geheimhalten ließ. Die amerikanischen Interventionen – angefangen von Nicaragua über Angola und Kambodscha – standen im Mittelpunkt der öffentlichen Debatte. Nicaragua war wohl das auffallendste Beispiel. Es lag nicht nur daran, daß die verdeckten Aktionen und das generelle, übergeordnete politische Konzept umstritten waren und eine öffentliche Kontroverse auslösten, sondern war auch darauf zurückzuführen, daß die Reagan-Administration wenig Wert auf die Geheimhaltung legte. Das Weiße Haus hielt „verdeckte" Aktionen für ein adäquates innen- wie außenpolitisches Instrument, eines der Schlüsselelemente der Reagan-Doktrin, den sozialistischen Staaten die Stirn zu bieten.

In gewisser Hinsicht hatten sich die USA im Kreis gedreht. Die Central Intelligence Agency war zum ausführenden Organ der verdeckten Aktionen geworden, zu denen man sich „öffentlich" bekannte. Als die Reagan-Regierung daher beschloß, die Waffenlieferungen an den Iran geheimzuhalten, war sie auf den Mitarbeiterstab im Weißen Haus angewiesen. Dadurch, daß diese die Operation tarnten, um mit den Geldern die Contras zu unterstützen, und den Präsidenten in Unkenntnis der wahren Sachlage ließen, versuchten sie ihn zu schützen, ihm die Möglichkeit zu geben, sich mit einem „glaubhaften Dementi" von den Ereignissen zu distanzieren – eine Methode, auf die die CIA schon seit langem verzichtet hatte.

Es ist daher an der Zeit, *verdeckte Aktionen als Instrument der Außenpolitik* in einem breiteren Rahmen zu bewerten. Geheime Operationen bleiben in einer demokratischen Gesellschaft nach wie vor ein Paradoxon, das in der amerikanischen Öffentlichkeit ambivalente Gefühle auslöst, wie aus den zuvor zitierten Stellungnahmen von Ray S. Cline und George W. Ball oder einem veröffentlichten Kommentar Henry Kissingers über Chile hervorgeht. Er sagte: „*Ich sehe nicht ein, warum Amerika untätig zusehen soll, wie Chile aufgrund der Dummheit seiner eigenen Bevölkerung dem Kommunismus anheimfällt*". Vergleichen Sie diesen Satz mit der Aussage Henry Stimsons, 1929 amerikanischer Außenminister, der geäußert haben soll: „*Gentlemen öffnen keine Post, die nicht an sie gerichtet ist*".[4]

Wir befinden uns zweifellos in einem Dilemma: Auf der einen Seite empfinden wir die Einmischung in die Innenpolitik eines souveränen Staates als verabscheuungswürdiges Verhalten, das zudem noch unsere eigenen politischen Arrangements und Wertvorstellungen gefährdet. Zum anderen müssen wir, wie sehr es uns auch widerstreben mag, zugeben, daß die Welt kein Garten Eden ist. Wenn es uns gelingen soll, uns im Wettstreit der Mächte zu behaupten, dann müssen wir – wie es oftmals den Anschein hat – zu denselben Mitteln wie unsere Gegner greifen.

Wenn geheime Interventionen so problematisch in der praktischen Durchführung und noch schwerer geheimzuhalten sind, warum handelt man dann nicht in aller Offenheit? Welche Konsequenzen könnten sich daraus ergeben, und wie weit reichen sie? Und welcher Stellenwert würde dann verdeckten Aktionen zukommen, falls sie überhaupt noch eine Rolle spielen? All diese Fragen sind, ebenso wie die nach dem moralischen Aspekt, wert, beantwortet zu werden. Ich möchte deshalb auch zu einem späteren Zeitpunkt noch einmal darauf zurückkommen, denn Spekulationen über die Zukunft sind müßig, wenn man die Vergangenheit nicht genau kennt.

Das politische Milieu für verdeckte Aktionen

Den Begriff „*verdeckte Aktionen*" sucht man vergebens im National Security Act (Gesetz zur Wahrung der Nationalen Sicherheit) von 1947, der die Geburtsstunde der CIA einleitete. Ebenso fehlen Termini wie „*geheime Operationen*", „*politische Kriegsführung*", „*paramilitärische Einsätze*" oder gar „*Spionage*" und „*geheime Nachrichtenbeschaffung*". Das Gesetz ermächtigte die CIA, de facto, Funktionen und Pflichten wahrzunehmen, die zeitweilig und gemäß den Direktiven des Nationalen Sicherheitsrates der Beschaffung von Informationen zum Zwecke der Wahrung der Nationalen Sicherheit dienen.[1] So maßvoll diese Formulierung der Zuständigkeiten und Vollmachten auch gehalten sein mag, sie lieferte der CIA eine Rechtsgrundlage für geheimdienstliche Aktivitäten und somit zu einer Einmischung in die innerstaatliche Souveränität zahlreicher Nationen. Diese Interventionen umfaßten unmittelbar nach dem Zweiten Weltkrieg Tausende von Einzeloperationen; zwischen 1951 und 1975 gab es beispielsweise rund neunhundert größere oder vorrangige und mehrere tausend kleinere oder sekundäre Projekte, an denen die CIA maßgeblich beteiligt war.[2]

In diesem Buch geht es vornehmlich um verdeckte Aktionen in großem Stil, die bisweilen durch einen hohen Einsatz und stets durch ein ehrgeiziges Ziel gekennzeichnet sind, um Geheimoperationen, die die Interessensphäre ausländischer Nationen nicht nur am Rande berührt haben, sondern auf den Umsturz der jeweiligen Regierungen ausgerichtet waren. Diese Aktivitäten lassen sich jedoch nur dann in ihrem vollen Ausmaß verstehen oder bewerten, wenn man sie im Zusammenhang mit der weit umfassenderen Welle von Geheimoperationen betrachtet, in die Amerika seit dem Zweiten Weltkrieg verwickelt ist.

Verdeckte Aktionen lassen sich im großen und ganzen drei Kategorien zuordnen. *Politische Propaganda* beinhaltet oft nicht mehr, als daß man einige Journalisten des Landes X für Artikel bezahlt, die die USA in einem günstigen Licht präsentieren – eine probate Maßnahme in der Praxis der CIA, für die allerdings nur ein schmales Budget zur Verfügung steht. Am anderen Ende der Skala rangieren die verdeckten *paramilitärischen Operationen*, die unter anderem die Versorgung mit militärischen Nachschubgütern und die Ausbildung der Streitkräfte umfassen. Die meisten, wenngleich nicht alle Einsätze erfolgen in großem Stil. Der „geheime" Krieg in Laos fand weniger im geheimen als vielmehr von der Weltöffentlichkeit relativ unbeachtet statt; der Versuch der CIA, eine zweite Front in Vietnam zu schaffen, verschlang täglich mehrere Millionen Dollar. Zwischen diesen beiden Extremen sind die *geheimen politischen Interventionen* angesiedelt, deren Ziel es ist, das Gleichgewicht der Kräfte in der politischen Szene eines bestimmten Landes zu beeinflussen, und die primär in der finanziellen Unterstützung spezifischer Gruppierungen bestehen.

Rein zahlenmäßig gesehen repräsentiert die Propagandatätigkeit rund die Hälfte sämtlicher verdeckter Aktionen der Nachkriegsperiode; politische (und die oftmals damit gekoppelten wirtschaftlichen) Maßnahmen machen ca. ein Drittel aus; der Rest entfällt auf die Kategorie der paramilitärischen Operationen, die zu den kostenintensivsten wie umstrittensten Projekten zählen.[3] Erst auf dem Höhepunkt des Vietnam-Krieges verschlangen die verdeckten Aktionen mehr als die Hälfte des Budgets, das der CIA insgesamt zur Verfügung stand. Wer die Rolle der CIA in Südostasien im Vergleich zum Engagement der US-Streitkräfte als unbedeutend ansieht, sollte nicht vergessen, daß sie immens war in Relation zum früheren Aktionsradius! Die CIA richtete – mehr oder weniger geheim – eine Kette von Nachschubbasen und Luftlandestützpunkten ein, die von Arizona bis Thailand reichte.

Gegen Ende des Krieges verloren auch die verdeckten Aktionen an Bedeutung, ein Trend, der von der Watergate-Affäre, den Untersuchungen, die im Zusammenhang mit den nachrichtendienstlichen Aktivitäten stattfanden, und dem allgemeinen politischen Klima Mitte der siebziger Jahre begünstigt wurde. Präsident Carter veranlaßte starke Kürzungen im Budget. Die CIA verkaufte ihre „Tarnfirmen" und schickte ihre im Untergrund tätigen Mitarbeiter in Pension. 1980 standen der CIA nur mehr 5% ihres gesamten Budgets für geheime Operationen zu Verfügung.

Mit der Invasion der Sowjetunion in Afghanistan wurde das Thema verdeckte Aktionen für die Carter-Administration wieder relevant. Nach der Amtsübernahme Ronald Reagans gewann es an Dringlichkeit: die Zahl der verdeckten Aktionen, die initiiert wurden, verdreifachten sich auf mehr als vierzig.[4] Die Ausgaben mehrten sich noch schneller, vor allem aufgrund der zunehmenden militärischen Unterstützung der Widerstandsgruppen in Afghanistan; sie waren 1986 bereits auf mehr als 300 Millionen Dollar angewachsen. Die Budgets der CIA wurden zwar im einzelnen festgelegt, aber Mitte der achtziger Jahre summierten sie sich dennoch auf rund 1.5 Milliarden Dollar, wovon etwa ein Drittel auf verdeckte Aktionen entfielen.[5]

Die meisten geheimen Aktionspläne stammen von CIA-Mitarbeitern im Außendienst. Auch die Botschaften, Angehörige des Außen- oder Verteidigungsministeriums sowie Mitglieder des engsten Beraterstabes des Präsidenten gelten als Initiatoren. Zum Beispiel kann ein Botschafter die CIA um Schutz für einen pro-amerikanischen lokalen Politiker bitten – was dem Außenministerium nicht gestattet ist. Und um es noch dramatischer zu machen – der Plan, den revolutionären Kräften im Iran 1985 und 1986 insgeheim Waffen zu liefern, ging vom Weißen Haus aus und wurde vom Nationalen Sicherheitsrat unterstützt.

Propaganda

Politische Propaganda ist das A und O geheimdienstlicher Tätigkeit. In „normalen" Zeiten sind Propagandafeldzüge sowohl reiner Selbstzweck als auch ein Mittel, um die nötige Infrastruktur für eine Erweiterung des Aktionsradius zu schaffen. Bei den rund dreißig verdeckten Aktionen, die von der CIA zwischen 1961 und 1974 in Chile durchgeführt wurden, spielte die Propaganda mindestens in einem halben Dutzend Fällen eine entscheidende Rolle. Sie war auch zu Zeiten, die Washington als nicht „normal" erachtete, ein wichtiges Hilfsinstrument, um bestimmte Ziele zu erreichen. Als die CIA 1970 versuchte, die Wahlen in Chile zu beeinflussen, gelang es ihr, mindestens einen Leitartikel pro Tag im *EL MERCURIO*, der größten Tageszeitung Santiagos, zu lancieren, in denen die „Anleitung" der Amerikaner spürbar wurde. [6]

Der Sturz des Arbenz-Regimes in Guatemala wirkt vordergründig wie eine paramilitärische Operation, war aber in Wirklichkeit ein Propaganda-Erfolg. Das von der CIA unterstützte Sprachrohr der Aufständischen, die „Stimme der Befreiung", strahlte ihre Nachrichten auf Kurzwelle aus benachbarten Ländern aus. Es gelang der CIA sogar – mit Hilfe eines fiktiven mexikanischen Unternehmers –, die erste Sendung in allen größeren guatemaltekischen Zeitungen anzukündigen.[7] Die Rebellen konnten dadurch Erfolge verbuchen, ohne daß überhaupt Kampfhandlungen stattgefunden hatten. Der Sender forderte die Soldaten, die in Arbenz' Armee und Luftwaffe dienten, offen auf zu desertieren. Er bediente sich bewußt subtiler Desinformationsmethoden; z.B. hieß es in einer Verlautbarung, es entspräche nicht den Tatsachen, daß das Wasser eines bestimmten Sees vergiftet worden sei. Das Resultat war natürlich, daß die Gerüchte blühten, es könne doch vergiftet sein.

Die gleichen Methoden wurden auch zwei Jahrzehnte später in Angola angewandt. Die CIA plazierte Artikel in den beiden größten Zeitungen Khinshasas (Zaire) – *ELIMO* und *SALONGO* – sowie in Lusaka (Sambia). In den Meldungen, die in Sambia erschienen, hieß es, daß die UNITA, eine von der CIA unterstützte kriegführende Partei, eine bestimmte Stadt eingenommen und die russischen Berater gefangengenommen habe. Nur gab es dort weder einen Sieg noch sowjetische Berater – zumindest nicht zu dem Zeitpunkt, als der Artikel publiziert wurde.[8]

In den meisten ,,Routinefällen" wirbt die CIA lediglich ,,Aktive" in der Medienszene an, Journalisten oder Herausgeber von Zeitungen, die auf Wunsch bestimmte Artikel schreiben oder dafür sorgen, daß sie gedruckt werden. Das jeweilige CIA-Büro erhält seine Weisungen über die erwünschte Propaganda von der CIA-Zentrale in Washington. Bei einer der verdeckten Aktionen in Chile erhielt die CIA tatkräftige Unterstützung von mindestens einem bis zeitweilig fünf Verbindungsleuten, die beim EL MERCURIO beschäftigt waren. Sie hatten die Aufgabe, Kolumnen oder Leitartikel zu verfassen, die den amerikanischen Interessen entgegenkamen, Meldungen zurückzuhalten, die dem Image der USA schaden konnten (beispielsweise über den Krieg in Vietnam), oder die chilenische Linke ins Kreuzfeuer der Kritik zu nehmen.

Propaganda ist schon allein deshalb ein bewährtes Mittel, weil die CIA-Beamten mit einem Effekt extremer ,,Breitenstreuung" rechnen : jede einzelne Nachricht kann von den Druck- und elektronischen Medien aufgegriffen und wiederholt werden. Während des Angola-Krieges kopierte die CIA die Propagandaerzeugnisse für ihre Außenstationen in Asien, Europa und Lateinamerika und gab sie an ihre Kontaktpersonen in Journalistenkreisen weiter. Darüber hinaus wurden einzelne Mitteilungen auch ohne Zutun der CIA von Rundfunkstationen und neutralen Blättern verbreitet. Auch die amerikanischen Medien griffen im Laufe dieses Prozesses die eine oder andere Meldung auf und trugen dazu bei, daß die von der CIA gesteuerten Informationen in der amerikanischen Leserschaft als Realität akzeptiert wurden.

Geheime Propaganda umfaßt u.a. die sogenannte *„schwarze" Propaganda* – das heißt, fingierte Informationen, die bewußt einer falschen Quelle zugeordnet werden. Die Propagandaspezialisten der CIA paßten beispielsweise ihre Meldungen in Guatemala den außergewöhnlichen Umständen an und bedienten sich einer Technik, die in Fachkreisen als „Mimikry" bezeichnet wird. Ein Angehöriger der Rebellen ahmte die Stimme des Sprechers der staatlichen Rundfunkstation nach, und die Meldungen wurden auf einer benachbarten Frequenz ausgestrahlt. Unaufmerksame Zuhörer glaubten, daß es sich tatsächlich um offizielle Verlautbarungen der Regierung handelte; in Wirklichkeit lauschten sie jedoch der Rebellenpropaganda, die sich gerade noch soweit an Fakten orientierte, daß sie glaubhaft wirkte.

In manchen Fällen werden noch gezieltere Propagandamethoden angewandt. 1975 versorgte die CIA-Station in Kinshasa die FNLA, die zweite von den USA unterstützte Fraktion im Angola-Krieg, mit einem Kopiergerät. Letztere druckte Flugblätter, die am nächsten Morgen über Luanda, der Hauptstadt Angolas, abgeworfen wurden. Unerklärlicherweise und zum heimlichen Vergnügen der CIA-Mitarbeiter verlas der Kriegsgegner, der Radio Luanda kontrollierte, den genauen Wortlaut des Propagandamaterials in seiner Nachrichtensendung.

In Santiago finanzierte die CIA chilenische Gruppen, die Plakate klebten, Flugblätter mit politischer Propaganda verteilten – deren Wortlaut zum Teil vom lokalen CIA-Büro vorbereitet wurde – und sich auf ähnliche Straßenaktionen spezialisiert hatten. Die meisten, wenngleich nicht alle dieser direkten Propagandaaktivitäten waren Bestandteil eines weit umfassenderen Instrumentariums, mit dessen Hilfe man die Wahlen in Chile zu beeinflussen hoffte. Z.B. hatten die Straßenakteure, die die CIA im chilenischen Wahlkampf 1970 finanzierte, die Anweisung, den Slogan SU PAREDON (Eure Mauer) unter zweitausend Plakaten an den Hauswänden in Santiago anzubringen, die ein Bild kommunistischer Erschießungskommandos vor den Toren der Hauptstadt heraufbeschworen. Auf manchen Plakaten weidete man die Brutalität der Russen beim Einmarsch in die Tschechoslowakei 1968 aus; es waren Collagen, die aus Bildern von Prag und Panzern in der Innenstadt Santiagos bestanden. Andere glichen denen, die man schon bei den chilenischen Präsidentschaftswahlen im Jahre 1964 eingesetzt hatte; sie zeigten politische Gefangene aus Kuba vor einem Exekutionskommando und signalisierten die eindringliche Warnung, daß ein Wahlsieg Allendes für Chile das Ende der Religionsfreiheit und des Privatlebens bedeute.

Politische Aktionen

Die meisten geheimen Kriege der CIA entwickelten sich nicht aus paramilitärischen Einsätzen, sondern begannen vielmehr als geheime politische Operationen, die expandierten, als sich die Zielvorstellungen der Amerikaner und die Gegebenheiten im Operationsfeld änderten. Das 1953 im Iran durchgeführte Projekt war anfangs lediglich der Versuch, den unentschlossenen Schah mit Hilfe gezielter Einflußnahme, symbolischen Beweisen für die Unterstützung Amerikas und geringfügigen Summen davon zu überzeugen, daß er stark genug sei, den Premierminister Mohammed Mossadegh aus seinem Amt zu entlassen. Erst als diese politischen Aktionen fehlschlugen, ging die CIA dazu über, bestimmte Gruppen in der Zivilbevölkerung und in den Streitkräften zu mobilisieren.

Auch die anfänglichen Interventionen der CIA während des Bürgerkriegs in Angola im Jahre 1975 waren politischer und nicht militärischer Natur: Im Januar unterstützte sie insgeheim eine der kriegführenden Parteien, die FNLA, mit 300 000 Dollar, die nicht für Waffen, sondern für eine Radiostation und eine Zeitung verwendet werden sollten, um die Position der FNLA in dem zu erwartenden Tauziehen um die Macht zu stärken. Auch die verdeckten Aktionen der Vereinigten Staaten in den achtziger Jahren in Nicaragua, gegen Ende der Amtzeit Carters, begannen mit einer politischen Intervention: man stattete die oppositionellen Gruppen und Medien mit Geldmitteln aus, die nach Ansicht Washingtons unter einer Sandinistischen Regierung keine Überlebenschance besaßen. Ebenso willkürlich wie die Differenzierung zwischen Propaganda und politischen Aktionen ist auch die Grenze, die man zwischen politischen und paramilitärischen Aktionen zieht.

Die verdeckten Aktionen der Vereinigten Staaten in Chile waren in der Periode von 1963 bis 1973 primär politisch motiviert und ebenso breitgestreut wie tiefgreifend. Die CIA investierte 1964 in den chilenischen Wahlkampf 3 Millionen, oder rund 1 Dollar pro Wähler. (Zum Vergleich: die Kandidaten Johnson und Goldwater gaben in den amerikanischen Präsidentschaftswahlen 1964 ungefähr 50 Cents pro Wähler aus!)

Was versprach man sich von diesem massiven finanziellen Einsatz? In „normalen" Zeiten, als Chile in Washington noch nicht als „Problem" galt, ließen sich damit Propagandafeldzüge in den chilenischen Medien starten, die die USA in vorteilhaftem Licht darstellten oder in bescheidenem Rahmen bestimmte pro-amerikanische Gruppierungen, z.B. chilenische Parteien, Gewerkschaften, Studenten-, Arbeiter-, Frauen- und Bauernverbände unterstützen. In Zeiten, die „als nicht normal" betrachtet wurden, initiierte die CIA spezifische Projekte, angefangen von einer massiven Unterstützung oppositioneller Gruppen über Versuche, die Wahlergebnisse zu beeinflussen, bis hin zur Begünstigung von Putschversuchen seitens der Militärs. In einem Fall wurde eine Gruppe, die den Umsturz plante, sogar mit Waffen beliefert.

Unterstützung der Medien

Abgesehen von einzelnen Propagandafeldzügen operiert die CIA bisweilen auch in großem Stil. Sie unterstützt – oder gründet – pro-amerikanische Medien. Mit dieser Propaganda schafft man ein weites Aktionsfeld, das auch politische Kampagnen mit einbezieht. In Chile hat die CIA beispielsweise von 1953 bis 1970 Nachrichtenprogramme, Zeitschriften für einen intellektuellen Leserkreis und eine rechtsgerichtete Wochenzeitschrift mitfinanziert. (Die Zahlungen wurden eingestellt, als man feststellte, daß sie zunehmend ideologisch ausgerichtet war, eine Tendenz, die verantwortungsbewußten chilenischen Konservativen mißfallen mußte.)

Am Beispiel Chile wird deutlich, wie sich die anfangs gemäßigte Unterstützung der Medien zu einer Kampagne großen Stils ausweiten kann. 1971 gelangte das CIA-Büro in Santiago, das bis dato lediglich seine ,,Kontakte" im EL MERCURIO – der wichtigsten oppositionellen Tageszeitung nach der Machtübernahme Allendes – finanziell unterstützte, zu der Ansicht, daß das Blatt angesichts der staatlichen Pressionen keine Überlebenschance besaß. Es hatte zum einen seinen größten Inserenten, die Regierung, verloren und konnte sich auch nicht mehr auf die Belieferung mit Papier verlassen, weil der Staat in dieser Branche das Monopol besaß. Unter diesen Umständen bat die CIA im September 1971 das 40-Committee – ein Auschuß in Washington, der sich aus Mitgliedern mehrerer Behörden zusammensetzte und damals die Geldmittel für größere verdeckte Aktionen genehmigen mußte – EL MERCURIO mit 700 000 Dollar zu unterstützen; dem Antrag wurde stattgegeben; weitere 965 000 Dollar wurden im April 1972 angefordert und bewilligt. Der Herausgeber des Blattes wußte mit Sicherheit, aus welcher Quelle das Geld stammte. Seine Mitarbeiter hatten vielleicht ihre Vermutungen, aber sie waren nicht offiziell darüber informiert worden.

Unterstützung der Gewerkschaften

Die Gewerkschaften waren schon seit Ende der vierziger Jahre und vor allem in Westeuropa ein bevorzugtes Ziel für die verdeckten Aktionen der CIA. In Anbetracht der Erfolge, die die Kommunisten bei der Organisation der Arbeitnehmerverbände und ihrer Ankoppelung an Parteien des linken Spektrums vorweisen konnten, bemühte sich die CIA, antikommunistischen Gewerkschaften, gleich welcher politischen Schattierung, den Rücken zu stärken. In der Zeit von 1964 bis 1968 versuchte sie in Chile, die von Kommunisten gelenkte *Central Unica de Trabajadres Chilenos* durch die aktive Unterstützung oppositioneller Gewerkschaften (wenn auch nicht mit dem erhofften Erfolg, wie es in CIA-Berichten heißt) zu bekämpfen.

Unterstützung politischer Parteien

Die politischen Parteien standen wie die Gewerkschaften im Brennpunkt geheimdienstlicher Interessen. Die CIA hatte schon mehrfach pro-amerikanische Parteien im Wahlkampf unterstützt. Auch außerhalb der Wahlkampfperioden leistete sie Hilfestellung in der Annahme, daß die Existenz bestimmter Fraktionen ohne materielle Zuwendungen gefährdet sein könnte, oder wenn sie eine Chance sah, das Gleichgewicht der politischen Kräfte eines spezifischen Landes nachhaltig zu verändern.

Während der Amtszeit Allendes, 1971 – 1973, war die CIA davon überzeugt, daß die politischen Parteien der Mitte und des rechten Flügels ohne massiven Beistand von außen weder als oppositionelle Kraft noch als ernstzunehmende Gegner im nächsten Wahlkampf eine Überlebenschance besäßen. Deshalb bewilligte das 40-Committee rund 4 Millionen Dollar. Der Löwenanteil ging an die Partei der Christdemokraten (PDC), der Rest an die Nationalpartei (PN), eine konservative Gruppierung, die dem Allende-

Regime noch vehementeren Widerstand entgegensetzte als die PDC. Die CIA unternahm auch den Versuch, die Regierungskoalition mit Hilfe von finanziellen Zuwendungen an Dissidentengruppen zu zersplittern.

Die Aktivitäten der CIA während der siebziger Jahre in Chile weisen zahlreiche Parallelen zu Aktionen auf, die während der sechziger Jahre stattfanden, wenngleich letztere finanziell weniger aufwendig waren. 1962 hatte die Special Group (Sonderausschuß und Vorläufer des 40-Committee) im Hinblick auf die 1964 anstehenden Wahlen mehrere hunderttausend Dollar für den organisatorischen Aufbau der PDC bewilligt. 1963 und 1967 gingen kleinere Beträge an gemäßigtere Gruppierungen innerhalb der Radikalenpartei. Die politische Doktrin chilenischer Parteien weist im übrigen, wie die italienischer Parteien, denen sie in vieler Hinsicht verwandt sind, wenig Übereinstimmung mit dem gewählten Namen auf.

Die Beeinflussung von Wahlen

Langfristige ,,Wahlkampfprojekte'' haben in den verdeckten Aktionen der CIA schon immer eine entscheidende Rolle gespielt. Sie wurden nach dem Muster früherer Erfolge, insbesondere während der Wahlen in Italien im Jahre 1948, als die CIA die Christdemokraten im Kampf gegen die Kommunisten finanziell und im geheimen unterstützte, entwickelt. In Chile stellten die CIA-Interventionen in nahezu jedem Wahlkampf, der in der Zeit von 1963 bis 1973 stattfand, einen maßgeblichen Faktor dar.

Die Präsidentschaftswahlen von 1964 sind ein besonders anschauliches Beispiel. Die CIA unterstützte den Kandidaten der Christdemokraten, Eduardo Frei, mit mehr als 2,6 Millionen Dollar. Mehr als die Hälfte des Budgets, das der PDC für ihre Wahlkampagnen zur Verfügung stand, stammte von der CIA. Eduardo Frei wurde nicht offiziell über die Identität des Geldgebers aufgeklärt, aber inwieweit er Vermutungen anstellte, steht auf einem anderen Blatt. Darüber hinaus finanzierte die CIA heimlich eine Reihe von Interessengruppen, die sich an den Christdemokraten orientierten, sowie zwei weitere politische Parteien.

Die CIA half den Christdemokraten eine Wahlkampagne nach amerikanischem Muster zu führen, einschließlich der obligaten Wahlurnen, Wählerregistrierung und Hochrechnungen. Auch hier waren die Grenzen zwischen verdeckten und offenen Aktionen fließend: Die chilenische Außenstation wurde durch zusätzliche CIA-Beamte verstärkt, die – insgeheim – über sämtliche Paraphernalien verfügten, mit denen ihre offiziellen Gegenspieler ausgestattet waren, z.B. Flugblätter, Wahlkampfplakate und elektronische Hochrechnungsgeräte in versteckten, abhörsicheren Hinterzimmern. Die geheime Kampagne wurde von einem interdisziplinären Wahlhelferkommitee von Washington aus gesteuert, das sich aus Repräsentanten des Weißen Hauses, des Außenministeriums und der CIA zusammensetzte.

Unterstützung anderer Institutionen und Gruppen

Den jeweiligen Umständen des Operationsgebietes entsprechend unterstützt die CIA eine Reihe von öffentlichen und privaten Gruppierungen mit dem Ziel, Bewegungen, die den amerikanischen Interessen schaden könnten, zu schwächen und den Vereinigten Staaten wohlgesonnene zu stärken. Zum Beispiel hatte die CIA zwischen 1964 und 1968 Kontakte sowohl zu den Sozialisten als auch zum chilenischen Kabinett entwickelt. Außerdem gab es Projekte, deren Ziele eigenen Angaben zufolge darin bestanden,

1. den Kommunisten die führende Rolle in den chilenischen Studentenverbänden streitig zu machen;
2. den Einfluß einer Fraueninitiative, die nach Ansicht Washingtons in der politischen wie intellektuellen Szene Chiles eine bedeutende Rolle spielte, zu stärken;
3. eine von der breiten Masse getragene Bürgerrechtsbewe-

gung als Bollwerk gegen die in Künstler- wie Intellektuellenkreisen dominierenden Kommunisten einzusetzen;

4. Organisationen des privaten Sektors bei der Wählerregistrierung und der Auswertung der Wahlergebnisse zu unterstützen.

Umsturzpläne

Bei nahezu sämtlichen verdeckten Aktionen größeren Stils hatte sich die CIA erklärtermaßen oder indirekt einen Umsturz des herrschenden Regimes zum Ziel gesetzt. Die Operationen, die man 1953 im Iran und 1954 in Guatemala durchführte, waren „Blitzerfolge", mit denen man einen Regierungswechsel herbeiführte. Die Invasion in der Schweinebucht, 1961 auf Cuba inszeniert, erwies sich als Fehlschlag. Aus den Anführungszeichen, mit denen ich den Begriff Blitzerfolge versehen habe, läßt sich entnehmen, welche Fragen hier besonders interessieren, nämlich: Handelt es sich hier um scheinbare oder tatsächliche Erfolge? Und wenn letztes zutrifft, welche Kriterien hat man bei der Definition zugrunde gelegt? In welchem Zeitraum wurden sie errungen? Rechtfertigen die Ergebnisse den Einsatz?

Die Rolle, die die CIA 1975 in Angola und in den achtziger Jahren in Guatemala spielte, war oberflächlich gesehen wenig dramatisch. In Angola plante die CIA keinen Staatsstreich, sondern bemühte sich, das Gleichgewicht der Kräfte zu beeinflussen, um eine Konsolidierung der Regierung zu verhindern. Im Fall von Nicaragua waren die Ziele der CIA weniger eindeutig. Die amerikanischen Politiker glaubten offensichtlich mit einem 'Störfeuer' die Regierung Nicaraguas daran hindern zu können, die regimefeindliche Guerilla im benachbarten El Salvador zu unterstützen.

Sowohl im Falle Angolas als auch in Nicaragua wurden die amerikanischen Zielvorstellungen im Verlauf des Konfliktes konkreter und ehrgeiziger. In Angola hatte man sich zunächst ein begrenztes Ziel gesetzt. Doch im Laufe der Zeit schienen die Politiker selbst nicht mehr eindeutig differenzieren zu können, und nach und nach nahm das Ziel, einen Regierungswechsel herbeizuführen, die Vorrangstellung ein.

Bei den Präsidentschaftswahlen in Chile 1970 lag Salvador Allende zwar in Führung, aber keiner der Kandidaten konnte die Stimmenmajorität auf sich vereinigen; deshalb sah sich der chilenische Kongreß zu einer Stichwahl zwischen Allende und seinem stärksten Kontrahenten gezwungen. In der Zeit zwischen der Wahl und der Abstimmung des Kongresses, die für den 15. September 1970 anberaumt war, war die CIA angehalten, Allendes Amtsübernahme zu verhindern, *eine Weisung, die dem CIA-Direktor Richard Helms von Präsident Richard Nixon persönlich erteilt wurde* und nicht nur vor dem Außen- und Verteidigungsministerium, sondern auch vor dem amerikanischen Botschafter in Santiago geheimgehalten werden sollte. Helms handgeschriebene Notizen von dem Gespräch mit Nixon zeugen von der Dringlichkeit dieser Order: ,,Bestenfalls Chancen von eins zu zehn, aber Chile muß um jeden Preis gerettet werden!...kein Risiko scheuen...die Botschaft nicht einschalten.... 10 000 000 Dollar verfügbar, im Bedarfsfall mehr....das Budget voll ausschöpfen.“[9]

Man griff zu dieser direkteren Taktik, ,,Track II“ genannt, weil die erste Welle verdeckter Aktionen mit dem Ziel, auf die Abstimmung des Kongresses Einfluß zu nehmen, zu scheitern drohte. Unter dem Druck der Ereignisse sahen sich Nixon und Henry Kissinger gezwungen, die nächste Phase einzuleiten. Bald war sowohl den Vertretern des Weißen Hauses als auch der CIA, die von dem Projekt ,,Track II“ Kenntnis hatten, klar, daß sich Allendes Machtübernahme nur mit einem Putsch der Militärs verhindern ließ. Deshalb nahm die CIA Kontakt zu zwei relativ locker strukturierten und sich teilweise überschneidenden Gruppierungen in den Reihen der Streitkräfte auf, die einen Staatsstreich in Erwägung zogen – wohl wissend, daß jeder geplante Umsturz mit der Beseitigung des Oberkommandierenden der Streitkräfte, General René Schneiders, beginnen mußte.

Die CIA brach die Beziehung zu einer dieser Gruppen ab, weil sie unergiebig schien, und belieferte die andere mit Handfeuerwaffen und Tränengas – was wohl mehr eine symbolische Geste der Unterstützung als eine logistische Notwendigkeit war. Dieser Gruppe gelang es nicht, ihre Pläne zu realisieren, und so gab sie die Waffen zu einem späteren Zeitpunkt, offenbar unbenutzt, zurück. Am 22. Oktober versuchte die Gruppe, zu der die CIA den Kontakt eine Woche vorher abgebrochen hatte, Schneider zu entführen; dieser leistete erbitterten Widerstand und starb an den Folgen einer Schußverletzung, die er bei dem Handgemenge davongetragen hatte.

Mordkomplotte gegen ausländische Politiker

Der Tod Schneiders war anscheinend nicht vorgesehen; aber es gibt Fälle, in denen man auch vor einem Attentat nicht zurückschreckte. Wie im Fall Schneider wurden manche Politiker getötet, nachdem die CIA den Kontakt zu einer bestimmten regimefeindlichen Gruppe abgebrochen oder keine Kontrolle mehr über sie hatte. Die Anschläge auf Kubas Regierungschef Fidel Castro, die sich allein zwischen 1961 und 1965 auf mindestens acht beliefen, waren weder ein Zufallsprodukt noch unbeabsichtigt.[10]

Die Attentate waren auch eines der Hauptthemen des Church-Ausschusses, dem ich angehörte. Da meine Hoffnungen, der Ausschuß möge sich eingehender mit den verdeckten Aktionen und der amerikanischen Außenpolitik befassen, zunehmend schwanden, weil man allzu lange beim Thema Attentate verweilte, machte ich gegenüber einem Kollegen die vielleicht etwas zu scharfzüngige Bemerkung: „Das einzige geplante Attentat, das der CIA zu glücken scheint, ist gegen den Church-Ausschuß gerichtet.“ [11] In meinen Augen nehmen die Attentatspläne eine Ausnahmestellung ein; sie sind ein trauriges Kapitel der Vergangenheit und Spiegelbild einer ungewöhnlichen Periode. John Stockwell, Direktor der CIA-Außenstation in Angola, sprach von dem Entsetzen, das er empfand, als er erfuhr, daß die CIA trotz gegenteiliger Beteuerungen an Attentaten beteiligt war, insbesondere an der Ermordung Lumumbas. Der Präsident gehörte derselben Glaubensgemeinschaft an wie Stockwells Eltern, die im Kongo als Missionare tätig gewesen waren.[12] 1975 und 1976 wurde ich Zeuge ähnlicher Reaktionen von anderen CIA-Beamten, wenn ich mich im CIA-Hauptquartier in Virginia aufhielt oder mit dem Zubringerbus von Langley nach Washington fuhr.

Ob die jeweiligen Präsidenten und ihre engsten Berater, besonders während der Amtszeit Kennedys, die Attentatspläne genehmigt oder auch nur Kenntnis davon hatten, wird wohl nie endgültig geklärt werden können. Mit Sicherheit ist nur zu sagen, daß sich die CIA-Angehörigen, die mit der Planung befaßt waren, zu einer so drastischen Maßnahme berechtigt fühlten. Sie standen unter enormem Druck, das Problem Castro zu „lösen". Nichts schien für sie undenkbar. *Und damals war es bei den ausführenden Organen der CIA nicht üblich, sich an das Weiße Haus mit der Frage zu wenden: „Herr Präsident, ist Mord mitinbegriffen, wenn es heißt, Castro muß verschwinden? Und können Sie mir Ihr Einverständnis bitte schriftlich geben?"* Aber eben dieses Thema, die Frage nach der Ermächtigung und Verantwortung, die noch immer relevant ist, muß im Mittelpunkt stehen. Die Abzweigung von Geldern aus Waffenverkäufen an den Iran legt Zeugnis davon ab.

Wenn man sich heute diese Attentatsversuche ins Gedächtnis zurückruft, ohne auf den Einzelfall einzugehen, dann fällt auf, daß die wenigsten von Erfolg gekrönt waren. Die CIA, der es mitunter gelang, Regierungen zu Fall zu bringen, konnte Castros Tod nicht herbeiführen. Als ich noch für den Senatsausschuß tätig war, arbeitete ich einmal an einer Rede, die der damalige Senator Walter Mondale vor der amerikanischen Öffentlichkeit halten sollte. Bei der Erwähnung der Mordkomplotte nahm ich eine Anleihe bei

Jimmy Breslins Bericht über die Mafia und bezeichnete die CIA als eine ,,Bande, die mit ihren Waffen ständig das Ziel verfehlt". Zum Glück besaß der Senator mehr Taktgefühl als ich und strich diesen Satz.

Daß diese Pläne und Versuche zum Scheitern verurteilt waren, lag meiner Meinung nach vor allem daran, daß CIA-Mitarbeiter, denen die Durchführung oblag, der Idee im Grunde wenig abgewinnen konnten. Sie ließen sich nicht mit ihrer Berufsauffassung vereinbaren. Wer eine Revolution anzettelt, muß – wie bei der Zubereitung eines Omeletts – in Kauf nehmen, einige Eier zu zerbrechen; dasselbe gilt für die Drahtzieher von Konterrevolutionen. Es läßt sich in den seltensten Fällen vermeiden, daß Menschen getötet werden. Die CIA-Beamten akzeptieren diese Tatsache als ein notwendiges Übel in ihrem Gewerbe. Aber eine bestimmte Person, einen ausländischen Politiker beispielsweise, als Ziel bewußt anzuvisieren, stand auf einem anderen Blatt. Das waren Methoden, deren sich die Mafia, und nicht der Geheimdienst – die Operationsleitung der CIA – bediente. Daher ist es unter Umständen kein Zufall, daß bei den von der CIA geplanten Attentaten auf Castro die Mafia eine so zentrale Rolle spielte.

Paramilitärische Operationen

Im Extremfall nahmen paramilitärische Operationen Ausmaße an, die sich mit einem offen geführten Krieg vergleichen lassen; ,,geheim" war diese Form der Kriegsführung nur insofern, als die Vereinigten Staaten danach trachteten, sich von einer direkten Beteiligung zu distanzieren. Erinnert sei beispielsweise an den ,,geheimen Krieg" in Laos, zu dem sich niemand bekennen wollte, bei dem die CIA-Spezialisten für paramilitärische Einsätze als Berater fungierten und die laotischen Bergstämme das Kämpfen besorgten. Auf Laos soll allerdings nicht näher eingegangen werden. Wie die zu einem früheren Zeitpunkt durchgeführten paramilitärischen Operationen der CIA in Korea, so war auch Laos ein Teil des Krieges, den die Vereinigten Staaten offen führten; weder die Kampfhandlungen noch die Zwecke, die damit verfolgt wurden, ließen sich geheimhalten.

Am anderen Ende des Spektrums sind paramilitärische Operationen anzusiedeln, die sich nicht selten in heimlichen Waffenlieferungen oder einer Ausbildung nach amerikanischem Muster erschöpfen und die man zum Beispiel den „Palastwachen“ angedeihen läßt, um befreundete Staatschefs zu schützen, die wenig Wert darauf legen, daß die Protektion der USA bekannt wird.

Angola und Nicaragua nehmen auf dieser Skala eine Stellung in der Mitte ein. Im Fall Angola bewilligte das 40-Committee 1975 – 1976 insgesamt 32 Millionen Dollar, die zwei der drei kriegführenden Parteien zugedacht waren, wobei der größte Teil für Waffenkäufe verwendet wurde. Die Zahl der CIA-Mitarbeiter, die in diesem Zielgebiet operierte, belief sich auf weniger als hundert. In Nicaragua hatten die Aufständischen Mitte der achtziger Jahre bereits zehntausend Mann unter Waffen. In den fünf Jahren, in denen die CIA sie finanziell unterstützte, erhielten sie schätzungsweise 200 Millionen Dollar. Die Zahl der CIA-Beamten, die sich in Lateinamerika im Einsatz befand, war – wie in Angola – klein und konnte die Contras ohnehin nicht beim Grenzübertritt nach Nicaragua begleiten. Erst als das Programm erweitert wurde, übernahmen die amerikanischen Streitkräfte auch die Ausbildung der Rebellenarmee.

All diese paramilitärischen Operationen weisen die gleichen Elemente auf: die CIA versorgte die Gruppen und Bewegungen mit Geldmitteln und Waffen, die von den USA unterstützt wurden, fand Mittel und Wege, um beides zu transferieren und stellte ihnen Mitarbeiter der CIA und anderer Institutionen zur Verfügung, die für die militärische Ausbildung und Beratung zuständig waren. Die Waffensysteme galten als „steril“, das heißt, die USA ließen sich nur schwer als Lieferant identifizieren. Aus diesem Grunde wurde die Brigade 2506, die die Invasion in der Schweinebucht im Jahre 1961 einleitete, auch von Luftverbänden unterstützt, die aus veralteten Modellen bestanden und die Vermutung nahelegten, sie seien von Überläufern aus Castros eigener Luftwaffe 'erbeutet' worden. Die angolanischen Truppen erhielten von der CIA Waffen, die entweder aus dem Arsenal des Nachbarstaates Zaire stammten oder ihnen zumindest ähnelten.

In den ersten Jahren nach Kriegsende waren Waffen, die in der UdSSR oder von ihren Verbündeten hergestellt wurden, bei der CIA – trotz aller Probleme bei der Beschaffung – besonders beliebt, weil sich nur schwer eine Verbindung zu den Vereinigten Staaten nachweisen ließ. In jüngerer Zeit, seit sie überall auf den Weltmärkten gehandelt werden und mehrere der ehemaligen sowjetischen Verbündeten – allen voran Ägypten – die Fronten gewechselt haben, ist der Nachschub der CIA relativ gesichert. Als die USA sich zu Beginn der achtziger Jahre entschlossen, die Widerstandsbewegungen in Afghanistan zu unterstützen, bestanden die Waffenlieferungen der CIA in dieses Kampfgebiet fast ausschließlich aus sowjetischen Fabrikaten.

Um diese paramilitärischen Operationen reibungslos abzuwickeln, hat die CIA ein Netzwerk von Luftlandestützpunkten und Depots im „Frontgebiet" eingerichtet sowie Organisationen aufgebaut, die die Versorgung mit Waffen und Nachschubgütern regeln. Während des Vietnam-Krieges wurde dieses Netzwerk, in dessen Mittelpunkt die Air America stand, zu einer schlagkräftigen ‚Luftwaffe' ausgebaut. Nach Vietnam trennte sich die CIA von ihren „Immobilien", hielt aber den Kontakt mit diesen Firmen aufrecht; viele der „neuen" Manager sind Privatpersonen – CIA-Beamte im Ruhestand. Oft wurden nicht einmal die Firmennamen geändert: die Southern Air Transport, während des Krieges für die CIA tätig und inzwischen ein „Privatunternehmen", übernahm zwei Jahrzehnte später die Waffenlieferungen an die Contras in Nicaragua.

Für die Versorgung mit Waffen und die militärische Ausbildung braucht man Stützpunkte. Der nicaraguanische

Diktator Somoza richtete Basen für die von der CIA lancierten Operationen ein, die sich 1954 auf das Zielgebiet Guatemala und 1961 auf Kuba konzentrierten. Guatemala, das 1964 zum Ziel geheimer CIA-Operationen wurde, zählte 1961 noch zu den Verbündeten und diente als Haupttrainingslager für die Brigade 2506. Als Nicaragua anvisiert wurde, übernahm Honduras die Rolle des Gastgebers und richtete Ausbildungslager für die Contras ein. Im Fall einer nicaraguanischen Hafenstadt schloß sich der Kreis des geheimen Krieges: sie hatte 1954 als Operationsbasis für die von der CIA gesteuerte Invasion Guatemalas gedient; drei Jahrzehnte später wurde sie Operationsziel der von der CIA unterstützten Contras.

Verdeckte Aktionen in der Welt der Geheimdienste

Verdeckte Aktionen sind nur ein Teilbereich der geheimdienstlichen Aktivitäten, wenn auch ein wesentlich brisanterer, als es seiner Größe entspricht. Die Welt der Geheimdienste erfordert einen gewissen Wagemut – aber in weit größerem Maße Geduld und Beharrlichkeit. Nur wenige CIA-Beamte könnte man im herkömmlichen Sinn als „Spione" bezeichnen. (In den meisten Spionageromanen handelt es sich im übrigen auch weniger um Spionage, sondern vielmehr um Gegenspionage.) Als „Agenten" werden zumeist Ausländer angeworben, die von bestimmten CIA-Mitarbeitern „geführt" werden, wie es im Jargon heißt.

Die klassische Aufgabenstellung der Nachrichtendienste läßt sich zwei Kategorien zuordnen. Sie besteht in der *Informationsbeschaffung* und der *Informationsauswertung*, das heißt, im Sammeln, Filtern, Analysieren und Auswerten von Nachrichten. Das Rohmaterial stammt aus den verschiedensten Quellen: es wird z.B. von Personen im Ausland bewußt (das heißt offen an die Beamten des Außenministeriums bzw. über geheime Kanäle an ihre Führungsoffiziere von der CIA) oder ungewollt (wenn beispielsweise Gespräche abgehört werden oder Verbindungsleute Bericht über ihre Kontaktpersonen erstatten) weitergegeben. Eine weitere Informationsquelle sind Satellitenfotos und die offiziellen Nachrichten in den ausländischen Medien.

Die Informationssammlung via Satellit oder mit Hilfe anderer „technischer Quellen vor Ort" beansprucht mit 20 Milliarden Dollar jährlich den Löwenanteil des Budgets, das dem Nachrichtendienst zur Verfügung steht. Im Vergleich zu dieser recht kostspieligen Variante der Nachrichtenbeschaffung ist die Informationsanalyse, ja sogar das Spionagegeschäft billig. Mit der Nachrichtensammlung sind eine Reihe von Institutionen befaßt, die zur amerikanischen Regierung gehören: das Außenministerium, die CIA, Militärattachés, das National Reconnaissance Office (Büro für die Auswertung nachrichtendienstlicher Erkenntnisse), die National Security Agency (Nationaler Sicherheitsdienst) und der Foreign Broadcast Information Service (Auslandsnachrichtendienst), um nur einige der bekanntesten zu nennen.

Mit der Informationsauswertung ist rund die Hälfte des CIA-Mitarbeiterstabes betraut, die der Abteilung DDI, (*Directorate of Intelligence*) angehören. Die DIA (*Defense Intelligence Agency*) nimmt die Analysen militärischen Nachrichtenmaterials vor, und das Außenministerium unterhält ein eigenes Büro für Nachrichtensammlung und Forschung, INR genannt (*Bureau of Intelligence and Research*). Es gibt noch eine Vielzahl von Arbeitsgruppen in Regierungskreisen, die sich mit der Auswertung nachrichtendienstlicher Erkenntnisse befassen.[13] Diese Experten werden in Washington und nicht im Ausland eingesetzt. Ihre Aufgabe besteht darin, Informationen aus allen verfügbaren Quellen zu sichten. Diese Analytiker haben wenig Ähnlichkeit mit Spionen vom Typ James Bond. Sie machen vor Freunden und Bekannten kein Geheimnis daraus, daß ihr Arbeitgeber die CIA ist. Man könnte sie eher für Professoren als für Verschwörer halten.

Die zweite Hauptbereich der CIA – das Directorate of Operations (Operationsleitung), das früher als Directorate of Plans (Planungsdirektorium) bezeichnet wurde, gilt als der Kern der Secret Intelligence Agency (SI), des geheimen Nachrichtendienstes. Seine Außendienstmitarbeiter sind im Untergrund, unter „leichter" oder „offizieller Tarnung", tätig; sie nehmen eine Identität an, die von verschiedenen Regierungsbehörden geliefert wird. In Wirklichkeit gehören sie jedoch dem CIA an.

Die CIA-Beamten, die als „Maulwürfe" (das heißt für langfristige Aufgaben und unter besonderer Tarnung) eingeschleust werden, geben vor, Geschäftsleute oder Privatpersonen zu sein, die mit der US-Regierung nicht das geringste zu tun haben. Diese Art der Tarnung ist schwer zu arrangieren und noch mühsamer aufrechtzuerhalten. Da die Regierung ihren Mitarbeitern keinen offiziellen Schutz gewähren kann, gilt sie auch als gefährlich und wird daher nur selten angewandt. Selbst die leichte Tarnung kann nervenaufreibend sein, denn der Agent muß zwei Rollen gleichzeitig spielen und sowohl der angenommenen wie auch seiner wahren Identität und den damit verbundenen Aufgaben gerecht werden. Kein Wunder also, daß die Außendienstmitarbeiter der CIA ständig in der Furcht vor Enttarnung leben.

Der Geheimdienst nimmt drei Aufgabenbereiche wahr: die Informationssammlung oder Spionagetätigkeit, die Spionageabwehr und geheime Operationen. Die Spionageabwehr beinhaltet genau das, was die Bezeichnung andeutet: den Schutz amerikanischer Institutionen vor der Infiltration ausländischer Nachrichtendienste. Dieses Ressort wurde einmal von James Angleton, dem langjährigen Leiter der Spionageabwehr-Abteilung der CIA, der im Geheimdienst als legendäre Figur gilt, sehr treffend als „Spiegellabyrinth" bezeichnet.[14] In dieser Welt von Doppel- und Tripelagenten ist es ein hartes Brot herauszufinden, wer für wen „arbeitet" und folglich wem Loyalität schuldet. Seit Jahren gibt es in Washington vehemente Diskussionen darüber, ob man bestimmte osteuropäische Überläufer als legitime Emigranten oder als eingeschleuste Agenten der Sowjets einstufen soll. In einem inzwischen publik gewordenen Fall aus den sechziger Jahren wurde ein russischer Überläufer drei Jahre lang unter strengen Hausarrest gestellt, bis sich die CIA-Behörden über seinen Status einigen konnten. [15]

Sowohl die Spionagetätigkeit als auch die verdeckten Aktionen erfordern geheime Beziehungen zwischen CIA-Führungsoffizieren und ausländischen Agenten, wenngleich der Zweck dieses Bündnisses unterschiedlich sein kann. Der CIA-Beamte nimmt Verbindung zu einer Kontaktperson in einer politischen Partei oder Regierungsbehörde des Gastlandes auf, die für die Vereinigten Staaten von Interesse sind. Der Kontaktmann verrät de facto seine Institution oder sein Land, indem er seinem Führungsoffizier Bericht erstattet. Seine Motive sind unterschiedlich: er handelt entweder aus ideologischer Überzeugung oder aufgrund finanzieller und/oder sonstiger materieller Anreize. Die Beziehung unterliegt strengster Geheimhaltung, die dem Schutz des Agenten dient. Den Gegebenheiten des Einsatzgebietes entsprechend kann die Kommunikation zwischen dem Agenten und seinem Führungsoffizier mehr oder weniger regelmäßig erfolgen und über „tote Briefkästen", „vereinbarte Treffs" und andere Elemente des Geheimdienstgewerbes nach dem Muster John le Carrés abgewickelt werden.

Aber der eigentliche Zweck der Spionagetätigkeit ist die Informationssammlung, nicht die Aktion. Der Führungsoffizier gibt seinen Informanten keine konkreten Handlungsrichtlinien vor, nicht zuletzt deshalb, weil sich dadurch das Risiko erhöhen würde, daß man die Verbindung des Agenten zur CIA entdeckt. Im Mittelpunkt der im Bereich verdeckte Aktionen tätigen Kontaktpersonen der CIA steht das Handeln, auch wenn die Verbindung selbst geheimgehalten wird. Die Führungsoffiziere geben ihren Agenten spezifische Instruktionen: Sie versorgen ihre Kontakte mit Informationen, Geldmitteln, Waffen oder der entsprechenden Ausbildung.

Die drei Hauptfunktionen des Geheimdienstes – Spionage, Spionageabwehr und verdeckte Aktionen – werden von verschiedenen Abteilungen und Gruppen der CIA in Washington wahrgenommen; auch die im Außendienst eingesetzten CIA-Beamten sind Experten auf einem bestimmten Gebiet. In der Praxis lassen sich die einzelnen Aufgabenstellungen des Geheimdienstes selten klar definieren und voneinander abgrenzen. Ein Agentennetz, das zu Zwecken der geheimen Nachrichtenbeschaffung aufgebaut wurde, kann auch bei verdeckten Aktionen eingesetzt werden. Deshalb sind Konflikte zwischen diesen beiden Aktionsbereichen des Geheimdienstes – den geheimen Drahtziehern der Spionagetätigkeit und den Akteuren – geradezu vorprogrammiert. Aus der Sicht der CIA-Beamten, die sich mit Spionage befassen, erfordert ihre Aufgabenstellung Geduld und äußerste Verschwiegenheit. Im Gegensatz dazu zielt man bei größeren geheimen Operationen auf unmittelbare und oftmals spektakuläre Ergebnisse ab, die sich nur selten geheimhalten lassen; sie „fliegen auf", wie es im Jargon heißt, und erschweren somit die Spionagearbeit.

Die Nachrichtenbeschaffung enthält auch für die Informanten zahlreiche Signale. Diese Tatsache ist so alt wie die Geschichte der Geheimdiensttätigkeit und machte sich besonders bei den CIA-Verbindungsleuten in den Reihen der Militärs bemerkbar, die während des Allende-Regimes mit der Nachrichtenbeschaffung befaßt waren. Die CIA-Informanten geben die gesammelten Daten und Fakten selten passiv weiter. Sie haben sich der CIA aus unterschiedlichen Beweggründen zur Verfügung gestellt: Zu den häufigsten Motiven zählen Geld, das Gefühl, eine wichtige Rolle zu spielen, Abenteuerlust, der Wunsch, ihr Heimatland zu verlassen oder andere materielle Vorteile. Aber nicht selten handelt es sich um „politische Akteure", die ihre eigenen Interessen verfolgen. Sie sehen in der Verbindung zur CIA eine Möglicheit, ihre spezifischen Ziele zu verwirklichen, und deuten das wohlwollende Verhalten ihrer Führungsoffiziere als Zeichen der Unterstützung, die man ihrer Sache angedeihen läßt.

Die Institutionalisierung des Geheimdienstes

Amerika hat erst sehr spät begonnen, den Geheimdienst zu institutionalisieren. Obwohl es in den USA schon zu Lebzeiten George Washingtons Spionagetätigkeit gab, leitete erst der Zweite Weltkrieg und der unmittelbar nachfolgende Kalte Krieg die Geburtsstunde der *Central Intelligence Agency* ein. Der gewonnene Krieg und die politischen Unwägbarkeiten der Nachkriegszeit trugen entscheidend zum Entstehen der Organisation bei. Die historischen Anfänge der CIA spiegeln den abrupten Stimmungswechsel – von der Euphorie über den Sieg im Zweiten Weltkrieg zur Angst vor drohenden sowjetischen Übergriffen auf Westeuropa – wider. Weder die Behörde noch ihre geheimen Kriege lassen sich objektiv bewerten, wenn man diese Tatsache ausklammert.

Die Wurzeln der CIA und des Bereichs verdeckte Aktionen sind im OSS (Office of Strategic Services), dem Büro für strategische Angelegenheiten, zu suchen, das während des Zweiten Weltkriegs als erste unabhängige Organisationsform der Central Intelligence entstand.[16] Es wurde von William J. Donovan („Der wilde Bill" genannt) geleitet, einem prominenten Anwalt und Helden im Ersten Weltkrieg. Das OSS brachte der CIA Inspiration, eine festgefügte Struktur und ein Kader von Veteranen ein. Zu ihm gehörte auch der kürzlich verstorbene CIA-Direktor William Casey, der noch vierzig Jahre nach Kriegsende für die CIA tätig war.

Donovan plante 1940 die Einrichtung einer eigenständigen nachrichtendienstlichen Organisation und erhielt 1941 Präsident Roosevelts Zustimmung. Im Dezember 1941 erfolgte der Angriff der Japaner auf Pearl Harbour und die

Kriegserklärung durch das Deutsche Reich. Das OSS kam unter der Leitung amerikanischer Militärs zum erstenmal zum vollen Einsatz. OSS-Mitglieder sprangen mit dem Fallschirm über Frankreich und Norwegen ab und schlossen sich den dortigen Untergrundbewegungen an, kämpften Seite an Seite mit italienischen Partisanen und organisierten den Widerstand der burmesischen Bergstämme gegen die Japaner. In fast allen Operationsgebieten arbeitete das OSS eng, wenn auch nicht immer ohne Probleme, mit dem Britischen Geheimdienst zusammen, der als Modell für das OSS gedient hatte.

Das OSS konnte sich im Krieg zahlloser Erfolge rühmen. In Burma gelang es dreihundert OSS-Offizieren eine Armee zu rekrutieren, die sich vornehmlich aus Angehörigen der Bergstämme zusammensetzte und rund neuntausend Soldaten umfaßte. Als die Invasion in der Normandie vorbereitet wurde, bildeten die „Jedburgh-Verbände" – Fallschirmspringereinheiten der OSS – die Vorhut und schlossen sich der Résistance an. Als der D-Day (Tag der Invasion, 06.06.1944) anbrach, befanden sich bereits fünfhundert Verbündete Amerikas aus der Free French-Bewegung und 375 amerikanische Offiziere im besetzten Frankreich.

Das OSS setzte den Standard für den amerikanischen Nachrichtendienst. Seine Struktur diente der CIA als Modell. Darüber hinaus bestimmte es die Form der Zusammenarbeit zwischen der CIA und anderen Teilbereichen des Washingtoner Regierungsapparates. Die Abteilung, die sich mit der Nachrichtenbeschaffung und -auswertung befaßte, unterhielt keine permanenten Kommunikationskanäle zu Präsident Roosevelt, der eigene, wechselnde Berater und informelle Gespräche als Informationsquellen vorzog. Die Militärs, die die unkonventionelle 'Geburt' der Organisation mit Mißtrauen verfolgt hatten, versuchten, den Aktionsradius des OSS einzugrenzen, und gaben ihre Informationen nur zögernd weiter. General Douglas MacArthur gelang es schließlich, das OSS aus den Operationsgebieten China und Pazifik auszuschließen. Der FBI wurde wieder mit den nachrichtendienstlichen Aktivitäten im Inland sowie in Lateinamerika betraut, einschließlich sämtlicher geheimen Operationen.

Die Eile, mit der man bei Kriegsende zu demobilisieren begann, hinterließ auch ihre Spuren im OSS: Ungeachtet seiner Verdienste und trotz Donovans Protesten löste Präsident Harry Truman die Organisation am 1. Oktober 1945 auf; einzelne Funktionen und Aufgabenbereiche verteilte man auf die verschiedenen Behörden. 1952 wurden jedoch die versprengten Abteilungen wieder in die CIA integriert, der nun mehr die geheime Nachrichtenbeschaffung, die Informationsauswertung und die verdeckten Aktionen oblagen.

Erstaunlicherweise maß man den geheimen Operationen im Amerika der Nachkriegszeit weniger Bedeutung bei als der Frage, mit welchen Mitteln und Methoden die US-Regierung der sowjetischen Bedrohung wirksam begegnen konnte. Höchste Priorität hatte die Aufgabe, die während des Krieges oft mangelhafte Kooperation zwischen den verschiedenen militärischen Dienststellen und den Behörden zu verbessern. Das zweitwichtigste Thema war das Problem, wie sich ein zweites „Pearl Harbour" vermeiden ließ – ein Desaster, das man der fragmentarischen Nachrichtenbeschaffung im militärischen Bereich zuschrieb, die weder erste Anzeichen einer nahenden Katastrophe erkennen ließ noch Rückschlüsse erlaubte, die für ranghohe Regierungsbeamte zwingend schienen.

Mit Hilfe diverser interner Studien gelangte Washington zu der Erkenntnis, daß weder die Behörden, die dem Verteidigungsministerium noch dem Außenministerium unterstellt waren, der Aufgabe einer umfassenden Informationsauswertung gewachsen schienen und sich mit der Effektivität eines zentralisierten Nachrichtendienstes nicht messen konnten. Deshalb folgte Präsident Truman im Januar 1946 den Empfehlungen des Eberstadt-Reports, einer Studie, die von Ferdinand Eberstadt, einem einflußreichen Investmentbankier, geleitet wurde. Truman schuf die Central Intelligence Group (CIG), die dem ersten Direktor der Central Intelligence (DCI), Admiral Sidney Souers, unterstand. Die verschiedenen Abteilungen behielten allerdings ihre Informationsbeschaffungs- und auswertungsfunktionen und stellten der CIG Personal und einen Teil ihrer Budgets zur Verfügung. Die CIG war ein Produkt dieser Abteilungen; ihre Rolle beschränkte sich auf die Sammlung und Weitergabe von Nachrichten und beinhaltete keine Befugnisse gegenüber den Mitarbeitern, deren Aktivitäten sie eigentlich koordinieren sollten.

In den folgenden Jahren konzentrierten sich die Leiter der Central Intelligence darauf, den Ruf der CIG als eigenständige, mit der Informationsauswertung betraute Abteilung zu festigen. Erst 1946 gelang es ihr, die Aktivitäten auch auf den Bereich der Spionage auszuweiten. Als das OSS nach dem Krieg aufgelöst wurde, gliederte man einen Teil des Personals, das der SSU (Strategic Services Unit = Einheit für strategische Dienste, dem die geheime Nachrichtenbeschaffung und die Gegenspionage oblag) zeitweilig dem Kriegsministerium an, eine Maßnahme, mit der man die Arbeitsgruppe auslöschen und nicht erhalten wollte. Für die CIG stellte die anschließende Übernahme der SSU, die diverse Außenstellen in Nordafrika und Nahost unterhielt, den symbolträchtigen Einstieg in ein völlig anders geartetes Aufgabengebiet dar. Die SSU wurde in das neu gegründete Office of Special Operations (OSO) integriert, das für Sondereinsätze im Spionagebereich wie auch in der Spionageabwehr zuständig war. Ende 1946 zählten achthundert Mitarbeiter zu dieser Abteilung.

Das Gesetz zur Wahrung der Nationalen Sicherheit, das 1947 ratifiziert wurde, legte die Strukturveränderungen im Regierungsapparat fest, die seit Ende des Zweiten Weltkriegs debattiert worden waren: Es schuf separate Teilstreitkräfte – Luftwaffe, Armee und Marine –, die dem Verteidigungsministerium unterstellt waren und von einer Gruppe von Militärs koordiniert wurden, sowie den Nationalen Sicherheitsrat (NSC). Exekutive und Kongreß konzentrierten sich vornehmlich auf die militärischen und weniger auf die nachrichtendienstlichen Aktivitäten. Die CIG wurde in Central Intelligence Agency umbenannt, aber das Gesetz ließ ihre Funktionen unangetastet.

Erst eine Serie sowjetischer Erfolge rückte die verdeckten Aktionen ins Rampenlicht: Im März 1946 hatte Moskau sich geweigert, seine Truppen aus dem Iran, präziser gesagt, aus der Region um Aserbaidschan, abzuziehen. Zwei Monate später brach in Griechenland der Bürgerkrieg aus, und 1947 hatte die Sowjetunion in Polen, Ungarn und Rumänien die Macht übernommen.

Die spontane Reaktion der USA auf die Eröffnung des Kalten Krieges ließ nicht lange auf sich warten: man unterstützte Europa massiv mit Hilfe der *Truman-Doktrin* und des *Marshall-Planes*. Die zweite Aktionswelle weckte erneut das Interesse an der sogenannten geheimen „psychologischen Kriegsführung", einem Katalog verdeckter Maßnahmen, die wir heute als Propaganda bezeichnen würden. Im Herbst 1947 schienen sich die offiziellen Vertreter der US-Regierung darauf geeinigt zu haben, daß ein solcher Aktionskurs unerläßlich sei; es gab jedoch noch keine definitive Entscheidung darüber, wie dieses außenpolitische Instrument eingesetzt und strukturiert oder in welche der bestehenden Institutionen es organisatorisch eingegliedert werden sollte.

Im November stimmte Truman der Empfehlung des soeben erst konstituierten Verteidigungsministeriums zu, alle offenen wie verdeckten Propagandaaktivitäten der Verantwortlichkeit des Außenministeriums zu unterstellen. Der Außenminister George Marshall, der „stille Held" des Zweiten Weltkriegs, hielt jedoch nichts von diesem Vorschlag. Er führte vehement an, daß verdeckte Aktionen bei Bekanntwerden sowohl das Ministerium als auch die gesamte Außenpolitik Amerikas diskreditieren würden. Im November griff der Nationale Sicherheitsrat (NSC) das Thema in seiner ersten Sitzung auf, und am nächsten Tag, dem 14. Dezember, unterzeichnete Truman die vom NSC beschlossene *Direktive NSC 4/A*; sie überantwortete der CIA die verdeckten Aktivitäten, die in den Bereich der geheimen psychologischen Kriegsführung fielen.

Daß die Wahl auf die CIA gefallen war, ersparte nicht nur den übrigen Abteilungen die Risiken, die zwangsläufig mit geheimen Operationen verbunden sind, sondern wurde auch als zweckmäßige Entscheidung betrachtet: Rund ein Drittel der CIA-Beamten waren OSS-Veteranen. Die Behörde besaß bereits ein Netzwerk von Außenstellen und verfügte über ein nicht nachgewiesenes Budget für die Spionagetätigkeit, weshalb sie auf die Bewilligung von Geldern zu geheimen Zwecken seitens des Kongresses verzichten konnte. Innerhalb einer Woche nach Bekanntgabe der NSC 4/A-Direktive gründete die CIA die Special Procedures Group (SPG), die dem OSO (Office of Special Operations = Büro für Sonderoperationen) angegliedert war. Die SPG strahlte innerhalb eines Jahres Nachrichtensendungen in den Ostblock aus, druckte insgeheim Propagandamaterial in Westdeutschland und warf Flugblätter von einem Freiballon aus über dem Ostblock ab.

Die zunehmende Verschärfung des ‚Kalten Krieges' zwang die Politiker nachzudenken, wie man dieser „zusätzlichen Dimension" der Außenpolitik noch größere Schlagkraft verleihen könnte. Im Februar 1948 gelang den Kommunisten die Machtübernahme in der CSSR, die Welle kommunistischer Agitation in Frankreich und Italien gewann an Intensität. Im März befand sich die amerikanische Regierung am Rande der Hysterie, als man von General Lucius Clay, dem amerikanischen Hochkommissar in Deutschland, per Telegramm die Warnung erhielt, ein Krieg mit Rußland „könne jeden Augenblick ausbrechen."[18] In dieser extrem gespannten Atmosphäre verabschiedete der Nationale Sicherheitsrat die *Direktive NSC 10/2*, die auf einem Plan George Kennans beruhte, damaliger Direktor des politischen Planungsstabes des Außenministeriums und Urheber der inzwischen berühmten *„Mr.X"-Depesche*, in der von der Stillhaltepolitik der Sowjetunion die Rede war.

Die Direktive NSC 10/2 brachte den Wendepunkt in der Entwicklungsgeschichte der verdeckten Aktionen, die nicht länger als ein Propagandawerkzeug, sondern von nun an als ein Instrument der direkten Einflußnahme betrachtet wurden. Folgende Aktivitäten wurden wortgemäß in diesem Bereich zusammengefaßt:

> Propaganda, wirtschaftliche Kriegsführung, direkte Präventivmaßnahmen wie Sabotage, Sabotageabwehr, Demontage und Evakuierungsmaßnahmen, gegen Feindstaaten gerichtete Subversion einschließlich der Unterstützung von Widerstandsbewegungen, die im Untergrund arbeiten, von Guerillaverbänden und Emigrantenorganisationen sowie Unterstützung von antikommunistischen Elementen in den bedrohten Ländern der freien Welt.[19]

Die Direktive NSC 10/2 kodifizierte auch das Konzept der ,,glaubhaften Dementi'': Die geheimen Operationen mußten ,,derart geplant und durchgeführt werden, daß die Verantwortlichkeit der amerikanischen Regierung nicht autorisierten Personen verborgen bleibt und die amerikanische Regierung für den Fall, daß solche Aktivitäten bekannt werden, jede Beteiligung überzeugend dementieren kann.''

Diese Aktivitäten wurden, im Gegensatz zu den Propagandafeldzügen, als zusätzliche Dimension der militärischen Aufgaben des Verteidigungsministeriums und der politischen Funktionen des Außenministeriums betrachtet. Deshalb sollte eine spezifische Organisation geschaffen werden, die dieser Definition Rechnung trug. So entstand das OPC (Office of Policy Coordination = Amt für politische Koordination), das die Aufgaben der Special Procedures Group (SPG) übernahm. Das Amt wurde in die CIA eingegliedert, die für ,,Verpflegung und Unterkunft''[20] sorgte, war aber nicht aus ihr hervorgegangen; der Leiter des OPC wurde vom Außenminister ernannt und erhielt seine Anweisungen nicht vom Direktor der Central Intelligence – der in dieser Befehlshierarchie ausgeklammert war –, sondern direkt vom Außen- und Verteidigungsministerium. Zum ersten Mal in der Geschichte der Vereinigten Staaten hatte ein Präsident konkrete Richtlinien für die Genehmigung und Durchführung verdeckter Aktionen konzipiert.

Die geistigen Väter des OPC, vor allem Kennan, hatten eine Institution vorgesehen, die mit bescheidenem Personalstab und nur im Bedarfsfall operieren sollte. Kennan sagte wörtlich: „Wir glaubten, diese Organisation auf Abruf und wenn die Umstände es erfordern einsetzen zu können. Wir rechneten damit, daß es unter Umständen jahrelang keine Verwendung in diesem Sinne für uns geben würde."[21] Es ist wohl überflüssig zu erwähnen, daß sich die Dinge ganz anders als geplant entwickelten. Mit zunehmender Verschärfung des Kalten Krieges war man in immer stärkerem Maße auf die Dienste des OPC angewiesen. Dazu kam, daß das Amt aufgrund der Tatsache, zwei Herren dienen zu müssen – dem Außen- und dem Verteidigungsministerium – unterschiedliche Anforderungen zu erfüllen hatte und sich deshalb berechtigt fühlte, zu expandieren und seine Strukturen einer langfristigen Existenz anzupassen. 1952, als das OPC und das bereits zur CIA gehörende OSO (Büro für besondere Operationen) zusammengelegt wurden, war sowohl das Tätigkeitsfeld als auch die organisatorische Unabhängigkeit des OPC weit über Kennans Vorstellungen hinausgewachsen.

Der Siegeszug verdeckter Aktionen

Der erste Leiter des OPC, Frank Wisner, verstand die Möglichkeiten seines Mandates zu nutzen. Es gelang ihm, das Amt entgegen seiner ursprünglichen Bestimmung dem Einflußbereich der Regierung zu entziehen. Im September 1948 wurde Wisner, damals 39 Jahre alt, zum stellvertretenden *Director for Policy Coordination (ADPC)* ernannt. Er war ein ideenreicher Mann mit einer unvorstellbaren Energie, der organisatorischen Fragen wenig abgewinnen konnte, sondern nach Taten drängte. Er stammte aus Mississippi und hatte als Drittbester seines Jahrganges die Law School der University of Virginia absolviert; danach gehörte er zum Mitarbeiterstab des OSS in Deutschland. Nachdem er für kurze Zeit in seine Anwaltspraxis zurückgekehrt war, berief man ihn als stellvertretenden Assistenten des Außenministers für die besetzten Gebiete nach Washington, bevor man ihm den Posten des OPC-Direktors anbot.

Die Koordinierung der „Projekte", die dem OPC oblag und damals noch von der CIA ausgeführt wurde, kam Wisners Temperament sehr entgegen: Er konnte den Einsatz von Mitarbeitern bei den diversen laufenden Unternehmen dirigieren, gelegentlich auch verschiedenen Gruppen dieselben Aufgaben zuweisen und sich dann im Bedarfsfall und nach eigenem Gutdünken auf bestimmte Ziele konzentrieren. Theoretisch gesehen bestand die Aufgabenstellung der vier nach Funktionen gegliederten OPC-Stäbe (politischer, psychologischer, wirtschaftlicher und paramilitärischer Bereich) darin, die generellen Richtlinien der Projekte zu skizzieren, die von den sechs nach geographischen Gesichtspunkten gegliederten Abteilungen des Amtes detailliert ausgearbeitet und an die Außenstationen weitergeleitet wurden. De facto befaßten sich diese Stäbe, Abteilungen und Außenstationen aber zunehmend auch mit der Durchführung der Projekte, anstatt sich auf die Koordinierung zu beschränken, was sie zu Konkurrenten und nicht, wie vorgesehen, zu Partnern der CIA machte.

In den vergangenen drei Jahrzehnten waren vor allem die Nationen mit einer weniger entwickelten Infrastruktur zum Ziel amerikanischer verdeckter Aktionen erklärt worden.[22] Das sollte sich zu Beginn der Nachkriegsperiode ändern; der Kalte Krieg eskalierte, und es schien, als ob das Gleichgewicht der Kräfte in Westeuropa besonders bedroht sei. Die Sowjetunion hatte sich anfangs darauf beschränkt, den Transitverkehr zwischen Westdeutschland und Berlin zu stören. Im Juli 1948 ordnete sie die Blockade an. Die Vereinigten Staaten, Großbritannien und Frankreich errichteten eine Luftbrücke.

Amerikas vordringlichste Aufgabe in Europa bestand

darin, die westeuropäische Front gegen die Kommunisten zu stärken. Die Wahlen in Italien 1948 waren eines der wichtigsten Motive für die Gründung des OPC gewesen. Der erste spektakuläre Propagandaerfolg, den die CIA hier erzielen konnte, zog eine Kette ähnlich gelungener Aktivitäten nach sich. Die CIA stattete die antikommunistischen Intellektuellen, die in Paris den Kongreß für die Wahrung der kulturellen Freiheit organisierten, mit Geldmitteln aus, desgleichen das Magazin ENCOUNTER.

Diese Anfangserfolge prägten die Aufgabenstellung des OPC in den folgenden zwanzig Jahren. Sie wies drei Elemente auf: erstens die Unterstützung von Zentrumsparteien und der demokratischen Linken, zweitens den Aufbau von Kontakten in der Medienszene und drittens die Organisation von antikommunistischen Berufsverbänden, die Mitte der sechziger Jahre im Bereich der verdeckten Aktionen eine Vorrangstellung einnahm. Das OPC begann, die gewerkschaftlichen Aktivitäten der ECA (Economic Cooperation Administration = Behörde, die mit der wirtschaftlichen Zusammenarbeit Europas und der Durchführung des Marshall-Planes befaßt war) zu unterstützen. 1952 liefen rund vierzig verschiedene Aktionsprogramme „allein in einem zentralen europäischen Land“.[23] Zum OPC-Operationsstab in Deutschland zählten 1952 bereits 1 200 Mitarbeiter.[24]

Für den Fall, daß die schlimmsten Befürchtungen der Alliierten eintraten und die Rote Armee Westeuropa überrollen würde, wollte die CIA ein Untergrundnetz entwickeln, das als „Nachhut“ den russischen Vormarsch stören und/oder verzögern und den Widerstand gegen die Besatzungsmacht organisieren sollte. Falls die Sowjetunion nicht angriff, plante man, Unruhe in den zum „Sperrgebiet“ erklärten Ländern hinter dem Eisernen Vorhang zu verbreiten. Das OPC übernahm auch die Propagandaaktivitäten der Special Procedures Group, die 1950 eine Neuerwerbung, *Radio Free Europe (RFE),* vorweisen konnte. Der erste Präsident der Dachorganisation, der Radio Free Europe nun nominell angehörte, war Allen Dulles, während des Krieges einer der Meisterspione des OSS in der Schweiz, Berater zahlreicher Central Intelligence-Chefs und später selbst Direktor dieser Abteilung.

Wisners OPC führte auch Operationen hinter dem Eisernen Vorhang aus. Zu diesem Zweck hielt es engen Kontakt zu diversen Emigrantengruppen. Reinhard Gehlen, der Leiter der „Abteilung Fremde Heere Ost", einer gegen Rußland gerichteten Organisation des deutschen Nachrichtendienstes, sorgte dafür, daß er von den Amerikanern gefangengenommen wurde, in der Überzeugung, daß diese seine Dienste benötigen konnten. Er täuschte sich nicht; die CIA übernahm Gehlen und seine Organisation 1949 von der US-Armee. Die Gruppe Gehlen war nützlich (und wurde später zum Kern des Bundesdeutschen Nachrichtendienstes – BND). Aber Gehlen hatte weit detailliertere Angaben über die Erfahrungen seiner Mitarbeiter als über die Art ihrer Tätigkeit oder ihren politischen Hintergrund gemacht: Einige waren in der NSDAP gewesen, und das Team war von russischen Agenten unterwandert.

Das OPC erhielt die während des Krieges geknüpften Beziehungen zum SIS (British Secret Intelligence Service) aufrecht. Gemeinsam setzten sie Fallschirmspringer über dem Baltikum und tiefer in der UdSSR ab. Sie beteiligten sich an einer paramilitärischen Operation unter dem Codenamen VALUABLE, mit der man die kommunistische Regierung Albaniens zum Rücktritt zu zwingen hoffte. Gegen Ende der fünfziger Jahre schwand jedoch der anfängliche Elan, mit dem man verdeckte Aktionen inszenierte. Im Fall VALUABLE stellte man fest, daß die Emigrantengruppen für eine konzertierte Aktion allzu zersplittert waren; auch konnten sich OPC und SIS nicht immer einigen, welche Gruppen unterstützt werden sollten. Und die zunehmend ausgeklügelten Kontrollmaßnahmen der Sowjets erschwerten und verhinderten schließlich die Aktivitäten hinter dem Eisernen Vorhang.

John Bross, der damalige CIA-Chef der Abteilung Mittel- und Osteuropa, hält diese Abenteuer im Osten nicht für unergiebig, sondern für ein Spiegelbild der Zeit, die durch extreme Zwänge gekennzeichnet war: Das im Zweiten Weltkrieg entstandene Bild der Partisanen berechtigte zu der Hoffung ,,Widerstandsgruppen in Osteuropa aufbauen zu können, die paramilitärische Operationen gegen die verhaßten....Sowjets durchzuführen vermochen....eine Annahme, die von Elementen bestärkt wurde, die mit der Regierung und der Presse ein Abkommen getroffen zu haben schienen, Schlachten zwischen bewaffneten Dissidenten und den Sicherheitskräften in der Tschechoslowakei und Polen zu glorifizieren. Unter diesem Druck blieb ,,dem OPC kaum eine andere Alternative als nach solchen Gruppen zu suchen, wollte es nicht sein Mandat verlieren". Es sei, so heißt es weiter, von immenser Bedeutung, tiefere ,,Einsichten in die Zustände hinter dem Eisernen Vorhang und das wahre Ausmaß der Sicherheitskontrollen zu gewinnen" sowie den Enthusiasmus ,,der Eisenhower-Administration zu dämpfen, die sich bei Amtsbeginn zum Ziel gesetzt hat, die kommunistischen Regierungen mit revolutionären Mitteln zu stürzen."[25]

Sobald das dunkle Kapitel der fünfziger Jahre beendet war, begann sich zumindest nach Vorstellung der Washingtoner Politiker das Zentrum des Kampfes gegen den Kommunismus zu verlagern, zunächst nach Asien, danach in die ,,kleinen, schwachen" und von daher verwundbaren Nationen. Der geheime Krieg in Europa, mit dem man im Westen ungeahnte Erfolge verbuchen konnte, beschränkte sich im Osten auf politische Propaganda und nachrichtendienstliche Aufklärung.

Die Ereignisse in Europa hatten dazu geführt, daß das OPC auch auf dem Gebiet verdeckter politischer Aktionen tätig wurde. Aber erst in Asien – mit dem Ausbruch des Korea-Krieges im Sommer 1950 – schaltete sich die Behörde in paramilitärische Operationen großen Stils ein. MacArthur tat auch hier wieder sein Bestes, die Rolle der CIA auf ,,seinem" Schauplatz einzugrenzen; dabei war ihm allerdings weniger Erfolg als im Zweiten Weltkrieg beschieden. Der Mitarbeiterstab und die Budgets des OPC hatten gigantische Zuwachsraten zu verzeichnen. 1949 betrugen die Ausgaben der Behörde 4,7 Millionen Dollar, 1952 waren sie bereits auf 82 Millionen Dollar gestiegen. 1949 zählte sie 302 Mitarbeiter und 7 Außenstellen, 1952 hatte sich der Personalbestand auf 2 812 Mitarbeiter im Innendienst sowie 3 142 weitere im Ausland und die Anzahl der Außenstationen auf 47 erhöht.[26] Während der Amtsperiode Trumans genehmigten die Kontrollinstanzen des OPC im Außen- und Verteidigungsministerium – die unter dem Namen Gruppe 10/2 bekannt wurde – 81 verdeckte Aktionen.[27]

Die Position des OPC innerhalb der CIA war von Anfang an eine höchst ungewöhnliche gewesen. Der damalige Central Intelligence-Direktor und seine Nachfolger im Amt entrüsteten sich über den Mangel an Autorität, den sie gegenüber der gigantisch wachsenden Behörde besaßen. 1950 verlangte General Walter Bedell („Beetle") Smith – eine Woche nach Antritt seines Direktorpostens – daß die Weisungen des Außen- und Verteidigungsministeriums für das OPC über ihn, und nicht länger direkt, an Wisner zu gehen hätten. In Anbetracht von Smiths hochkarätigem gesellschaftlichen und politischen Status, Smith war Eisenhowers Generalstabschef und nach dem Krieg Botschafter in der UdSSR gewesen, beeilten sich Außen- und Verteidigungsministerium, seiner Forderung nachzukommen.

Eine weitere Anomalie, nämlich die Existenz zweier Geheimdienste – OPC und OSO –, innerhalb der CIA machte den Verantwortlichen weit mehr Kopfzerbrechen. Verdeckte Aktionen und Spionage überschneiden sich bisweilen trotz aller immanenten Unterschiede. Aber anstatt sich gegenseitig zu unterstützen, führten OPC und OSO ihre Operationen getrennt, aber von denselben Stützpunkten durch und lieferten sich oftmals erbitterte Konkurrenzkämpfe um ausländische Agenten. In Bangkok entwickelte sich 1952, wie später ruchbar wurde, aus den Scharmützeln ein regelrechtes Gefecht, als das OSO versuchte, einen hohen thailändischen Regierungsbeamten, der enge Beziehungen zum OPC unterhielt, abzuwerben.

Der unterschiedliche Arbeitsstil und die Entwicklungsgeschichte verschärfte noch die Spannungen zwischen den beiden Organisationen. Da Wisner wenig Chancen hatte, seine Mitarbeiter aus der geschlossenen Phalanx des OSO zu rekrutieren, füllte er die eigenen Reihen mit ehemaligen OSS-Angehörigen und Kriegsheimkehrern, die wie er zur Ivy League (die sogenannte Efeuliga, Absolventen traditionsbewußter Colleges an der amerikanischen Ostküste mit hohem gesellschaftlichem Prestige) gehörten und als ,,bold Easterner", kühne Ostküstenhelden, in die Geschichte eingingen – ein Name, den der Journalist Stewart Alsop, [28] ein Freund Wisners, geprägt hatte. Da Wisner eine Abneigung gegen starre Strukturen und ein Übermaß an Disziplin besaß, war das Gerangel um ein Projekt schon innerhalb des OPC chaotisch. Dazu kam, daß viele OSO-Angehörige – OSS-Veteranen – die Besonnenheit und Geduld erfordernde Spionagetätigkeit für das A und O der klassischen nachrichtendienstlichen Aktivitäten hielten. In ihren Augen waren die neuen OPC-Mitarbeiter Grünschnäbel, und ihre hochriskanten Operationen gefährdeten die Arbeit des OSO. Außerdem mißfiel ihnen, daß das OPC ein so hohes Budget zur Verfügung hatte und daß man in dieser Abteilung schnell Karriere machen konnte. Im Juni 1952 besaß das OSO einen größeren Personalbestand und weit mehr Geldmittel als das OPC.

1951 ließ sich nicht mehr übersehen, daß OPC und OSO zu einer Organisation verschmolzen werden mußten. Nur über die Frage, wie dieser Zusammenschluß aussehen sollte, war man sich noch nicht im klaren. Im Januar 1951 schuf Smith das Amt des DDP (Deputy Director for Plans = Planungsdirektor), in das er Allan Dulles berief. Mit dem ersten Integrationsversuch erzielte man allerdings eher einen kosmetischen als einen realen Effekt: Dulles war sowohl für das OPC als auch für das OSO verantwortlich, aber die beiden Direktoren blieben im Amt. Die OSO-Führungsspitze, die fürchtete, vom OPC vereinnahmt zu werden, plädierte für eine Eingliederung der OPC-Funktionen unter den Kontrollbereich des OSO.

Mit der Gründung einer Abteilung, die für die westliche Hemisphäre zuständig sein sollte, begann im Juni 1952 eine echte Zusammenlegung. Im August gliederte man OSO und OPC zu einer Gesamtorganisation, dem Direktorium für Planungen, um. Wisner wurde zum Direktor für Planungen (DDT) ernannt (Dulles rückte in das Amt des stellvertretenden Direktors der Central Intelligence auf), und – um die OSO-Führung zu beschwichtigen – hatte man OSO-Mitarbeiter Richard Helms für den zweithöchsten Posten, die Stellung des amtierenden Operationschefs unter Wisner, vorgesehen. Obwohl der Zusammenschluß auf dem Papier bereits vollzogen war, dauerte es noch Jahre, bis die Rivalität zwischen den beiden Organisationen mit ihren unterschiedlichen Arbeitsstilen schwand.

Die Zusammenlegung zeigte bald, daß die Befürchtungen des OSO berechtigt gewesen waren: Die verdeckten Aktionen konnten beachtliche Heimvorteile gegenüber dem Spionagebereich verbuchen. In Anbetracht von Wisners professionellem Hintergrund war es ganz natürlich, daß er verdeckten Aktionen den Vorzug gab. Die Angehörigen der neu strukturierten Abteilung brauchten nicht lange, um zu erkennen, daß man sich schneller profilieren und Karriere machen konnte, wenn man an verdeckten Aktionen größeren Umfangs mitarbeitete, als wenn man sich in aller Stille und Anonymität bemühte, ein Agentennetz aufzubauen. Einer der Mitarbeiter der ersten Stunde meinte dazu: ,,Die Informationssammlung ist ein extrem hartes Geschäft; es dürfte bei weitem einfacher sein, einen Artikel in einer lokalen Zeitung zu lancieren.''[29]

Amerika hatte einen Nachrichtendienst mit besonderen Merkmalen institutionalisiert, in dem Geheimoperationen einen höheren Stellenwert als die Informationssammlung und -auswertung einnahmen und verdeckte Aktionen einen entschiedenen Heimvorteil gegenüber der Spionagetätigkeit verbuchen konnten – eine Entwicklung, die mit den geheimen Kriegen in Europa ihren Anfang nahm und mit dem Korea-Krieg endete. 1952 standen dem Geheimdienst über 74% des gesamten CIA-Budgets und Dreifünftel ihres Personals zur Verfügung.[30] Die künftigen amerikanischen Präsidenten übernahmen eine Institution, die als ein mächtiges Werkzeug, wenn auch mit einer starken Neigung zu verdeckten Aktionen, galt. Und was noch gravierender war: in Anbetracht der Sonderstellung, die die verdeckten Aktionen einnahmen, und der strengen Geheimhaltung, die sie umgab, mußte das Bild, daß sich diese Präsidenten von der CIA machten, zwangsläufig auf einer Fiktion beruhen, denn was sie zu hören bekamen, waren nicht die Ansichten der Analytiker oder Spionageexperten, sondern die der Spezialisten im Bereich verdeckter Aktionen, deren Interessen vornehmlich ihrer eigenen Disziplin galten.

Im November 1952 wurde Dwight D. Eisenhower zum Präsidenten gewählt. In seinem Wahlkampf war er für eine aktivere Antwort auf die Politik der Sowjetunion eingetreten. Die passive und zurückhaltende Politik der Truman-Administration hielt er für einen unangemessenen Kurs. John Foster Dulles trat das Amt des Außenministers an. Im Februar 1953 wurde sein Bruder Allen Dulles zum Direktor der Central Intelligence ernannt. Sowohl in den Kampagnen, die den Ernennungen vorausgingen, als auch aufgrund des persönlichen Werdeganges zeichnete sich ab, daß die Experten für verdeckte Aktionen im Kampf der neuen Regierung gegen den Weltkommunismus eine Schlüsselstellung einnehmen würden.

Die neue Organisation, deren Zentrale sich im Herzen von Washington befand, konnte einige der hoffnungsvollsten jungen Männer des Landes in ihre Dienste nehmen (Frauen wurden erst zu einem späteren Zeitpunkt eingestellt) – Anwälte, Akademiker, Banker. Sie alle besaßen außergewöhnliche Fähigkeiten, viele hatten bereits einschlägige Erfahrungen in der OSS und/oder in den verdeckten

Aktionen der frühen Nachkriegszeit gesammelt. Die meisten verfügten über zahlreiche gesellschaftliche und berufliche Verbindungen, die ihnen den Einstieg in die politische Szene Washingtons erleichterten.

Die Gußform: Die ersten Erfolge

Am 21. August 1953, nach wochenlangen Straßenschlachten in Teheran, gab der iranische Ministerpräsident Mohammed Mossadegh General Fazlollah Zahedi seine Kapitulation bekannt. Drei Tage später kehrten der Schah und seine Gattin, die in der Woche zuvor Asyl in einem Nachbarland gesucht hatten, in die Hauptstadt zurück. In seinem Palast brachte er wenige Tage danach einen Trinkspruch auf Kermit („Kim") Roosevelt aus, Chef der Nahost- und Afrikaabteilung der CIA, ein Mann vom Typ James Bond, der Mossadeghs Sturz inszeniert hatte: „Ich verdanke meinen Thron Gott, meinem Volk, meiner Armee – und Ihnen!"[1]

Am 16. Juni 1954 überschritt der guatemaltekische Oberst Carlos Castillo Armas mit einem mehrere hundert Mann starken, von der CIA ausgebildeten und mit Waffen ausgerüsteten Rebellenverband – von Honduras kommend – die Grenze nach Guatemala. Piloten, die von der CIA bezahlt wurden, gaben ihm Geleitschutz. Der Präsident von Guatemala, Jacobo Arbenz Guzmán, war von seiner Luftwaffe und Armee im Stich gelassen worden; sie hatten sich seinem Befehl widersetzt, eine zivile Miliz aus Arbeitern und Bauern mit Waffen auszurüsten. Der amerikanische Botschafter in Guatemala, John Peurifoy, arrangierte in aller Eile die offizielle Machtübergabe an den Obersten Befehlshaber der Streitkräfte, Oberst Enrique Díaz. Díaz verlieh der Tragödie eine beinahe komische Note: Er bestand darauf, den Kampf gegen Castillo Armas, den von Amerika designierten Nachfolger im Präsidentenamt, fortzusetzen. Peurifoy gelang es, Díaz zum Rücktritt zu zwingen, und nach zähen Verhandlungen mit den bewaffneten Verbänden und Castillo Armas übernahm letzterer die Macht.[2]

Auffallend ist, daß Mitte der achtziger Jahre – wie schon Mitte der fünfziger Jahre – der Iran und Zentralamerika zum Ziel verdeckter Aktionen erklärt worden waren. Die Parallele ist genauso irreführend wie aufschlußreich, denn die Episoden jüngeren Datums zeigen, wie brisant verdeckte Aktionen sind, während die Erfahrungen der früheren Periode eher das Gegenteil zu beweisen schienen. Die Aktivitäten im Iran und in Guatemala, die unmittelbar auf die Erfolge der CIA in Westeuropa folgten, festigten das Ansehen der Organisation und prägten die Geheimoperationen der nachfolgenden Jahre. Diese Aktionen, die gekennzeichnet waren durch ihren bescheidenen Umfang, den geringen finanziellen Einsatz, blitzschnelle Ausführung und ein akzeptables Maß an Geheimhaltung, verleiteten Washington zu der euphorischen Annahme, verdeckte Unternehmen müßten anderswo nach ähnlichem Muster ablaufen. Als sich die nachfolgende Regierung mit der Revolution in Kuba konfrontiert sah, initiierte sie deshalb die gleichen geheimen Aktivitäten, die schon in Guatemala zum Erfolg geführt hatten. Die Aktionen wurden von denselben CIA-Mitarbeitern ausgeführt.

Tatsache ist, daß Blitzerfolge dazu dienten, die Risiken solcher Operationen zu bemänteln. Sowohl im Iran als auch in Guatemala hatten sie sich nur deshalb nicht als Fehlschlag erwiesen, weil man mit extrem hohem Einsatz 'pokerte'. Mit zunehmender Ausweitung der Aktivitäten wuchs auch Amerikas Interesse an ihrem Erfolg – und das Problem, die Rolle Amerikas geheimzuhalten.

Das Iranprojekt nahm insgesamt etwa sechs Monate in Anspruch und kostete vielleicht eine Million, maximal ein paar Millionen Dollar.[3] Roosevelt und einer Handvoll seiner 'Getreuen' gelang es, an den Fäden der iranischen Politik zu ziehen. Der Einsatz in Guatemala gestaltete sich umfangreicher und zeitaufwendiger. Deshalb ließ sich auch schwerer verbergen, daß Amerika die Hand im Spiel hatte. Die Intervention weitete sich zu einer – wenn auch begrenzten – paramilitärischen Operation aus, an der rund zwanzig bis dreißig CIA-Mitarbeiter und einige Akteure aus den Reihen der Militärs beteiligt waren. Der finanzielle Aufwand war vielleicht fünf- oder sechsmal höher als im Iran, aber der Sturz von Arbenz schien sich mühelos und schnell anzubahnen.

Das politische Umfeld für geheime Interventionen

Die Operationen im Iran und in Guatemala fanden in einem politischen Klima statt, das von einer extremen Furcht vor dem Kommunismus geprägt war. Dies wird in der Retrospektive leicht unterschätzt. Zwischen der Euphorie, die bei Kriegsende herrschte, und dem Pessimismus, den der ‚Kalte Krieg' mit sich brachte, lagen weniger als ein halbes Dutzend Jahre – eine Zeitspanne, die für Amerika desillusionierend und frustrierend gewesen war. Schon die Terminologie spiegelt den damaligen Zeitgeist wider: In Europa hatte sich der „Eiserne Vorhang" gesenkt, und China war zum „Sowjetischen Lager" „übergewechselt". Mit Ausbruch des Korea-Krieges schienen sich die politischen Führer der Vereinigten Staaten, der Kongreß, die Presse und die amerikanische Öffentlichkeit auf eine neue Einschätzung der UdSSR geeinigt zu haben: Man gelangte zu der Überzeugung, Moskau würde seinen Einfluß- und Machtbereich – soweit möglich – durch Subversion, notfalls aber auch mit Waffengewalt ausdehnen. Es war daher oberstes Gebot für Amerika und den Rest der „freien Welt", dem sowjetischen Vorstoß Einhalt zu gebieten.

Angesichts dieser Perspektive hatte Eisenhower die Passivität und die Fixierung seines Vorgängers auf Europa, das als Bollwerk gegen den Kommunismus betrachtet wurde, scharf kritisiert. Der Kampf war unvermeidlich und global.

Für Eisenhowers Außenminister, John Foster Dulles, Sohn eines presbyterianischen Predigers und selbst ein einflußreicher Mann der Kirche, schien die Rivalität eher theologischen Ursprungs zu sein; hier trafen Christentum und Kommunismus aufeinander – unvereinbare, weltanschauliche Gegensätze, die keinen Kompromiß duldeten. Eisenhowers Tagebucheintragungen lassen sowohl seinen Standpunkt als auch seine Ansicht erkennen, daß das politische Establishment Amerikas diesen Standpunkt im großen und ganzen teile: „Die freie Welt ist durch den monolithischen Block des kommunistischen Imperialismus bedroht", und deshalb „muß Amerika aufwachen und eine Position der Stärke anstreben....diejenigen, die damals geschlafen haben (während der Allianz mit Moskau im Zweiten Weltkrieg), sind heute glühende Patrioten und Russenhasser."[4]

Unter diesen Umständen war es nur logisch, die CIA einzuschalten, vor allem, da Allen Dulles, der Bruder des amerikanischen Außenministers, im Januar 1953 zum Direktor der Central Intelligence (DCI) ernannt worden war. Die Erfahrungen, die Allen Dulles während des Krieges mit dem OSS gemacht hatte, verstärkten noch die Faszination, die die operationellen Details geheimer Aktivitäten auf ihn ausübten, und schwächten sein Interesse an den analytischen Aspekten nachrichtendienstlicher Tätigkeit. Als ehemaliger Beamter des Auswärtigen Dienstes, Wall Street-Anwalt und Agentenführer in Kriegszeiten verfügte Dulles über ein dichtes Netz von erstklassigen Beziehungen, die er mit großem Elan in den Dienst seines neuen Amtes stellte. Er gab zahlreiche Interviews, hielt öffentliche Reden und war in der Washingtoner Gesellschaft ein häufiger und gern gesehener Gast. Außerdem besaß er Eisenhowers Vertrauen. Da sein Bruder das Amt des Außenministers bekleidete, hatte die persönliche Bindung zwischen Allen Dulles und Eisenhower größeres Gewicht als die offizielle Beziehung zwischen Regierung und CIA.

In diesem Zusammenhang muß man bedenken, daß die CIA damals allgemein in dem Ruf stand, nicht nur aktivistisch und antikommunistisch orientiert, sondern auch besonders liberal zu sein. Amerika sah es als seine Aufgabe, die freie Welt vor kommunistischen Übergriffen zu schützen und gleichzeitig den Entwicklungsländern den Weg zu Frieden und Wohlstand zu weisen. Die *Direktive NSC-141*, die am Ende der Truman-Amtsperiode verfaßt wurde, faßt diese Ziele in einem einzigen Satz zusammen: „*In Lateinamerika streben wir primär eine politische und wirtschaftliche Ordnung an, die sich als resistent gegen die kommunistischen Kräfte im eigenen Land und die politische Kriegsführung der Sowjetunion erweist.*"[5] Diese Vorstellung von der Rolle Amerikas war im politischen Establishment der damaligen Zeit dominierend.

Als besonders liberal galt sie, seitdem Dulles sich 1953, als die Operationen im Iran ihren Höhepunkt erreichten, entschieden gegen Senator Joseph McCarthys Kommunistenjagd in den eigenen Reihen verwehrt hatte. Außen- und Verteidigungsministerium gaben McCarthys Forderungen nach oder versuchten ihn zu beschwichtigen, aber Dulles ließ sich nicht davon abhalten, gegen die Beschuldigungen öffentlich Protest einzulegen, die Vorladungen des Senats außer Kraft zu setzen und von McCarthy offizielle Beweise für eine kommunistische Unterwanderung der CIA zu verlangen.

Innerhalb eines Monats mußte sich der Senator geschlagen geben. Die CIA hatte es als einzige, mit außenpolitischen Angelegenheiten befaßte Regierungsbehörde gewagt, McCarthy die Stirn zu bieten, und damit ihr Image als eine Institution gefestigt, in der Eigenständigkeit und Kreativität gefördert und nicht unterdrückt werden. Die McCarthy-Episode trug auch dazu bei, daß ein Erfolg der Operationen im Iran um so dringlicher erschien, denn auf diese Weise hoffte man die Kommunisten wirksamer zu bekämpfen, als wenn man in Reihen der CIA nach ihnen fahndete, und gleichzeitig McCarthys Umtrieben ein Ende zu setzen.

Aufgrund der Panikstimmung, die in Washington zu Beginn des Kalten Krieges herrschte, sah Washington die Ereignisse im Iran und in Guatemala durch die Brille des Antikommunismus. In einer Zeit, in der eine weltweite politische Instabilität dem sowjetischen Imperialismus Vorschub leistete, war es kein Wunder, daß Reformer und Revolutionäre nur schwer voneinander zu unterscheiden waren oder eine Differenzierung müßig schien.

Dieser Standpunkt machte sich insbesondere in Guatemala bemerkbar. 1944 hatte eine Studentenrevolte das Regime des Generals Jorge Ubico, eines „traditionellen" lateinamerikanischen Caudillo (= starker Mann, politischer Führer), zu Fall gebracht. Sein Nachfolger, Juan José Arévalo, leitete eine Reihe sozialer Reformen in Guatemala ein.[6] Viele Beobachter sahen darin erste Anzeichen einer beginnenden Demokratisierung, die besonders wichtig war, weil sie in einer Region stattfand, in der die Demokratie keine Tradition besaß. Andere interpretierten dieselben Ereignisse als eine gefährliche Entwicklung, die dem Kommunismus Vorschub leisten würde.

Arévalo wurde in den Wahlen 1950 von Arbenz, seinem Verteidigungsminister und ehemals Berufssoldat in der Armee, im Amt abgelöst. Arbenz war es auch, der Washington zunehmend Kopfzerbrechen bereitete. Er leugnete zwar, Kommunist zu sein, und seine Fraktion war 1954 unbedeutend – sie zählte nur viertausend Anhänger in der Drei Millionen-Bevölkerung – aber sie besaß einigen Einfluß auf die soeben erst gegründeten Gewerkschaften. Zwei Jahre vorher hatte sie den Namen PGT (= Guatemaltekische Arbeiterpartei) angenommen; auf den Zusatz „kommunistische" verzichtete man vornehmlich deshalb, weil der Begriff einfach zu unpopulär war.

Wer sich jedoch die Mühe machte, in Arbenz' Umfeld nach kommunistischen Elementen zu suchen, wurde fündig. Sein Wahlkampfleiter, José Manuel Fortuny, war Gründer der Kommunistischen Partei Guatemalas und Herausgeber der Parteizeitung; der Generalsekretär der CGTG (= Gewerkschaftsverband) bezeichnete sich selbst als Kommunist und hatte seine Organisation der Internal labor organization und 1951 dem weltweiten kommunistischen Dachverband der Gewerkschaften, der World Federation of Labor, angeschlossen. Arbenz akzeptierte Fortuny und seine Kommunisten zwar als Bestandteil seiner Regierungskoalition, aber sie spielten nur eine untergeordnete Rolle. Die Parteimitglieder hatten zwar starken Einfluß auf die Landreformpolitik, wurden jedoch von Posten im Außenministerium, von innenpolitischen Entscheidungen und den meisten Dienststellen, die mit innerstaatlichen Angelegenheiten befaßt waren, ausgeschlossen. Die Partei stellte in der Legislaturperiode von 1953 bis 1954 nur vier der insgesamt 52 Abgeordneten des guatemaltekischen Kongresses. In Arbenz' Kabinett befand sich kein einziger Kommunist.[7]

1953 waren weder Eisenhower noch John Foster Dulles mit den spezifischen Gegebenheiten in Lateinamerika besonders vertraut. Sie glaubten jedoch genug zu wissen, um sich vor allem um Guatemala begründete Sorgen zu machen. Deshalb erhielt Eisenhowers Bruder Milton den Auftrag, sich an Ort und Stelle zu informieren. Sowohl aus dessen Bericht als auch aus dem beigefügten Memorandum, das dem Kabinett vorgelegt wurde, geht hervor, daß in seinen Augen die Vereinigten Staaten in Guatemala auf nahezu verlorenem Posten kämpften. In dem Report heißt es: „*Eine Nation hat sich dem Druck der kommunistischen Infiltration gebeugt.*“ Und in dem Memorandum findet man die Bemerkung: „*Die vordringlichste Aufgabe des Kabinetts besteht darin, sich endlich zu der Entscheidung durchzuringen, daß Lateinamerika für die Vereinigten Staaten wichtig ist...und rechtzeitiges Handeln wünschenswert wäre, um eine Ausbreitung des Kommunismus über die Grenzen Guatemalas hinaus zu vermeiden.*“[8]

Iran: Nationalisten und Kommunisten als „Werkzeuge" der CIA

Im Iran schien die Gefahr noch größer und unmittelbarer. Ein Leitartikel der *New York Times* im Februar 1953 spiegelt die Besorgnis wider, mit der Amerika die Entwicklung im Iran verfolgte: Mit der Amtsübernahme Eisenhowers seien „die Tage schlafwandlerischer Passivität vorbei....und es läßt sich nicht mehr übersehen, daß *eine Politik der Stärke* der (heillos optimistischen) Pollyanna-Diplomatie Platz gemacht habe."[9] Das amerikanische Verhältnis zum Iran wurde von geographischen Gesichtspunkten beherrscht: Das Land besaß eine lange gemeinsame Grenze mit der Sowjetunion und nahm eine strategische Schlüsselstellung ein, die den Zugang zum Persischen Golf sicherte. Seit Mitte des 19. Jahrhunderts hatten Großbritannien und Rußland um die Vorherrschaft im Iran gekämpft. Großbritannien war es gelungen, dem Vater des Schahs, Reza Shah, 1921 auf den Pfauenthron zu verhelfen.

Die erste Krisensituation des ‚Kalten Krieges' war 1946 im Iran eingetreten, als sich die Sowjetunion weigerte, ihre Truppen aus den im Krieg eingenommenen Stellungen in der Region Iranisch-Aserbaidschan abzuziehen. Sie verließen das Land erst gegen Ende des Jahres nach einem scharfen Disput zwischen Washington und Moskau. Die amerikanische Regierung ging davon aus, daß der Rivale nach den Häfen am Persischen Golf trachtete. 1947 hatte die Truman-Administration ihre Verbindungen zum Iran, die noch aus der Zeit der amerikanischen Vormachtstellung am Persischen Golf während des Zweiten Weltkriegs stammten, vertieft. Washington stellte das U.S.Army Mission Headquarters (ARMISH), ein Spezialistenteam der amerikanischen Armee, in Teheran auf, welches den Aufbau der iranischen Streitkräfte und der Polizei übernehmen sollte.

Die dominierende Position der Briten, insbesondere in der Ölindustrie des Landes, trug entscheidend dazu bei, daß

Großbritannien zum erklärten Angriffsziel nationaler Bewegungen wurde. Seit 1913, als die britische Admiralität ihr Augenmerk von der Kohle dem Öl zuwandte, hatte dieser Rohstoff aus dem Iran für Großbritannien lebenswichtige Bedeutung. Man versuchte die quasi als Monopol zu bezeichnende Stellung mit allen verfügbaren Mitteln zu halten. Schon während des Ersten Weltkriegs hatte Großbritannien einen Versuch Teherans vereitelt, das iranische Ölterritorium, einschließlich der Provinz Khusistan mit ihren reichen Vorkommen, unter seine Kontrolle zu bringen; danach weigerte es sich, die Abmachung mit der teheranischen Regierung einzuhalten, nach der 16% der Gewinne aus dem Ölgeschäft an die Regierung fließen sollten – mit der Begründung, diese sei nicht in der Lage, die marodierenden Stämme in Schach zu halten.[10]

1932 entzog Reza Shah Großbritannien die Konzessionen, aber *die Anglo-Iranische Ölgesellschaft (AIOC)*, an der die britische Regierung eine Mehrheitsbeteiligung besaß, konnte schließlich einen neuen Vertrag aushandeln. Dieser auf fünf Jahre befristete Kontrakt schien günstiger für den Iran zu sein. Er stellte in den Augen der patriotischen Iraner dennoch eine Anmaßung dar, vor allem deshalb, weil sich die AIOC dagegen sperrte, iranische Techniker auszubilden.

1950 ging es weniger um die Frage, ob die Nationalisten einen dominierenden Einfluß auf den Iran ausüben könnten – die einzigen, die nicht zu dieser Gruppierung zählten, waren die ethnischen Minderheiten und autonomen Stämme, die eine starke zentrale Regierung fürchteten –, sondern vielmehr darum, wie dieser Nationalismus definiert sein würde. Die ältere Generation, die daran gewöhnt war, daß die Briten die politischen Entscheidungen Irans manipulierten, betrachtete die Bevormundung als eine unabänderliche Tatsache. Diese fatalistische Haltung galt nicht unbedingt für die jüngere Generation, die miterlebt hatte, wie Großbritannien seinen territorialen Anspruch in Indien und Palästina nach und nach aufgeben mußte, auch seine Position in Ägypten zunehmend schwächer werden sah.

Als der nationalistischen, anti-britischen Welle endlich der Durchbruch gelang, spülte sie einen Politiker an die Macht, dem man wenig Erfolgschancen eingeräumt hatte: Mohammed Mossadegh, einen siebzigjährigen Großgrundbesitzer. Die Kette der Ereignisse, die ihm das Amt des Premierministers bescherte, ließ sich bis zum Jahr 1947 zurückverfolgen, als der Iran noch an einer Änderung des Ölabkommens interessiert war. Für den Iran ging es in erster Linie darum, die Briten daran zu hindern, die iranische Politik mit Hilfe der Ölindustrie zu manipulieren. Deshalb wurde der Ruf nach einer Verstaatlichung – ein Punkt, der zu Beginn der Verhandlungen eine untergeordnete Rolle gespielt hatte – zunehmend lauter. Großbritannien und die AIOC sahen in den Verhandlungen nichts Außergewöhnliches: Die AIOC, die sich bei der Manipulation oder Interpretation der iranischen Politik nie subtiler Mittel bedient hatte, interessierte sich weit mehr für die lukrative Seite des bevorstehenden Geschäftes, mit dem man einen Präzedenzfall zu schaffen hoffte.

Offensichtlich ging die AIOC dann schließlich doch auf viele der Bedingungen ein, die von den iranischen Nationalisten gefordert wurden und einer Verstaatlichung gleichkamen.[11] Aber es war bereits zu spät. Bevor der Premierminister dem iranischen Parlament die neuen, großzügigeren Bedingungen präsentieren konnte, wurde er ermordet. Innerhalb weniger Tage genehmigte das Parlament einen Gesetzentwurf auf Verstaatlichung der Ölindustrie. Drei Wochen später war Mossadegh zum Premierminister ernannt und stand einer Regierung vor, die von der Nationalen Front gebildet wurde und aus einer Koalition bestand, die das Ziel verband, die Ölindustrie zu verstaatlichen.

Die Truman-Regierung war zunächst geneigt, Mossadegh zu unterstützen. Auch die amerikanischen Medien brachten ihm Wohlwollen entgegen. Das Magazin *Time* wählte ihn 1952 sogar zum „Mann des Jahres“. Die kommunistische Partei Irans, die Tudeh, bemühte sich ständig, Mossadeghs Ziele mit denen der Vereinigten Staaten und die amerikanische Politik mit der Großbritanniens gleichzusetzen. Außenminister Dean Acheson schrieb später über Mossadegh und ein Treffen der beiden Staatsmänner, das 1951 stattgefunden hatte, der iranische Premierminister sei alles andere als ein Revolutionär, sondern „ein reicher, reaktionärer persischer Feudalherr, motiviert von einem fanatischen Haß auf die Briten und dem brennenden Wunsch, sie mitsamt ihren Einrichtungen um jeden Preis aus dem Land zu vertreiben."[12]

Aber im Laufe der Zeit, als Mossadeghs Situation immer auswegloser wurde, beurteilte Washington ihn ähnlich wie zu einem späteren Zeitpunkt Guatemalas Staatschef Arbenz: Falls er selbst nicht zum Lager der Kommunisten gehörte, dann ließ er sich doch zumindest als ihr Werkzeug mißbrauchen. Obwohl die Tudeh 1949 offiziell verboten worden war, operierte sie zunehmend offener im Rahmen kommunistisch geprägter Organisationen. Mossadegh, innerlich noch stark den tradierten Rechten und Pflichten eines Lehnsherrn verbunden, konnte oder wollte sich nicht dazu durchringen, hart gegen die Tudeh vorzugehen. 1952 akzeptierte er, wenn auch zögend, ihre Hilfe, lehnte es aber nach wie vor ab, sich mit ihr zu einer Volksfront-Regierung zu verbünden.

Dieser Schritt reichte aus, um Amerikas Verdacht zur Gewißheit werden zu lassen. Washington argwöhnte, daß Mossadegh Kommunist sei, und fand genügend Beweise, die diese Annahme zu bestätigen schienen. Als Mossadegh 1953 die Wahlergebnisse manipulierte – was im Iran eher die Regel als die Ausnahme war – sah Eisenhower darin einen Schachzug, der eindeutig die Handschrift der Kommunisten aufwies.

Persönliche und politische Ziele

Sowohl im Iran als auch in Guatemala verbanden die Entscheidungsträger in Washington persönliche und politische Ziele in weit größerem Ausmaß als bei späteren verdeckten Aktionen. Im Iran galten die persönlichen Interessen den Briten und der AIOC. Weder die amerikanischen Geschäftsleute, die in der Ölindustrie tätig waren, noch die Politiker hatten viel für die britisch-iranische Ölgesellschaft übrig. Im Gegenteil: die meisten betrachteten die AIOC als ein verhaßtes Relikt der Kolonialzeit, das sowohl antiamerikanische als auch anti-iranische Züge aufwies. Aber je stärker die Opposition der Vereinigten Staaten gegen Mossadegh wurde, desto mehr schien der Iran geneigt, in Amerika einen Verbündeten der Briten, wenn nicht gar der AIOC zu sehen.

Kurz nach dem Erlaß, die Ölindustrie zu verstaatlichen, unterzeichnete Präsident Truman die Direktive NSC 107/2 des Nationalen Sicherheitsrates, um ,,klarzustellen, daß wir sowohl das Recht souveräner Staaten auf die Kontrolle ihrer eigenen Rohstoffe als auch die Bedeutung anerkennen, die wir vertraglich geregelten, internationalen Beziehungen beimessen.''[13] Folglich drängten die Vereinigten Staaten darauf, daß die Verhandlungen wieder aufgenommen wurden. Der damalige Botschafter der Vereinigten Staaten in Teheran, Henry Grady, hielt die Furcht der Iraner, von den Briten manipuliert zu werden, für übertrieben, erkannte aber auch, daß diese Ängste, und nicht wirtschaftliche Gesichtspunkte, für die Verhandlungen ausschlaggebend waren.''[14]

Die AIOC war nicht bereit, noch mehr Konzessionen zu machen als in ihrem letzten Angebot vor der Verstaatlichung. Im Juli 1951 schloß sie ihre Raffinerie in Abadan, die der Iran im September übernahm. Dieser Schritt trug allerdings dazu bei, den Konflikt noch zu verschärfen: Da der Iran die volle Kapazität der Raffinerie ohne die Hilfe britischer Techniker nicht auszuschöpfen vermochte, verdiente niemand mehr am persischen Öl. Der Iran stand am Rande eines Bankrotts – so glaubte man zumindest in Washington, eine Annahme, in der man von London noch bestärkt wurde.

Im Herbst 1952 luden die britischen ‚Cousins' der CIA – der Secret Intelligence Service (SIS) – Roosevelt zum erstenmal nach London ein, um mit ihm über ein gemeinsames Unternehmen zu sprechen: den Sturz Mossadeghs, ein Plan, der den Codenamen AJAX trug. Welche Rolle die AIOC bei der Entwicklung des Projektes AJAX spielte, ist bis heute nicht geklärt. Tatsache ist, daß Roosevelt mit den Repräsentanten der Ölgesellschaft zusammentraf. Diese hatte den neuen Kurs in der iranischen Wirtschaftspolitik mit gemischten Gefühlen verfolgt. Eine radikale Enteignung war ihr zwar erspart geblieben, aber sie büßte ihre Monopolstellung im Wettbewerb ein, als die National Iranian Oil Company gegründet wurde. Sie sah sich überdies gezwungen, am Beschaffungsmarkt mit einem Konglomerat westlicher Ölgesellschaften zu konkurrieren und sich mit 40 % des gesamten iranischen Ölkontingents zu bescheiden.[15]

Die Position der *United Fruit Company* in Guatemala war noch stärker als die der AIOC im Iran. Mit einem Vertrag, den die United Fruit Company 1936 mit Guatemalas starkem Mann Ubico aushandeln konnte (ihr Repräsentant war ein junger Jurist mit Namen John Foster Dulles, der auf Internationales Recht spezialisiert und in der Anwaltsfirma Sullivan and Cromwell tätig war), gelang es der Gesellschaft zum mächtigsten Großgrundbesitzer des Landes zu avancieren. Aufgrund zahlloser Steuervorteile und ihrer monopolähnlichen Stellung im Transportwesen kontrollierte *La Frutera* – wie sie von den Einheimischen genannt wurde – nahezu den gesamten internationalen Handel Guatemalas.[16]

Angesichts dieser Umstände war das Landreformgesetz, das 1952 verabschiedet wurde, ein Kraftakt, auf den der guatemaltekische Präsident fürwahr stolz sein durfte. Das Gesetz ermächtigte ihn, die rund 162 000 Hektar brachliegender Bananenpflanzungen zu enteignen, die der United Fruit Company gehörten. Arbenz bot für die größte Parzelle 600 000 Dollar, genau die Summe, die die United Fruit Company gegenüber den Finanzbehörden als Wert des Besitzes deklariert hatte. Im April 1954 erhob das amerikanische Außenministerium formal Einspruch und verlangte mehr als 15 Millionen Dollar für dieses Stück Land. Man berief sich darauf, daß Internationales Recht den Vorrang vor nationaler Jurisdiktion habe, und forderte eine ,,angemessene`` Entschädigungssumme.

Die United Fruit Company unterhielt weit engere Beziehungen zu Washington als gemeinhin üblich, so daß das Knäuel privater und öffentlicher Interessen in diesem Fall nur schwer zu entwirren ist. Die Geschichte dieses Bündnisses, vor allem der finanzielle Aspekt, liefert zahllose Anhaltspunkte für die bei links- wie rechtsradikalen Analytikern beliebte Theorie, hier habe es sich um eine Konspiration gehandelt.

Ungeachtet aller Mutmaßungen erhielt die United Fruit Company ihre Ländereien und ihre Privilegien nach dem Sturz von Arbenz zurück. Die Gesellschaft machte auch gegenüber ihren Kontaktpersonen in Washington keinen Hehl daraus, daß das Ende von Arbenz ihren Interessen entgegenkäme. Einer ihrer stärksten Fürsprecher war Thomas Corcoran, ,,Tommy, the Cork`` (= Stöpsel) genannt, ein Vertrauter Roosevelts, der über erstklassige weltweite Verbindungen verfügte, zu denen unter anderem auch ,,Beetle`` Smith – Direktor der Central Intelligence und später Eisenhowers Staatssekretär im Außenministerium – zählte, der auf Drängen Cocorans einen Aufsichtsratsposten in der United Fruit Company übernahm.[17]

Das auslösende Moment für die Intervention

Sowohl im Iran als auch in Guatemala waren Ereignisse das auslösende Moment für die Intervention der Vereinigten Staaten, die die schlimmsten Befürchtungen der hohen Regierungsbeamten als auch der amerikanischen Öffentlichkeit zu bestätigen schienen. In Guatemala gab es einen konkreten Anlaß: Guatemala bat die Sowjetunion um militärische Hilfe. Im Iran handelte es sich weniger um eine spezifische Aktion als vielmehr um bestimmte Tendenzen, die Washington zunehmend davon überzeugten, Mossadegh müsse ein Werkzeug der Kommunisten sein. In beiden Fällen war das auslösende Moment jedoch nicht der Grund, sondern ein willkommener Anlaß, verdeckte Aktionen einzuleiten. Zu diesem Zeitpunkt hatten die Interventionspläne längst Gestalt angenommen. Man wartete nur noch auf ein Zeichen der Zustimmung seitens des Präsidenten.

Nach 1948 hatten sich die Vereinigten Staaten geweigert, Guatemala mit Waffen zu beliefern. Offiziell begründet wurde dieser Schritt damit, daß Guatemala nicht bereit gewesen sei, 1947 das Rio-Abkommen zu unterzeichnen, das eine panamerikanische Sicherheit gewährleisten sollte, bis sein Streit mit Honduras wegen der territorialen Ansprüche auf Britisch-Honduras (Belize) beigelegt wäre. Nach Arbenz' Wahlsieg machten die USA ihren Einfluß geltend, um seine Waffengeschäfte mit Mexiko, Kuba, Argentinien und der Schweiz zu unterbinden.[18] Arbenz, der sich von feindlichen Nachbarn umgeben sah, blieb keine andere Wahl, als sich im März 1953 an die Sowjetunion zu wenden. Moskau beeilte sich, ihm zu versichern, daß er mit einer Lieferung tschechoslowakischer Waffen rechnen könne. Er mußte sich allerdings noch mehr als ein Jahr gedulden: erst am 13. März 1954 traf der schwedische Frachter *Alfhelm* mit einer Ladung Handfeuerwaffen, Geschützen und Munition in Guatemala ein.

Von 1951 bis 1953 hatte sich der iranische Präsident Mossadegh wiederholt an die Vereinigten Staaten um finanzielle Unterstützung gewandt, die man ihm schließlich auch gewährte. Aber die Zuwendungen – rund 20 Millionen Dollar pro Jahr – waren nur ein Tropfen auf den heißen Stein in Anbetracht der katastrophalen Wirtschaftslage des Iran.[19] Im Frühjahr 1952 nahm Mossadegh erste Gespräche mit der UdSSR auf, bei denen es in erster Linie um Öllieferungen und die Notwendigkeit einer neutralen Position des Iran im Kalten Krieg ging. Mossadegh sah darin ohne Zweifel eine Verhandlungstaktik, die den Briten – und den USA – zugute kam, aber sie reichte aus, um Washington in Alarmzustand zu versetzten.

Ende 1952 zeichnete sich bereits ab, daß Mossadeghs politische Basis geschwächt war. Er verdankte sein Amt in erster Linie der tiefen Besorgnis des Iran um die Zukunft der heimischen Ölindustrie. Daher konnte er zu Anfang seiner Regierungszeit mit einer starken, wenn auch unartikulierten und schlecht organisierten Unterstützung rechnen. Da die Frage nach dem Recht ausländischer Gesellschaften auf Landbesitz zumindest vorübergehend geklärt schien, gab es für ihn nur noch ein dringliches Problem: die Armee, die der Kontrolle des Schahs unterstand. 1952 übernahm Mossadegh dieses Ressort und forderte einen Gesetzeserlaß, der ihm für einen Zeitraum von sechs Monaten den Oberbefehl über die Streitkräfte unterstellte. Das Majlis, das iranische Parlament, das unter dem Einfluß des Schahs stand und von der Annahme ausging, daß Großbritannien und die Vereinigten Staaten Mossadegh nicht gerade günstig gesonnen waren, stimmte dagegen und zwang Mossadegh, dieses Ressort wieder abzugeben. Daraufhin brachen Unruhen aus, die von der Nationalen Front, unter Beteiligung der Tudeh-Partei, angezettelt wurden. Mossadeghs Rücktritt wurde annulliert, und sein stärkster Verbündeter, Ayatollah Abd al-Qasem Khashani wurde Präsident des Parlaments.[20]

Der Aufstand trug eindeutig anti-amerikanische Züge; die Vereinigten Staaten wurden beschuldigt, mit ihrer Wirtschaftshilfe zu geizen und mit den Briten zu paktieren. Auch wenn die Unruhen Mossadegh ohne Zweifel zugute kamen, so erkannte er doch, daß es sich hier um einen Tiger handelte, den es zu reiten galt. Im Oktober 1952 fühlte er sich stark genug, um das Parlament aufzulösen. Er konnte allerdings nicht verhindern, daß ihn viele seiner Gesinnungsgenossen der Nationalen Front im Stich ließen; der wohl schmerzlichste Verlust war Khashani, der sich im Januar 1953 von ihm abwandte. Khashani hatte die Unterstützung der unteren Schichten, die in der Religion stark verwurzelt waren, in das Bündnis eingebracht, was im Klartext hieß, daß man über ihn die Massen mobilisieren und kontrollieren konnte. Die politische Entwicklung im Iran wurde nicht unbedingt auf den Straßen entschieden, aber sie waren das stärkste Symbol seiner politischen Triebkraft.

Mossadegh wurde zunehmend abhängiger von der Tudeh, die immensen Einfluß auf die Massen ausübte. Loy Henderson, der Ende 1951 Gradys Platz als amerikanischer Botschafter in Teheran einnahm, war der Meinung, Mossadegh sei selbst dann noch naiv in bezug auf den Kommunismus in seinem Land gewesen, als er die Eröffnungsschachzüge der Tudeh noch zu parieren vermochte. Aus den Berichten des Außenministeriums von 1952 geht hervor, daß man den Wechsel der Tudeh von der Opposition zum Bündnispartner ähnlich wie die politische Entwicklung in der CSSR betrachtete – als ein geschickt inszeniertes Manöver, um sich Zutritt zur Regierung zu verschaffen, mit dem Ziel einer kommunistischen Machtübernahme.[21] Anfang 1953 gab Hendersons Botschaft im Telegrammstil ihr eigenes prägnantes Urteil über Mossadeghs geschwächte politische Basis ab: er habe „die Briten aus dem Land vertrieben, das Parlament entmachtet, den Senat aufgelöst, sämtliche namhafte Politiker aus dem öffentlichen Leben verbannt, sich aller bekannten zivilen und militärischen Führungspersönlichkeiten entledigt und mehrere Familienangehörige des Schahs ins Exil geschickt."[22]

Noch vor der Amtsübername Eisenhowers hatte sich Mossadegh zu einem Canossagang entschlossen und schriftlich um die wirtschaftliche Unterstützung der Vereinigten Staaten nachgesucht. Als er eine nichtssagende Antwort erhielt, folgte ein zweiter Brief, der vom 28. Mai 1953 datiert ist.[23] Er bat Washington, ihm bei der Aufhebung des Ölboykotts, zu dem die Briten aufgerufen hatten, und bei der

Sanierung der maroden iranischen Wirtschaft behilflich zu sein. Hinter den wohlgesetzten Worten stand jedoch die unausgesprochene Drohung, daß die einzige Alternative für den Iran Kommunismus bedeute. Diese Drohung erhielt durch die „Yankee-Go-Home"-Parolen der Tudeh noch größeres Gewicht. Sie war Teil einer amerikafeindlichen Kampagne, die mit an Sicherheit grenzender Wahrscheinlichkeit von Mossadegh gebilligt wurde. Washington sah darin eine unbestrittene Tatsache.

In Anbetracht der Beziehungen, die die Gebrüder Dulles zur Regierung unterhielten, und der Doktrin, die dem Präsidenten die Möglichkeit zubilligte, eine Beteiligung „glaubhaft zu dementieren", läßt sich auch heute nicht mit Bestimmtheit sagen, *wer* letztlich für die Operationen in Guatemala und im Iran verantwortlich war. Die wenigen kurzen Gespräche zwischen den Brüdern ersetzten den langwierigen Prozeß, die Sachlage interdisziplinär zu überprüfen.[24] Die Interventionspläne für den Iran nahmen 1953 konkrete Formen an, als die Eisenhower-Regierung zu der Überzeugung gelangte, daß Mossadegh eine kommunistische Bedrohung darstelle. Die SIS-Repräsentanten trafen sich im Februar mit ihren Kollegen von der CIA, und Allen Dulles stimmte dem Plan zu.[25]

Eine entscheidende Klärung der Sachlage fand Ende Juni, vermutlich am 22. des Monats[26], statt. Roosevelt berichtete über seine letzte Reise in den Iran.[27] Die indirekte sowjetische Bedrohung durch Mossadegh und die Tudeh-Partei sei „in der Tat vorhanden, gefährlich und imminent", aber Volk und Armee würden den Schah im Fall einer Auseinandersetzung unterstützen. Allen Dulles betonte, daß die geplante Aktion finanziell tragbar sei und seiner Meinung nach zum Erfolg führen müsse. Falls sie sich dennoch als Fehlschlag erweisen sollte, „würde der Iran den Russen in die Hände fallen, und die Folgen für den gesamten Mittleren Osten könnten katastrophal sein". Er fügte hinzu, daß „wir mit denselben Konsequenzen konfrontiert werden, wenn wir nichts unternehmen."

John Foster Dulles verstand es, die übrigen ranghohen Beamten – einschließlich Henderson, Verteidigungsminister Charles Wilson und verschiedener Repräsentanten des State Department – von der Notwendigkeit des Handelns zu überzeugen. Sie stimmten dem Projekt, wenn auch zögernd, zu. Das war das Startsignal für die Operation AJAX, obwohl sich Eisenhower, wie schon in Kriegszeiten praktiziert, das Recht vorbehielt, das Unternehmen jederzeit abzublasen. Am 29. Juni beantwortete der Präsident Mossadeghs Brief: Die Vereinigten Staaten würden weder ihre Zuschüsse erhöhen noch iranisches Öl kaufen.[28]

Der Sturz des Arbenz-Regimes nahm mehr Zeit in Anspruch. Die Anfänge zeichneten sich bereits gegen Ende der Amtszeit Präsident Trumans ab. Da die ersten Pläne im kleinsten Kreis entwickelt wurden, ist der genaue Ablauf der Ereignisse schwer zu verfolgen und mehr oder weniger spekulativ.[29] Die United Fruit Company, einschließlich Corcoran, hatten Washington gedrängt, endlich zu handeln. Im Sommer 1952 besuchte der nicaraguanische Diktator Anastasio Somoza Washington und traf hier mit Angehörigen des Außenministeriums zusammen, zu denen auch Edward Miller, der für das Ressort panamerikanische Angelegenheiten zuständige stellvertretende Außenminister, zählte. Somoza rühmte sich, „in Guatemala blitzschnell reinen Tisch machen“ zu können, falls Washington ihm die nötigen Waffen beschaffe. Miller nahm diese Effekthascherei nicht ernst, aber Somoza führte auch ein Gespräch mit Truman.

Offensichtlich war Trumans Interesse wohl soweit geweckt, daß er zusätzliche Informationen sammelte und seinen Report unter Umgehung des Außenministeriums direkt an „Beetle“ Smith, den Direktor der Central Intelligence, schickte. Die CIA sorgte dafür, daß Waffen, als landwirtschaftliche Geräte getarnt, auf einen Frachter der United Fruit Company verladen wurden. Miller bekam allerdings Wind von dem Plan und wandte sich an David Bruce, Unterstaatssekretär im Außenministerium. Dieser alarmierte wiederum seinen Vorgesetzten Acheson, der Truman mit der gebotenen Eile überredete, auf das Vorhaben zu verzichten. Man beorderte den Frachter der United Fruit Company in den Panamakanal zurück, wo die Waffen vermutlich ausgeladen wurden.

Diese Geschichte erscheint merkwürdig, selbst wenn man den außergewöhnlichen Maßstab zugrunde legt, an dem verdeckte Aktionen gemessen werden. Sie gibt unter Umständen den tatsächlichen Hergang verfälscht wieder. Vielleicht zweifelte Smith selbst an dem Erfolg des geplanten Unternehmens, oder Guatemalas Nachbarn – außer Nicaragua – verweigerten ihre Unterstützung, weil sie einen bewaffneten Konflikt an ihren Grenzen befürchteten.

Unter der dynamischen Eisenhower-Regierung wurden sofort neue Pläne geschmiedet. Die zentralamerikanischen Staaten bildeten eine starke Koalition gegen das Arbenz-Regime. Die United Fruit Company trug ihren Fall mit großem Nachdruck in Washington vor. An der Rolle Adolf A. Berles erkennt man den Konsens, der sich in bezug auf Guatemala abzuzeichnen begann. Berle, einer der Strategen, die hinter Präsident Roosevelts *New Deal* standen, gehörte schon seit Jahren zu dem Kreis, der den politischen Kurs gegenüber Lateinamerika bestimmte. Er besaß ausgezeichnete Kontakte überall in der Region und war Mitglied des Teams gewesen, das Präsident Adlai Stevensons Wahlkampf betreut hatte. Nachdem Berle mit verschiedenen politischen Führern Lateinamerikas zusammengetroffen war, legte er am 13. März 1953 Eisenhowers *International Information Activities Committee* (= Ausschuß zur Überprüfung internationaler Aktivitäten) ein sechzehnseitiges Memorandum über Guatemala vor. Den Vorsitz führte C. D. Jackson, der damals von der Time Incorporated vorübergehend beurlaubt worden war und seine reichen, im Zweiten Weltkrieg erworbenen Erfahrungen auf dem Gebiet der psychologischen Kriegführung in das Komitee einbrachte.

Berles Memorandum konzentrierte sich auf das „konkrete Problem, wie man ein Land von Kommunisten säubert."[31] Er lehnte eine direkte Intervention in Guatemala ab und warnte davor, den bewaffneten Widerstand der Nachbarstaaten zu organisieren, weil man sonst die USA mit Nicaragua identifizieren würde, dem ,,Symbol der Korruption'', dem man allerdings eine Führungsrolle in der regionalen Koalition gegen das Arbenz-Regime nicht absprechen könne. Berle schlug politische Maßnahmen vor, zu denen auch ,,weitreichende verdeckte Aktivitäten'' in der guatemaltekischen Armee zählten. Er erwähnte auch die Möglichkeit, ,,eine guatemaltekische Gruppierung zu unterstützen, die eigenständig operiert'', eine Alternative, die Berle aufgrund ,,unzureichender Informationen weder ein-, noch ausschließen'' könne.

Arbenz' Vorgänger Arévalo hatte in seiner Amtszeit 25 Umsturzversuche bewenden müssen. Arbenz erwartete ein ähnliches Schicksal. Im März 1953 nahmen die Aufständischen Salamá ein, eine Provinzmetropole in der Nähe der Hauptstadt Guatemala-City; sie hielten die Stellung siebzehn Stunden lang, bevor die regierungstreuen Truppen sie zurückerobern und die Rebellen gefangennehmen konnten. In dem nachfolgenden Gerichtsverfahren stellte sich heraus, daß die United Fruit Company die Verschwörer mit 50 000 Dollar unterstützt hatte.

Noch im selben Monat – März 1953 – wandte sich Arbenz an die Sowjetunion um Hilfe. In diesem Frühjahr und Sommer, als die Besitzungen der United Fruit Company enteignet wurden, faßte Washington den Beschluß, Arbenz zu stürzen. Berichten zufolge galt Allen Dulles als die treibende Kraft, die sich in Regierungskreisen um eine breite Akzeptanz der Operation mit dem Decknamen PBSUCCESS bemühte (*PB* war der CIA-Code für *Guatemala*; so wie ,IA' Angola kennzeichnete). Richard Bissell, der sieben Jahre später als DDP (Director for plans = Direktor für Planungen) der CIA die Aktionen in der Schweinebucht leitete, erinnert sich, daß Dulles ,,einen engeren Bezug zu der Operation in Guatemala hatte als zu den Aktivitäten in der Schweinebucht.... Sie wurde von Anfang an auf höherer Ebene autorisiert als die Schweinebucht-Aktionen.''[32]

Gegen Ende des Sommers oder zu Beginn des Herbstes 1953 wurden die Pläne noch einmal von einer Arbeitsgruppe überprüft, die sich aus Allen Dulles, Smith, der damals in das Amt des Unterstaatssekretärs im State Department aufgerückt war, dem Verteidigungsminister Wilson und Jackson, Eisenhowers Berater auf dem Gebiet der psychologischen Kriegführung, zusammensetzte. Der Zeitpunkt war nicht zufällig gewählt, denn in diesem Augenblick konnte das Unternehmen AJAX die ersten Erfolge verbuchen.[34] Den Regierungsbeamten, die einige Monate zuvor bei der Planung von AJAX Zweifel wegen der Risiken und Durchführbarkeit der Operation angemeldet hatten, würde es schwerfallen,, gegen SUCCESS zu stimmen.

Während sich die Gruppe an die Arbeit machte, ging Dulles mit dem Plan zum Präsidenten; er gab der Operation eine Erfolgschance von 40 %. Eisenhower erteilte offensichtlich seine vorläufige Zustimmung, aber er wies darauf hin, daß er damit nicht noch das Startzeichen gegeben habe. Dieses Signal erfolgte erst nach der Ankunft des Frachters ALFHELM in Guatemala.

Die Entwicklung der Operation PBSUCCESS

Washington ernannte im August 1953 einen neuen Botschafter für Guatemala, ein Anzeichen, daß man den Druck auf Arbenz zu verstärken begann. Rudolf Schoenfeld, ein äußerst vorsichtiger Diplomat, der noch immer freundschaftliche Beziehungen zum Arbenz-Regime unterhalten hatte, wurde abberufen. Seine Nachfolge trat John Peurifoy an, der noch in der Regierungszeit der Demokraten akkreditiert und zum amerikanischen Botschafter in Griechenland ernannt worden war. Seine Nominierung wurde von der NEW YORK TIMES als das „Ende einer bewußt passiven Haltung, mit der die Vereinigten Staaten dem wachsenden kommunistischen Einfluß begegnet sind“[35], begrüßt.

Peurifoy galt keineswegs als Intellektueller oder als ein Mann, der sich subtiler Mittel und Methoden zu bedienen weiß. Der Kolumnist Drew Pearson schrieb, ihm ,,scheint es an Phantasie zu fehlen''.[36] Man sagte ihm jedoch nach, die Kommunisten in Griechenland mit großem Eifer bekämpft zu haben. Vielleicht sah die Eisenhower-Administration auch deshalb in ihm einen geeigneten Kandidaten, weil sich hier eine Möglichkeit bot, mehr Distanz zwischen dem Republikanischen Präsidenten und der Operation PBSUCCESS zu schaffen, sollte das Unternehmen wider Erwarten scheitern.[37]

Ikes ,,vorläufige'' Genehmigung aktivierte die CIA. Dulles übertrug Frank Wisner die Gesamtleitung der Operation. Wisner beauftragte wiederum Oberst Albert Haney mit der Leitung der Projektgruppe, die für die Durchführung zuständig war. Haney, der Wisner direkt unterstellt war, konnte nicht nur Erfahrungen jüngeren Datums in Lateinamerika, sondern auch in Asien vorweisen, wo er als CIA-Stationschef in Südkorea ein Netz von Guerillaverbänden auf feindlichem Territorium aufgebaut hatte. Haneys politischer Aktionsoffizier – zuständig für die Propagandamaschinerie – wurde E. Howard Hunt, der später auch beim Unternehmen in der Schweinebucht und zu einem noch späteren Zeitpunkt in der Watergate-Affäre eine Rolle spielen sollte.

Im November hatte Haney von Dulles die Genehmigung erhalten, zum erstenmal in der Geschichte der CIA eine Sondereinsatzgruppe (Task Force) mit eigener Befehlshierarchie zusammenzustellen, die unabhängig von Washington unter der Oberaufsicht seiner Organisation operierte und als Modell für nachfolgende verdeckte Aktionen diente. Das Projekt PBSUCCESS nahm bald den Vorrang vor sämtlichen CIA-Aktivitäten ein. Als Operationsbasis hatte man die Opa-Locka Marine Air Base außerhalb von Miami gewählt. Die Projektleiter in Washington – Wisner, Bissell und Tracy Barnes – trafen sich mehrmals in der Woche mit Dulles und hielten täglich Sitzungen in Bissells Büro ab.[38]

Der Plan beruhte mehr auf Methoden der psychologischen Kriegführung als auf direkten militärischen Aktionen. Im Grunde könnte man ihn als eine Art Taschenspielertrick bezeichnen. Das Überleben von Arbenz hing wie im Fall Mossadegh vor allem von der Loyalität der Streitkräfte ab; sie wurden deshalb zum ersten Propagandaziel erklärt. Ein Memorandum der CIA, das im Juni dem Präsidenten vorgelegt wurde, beschreibt die Operation mit treffenden, beinahe eleganten Worten.

> *Die Aktion des Oberst Castillo Armas gleicht in keiner Hinsicht einer konventionellen militärischen Operation ...sie ist eher von der psychologischen Wirkung als von der tatsächlichen militärischen Kapazität abhängig... sie vermittelt und bestätigt kurzfristig den Eindruck von einer substantiellen militärischen Stärke.*[39]

Die Hälfte des rund dreihundert Mann starken Verbandes, der sich aus Söldnern und guatemaltekischen Dissidenten zusammensetzte, führte Sabotageakte aus, die andere Hälfte diente als ,,‚Speerspitze' einer fiktiven Invasionsarmee.''

Sollte es gelingen, Arbenz zu entmachten, dann brauchten die Vereinigten Staaten einen Nachfolger, der ihnen genehm war; die CIA hatte ihre Wahl bereits im vorigen Sommer getroffen. *Ihr Kandidat hieß Castillo Armas.* Dieser hatte mit Ydígoras Fuentes – ehemaliger General und Mitglied des Ubico-Regimes, der bei den Wahlen 1950 Arbenz den Vortritt lassen mußte – im März 1952 ein Bündnis geschlossen: Castillo Armas sollte die konterrevolutionären Verbände führen und die provisorische Führung des Landes übernehmen. Fuentes wollte sich aus dem bewaffneten Konflikt heraushalten, um nicht das Image eines ,,Zivilisten'' zu gefährden, der ein geeigneterer Anwärter auf das Präsidentenamt in den nachfolgenden Wahlen sein würde.

Aber das State Department hielt Fuentes für einen reaktionären und aus diesem Grunde unpopulären Kandidaten, der zudem noch wegen der Aura eines spanischen Granden, die ihn umgab, wenig Glaubwürdigkeit beim Volk besaß.

Hunt sagte wörtlich: „*Man regiert keine Nation von Mestizen mit Hilfe eines spanischen Don.*“[41]

Die United Fruit Company hatte ihren eigenen Bewerber in das Rennen um die Macht geschickt, der jedoch aufgrund eines Kehlkopfkrebses zugunsten Castillo Armas auf die Kandidatur verzichtete. Auch der nicaraguanische Diktator Somoza unterstützte diese Wahl. Die Vereinigten Staaten schienen Armas' Nominierung ebenfalls zu begrüßen. Armas trug dazu bei, die Invasion als eine militärische Aktion guatemaltekischer Dissidentengruppen zu interpretieren. Er schien bereit, sich mit den amerikanischen Zielen, einschließlich der von der United Fruit Company angestrebten, zu identifizieren.[42]

Im Oktober 1953 wurde Castillo Armas heimlich nach Florida geschafft, wo er mit King zusammentraf. Zwei Monate später, am 23. Dezember, gab er in Honduras offiziell die Gründung einer „Nationalen Befreiungsbewegung“ bekannt. Die CIA hatte sich bereit erklärt, ihn mit 3 Millionen Dollar zu unterstützen und ihm beim Aufbau kleiner paramilitärischer Einsatzkommandos zu helfen. Der Beitrag der United Fruit Company bestand darin, Waffen über die von ihr kontrollierten Häfen nach Guatemala zu schmuggeln.

Mit der Operation PBSUCCESS hatte man sich zum Ziel gesetzt, Arbenz durch massive Einschüchterung zum Rücktritt zu zwingen. Ein gewaltsamer Umsturz war nicht geplant. Aber die logischen Konsequenzen und der Umfang des Unternehmens machten Haneys Vorgesetzten zunehmend Sorgen. Selbst Haney gab zu, daß man für den Fall eines Mißlingens in Betracht zog, die US-Marines einzusetzen. Wisner und King ging es vornehmlich um die Frage, wie sich unter diesen Umständen die Rolle der Vereinigten Staaten geheimhalten ließ. Allein in Opa-Locka waren hundert Sicherheitsbeamte stationiert.

Darüber hinaus konnte die CIA bei ihrer subversiven Tätigkeit in den Reihen der Miltärs, die Arbenz treu ergeben waren, keine nennenswerten Erfolge verbuchen. Opa-Locka meldete, daß der größte Teil der Offiziere entweder loyal oder auf die eigene Karriere bedacht und daher wenig geneigt war, einen offenen Bruch mit dem herrschenden Regime zu riskieren. Der Einsatz im Pokerspiel um SUCCESS erhöhte sich. Die CIA gründete eine Tarnfirma, die International Armament Corporation (InterArmco), die die Rebellen in Nicaragua und Honduras – die inzwischen Befreiungsarmee genannt wurden – mit Waffen versorgte. Die meisten Lieferungen wurden über France's Field abgewickelt, einen wenig frequentierten Flugplatz in der Panamakanal-Zone. Die CIA plante auch, vor der Invasion Waffen russischer Provenienz in das Krisengebiet zu bringen, um der Behauptung, die Sowjetunion habe hier Fuß zu fassen versucht, größere Glaubwürdigkeit zu verleihen.[43]

Abgesehen von der InterArmco bediente sich die CIA einer Reihe weiterer Scheinfirmen, um die Rebellen mit einer 'Luftwaffe' auszustatten. Im Dezember 1953 konnte Dulles beispielsweise einen amerikanischen Geschäftsmann, der zu seinem Freundeskreis zählte, überreden, eine Hilfsorganisation zu gründen, deren Aufgabe darin bestand, die nicht mehr im Einsatz befindlichen amerikanischen Kampfflugzeuge aus dem Zweiten Weltkrieg an CIA-Tarnfirmen in der Karibik zu verkaufen. Einheiten der im Süden Amerikas stationierten Nationalgarde überließen der CIA Maschinen, die anschließend für einen Dollar pro Stück an Nicaragua „verleast" wurden.[44] Die aus rund einem Dutzend Flugzeugen bestehende „Air Force", die der Befreiungsarmee zur Hilfe eilen sollte, war zwar ein Notbehelf, aber ausreichend, um ein kleines Land wie Guatemala in Angst und Schrecken zu versetzen.[45]

Die Herkunft dieser Flugzeuge ließ sich nicht lange geheimhalten, zumal es sich um Typen handelte, die bei den Luftstreitkräften Mittelamerikas nicht verwendet wurden. Außerdem erweiterte sich der Kreis der Eingeweihten, weil Haney amerikanische Piloten brauchte, die sie fliegen konnten. King schickte Anfang 1954 einen seiner Stellvertreter, der mit Dulles verwandt war, nach Opa-Locka. Er soll Hanley angeblich gesagt haben: „Was Teddy Roosevelt in Panama gemacht hat, wird neben dem verblassen, was Sie in Guatemala planen."[46] Dulles unternahm offenbar selbst eine Reise nach Florida und schien mit den Fortschritten des Projektes PBSUCCESS zufrieden.

Hunt und seine Propagandaspezialisten verbreiteten unterdessen von einer Radiostation in Opa-Locka aus „Schreckensmeldungen" über die Zukunft Guatemalas unter dem Arbenz-Regime, druckten Flugblätter mit dem gleichen Tenor, die über Guatemala-City abgeworfen wurden. Sie unterwiesen guatemaltekische Exilgruppen im Einsatz von Propagandanachrichten, die über Geheimsender ausgestrahlt werden sollten.[47] Die Aufgaben, die die CIA in aller Heimlichkeit übernahm, wurden von der USIA (U.S.-Information Agency) offener wahrgenommen. Sie sorgte für eine wahre Flut von Pamphleten, Nachrichtenprogrammen und Zeitungsartikeln, die Arbenz als Kommunisten brandmarkten.[48]

All diese Aktivitäten erforderten logistische Stützpunkte. Im Februar 1954 errichtete die CIA mit Somozas Zustimmung Trainingslager in Nicaragua – in denen der Gebrauch der Waffen, Demontage- und Sabotageakte geübt wurden (eines befand sich auf dem Terrain von Somozas Plantage El Tamarindo) –, eine Landebahn in Puerto Cabezas an der nicaraguanischen Atlantikküste und eine Reihe von Geheimsendern in Nicaragua und anderen Nachbarstaaten.

Ende Januar geschah das Unvermeidliche: Erste Gerüchte über das geheime Unternehmen drangen an die Öffentlichkeit. Einer von Castillo Armas' Kurieren verriet die Befreiungspläne an die Arbenz-Regierung. Am 29. Januar veröffentlichten die guatemaltekischen Zeitungen die Korrespondenz zwischen Castillo Armas, Ydígoras und Somoza, die nahezu alles ans Licht brachte: die Rolle Somozas, den Standort der Trainingscamps in Nicaragua, die Namen der Länder, die aktive Hilfestellung geleistet hatten, einschließlich der „Regierung des Nordens", sogar die Routen der Invasionsarmee!"[49]

Paradoxerweise hatten diese Enthüllungen für die Pläne der CIA keine nennenswerten Folgen. Washington dementierte die Beteiligung der amerikanischen Regierung; man bezeichnete die Behauptung als „lächerlich und unwahr", und fügte hinzu: „Es gehört zur Politik der Vereinigten Staaten, sich nicht in die inneren Angelegenheiten anderer Nationen einzumischen."[50] Die Mehrzahl der amerikanischen Medien interessierte sich weit mehr für die kommunistische Bedrohung als für die Frage, ob Washingtons Initiative angemessen sei. Das Magazin TIME reagierte auf die Enthüllungen in der für das Blatt typischen Form und nannte sie „...ein Produkt der Phantasie...weniger ein Komplott als vielmehr ein Szenario...von Moskau erdacht, um die Aufmerksamkeit von Guatemala, dem rosarot schattierten Problemkind der westlichen Hemisphäre, abzulenken."[51] Die CIA nahm ihre Aktivitäten wieder auf, als ob nichts geschehen sei. Das Projekt PBSUCCESS nahm seinen Lauf.

„Erfolg"

Sowohl im Iran als auch in Guatemala überschlugen sich die Ereignisse, sobald Washington das Startzeichen gegeben hatte – ein untrügliches Zeichen dafür, wie empfänglich beide Operationsziele für die geheimen Interventionen der Vereinigten Staaten waren (was im nachherein erklärt, warum die CIA und die politischen Entscheidungsträger in Washington glaubten, ähnliche Erfolge ließen sich andernorts ebenso problemlos erzielen).

Nachdem Mossadegh die Verhandlungen mit der Sowjetunion eingeleitet und Eisenhower unter dem Vorbehalt, das Unternehmen jederzeit abzubrechen, das Startsignal gegeben hatte, ging Roosevelt Mitte Juli 1953 in den Iran. Roosevelt, ein OSS-Veteran und Enkel von Teddy Roosevelt, hatte sein Büro im zweiten Stock der winzigen, düsteren amerikanischen Botschaft in Teheran. Zu seinem Mitarbeiterstab gehörten anfangs nur vier weitere CIA-Beamte und eine Handvoll iranische Agenten, die von der britischen SIS geführt wurden.

Roosevelts erste Aufgabe war es, den jungen Schah zu überzeugen, daß ein Einschreiten gegen Mossadegh geboten sei. In Washington hatte er den Dulles-Brüdern versichert, der Schah habe sich endlich entschlossen zu handeln. Tatsache war jedoch, wie Henderson wußte und Roosevelt bald feststellen mußte, daß der Schah noch immer zögerte. Um ihm den 'Rücken' zu stärken, entwickelte Roosevelt einen Plan, der eines Meisterspions würdig war und den Geist des Unternehmens weit präziser widerspiegelt als die Berichte, die aus der Erinnerung der Beteiligten stammen.

Am 1. August ließ sich Roosevelt – auf dem Boden seines Wagens liegend und unter einer Decke versteckt – zum Palast des Schahs fahren. Um zu beweisen, daß er Eisenhower und Churchill repräsentierte und ihr Vertrauen besaß – sozusagen als bone-fide-Abgesandter kam – bat er den Schah, auf zwei Signale zu achten. Das eine war ein Satz, den Eisenhower in einer Rede in San Franzisco als Code verwenden würde, das andere das Wort „exakt", das um Mitternacht des darauffolgenden Tages in der Nachrichtensendung der BBC vorkommen sollte. Roosevelt hatte dafür gesorgt, daß diese beiden Signale vom britischen Kommunikationsnetzwerk auf Zypern gegeben wurden. [52]

Ursprünglich war eine unauffällige, direkte Operation geplant, die mehr dem Stil der SIS als dem später in Guatemala entwickelten Aktionsmuster der CIA entsprach: Der Schah sollte einen geheimen Ort am Kaspischen Meer anfliegen und zwei Verordnungen zurücklassen: In der ersten wurde die Absetzung Mossadeghs, in der zweiten die Ernennung Fazlollah Zahedi zu dessen Nachfolger verfügt. Zwei iranische Geschäftsleute, die den Kern des SIS-Agentennetzes bildeten, erhielten rund 100 000 Dollar in iranischer Währung und kleinen Scheinen, um Schlägertrupps zu organisieren, die man in Sportstudios und in den Slums im Süden Teherans rekrutierte.[53]

Als die Turbulenzen im Iran zunahmen, machte Mossadegh immer entschlossener von seinen laut Verordnung verbrieften Rechten Gebrauch. Er manipulierte ganz offensichtlich die Volksbefragung über die Auflösung des Majils – des Parlamentes – die vom 3. bis 15. August durchgeführt wurde, was in Eisenhowers Augen eine typisch ,,kommunistische" Taktik darstellte. Die Abstimmung fand offen und nicht geheim statt, wobei langjährige Tudeh-Mitglieder die Auszählung der Stimmen übernahmen. In Teheran votierten 101 396 Bürger für die Auflösung, 67 dagegen. Mossadegh spielte seine kommunistische Trumpfkarte aus: Er dankte Moskau für die Verbesserung der Beziehungen und schlug vor, einen bilateralen Ausschuß zu gründen, um die noch bestehenden Differenzen beizulegen. Ein Leitartikel der NEW YORK TIMES spiegelte Washingtons düstere Prognosen wider: Mossadegh sei auf dem besten Wege, ,,das letzte Bollwerk gegen seine ehrgeizigen Pläne zu zerstören, indem er die rudimentären Ansätze einer parlamentarischen Regierung zu vernichten... und dem Iran eine Diktatur aufzuzwingen trachtet, die von den Kommunisten als Wegbereiter ihrer eigenen Tyrannei begrüßt wird."[54]

Mit Hilfe seiner Mittelsmänner gelang es Roosevelt, den Schah zur Unterzeichnung der Erlasse zu bewegen, in denen Mossadeghs Rücktritt und General Fazlollah Zahedis Ernennung zum Premierminister verfügt wurde. Der Schah begab sich in sein Refugium am Kaspischen Meer und hinterließ die Verordnungen wie geplant. Da alles nach Wunsch zu verlaufen schien, wartete Roosevelt im Haus eines Freundes auf die Erfolgsmeldung.

Es kam jedoch anders. Der Oberst der Palastwache, der den Erlaß überbringen und Mossadegh unter Arrest stellen sollte, wurde verraten und von Anhängern des Staatschefs gefangengenommen. Als die am Coup beteiligten Amerikaner am 16. August morgens um sieben Uhr Radio Teheran einschalteten, hörten sie statt der freudig erwarteten Nachricht die Meldung, daß ,,ausländische Elemente" einen Umsturz geplant hätten, daß der Oberst in Haft genommen worden und Mossadegh deshalb gezwungen sei, alle Macht auf sich zu vereinigen. (Mossadeghs Vorgehen war in gewissem Maße legal, denn aus der iranischen Verfassung ging nicht klar hervor, ob der Schah das Recht besaß, den Premierminister per Erlaß abzusetzen.)

Der von der Tudeh-Partei organisierte Mob schlug zu. Der Schah mußte am 15. August nach Bagdad fliehen und ging anschließend nach Rom ins Exil. Dulles flog von Zürich aus ebenfalls in die italienische Hauptstadt, um sich mit Hilfe der Botschaft über die Lage im Iran zu informieren. Mossadegh befahl dem iranischen Generalstabschef Tazhu Riahi, der ihm treu ergeben war, die Verschwörer unter Arrest zu stellen. Riahis Polizeitrupps suchten vergebens nach Zahedi, der auf einem versteckten Landsitz seiner Familie Unterschlupf gefunden hatte.

Botschafter Henderson, der sich auf einer „Urlaubsreise" in Beirut befand – nur zwei weitere Mitarbeiter seiner Botschaft waren in den Plan AJAX eingeweiht – kehrte in aller Eile in die Botschaft zurück, wo inzwischen Krisenstimmung herrschte. Washington geriet nicht minder in Panik: Smith ordnete die Rückkehr der CIA-Beamten an. Henderson setzte sich jedoch mit Mossadegh in Verbindung und drohte ihm, sämtliche US-Bürger aus dem Iran zu evakuieren – als Zeichen für Mossadeghs Unfähigkeit, sein Land zu regieren – falls er die aufrührerischen Umtriebe der Tudeh nicht unterbinden könne. Mossadegh befand sich in einem Zwiespalt: Falls er nicht einschritt, riskierte er einen offenen Bruch mit den Vereinigten Staaten; kam er der Forderung des Botschafters nach, lief er Gefahr, die Kontrolle über die Massen zu verlieren. Er griff in Hendersons Botschaft nach dem Telefon und gab seinem Polizeichef die Anordnung, umgehend für Ruhe und Ordnung auf den Straßen zu sorgen.[55] Polizei und Truppenverbände machten sich unverzüglich an die Arbeit. Ein Korrespondent der NEW YORK TIMES, der Zeuge der Szene war, schrieb, daß sie „mit großem Elan gegen die aufständischen Tudeh-

Partisanen und die nationalistischen Extremisten vorgingen. Die Truppen schienen den Kampf regelrecht zu genießen.“[56]

Am nächsten Morgen, als die Sprechchöre „Yankee Go Home“ durch Parolen wie „Lang lebe der Schah“ abgelöst wurden, wandte sich das Blatt. Roosevelts iranische SIS-Agenten hatten Khashani überredet, seine Anhänger in die Straßenschlacht zu schicken – aus der heutigen Sicht eine Ironie des Schicksals, denn die Kämpfer dieser Generation stellten die Eltern jener Kinder, die zum Kern von Ayatollah Khomeinis Anhängerschaft werden sollten. Zu dem schlagkräftigen Mob, der für den Schah agitierte, gehörten auch einige bärenstarke Gewichtheber, die man in den Teheraner Sportclubs rekrutiert hatte. Ein Beobachter nannte die Straßenschlachten „die wohl am besten inszenierten in der Geschichte des Mittleren Ostens...es sah aus, als handele es sich um die Verfilmung eines biblischen Epos, mit vorgegebenem Drehbuch, entsprechenden Kostümen und präzisen Regieanweisungen, und nicht um den Sturz eines Regimes.“[57]

Diese bunt zusammengewürfelte Menge schwoll an, als sie sich Mossadeghs Besitz näherte. Zahedis Anhänger brachten den Hausherrn aus seinem Versteck zu einem wartenden Panzer, der ungeschoren das Stadtzentrum passierte. Zahedis Trupps meldeten bereits zwei Stunden nach Beginn der Kampfhandlungen den Sieg, nachdem Riahis Anhängern die Munition ausgegangen war. Der Tumult hatte schätzungsweise hundert Tote und dreihundert Verletzte gekostet. Mossadegh wurde vom aufgewiegelten Mob nicht behelligt, aber er kapitulierte am nächsten Tag, dem 21. August. Drei Tage nach dem Umsturz kehrte der Schah aus seinem Exil zurück und brachte den anfangs erwähnten Trinkspruch auf Roosevelt aus. Henderson sicherte dem neuen Regime die Unterstützung der Vereinigten Staaten und einen Hilfsfonds von 45 Millionen Dollar zu.

Die "Befreiung" Guatemalas

Der endgültige Sturz des Arbenz-Regimes in Guatemala vollzog sich weniger dramatisch, obwohl es auch hier tragikomische Momente gab, als beispielsweise der Oberst, der nach dem Putsch zeitweilig die Macht übernahm, seine 'Regieanweisungen' mißverstand und darauf drängte, den Kampf gegen den von den Vereinigten Staaten designierten Nachfolger, Castillo Armas, fortzusetzen. Arbenz' Ende schien nahezu unvermeidlich. Im Frühjahr 1954, als sich die feindliche Haltung der USA gegenüber Arbenz nicht mehr übersehen ließ, hatte sich PBSUCCESS zu einem umfangreichen Interventionsprogramm entwickelt, zu dem unter anderem auch die Vorbereitung paramilitärischer Aktionen und massive Propagandafeldzüge gehörten.

Das amerikanische Außenministerium hatte 1953 – bis zum Beginn der Invasion – Arbenz offen und aufs schärfste kritisiert. Man beschuldigte ihn „unlauterer und diskriminierender" Handlungen und überschüttete ihn mit einer Flut offizieller Protestnoten. Die zehnte Panamerikanische Konferenz der Außenminister, die im März 1954 in Caracas stattfand, war beherrscht vom Druck der Vereinigten Staaten, eine Resolution zu verfassen, die den „internationalen Kommunismus" anprangerte. Sie wurde wunschgemäß verabschiedet, aber die Konferenz war für die US-amerikanischen Diplomaten kein Erfolg auf ganzer Linie: Man hatte allzuviel taktieren müssen, und Mexiko und Argentinien enthielten sich letztlich der Stimme (allein Guatemala votierte mit einem entschiedenen „Nein").

Am 16. Dezember 1953 nahm Botschafter Peurifoy eine offizielle Einladung Arbenz' an – die erste persönliche Begegnung der beiden Männer seit der Akkreditierung des Diplomaten. Das festliche Dinner entwickelte sich zu einer hitzigen Debatte, die sechs Stunden lang dauerte. Anschließend schickte Peurifoy ein Telegramm nach Washington, das Eisenhower nach eigenen Angaben in seinem Entschluß bestärkte, das endgültige Startsignal für PBSUCCESS zu geben: ,,*Die üblichen Maßnahmen werden in Guatemala vermutlich keine Wirkung zeitigen. Die Kerze brennt langsam, aber sicher herunter, und es ist nur noch eine Frage der Zeit, wann die Repräsentanten amerikanischer Interessen gezwungen sein werden, das Land zu verlassen.*''[58]

Drei Monate später, am 13. März, erreichte die *Alfhelm* Guatemala, und zwei Tage danach bestätigte die CIA, daß der Frachter die von den Russen versprochenen Waffen geladen habe. Am darauffolgenden Tag berief der Nationale Sicherheitsrat (NSC) eine Krisensitzung ein. Allen Dulles argumentierte, daß Arbenz' Waffenarsenal eine Bedrohung für die Nachbarstaaten und die gesamte Panamakanal-Zone darstelle. Die NSC-Mitglieder stimmten dem Beschluß zu, Castillo Armas weitere Geldmittel zur Verfügung zu stellen, und Dulles setzte das Datum der Invasion auf Mitte Juni fest – bevor die Waffen verteilt sein würden, wie man in Washington hoffte. Im Brennpunkt des Interesses stand das Thema, ob es nicht überhaupt schon zu spät zum Eingreifen sei. Foster Dulles argwöhnte, daß die Waffenlieferung möglicherweise dazu beitragen würde, dem Projekt ,,den Wind aus den Segeln zu nehmen''. Sein Bruder versicherte ihm, das sei nicht der Fall, aber er bezweifle, daß ,,man schon nächsten Monat losschlagen könne''. Die CIA hatte die guatemaltekische Armee eingehend analysiert und war zu der Schlußfolgerung gekommen, daß ,,Arbenz für den Fall einer anti-kommunistischen Erhebung nicht mit der Unterstützung der Militärs rechnen könne.''[59]

Auf einer Pressekonferenz am 19. des Monats erklärte Eisenhower, daß die Waffenlieferung zur ,,Errichtung einer kommunistischen Diktatur ...auf diesem Kontinent'' führen könne. In den nächsten Tagen wiederholte Außenminister Dulles diese Botschaft des öfteren vor der Presse und belegte die These mit Prognosen des Außenministeriums über die militärische Kapazität Guatemalas. Er behauptete, daß ,,ein Regime, in dem ein starker kommunistischer Einfluß herrsche, eine militärische Vorrangstellung in der mittelamerikanischen Region gewonnen habe.''[60]

Am 18. Juni 1954 meldete die geheime Radiostation der Rebellen, die „Stimme der Befreiung", die in Honduras und Nicaragua operierte, daß Castillo Armas und seine „Armee" einmarschiert seien. Das entsprach – wenn auch nur im technischen Sinn – der Wahrheit. Ein schwacher Verband, der aus hundertfünfzig Rebellen bestand, passierte in einem Lastwagenkonvoi – an der Spitze Castillo Armas in einem altersschwachen Kombi – unangefochten die Grenze und schlug rund sechs Meilen innerhalb des guatemaltekischen Territoriums ein Biwak auf; die „Invasion" war mehr oder weniger Schall und Rauch.

Die ‚Luftwaffe' der Aufständischen – Piloten, die von der CIA rekrutiert worden waren – flogen ihre Einsätze in schrottreifen Jagdbombern aus dem Zweiten Weltkrieg. Da bei diesen Modellen das Gewicht der Bordwaffen eine nicht unerhebliche Rolle spielt, führten die Piloten statt der schweren konventionellen Bomben Granaten und selbstgebastelte Sprengkörper, die aus Dynamitstäben bestanden, sowie alles mit sich, womit man Lärm und Rauch erzeugen konnte.[62] Die Ziele wurden dementsprechend gewählt: Eine 'hausgemachte' Bombe, die von einem kleinen Flugzeug auf einen Öltank abgeworfen wird, entfacht einen Brand, den man meilenweit sieht.

Die guatemaltekische Bevölkerung glaubte sich nach London, in die Zeit der deutschen Großangriffe, zurückversetzt. Man nannte die Flugzeuge der Rebellen *Sulfatos*, ein spanisches Wort für Abführmittel, weil sie einen verheerenden Effekt erzielten. In der Zwischenzeit verbreitete die Stimme der Freiheit die wildesten Gerüchte über die Stärke der Rebellenstreitkräfte und ihre fiktiven Schlachten und Erfolge. In einer Meldung hieß es z.B.: „Auf unserem Kommandoposten im Dschungel sehen wir uns außerstande, den Bericht zu bestätigen oder zu dementieren, daß Castillo Armas eine Armee von fünftausend Mann befehligt."[63] Natürlich gab es weder einen solchen Report – geschweige denn eine „Armee", die diesen Namen verdient hätte.

Die CIA-Mitarbeiter des Außenpostens Opa-Locka befürchteten, daß die Scharade durchschaut werden würde, falls Arbenz sich entschloß, seine eigene Luftwaffe einzusetzen. Die Aufklärungsflüge mußten zwangsläufig enthüllen, wie klein die Rebellenverbände in Wirklichkeit waren und daß die schwachen Luftstreitkräfte der „Armee", die ohnehin mit ein paar gezielt abgeworfenen Bomben unschädlich gemacht werden konnte, kaum wirksamen Geleitschutz boten. Am 20. Juni teilte Haney Dulles telefonisch mit, daß die Rebellen nicht in der Lage seien, mehr als vier Flugzeuge gleichzeitig einzusetzen.

Die CIA verlor keine Zeit, Arbenz' Mißtrauen gegenüber seinen eigenen Streitkräften, insbesondere der Luftwaffe, mit gezielten Propagandamaßnahmen zu schüren. Die Stimme der Freiheit meldete, daß sich tapfere russische Piloten mitsamt ihren Maschinen in den Westen abgesetzt hätten. Ein guatemaltekischer „Kollege" wurde überredet, ihrem Beispiel zu folgen und ebenfalls zu desertieren. Die „Stimme der Freiheit" sandte anschließend seinen eindringlichen Appell an die ehemaligen Fliegerkameraden, sich ihm anzuschließen.

Die Ergebnisse waren fast zu schön, um wahr zu sein. David Phillips meinte dazu wörtlich: „Von dem Augenblick an wurde die guatemaltekische Luftwaffe außer Gefecht gesetzt. Arbenz, der fürchtete, daß seine Piloten mitsamt ihren Maschinen desertieren könnten, hielt alle Flugzeuge am Boden fest und erließ ein Startverbot für die gesamte Dauer des Konfliktes."[64]

Aber trotz aller Propagandaerfolge war der „Krieg" auf einer Fiktion aufgebaut. Sowohl die CIA als auch ihre guatemaltekischen Verbündeten befürchteten, daß der Bluff durchschaut werden könnte. Kritisch wurde die Operation auch deshalb, weil die Arbenz-Regierung mit großem Nachdruck forderte, ihren Protest dem Nationalen Sicherheitsrat vorzutragen. Es war an der Zeit, die letzte strategische Phase einzuleiten.

In Washington setzte sich Eisenhower zu einem Gespräch

mit Dulles und Henry Holland zusammen, dem stellvertretenden Außenminister. Somoza hatte angeboten, den Rebellen zwei moderne Jagdbomber zu überlassen, falls Washington für Ersatz sorge. Holland war dagegen; er argumentierte, daß der Transfer – für den Fall, es würde etwas an die Öffentlichkeit durchsickern – als „Einmischung in die inneren Angelegenheiten" Guatemalas interpretiert werden könnte.[65] Der Präsident fragte Dulles, wie Castillos Erfolgschancen ohne die Maschinen stünden. Die Antwort lautete: „Gleich Null"; und wenn er die Flugzeuge erhielte: „Bei zwanzig Prozent". Eisenhowers Entschluß war gefaßt, und die geheime Intervention der Vereinigten Staaten weitete sich aus.

Die CIA-Beamten trafen sich mit den Rebellenführern. Man beschloß, noch einmal alles auf eine Karte zu setzen, um Arbenz einzuschüchtern. Trotz gegenteiliger Nachrichtenmeldungen und der Horrorvisionen, die die *Sulfatos* heraufbeschworen, war Guatemala-City bisher noch nicht angegriffen worden. Am Freitag, den 25. Juni, warfen die Piloten der Rebellenverbände eine einzige Bombe über dem Paradeplatz der größten Kaserne der Hauptstadt ab. Es wurde niemand verletzt, und dennoch erzielte man mit dem bühnenreifen Szenario den erwünschten Effekt: Nach dem ohrenbetäubenden Knall entwickelte sich eine dichte, schwarze Rauchwolke, die über der Hauptstadt hing. Die Bevölkerung floh in panischer Angst.

Zwei Tage später meldete die „Stimme der Freiheit", starke Verbände der Rebellenarmee näherten sich der Stadt. Dann folgten fiktive Befehle an die Befehlshaber der anrückenden Armee: „An Komandant X.. an Kommandant X. Leider können wir Ihnen nicht die angeforderten fünfhundert, sondern nur dreihundert Soldaten zur Verfügung stellen; sie werden morgen gegen zwölf Uhr mittag zu Ihrer Truppe stoßen."[66] Tatsache war: Castillo Armas' Armee befand zwar schon auf guatemaltekischem Territorium, aber noch im Grenzgebiet. Es gab keine Invasion, die diesen Namen verdiente. Ein Truppenteil konnte bestenfalls drei, aber gewiß nicht dreihundert Soldaten entbehren, und die Straßen, die aus der Hauptstadt führten, wurden von fliehenden Zivilisten, und nicht durch die anrückende Rebellenarmee, verstopft.

Mit dieser List erzielte man die beabsichtigte Wirkung auf Arbenz, den der zunehmend stärkere psychologische Druck inzwischen zermürbt und entmutigt hatte. Wohl deshalb beging er den Fehler, der ihm zum Verhängnis werden sollte: Er befahl seinen Armeeoffizieren Bauern und Arbeiter unter Waffen zu stellen. Die Offiziere weigerten sich, dem Befehl Folge zu leisten, und verlangten Arbenz' Rücktritt oder eine Einigung mit Castillo Armas. Arbenz wußte, daß er ohne die Unterstützung der führenden Militärs verloren war. Er traf sich mit dem Obersten Befehlshaber der Streitkräfte, Oberst Carlos Enrique Díaz, und erklärte ihm, er wolle ihm die Regierungsgeschäfte übergeben, unter der Voraussetzung, daß keine Verhandlungen mit Castillo Armas stattfänden. Díaz stimmte bereitwillig zu, denn er hatte die revolutionären Kräfte im eigenen Lande unterstützt und die fremdgesteuerte Invasion ebenso wie Arbenz verurteilt. Am 27. Juni um neun Uhr morgens gab Arbenz in einer landesweit ausgestrahlten Nachrichtensendung seinen Rücktritt und das mit Díaz getroffene Abkommen bekannt. Dann bat er in der mexikanischen Botschaft um Asyl; rund sechshundert seiner Anhänger suchten in den übrigen Botschaften Zuflucht. Die größte Schlacht in diesem ,,Krieg'' kostete siebzehn Menschen das Leben.

PBSUCCESS war ein spektakulärer Erfolg. Allerdings gab es in letzter Minute, bevor Castillo Armas der Militärjunta beitrat, noch einen denkwürdigen Zwischenfall. Am 7. Juni ernannten ihn die Militärs zum Präsidenten der provisorischen Regierung; die öffentlichen Wahlen wurden für Anfang Oktober anberaumt. Der von Castillo Armas gegründetete Nationale Ausschuß für die Verteidigung gegen den Kommunismus verbot danach alle Parteien und unterzog sämtliche Anwärter auf das Präsidentschaftsamt einer eingehenden ,Sicherheitsüberprüfung'. Castillo Armas blieb als einziger Kandidat übrig. Da man nichts dem Zufall überlassen wollte, waren die Wahlen nicht geheim: Die Mitglieder der Interimsregierung fungierten als Wahlhelfer. Von den 486 000 abgegebenen Stimmen konnte Castillo Armas alle – bis auf 400 – auf sich vereinigen.

Kommittenten, Kontrolle und Kongreß

Als die Interventionspläne für den Iran und Guatemala Gestalt annahmen, hatte in der Exekutive ein Aspekt der Entscheidungsfindung in bezug auf verdeckte Aktionen vorrangige Bedeutung: *Die amerikanische Regierung mußte eine Beteiligung „glaubhaft dementieren" können.* Schon bei der Einflußnahme der CIA auf das Wahlergebnis in Italien im Jahre 1948 galt es als oberstes Gebot, die Rolle Washingtons zu kaschieren. Das Prinzip wurde im Laufe der Zeit zum Dogma erhoben: Verdeckte Aktionen hatten auf eine Weise durchgeführt zu werden, die den Vereinigten Staaten die Möglichkeit ließ, jedwede Beteiligung zu leugnen. Und sollte die Rolle Washingtons doch ruchbar werden, so mußte zumindest der Präsident in der Lage sein, sich von allen Folgen der geheimen Aktivitäten zu distanzieren.[67]

Weder die Operationen im Iran noch in Guatemala ließen sich – zumindest, was ihre Ziele betrifft – völlig geheimhalten. Aber man konnte das Prinzip im großen und ganzen in die Praxis umsetzen: Als Kim Roosevelt aus dem Iran in die USA zurückkehrte, achtete Präsident Eisenhower darauf, nicht mit ihm zusammenzutreffen, und gab noch in den nächsten zwei Jahrzehnten in der Öffentlichkeit vor, keine Kenntnis von Roosevelts Plänen gehabt zu haben.[68] Allen Dulles hatte nichts dagegen, für seine Organisation diskret die Werbetrommel zu rühren, und so verfaßte die CIA einen melodramatischen Bericht über das Unternehmen AJAX, der in der *Saturday Evening Post* veröffentlicht wurde.[69] Er fand zwar in Teheran eine große Leserschaft, aber in dem wohl besten Buch über den Iran, das Richard Cotton 1966 schrieb, heißt es : „In den USA schenkte man ihm wenig Beachtung."[70]

PBSUCCESS gehörte lange Zeit zu den wohl bestgehüteten Geheimnissen der US-Regierung, trotz zahlreicher Lobeshymnen auf die Initiatoren des Projektes. Außenminister Dulles und Eisenhowers Pressesprecher James Hagerty rieten dem Präsidenten, auf eine öffentliche Stellungnahme zu verzichten, um Amerika nicht als Drahtzieher zu entlarven. Auf seiner ersten Pressekonferenz nach dem geglückten Staatsstreich gestand Eisenhower allerdings, er empfände es als „heuchlerisch", wolle er seine Genugtuung verbergen. Und als er das Beglaubigungsschreiben des neuen guatemaltekischen Botschafters entgegennahm – ein Mann, der schon unter Ubico mit der gleichen Aufgabe betraut war –, kommentierte Eisenhower das Ereignis mit dem Satz: „Dem Volk von Guatemala ist es unter großen Mühen gelungen, sich von den Fesseln der kommunistischen Herrschaft zu befreien."[71]

Der Präsident achtete jedoch wohlweislich darauf, daß sich keine Verbindung zwischen ihm und den Operationen in Guatemala herstellen ließ. Aus seinen Memoiren geht lediglich hervor, daß die Vereinigten Staaten Castillo Armas zwei Flugzeuge zur Verfügung gestellt hatten.[72] Darüber hinaus gab sich Washington die allergrößte Mühe, jedwede Spuren einer Beteiligung zu verwischen. Das State Department verfaßte eine eigene Studie über die Regierungszeit von Arbenz. Schon im Titel deuten sich die Schlußfolgerungen an, die man aus der Analyse zog: *Penetration of the Political Institutions of Guatemala by the International Communist Movement* (= Infiltration der politischen Institutionen Guatemalas durch die internationale kommunistische Bewegung). 1957 gab das Ministerium eine zweite Studie heraus, *A Case Study of Communist Penetration: Guatemala* (Fallstudie kommunistischer Infiltration: Guatemala), um die noch ungeklärten Fragen zu beantworten. In der Studie aus dem Jahre 1954 bezeichnete man das

Arbenz-Regime z.B. noch als „Vorstufe eines militanten Kommunismus", während in der zweiten von einem „fremdgesteuerten Despotismus" die Rede ist.[73]

Das Prinzip, eine Beteiligung der Vereinigten Staaten an verdeckten Aktionen glaubhaft zu dementieren, vermochte zwar die Regierung bis zu einem gewissen Grad zu schützen, aber es hatte noch einen anderen Effekt: Es sorgte schon aufgrund seiner Beschaffenheit dafür, daß die internen Entscheidungs- und Kontrollinstanzen informell und lose strukturiert blieben – wie man sowohl an den Ereignissen im Iran als auch in Guatemala sieht. In beiden Fällen ist unklar, wer letztlich an der Spitze der Befehlshierarchie stand – was mit Sicherheit nicht nur daran liegt, daß inzwischen einige Jahre vergangen und viele der Beteiligten verstorben sind. Die Eisenhower-Administration war für ihre Ordnungsliebe bekannt und bevorzugte eine streng geregelte Organisation. Sie amtierte überdies zu einem Zeitpunkt, als die Regierungsbeamten noch nicht zögerten, ihre Geheimnisse – aus Angst, daß sie in unrechtmäßige Hände fielen und abgelichtet wurden – zu Papier zu bringen, und bevor Zerhacker es ermöglichten, auf einen großen Teil des Schriftverkehrs zu verzichten. Die informelle Struktur spiegelt vielmehr eine ungewöhnliche Konstellation wider: das Dogma, eine Beteiligung der amerikanischen Regierung an verdeckten Aktionen glaubwürdig zu dementieren, und die einzigartige Position der Dulles-Brüder. Ein beifälliges Nicken und eine zwanglose Unterhaltung reichten zur Verständigung aus. Es bestand keine Notwendigkeit für behördenübergreifende Sitzungen und kein Bedürfnis, den kleinen Kreis der Eingeweihten ungebührlich zu vergrößern.

Eisenhower selbst war über diese informelle Befehlsstruktur nach dem Erfolg von PBSUCCESS beunruhigt. Am 27. Juni hatte ein leitender CIA-Beamter angeordnet, einen *britischen* Frachter, die *Springfjord*, zu versenken – offenbar weil Somoza fürchtete, er könne Benzin geladen haben, das für einen Gegenangriff auf Nicaragua bestimmt sei.[74] (Tatsache ist, daß die Fracht aus Baumwolle bestand.) Wie groß die Wirkung der Einschüchterungsversuche auf Arbenz auch sein mochte, sie überschattete das Gipfeltreffen zwischen Eisenhower, dem britischen Premierminister Winston Churchill und dessen Außenminister Anthony Eden, die zusammengekommen waren, um die anglo-amerikanischen Differenzen in Südostasien beizulegen.

Der CIA-Beamte wurde in Pension geschickt, und Bissell gab später in einem Interview zu, daß das Versenken des Frachters ,,über die vorgegebenen politischen Richtlinien hinausging''[75]. (Außerdem mußte die CIA eine Entschädigung in Millionenhöhe an die britische Schiffahrtslinie zahlen.) Eisenhower versuchte die Machtbefugnisse der Exekutive über verdeckte Aktionen klarer zu definieren und sich trotzdem die Möglichkeit eines offiziellen Dementis offenzuhalten. Im März hatte man mit der Direktive NSC 5412/1 eine relativ unerfahrene Arbeitsgruppe ermächtigt, als ,,politische Entscheidungsinstanz bei verdeckten Aktionen und als Koordinator der hierfür erforderlichen Maßnahmen'' zu fungieren.''[76]

Nach dem Zwischenfall mit der *Springfjord* ordnete Eisenhower jedoch eine Überprüfung der bestehenden Entscheidungs- und Kontrollinstanzen an, mit der der Luftwaffenoberst und Kriegsheld James Doolittle betraut wurde. Seine Analyse führte zu einer neuen Direktive über geheime Operationen, NSC 5412/2 genannt, und zur Gründung eines Gremiums, das für die Genehmigung aller geheimen Vorhaben zuständig sein sollte und sich aus erfahrenen Regierungsbeamten zusammensetzte. Der sogenannte Ausschuß 5412 bestand aus Mitgliedern, die vom Außen- und Verteidigungsministerium ernannt wurden, sowie einem vom Präsidenten persönlich ernannten Stellvertreter. Auf diese Weise hielt sich der Präsident die Möglichkeit offen, als Nicht-Mitglied eine aktive Rolle bei der Genehmigung verdeckter Aktionen offiziell zu dementieren und gleichzeitig durch seinen Stellvertreter über alle laufenden Projekte informiert zu werden.[77]

Was für die CIA und die Exekutivbeamten galt, traf auch

auf den Kongreß zu: Auch hier wurde die Kontrolle über verdeckte Aktionen extrem informell gehandhabt und grenzte fast an 'Kumpanei'. Vor 1956 gab es keine offiziellen Gremien, die sich mit den Aktivitäten der CIA befaßten. Es wurden lediglich ad hoc-Ausschüsse gebildet, die aus langjährigen Kongreßmitgliedern bestanden und die Budgets der Behörde prüften, Geldmittel bewilligten und einen Jahresbericht der CIA erhielten.

Die informelle Struktur der Kommunikationskanäle und Entscheidungsinstanzen wurde noch durch Dulles offiziellen wie auch persönlichen Status und aufgrund der langjährigen Amtszeit von Kongreßmitgliedern, deren Meinung einiges Gewicht hatte, gefestigt. Dulles legte großen Wert darauf, diese Abgeordneten, die Schlüssselstellungen innehatten, zu informieren. Carl Vinson, ein Demokrat aus Georgia, war Vorsitzender des *House Armed Services Committee* (Sicherheitsausschuß des Repräsentantenhauses zur Überwachung der Streitkräfte) und von 1949 bis 1965 für alle Angelegenheiten zuständig, die die CIA betrafen – mit Ausnahme der Zeit von 1953 bis 1955, als die Republikaner die führende Rolle im Kongreß spielten. Während desselben Zeitraumes überwachte Clarence Cannon als Präsident des House Appropriations Committee (Ausschuß, zur Überprüfung der Etats) und des Defense Subcommittee (Unterausschuß, der über die Verteidigungsausgaben befand) die CIA-Budgets. Im Senat übernahm Richard Russell aus Georgia bis 1968 die Leitung des Armed Service Committee, die er schon vorher für kurze Zeit innegehabt hatte.

Wenn Dulles sich mit einer Gruppe von Kongreßmitgliedern traf, war die Unterhaltung ziemlich nichtssagend. Ein Senator meinte freimütig: „Die brisanteren Themen wurden für Gespräche unter vier Augen aufgespart, die Dulles mit einzelnen Kongreßabgeordneten führte.“[78]

Das Informationsdefizit ist nicht nur der Exekutive und der CIA anzulasten, die – so könnte man vermuten – es grundsätzlich ablehnten, den Kongreß einzuweihen; es ließ sich vielmehr darauf zurückführen, daß auch der Kongreß die Geheimhaltung als oberstes Gebot der Sicherheit akzeptierte und nicht darauf erpicht war, über alle Einzelheiten aufgeklärt zu werden. Auf dem Höhepunkt des ,Kalten Krieges' teilten viele Kongreßmitglieder die Ansicht Washingtons, die Vereinigten Staaten seien gezwungen zu handeln. Sie waren bereit, dem Präsidenten freie Hand bei der Genehmigung geheimer und verdeckter Aktionen zu lassen. Hätte der Kongreß Kenntnis von den Operationen im Iran oder Guatemala gehabt, wäre die breite Mehrheit mit an Sicherheit grenzender Wahrscheinlichkeit bereit gewesen, ihr Einverständnis zu geben. Die informelle Struktur der Entscheidungsinstanzen wurde von den meisten Kongreßmitgliedern gebilligt. Im Fall Guatemala bekundete der Kongreß wenig Interesse für die Aktivitäten der Vereinigten Staaten, bis die *Alfhelm* eintraf. Sogar die Namen der Ausschüsse, die anschließend mit den Anhörungen betraut wurden, deuten an, auf welche Problemkreise er sich konzentrierte: Man gründete das House Select Committee on Communist Agrression, das für kommunistische Agitation, und das Senate Subcommittee, einen Unterausschuß, der für die Innere Sicherheit zuständig war.

Bilanz

Weder im Fall Iran noch in Guatemala war das auslösende Moment – die Hilfe, die die jeweilige Regierung von der Sowjetunion erbat – die wahre Ursache für die Intervention der Vereinigten Staaten. In beiden Fällen bekundete Washington offen seine feindselige Einstellung gegenüber dem herrschenden Regime. Die geheimen Interventionspläne waren Teil dieses von Ablehnung geprägten Verhaltensmusters, wenn auch wohl eine besonders drastische Manifestation. Deshalb erscheint die Schlußfolgerung angemessen, daß die USA in jedem Fall interveniert und jede beliebige Situation, die nach Auffassung Washingtons die schlimmsten Befürchtungen zu bestätigen schien, zum Anlaß genommen hätten, die Initiative zu ergreifen.

Betrachten wir noch einmal den Fall Guatemala. Damals – und noch Jahre später – herrschte in der amerikanischen Öffentlichkeit die Meinung vor, daß Arbenz überraschender Beschluß zu handeln, zur Invasion geführt habe. Aber das Projekt PBSUCCESS war längst angelaufen, als Arbenz Moskau um Waffenhilfe bat. Selbst dann hatte Washington noch ein Jahr lang Zeit, sich mit der Bedrohung durch die angekündigte Waffenlieferung aus der Sowjetunion auseinanderzusetzen. In einem Memorandum, datiert Anfang April, bat Wisner – der damalige DDP der CIA – King, den Chef der Abteilung, die für die westliche Hemisphäre zuständig war, um „eindeutige Beweise" für „die Gerüchte, die seit einigen Wochen kursieren", daß „tschechoslowakische Waffen heimlich nach Guatemala geschafft werden."[79]

In Anbetracht dessen, was die Vereinigten Staaten tatsächlich wußten, hätte eine eindringliche Warnung genügt, um die Waffenlieferung hinauszuzögern – wenn es einzig darum gegangen wäre. Oder man hätte versuchen können, die *Alfhelm* abzufangen. Das wäre zwar als feindseliger Akt betrachtet worden, der sich aber mit der Begründung rechtfertigen ließ, man dulde keine ausländischen Waffen in der westlichen Hemisphäre. Tatsache ist, daß Eisenhowers Pressesprecher James Haggarty in seinen Tagebuchaufzeichnungen andeutet, daß es ein ungücklicher Zufall gewesen sei, daß das Schiff Guatemala erreichte: „Jemand hatte vorschnell gehandelt, und deshalb wurde das falsche Schiff observiert."[80]

Die Schlußfolgerungen, die der damalige guatemaltekische Außenminister aus diesem Vorfall zog, charakterisieren weitaus treffender die generelle politische Linie, die die Vereinigten Staaten gegenüber Guatemala verfolgten. Selbst wenn man ohne Erfolg versucht hätte, das Schiff zu stoppen, wäre dieser Lapsus nur von sekundärer Bedeutung gewesen. Die USA hatten endlich ihren „Zwischenfall", der eine Invasion rechtfertigen würde.[81]

Jedes objektive Urteil über die unmittelbaren Konsequenzen, die sich aus den Unternehmen AJAX oder PBSUCCESS ergaben, wird dadurch erschwert, daß inzwischen viel Zeit vergangen ist. Heute kann man sich nur mit großer Mühe das politische Klima zu Beginn der fünfziger Jahre ins Gedächtnis rufen und den Kontext der Entscheidungsfindung oder die Motive der Entscheidungsträger verstehen. In der Retrospektive entsprechen weder Mossadegh noch Arbenz dem Bild eines „Kommunisten". Ein zeitgenössischer Historiker sagte einmal über Guatemala: „Die Gruppierungen, die während der Regierung Arbenz Guatemala beherrschten, verfolgten ihre eigenen Interessen und politischen Ziele, die allerdings von den Kommunisten gefördert wurden....Präsident Arbenz fand die Unterstützung der Kommunisten nützlich. Und je schwächer seine Position wurde, desto mehr bedurfte er ihrer Hilfe."[82]

Diese Analyse stammt jedoch, wie schon gesagt, aus heutiger Zeit und stimmt nicht mit den Ansichten überein, die führende amerikanische Politiker über die Lage im Iran oder Guatemala Anfang der fünfziger Jahre hatten. Eisenhower war überzeugt, wie er einem Reporter mitteilte, daß „der alte Mossy – wenn schon nicht selbst Kommunist – so doch zumindest ein Tölpel oder ein Handlanger der Kommunisten ist."[83] Die Schatten des Kalten Krieges prägten Eisenhowers Bild von Mossadegh. Er verglich ihn mit dem tschechoslowakischen Staatsmann Benes, dem die Kommunisten zur Macht verhalfen, um sich dann seiner zu entledigen.[84] Die Ansichten Washingtons über Arbenz stimmten im großen und ganzen mit denen des amerikanischen Botschafters Peurifoy überein, der sie in einem Telegramm, das Eisenhower später für entscheidend hielt, zum Ausdruck brachte: Falls Arbenz „kein Kommunist sein sollte, dann ist er ihnen zumindest als Staatschef bis zur kommunistischen Machtübernahme genehm."[85]

Die amerikanische Politik gegenüber dem Iran und Guatemala läßt sich nicht von der Wahrung eng abgegrenzter wirtschaftlicher Interessen trennen, die imperialistische Züge trugen. Aufgrund des damaligen Klimas sollte man jedoch fairerweise davon ausgehen, daß Washington um seinen strategischen – und nicht seinen wirtschaftlichen – Status fürchtete. Sofern die amerikanischen Politiker eine Operation der Briten im Iran unterstützten, identifizierten sie sich auch bis zu einem gewissen Grad mit deren Zielen. Dennoch hielten sie die Verstaatlichung der AIOC für ein geringeres Übel als solche Aktionsmuster, die Mossadegh in ihren Augen eindeutig als Werkzeug der Kommunisten auszuweisen schienen. Folglich mußte im Falle Guatemalas Arbenz' gegen die wirtschaftlichen Interessen der westlichen Hemisphäre gerichteter Schritt bei den politischen Strategen Alarm auslösen.

Auf einer Pressekonferenz, die 1954 stattfand, verteidigte Dulles die Regierung gegen den Vorwurf, ein willfähriges Werkzeug der United Fruit Company zu sein: ,,Gesetzt den Fall, die Schwierigkeiten der United Fruit Company wären behoben und die Gesellschaft könnte ihren Zulieferern für jede Banane ein Goldstück anbieten, bliebe das Problem dennoch dasselbe, zumindest was die kommunistische Infiltration Guatemalas betrifft. Das ist das eigentliche Problem, und nicht die United Fruit Company.''[86]

Wir müssen den Worten von Dulles wohl glauben. Mit ihren ausgezeichneten Verbindungen zu Washington gelang es der United Fruit Company, lediglich die Aufmerksamkeit hoher Regierungsbeamter auf den Problemherd zu lenken. War deren Interesse erst geweckt, dann spielten Überlegungen, die die Sicherheit betrafen, die ausschlaggebende Rolle im Entscheidungsprozeß. Daß China abtrünnig wurde, die Kommunisten in der Tschechoslowakei oder anderswo in Osteuropa die Macht übernahmen, der Korea-Krieg ausbrach oder in Indochina kommunistische Erhebungen stattfanden, hielten Eisenhower und Dulles sowie die meisten Kongreßabgeordneten für einen eindeutigen Beweis kommunistischer Agitation. Unterstützt wurden sie in ihrer Ansicht auch von den Medien. Schließlich waren ja die Erfolge, die die Russen gerade eben erst im Iran verbuchen konnten, der beste Beweis für diese These.[87] Denoch mußten die USA, als sie sich zum Handeln entschlossen, wohl oder übel in Kauf nehmen, mit den jeweiligen Zielen und Interessen ihrer Verbündeten identifiziert zu werden.

Lektionen, die man lernte und verschleierte

Der Iran wie auch Guatemala waren für die Manipulationen ausländischer Mächte – allen voran die USA – äußerst anfällig. Zu fast allen Zeiten gab es Bürger, mitunter auch Staatsmänner, die glaubten, ihr Schicksal würde von fremder Hand entschieden. Diese Tendenz macht sich heute zum Beispiel in der Dritten Welt bemerkbar, wo es in der Geschichte entsprechende Anhaltspunkte für diese Überzeugung gibt, und ist nirgendwo so ausgeprägt wie im Mittleren Osten. Ein Besucher des Iran hätte 1951 aus der lokalen Presse erfahren, daß jeder Politiker im Dienst der Briten stünde.[88] Ein Vierteljahrhundert später suchte der verunsicherte Schah nach Anzeichen dafür, daß die USA ihm ihre Unterstützung zu entziehen planten, was in seinen Augen entscheidenden Einfluß auf sein weiteres Schicksal gehabt hätte.[89]

Der Iran konnte hinlängliche Erfahrungen mit Manipulationen seitens fremder Mächte vorweisen. In der Ära vor 1950 waren die Briten die politischen Drahtzieher gewesen. Als ihnen klar wurde, daß sie ihren imperialen Anspruch im Mittleren Osten nicht länger aufrechterhalten konnten, traten sie die Bürde an die USA ab. Auch für die Regierungen Zentralamerikas war es zur Selbstverständlichkeit geworden, daß die Vereinigten Staaten über ihr Schicksal bestimmten. Noch bis 1950 besaß Washington großen Einfluß in Guatemala, und die dort akkreditierten Gesandten hatten de facto den Status eines Prokonsuls inne.

In Anbetracht dieser Umstände war Mossadeghs Position gegenüber Washington – ähnlich wie im Fall Arbenz – die eines Bittstellers und völlig anders geartet als die iranischer

Staatschefs, die 1979, nach dem Sturz des Schahs, die Regierungsgeschäfte übernahmen. In den fünfziger Jahren konnte es niemanden überraschen, daß der Iran ohne den Beistand britischer Techniker nicht in der Lage war, seine Ölraffinerien zu leiten. Der Mangel an Kompetenz wurde als eine ganz zwangsläufige, durch die Geschichte bedingte Entwicklung betrachtet. Deshalb erschien auch Mossadegh die Drohung, die Amerikaner aus dem Iran abzuziehen und damit der Welt zu demonstrieren, daß er unfähig sei, das Land zu regieren, als eine Katastrophe. Aus der Perspektive der achtziger Jahre wirkt diese Ankündigung eher wunderlich. Als sich 1953 Mossadeghs Ende abzuzeichnen begann, herrschte im Iran Resignation, die sich wesentlich von der Willenskraft und Fähigkeit unterschied, mit der revolutionäre Führer Jahrzehnte später sich selbst und ihr Regime zu verteidigen trachteten.

Guatemala war 1954 besonders stark von Fremdeinflüssen beherrscht und daher verwundbar. In der Retrospektive wirkt die dominierende Stellung der United Fruit Company wie eine stark überzeichnete Karikatur der „Bananenrepublik". Als die Gesellschaft beschloß, Waffen für die Aufständischen ins Land zu schmuggeln, besaß das Arbenz-Regime nicht die geringste Möglichkeit einzugreifen. Es konnte weder Grenzen noch Transportwege kontrollieren. Arbenz gelangte zu spät zu der Erkenntnis, die für Revolutionäre nachfolgender Generationen eine Selbstverständlichkeit war: Eine Revolution hat nur dann Erfolg, wenn man sich die Loyalität der Truppen sichert, indem man die Streitkräfte entweder politischen Kontrollinstanzen unterstellt oder sie durch bewaffnete Milizen, die aus der Zivilbevölkerung rekrutiert werden, ersetzt. Arbenz' Entscheidung, Waffen an Bauern und Arbeiter auszugeben, kam zu spät.

In dieser Ära waren die Erinnerungen an den Zweiten Weltkrieg noch frisch. Die USA betrachteten sich als Hüter der Demokratie. Im östlichen Mittelmeerraum waren sie den griechischen Demokraten im Bürgerkrieg gegen die

Kommunisten zur Hilfe geeilt. Auf dem Verhandlungsweg hatten sie erreicht, daß die Sowjetunion ihre Truppen aus dem Norden Irans abzog. Vielen Iranern kam es gelegen, daß die Briten ihren Herrschaftsanspruch an die USA abtraten, zumal man sich ein bestimmtes Bild von diesem „Imperium" machte. Die anti-amerikanische Haltung gegen Ende der Amtszeit Mossadegs verschleierte die anfangs noch pro-amerikanische Stimmung. Amerika war im Iran stets sorgfältig, manchmal sogar zum Ärgernis der Regierung, darauf bedacht gewesen, jeden Eindruck einer Einmischung in innerstaatliche Angelegenheiten zu vermeiden. Aber als es schließlich seine Präferenzen bekundete, ergriff es eindeutig Partei für die Nationalisten.

Auch in Zentralamerika herrschte, anders als in früheren und späteren Jahren, nicht der Eindruck vor, Amerika sei zu Interventionen geneigt. Obwohl die Entsendung der Marines in diese Region noch vielen Ländern im mittelamerikanischen Raum in lebhafter Erinnerung war und eine heraufziehende Krise signalisierte, galt diese Eliteeinheit der US-Streitkräfte nicht mehr als Verkörperung amerikanischen Machtstrebens. Die Interventionsneigung der Vereinigten Staaten wurde von dem Bemühen der Roosevelt-Regierung um „gute nachbarschaftliche Beziehungen" und die im Zweiten Weltkrieg bewiesene Kooperation zwischen den amerikanischen Staaten verdeckt. Wenn die USA in den Augen Zentralamerikas aus dem Krieg vielleicht auch nicht als Hüter der demokratischen Ordnung hervorgingen, die sie zu sein vorgaben, so hatten ihre Aktivitäten dennoch einiges Gewicht, nicht nur aufgrund der engen Nachbarschaft und vergangener Erfahrungen, sondern auch als moralisches Leitbild.

Sowohl im Iran als auch in Guatemala waren die politischen Kräfte relativ ausgewogen, wenngleich sich die Waagschale ein wenig zugunsten Mossadeghs und Arbenz' – auch ohne die Intervention der CIA – geneigt haben mag. Als die CIA das Gleichgewicht der Kräfte zu verändern suchte, reichten Operationen von geringfügigem Umfang aus, oder zumindest hatte es diesen Anschein. Geht man davon aus, daß die Würfel in beiden Fällen auch ohne Eingreifen der CIA bereits gefallen waren, dann hätten sich diese Interventionen leicht als Bumerang erweisen können. Roosevelts erster, ziemlich amateurhafter Plan im Iran mißlang; Dulles sorgte dafür, daß die Operation noch einmal aufgerollt und letztlich doch noch ein Erfolg wurde. Und die CIA-Mitarbeiter, die am Projekt PBSUCCESS beteiligt waren, gaben sich keinen Illusionen darüber hin, daß die Invasionsarmee überwältigt werden würde, wenn es Arbenz gelänge, seine Streitkräfte einzusetzen.

Das Engagement der USA, anfangs noch geheim und in einem überschaubaren Rahmen, wuchs, und die CIA leitete die nächste Phase ein. Aus der Absicht, Arbenz einzuschüchtern, entwickelte sich eine, wenn auch relativ bescheidene, paramilitärische Operation. Mit dieser Ausweitung der Intervention wurden die Chancen, eine Beteiligung Washingtons glaubhaft zu dementieren, zunehmend geringer.

Außer Frage steht, daß sowohl AJAX als auch PBSUCCESS als Erfolg betrachtet wurden. Wie nahe beide Operationen dem Scheitern waren, hat man verdrängt. Roosevelt wurde nach seiner Rückkehr aus dem Iran in Washington als Held gefeiert, wenn auch nur im geheimen. Als er den Dulles-Brüdern und Verteidigungsminister Wilson Bericht erstattete, beschrieb er seine Zuhörer als „beunruhigend enthusiastisch. John Foster Dulles lehnte sich in seinem Sessel zurück....Seine Augen strahlten; er schien zu schnurren wie ein ausgewachsener Kater.“[90]. (1955 wurde Roosevelt ins Weiße Haus gebeten, wo ihm Eisenhower wegen seiner Verdienste um die nationale Sicherheit die National Security Medal verlieh.)

Mehr noch als die Intervention im Iran wurde die Operation in Guatemala als ein ungeheurer, jederzeit und andernorts nachvollziehbarer Erfolg betrachtet. Das Projekt AJAX war zwar beeindruckend, aber ein recht gewagter Coup; Roosevelts strategischer Einsatz schien zwar virtuos, beruhte aber nichtsdestoweniger auf Improvisation und dem Geschick britischer Agenten und machte wenig Gebrauch von der Propagandamaschinerie oder von Täuschungsmanövern. Im Gegensatz dazu stellte das Projekt PBSUCCESS einen triumphalen Erfolg für die Institution CIA dar. Außerdem polierte es das Image der CIA auf.

Die Generation der CIA-Beamten, die aus der OSS hervorging, machte eine steile Karriere. Zum Beispiel David Atlee Phillips, der Mann, der Hunt bei seinen Propagandafeldzügen in Opa-Locka asssistiert hatte und zwei Jahrzehnte später die CIA-Operationen leitete, mit denen man Salvador Allendes Machtübernahme in Chile zu verhindern suchte. *Fast das gesamte Planungsteam, das an der Operation in Guatemala beteiligt war, übernahm sieben Jahre später die Vorbereitung der Invasion in der Schweinebucht*: Dazu zählten Dulles, Bissell, Hunt, Phillips, Barnes und King von der CIA, Berle und die Kollegen vom Außenministerium.

In späteren Jahren griffen die CIA-Beamten und ihre Vorgesetzten nahezu automatisch auf das ,,Szenario Guatemala" zurück, wie die Planung des Unternehmens Schweinebucht zeigt.[91] Es beschwor nicht nur das Bild eines relativ mühelos erreichten Erfolges, sondern auch die Schlüsselelemente dieses Erfolges herauf. Bissells ursprünglicher Plan für die Schweinebucht sah einen ,,wirksamen Propagandafeldzug" vor, der Castro, wie einst Arbenz, psychologisch unter Druck setzen sollte.[92] Propagandamaßnahmen, die Stärkung oppositioneller Gruppierungen und die subversive Tätigkeit in den Reihen regimetreuer Fraktionen, die Planung und gegebenenfalls die aktive Unterstützung paramilitärischer Interventionen – all das waren die Zutaten, die in Washington als Geheimrezept für den Erfolg verdeckter Aktionen galten.

Die Triebfeder: Operationen geringen Ausmaßes mit hohem Einsatz

„Wie konnte ich nur so töricht sein, sie gewähren zu lassen?“[1] Das waren John F. Kennedys Worte im April 1961, rund sechs Jahre nach den Operationen im Iran und in Guatemala. Es ging um die vom CIA gesteuerte Invasion in der Schweinebucht. Als die Invasionstruppen der Exilkubaner in der Morgendämmerung des 17. April die Küste Kubas erreichten, sollten die Ereignisse ihm recht geben. Es bahnte sich eine Katastrophe an.

In derselben Nacht berief der Präsident, der gerade von einem Empfang im Kongreß kam und noch immer Abendkleidung trug, eine Krisensitzung mit seinem Beraterstab ein, die drei Stunden lang dauerte. Er lehnte jeden Vorschlag, den bedrängten Landetruppen durch eine direkte Aktion zur Hilfe zu kommen, strikt ab. Ein derartiges Vorgehen schien ihm zu riskant. Man mußte damit rechnen, daß die Sowjetunion Vergeltungsmaßnahmen gegen West-Berlin einleiten und damit eine Kette von Ereignissen in Gang setzen würde, die einen Dritten Weltkrieg heraufbeschwören konnten. Am selben Tag hatte der Präsident eine offizielle Stellungnahme von Nikita Chruschtschow erhalten, die zwar höflich abgefaßt war, aber eine versteckte Drohung enthielt, die sich nicht übersehen ließ:

Wir werden dem kubanischen Volk und seiner Regierung die nötige Unterstützung angedeihen lassen, um den bewaffneten Angriff auf Kuba niederzuschlagen.... Wir sind ernsthaft bemüht, die weltweiten Spannungen zu entschärfen, aber sollten andere Nationen versuchen, die schwelenden Konflikte noch zu schüren, werden wir mit der gebührenden Entschlossenheit darauf reagieren.[2]

Deshalb hielt der Präsident an seinem Entschluß fest – wohl wissend, daß diese Entscheidung Tod oder Gefangenschaft für die 1400 Mann starke Brigade 2606 (benannt nach der Erkennungsmarke eines Rekruten, der bei der Ausbildung ums Leben gekommen war) mit sich bringen konnte. Einer seiner Mitarbeiter, der Kennedy mitten in der Nacht ganz alleine und noch in formeller Kleidung im Weißen Haus auf und ab gehen sah, meinte: „Er ist heute abend wohl der einsamste Mann der Welt."[3]

Der Erfolg im Iran und in Guatemala war so mühelos erzielt worden, daß die Risiken verdeckter Aktionen daneben verblaßten. Allen Dulles hatte die Erfolgsaussichten eines Staatsstreiches in Guatemala anfangs auf 40 %, später allerdings nur mehr auf 20 % geschätzt. Er galt als Befürworter der Operation. Das bedeutete, daß die Chancen, in Kuba mit einem Unternehmen der gleichen Art das erhoffte Ziel zu erreichen, objektiv gesehen weniger als eins zu fünf standen – falls Castro Jacobo Arbenz und Kuba Guatemala ähnelte.

Aber Fidel Castro ließ sich keineswegs mit Arbenz und das revolutionäre Kuba nicht mit Guatemala vergleichen – wie Kennedy bald zu seinem großen Mißfallen feststellen mußte. Er entdeckte einige Schattenseiten verdeckter Aktionen, die man in der Euphorie über den spektakulären Erfolg im Iran und in Guatemala ignoriert hatte. Geheime Interventionen entwickeln, selbst wenn sie mit der gebotenen Skepsis oder als Provisorium geplant werden, eine eigene Dynamik, der sich nur schwer Einhalt gebieten läßt. Art und Umfang der Handlungsalternativen werden von der politischen Realität diktiert. Mit wachsendem Engagement verändert sich für die führenden Regierungsmitglieder nicht nur das Verhältnis zwischen Risiken und Erfolgschancen geheimer Interventionen, sondern auch die Struktur der Entscheidungsfindung: die Beweislast, die in der Anfangsphase der Planung noch bei den Befürwortern verdeckter Aktionen lag, geht auf die Gegner dieser Option über.

Die Wurzeln des Unternehmens in der Schweinebucht

Fidel Castro übernahm 1959 in Kuba die Macht.[4] Der Regierungswechsel war nach Auffassung der Vereinigten Staaten ein wahres Desaster, ein gelungener Coup der Kommunisten vor „der eigenen Haustür" und ein weiterer Beweis für das Hegemoniestreben der Sowjetunion, das sich schon einmal in Guatemala manifestiert und zum Unternehmen PBSUCCESS geführt hatte. Im letzten Amtsjahr Eisenhowers erwog die CIA zum erstenmal, Castro mit Hilfe einer kleinen Gruppe – bestehend aus maximal dreißig Exilkubanern – zu entmachten. Der Plan war simpel, und die Parallelen zum Staatsstreich 1954 in Guatemala ließen sich nicht übersehen: die Exilkubaner sollten sich den im Untergrund operierenden Widerstandsbewegungen auf Kuba anschließen und einen „Volksaufstand nach lateinamerikanischem Muster" anzetteln.[5] Dieser ursprüngliche Plan, der im Januar 1960 in CIA-Kreisen diskutiert wurde, besaß jedoch kaum noch Ähnlichkeit mit der Operation, die später tatsächlich stattfand.

Kuba wurde zu einem vorrangigen Aufklärungsziel der Vereinigten Staaten. Castro schloß sich zunehmend stärker an die Sowjetunion an, die seine Revolution mit immer umfangreicheren Waffenlieferungen unterstützte. Erst im Laufe der Ereignisse wurde deutlich, wie zersplittert im Gegensatz zu den Castro-Anhängern die Reihen der Regimegegner auf Kuba waren. Als Eisenhower, der von dem ersten Plan der CIA keine Kenntnis hatte, Allen Dulles um Vorschläge für wirksame Maßnahmen gegen Castro bat, legte dieser ihm ein weit komplexeres Konzept vor als das im Januar von der Behörde entwickelte. Es sah unter anderem die Bildung einer kubanischen Exilregierung vor, sowie „ein paramilitärisches Kommandounternehmen, das für künftige Guerillaaktionen“ außerhalb Kubas ausgebildet und durch innerkubanische Widerstandsbewegungen sowie „massive Propagandafeldzüge“ unterstützt werden sollte.“[6]

Richard Bissell, der im Sommer 1958 von seinem früheren Vorgesetzten Frank Wisner das Amt des CIA-Direktors für Planungen (DDP) übernommen hatte, als dieser aufgrund der beruflichen Belastungen am Rande eines nervlichen Zusammenbruchs stand, glaubte, die paramilitärischen Verbände könnten in spätestens sechs bis acht Monaten bereitstehen. Am 17. März erteilte der Präsident eine vorläufige Genehmigung für das geplante Projekt. Im Juni war es der CIA endlich gelungen, die fünf wichtigsten kubanischen Exilgruppen (es gab in Miami rund hundert verschiedene Organisationen von Castro-Gegnern) zu einer strategischen Einheit zu verschmelzen. Der guatemaltekische Präsident Miguel Ydígoras Fuentes – der schon von den Geheimoperationen der CIA auf seinem eigenen Territorium profitiert hatte – gestattete der CIA, Ausbildungslager in seinem Land zu errichten. Im Juli trafen die ersten von der CIA in Florida und Mittelamerika rekrutierten Exilkubaner dort ein.

Eisenhower verfolgte diese Schritte mit wachsender Ungeduld. Das Projekt schien ihn bisweilen sogar zu langweilen, was zum Teil daran gelegen haben mag, daß ihm die Hände gebunden waren. Erst im August bewilligte er das 13 Millionen Dollar-Budget, das für das geplante Unternehmen zur Verfügung gestellt werden sollte. Gleichzeitig gab er seine Einwilligung, Mitarbeiter aus dem Verteidigungsministerium für das Projekt abzustellen, allerdings unter der Bedingung, daß diese nicht an Kampfhandlungen teilnähmen. Einmal machte der Präsident seiner zunehmenden Frustration in einer Sitzung mit Dulles und Bissell Luft und sagte: „Jungs, wenn ihr nicht vorhabt weiterzumachen, sollten wir endlich aufhören, darüber zu reden.“[7]

Arbenz konnte mit Hilfe einiger hundert Emigranten entmachtet werden, und die CIA-Beamten und ihre Vorgesetzten auf politischer Ebene hatten den Ablauf dieser Operation noch klar vor Augen. Aber die Pläne der CIA begannen Schritt für Schritt einer völlig anders gearteten Realität Rechnung zu tragen: Fidel Castro war ein Gegner von ganz anderem Format als Arbenz. Die ursprünglichen Pläne der CIA sahen die Infiltration Kubas durch Agenten und eine Landung kleiner Guerilla-Einsatzkommandos vor, die damit den lokalen Dissidentenbewegungen das ,,Signal zum Angriff" geben sollten. Als sich die Präsidentschaftswahlen im November näherten, war Bissell zu der Auffassung gelangt, daß es ,,keine wirksame, organisierte Untergrundbewegung auf Kuba" gab und somit auch keine Möglichkeit, das für einen effektiven Widerstand erforderliche menschliche und materielle Potential einzuschleusen. Bissell folgerte daraus: ,,Unsere einzige Erfolgschance besteht darin, daß wir uns primär auf die Invasionstruppe und erst in zweiter Linie auf die Widerstandsbewegungen verlassen." Er erteilte dem CIA-Projektleiter in Guatemala die Anweisung, nur 60 der rund 400 Rekruten zu Guerillakämpfern auszubilden. Der Rest sollte eine konventionelle militärische Ausbildung erhalten.[8]

Obwohl die Aufgabenstellung der Gruppe 5412 unter der Eisenhower-Regierung revidiert worden war, blieb jede Änderung in der Planung geheimer Operationen letztlich der CIA vorbehalten. Da die jüngst vorgeschlagene den Entscheidungsträgern rein taktischer Art und somit von sekundärer Bedeutung zu sein schien, beschloß Bissell Eisenhower nicht damit zu belästigen.[9] Dennoch hatte sie für die Vereinigten Staaten weitreichende Konsequenzen: Das Training in Guatemala mußte intensiviert und das Landemanöver ausgeweitet werden – Maßnahmen, die die Geheimhaltung erheblich erschwerten. Die Gefahr, daß sich die USA kompromittierten, wuchs im gleichen Maße, wie die Glaubwürdigkeit der Schutzbehauptung, die Aktion oder Invasion sei allein von Exilkubanern geplant und durchgeführt worden, schwand. Und da sich die Vereinigten Staaten bereits beträchtlich exponiert hatten, wurde das Gelingen des geplanten Unternehmens für sie zunehmend dringlicher.

Im Dezember 1960, als die CIA der Special Group (Sonderausschuß) – der Name der Gruppe 5412 war inzwischen geändert worden – die neuesten Pläne vorlegte, hatte man die Landetruppe der Exilkubaner auf 600 bis 750 Mann verstärkt, deren Kampfvorteil im Überraschungseffekt bestehen würde. Gleichzeitig sollten von der CIA ausgebildete Piloten Einsätze fliegen, um die kubanische Luftwaffe auszuschalten. Man hoffte durch massive Propaganda und gezielte Bombenanschläge das Castro-Regime in eine Krise zu stürzen. Die Landestreitkräfte mußten lediglich solange den Brückenkopf halten, bis sie von kubanischen Widerstandsgruppen und Überläufern aus der Miliz Verstärkung erhielten und Castros Schicksal somit besiegelt war.[10]

Diese geheimen Pläne wurden jedoch von der weithin bekannten Tatsache in den Hintergrund gedrängt, daß John F. Kennedys Sieg über Eisenhowers Vizepräsident Richard Nixon in der vorausgegangenen Präsidentschaftswahl äußerst knapp ausgefallen war. In den ersten drei Monaten nach dem Machtwechsel im Weißen Haus zeichnete sich die neue Regierung, wie der Berater des Präsidenten Arthur Schlesinger, Jr. es formulierte, durch ungeheuren „Aktivismus und Zielstrebigkeit“ aus – Merkmale, die typisch schienen für die neue Generation von Staatsmännern und der „Passivität der vergangenen Dekade“ demonstrativ ein Ende setzten. In diesem kurzen Zeitraum wurden 39 Gesetzesanträge formuliert, zehn Treffen mit ausländischen Politikern anberaumt, neun Pressekonferenzen abgehalten und die unterschiedlichsten Themen auf die Tagesordnung gesetzt, angefangen von der Zukunft des Friedenskorps bis hin zur Alliance for Progress (eine Initiative amerikanischer Geschäftsleute, die sich für Investitionen in Lateinamerika interessierten). Ein Symbol des neuen Geistes, der nun herrschte, war Kennedys Entschluß, das „dichte Geflecht von Gremien, Arbeitsgruppen und interdisziplinären Ausschüssen“ zu entwirren, die sich in der Amtszeit seines Vorgängers als Hüter der nationalen Sicherheit verstanden hatten. Der Präsident bevorzugte flexiblere, informelle Organisationsstrukturen.[11]

Die Handlungsmotive

Der geplante Umsturz des Castro-Regimes entsprach dem Tatendrang und dem härteren antikommunistischen Kurs der neuen Regierung. Aber der Machtwechsel im Weißen Haus sorgte auch dafür, daß der Invasionsplan ein Eigenleben gewann: Die Überprüfung der kritischen Elemente des Konzeptes wurde aufgrund vorrangiger administrativer Aufgaben vernachlässigt. Kennedy hörte am 18. November zum erstenmal von den revidierten CIA-Plänen, zehn Tage nach seiner Wahl. Am 29. erhielt er von Dulles und Bissell detaillierte Informationen. Aber er mußte sich zu diesem Zeitpunkt darauf konzentrieren, daß die Kontinuität der Regierungsgeschäfte gewährleistet war, und außerdem lag die Macht noch nicht in seinen Händen, da die offizielle Amtseinführung erst bevorstand. Deshalb gab er nur durch beifälliges Nicken bekannt, daß er diese – wie er meinte – Handlungsalternative billigte.[12]

Eisenhower hatte gegen Ende seiner Amtszeit die diplomatischen Beziehungen zu Kuba abgebrochen, überließ aber die endgültige Entscheidung über verdeckte Aktionen der neuen Administration. Aufgrund dieser ungeklärten Zuständigkeiten blieb der CIA ein relativ großer Handlungs- und Ermessensspielraum überlassen. Im Januar gelangte die Behörde zu der Auffassung, die Küste Trinidads biete für die Landeoperation in Kuba die besten Voraussetzungen. Die Brigade der Exilkubaner war inzwischen auf 800 bis 900 Mann aufgestockt worden.

Die ranghohen Beamten der neuen Administration mußten sich nicht nur an ihr Amt gewöhnen, sondern waren auch noch nicht mit dem Regierungsapparat vertraut, den sie befehligten. Ein Zwischenfall zu Beginn des Regierungswechsels macht das deutlich. Die Joint Chiefs of Staff (JCS = Vereinte Stabschefs) hatten in Unkenntnis des CIA-Planes ihr eigenes Szenarium entworfen. Ihre Schlußfolgerungen, die Brigadegeneral David W. Gray zwei Tage nach der Amtseinführung Kennedy vorlegte, ließen nur eine Deutung zu: Ein Sturz Castros war ohne direkte Intervention der Vereinigten Staaten ausgeschlossen. Eine Woche später erhielten der Präsident und seine engsten Berater von Dulles und Bissell eine weitaus optimistischere Prognose. Nach langwierigen Diskussionen erteilte Kennedy der CIA die Genehmigung, mit den logistischen Vorbereitungen zu beginnen, und bat die Joint Chiefs of Staff, den Plan, der Trinidad als Anlaufpunkt der Invasionsstreitkräfte vorsah, auf seine Durchführbarkeit zu überprüfen.[13]

Der Bericht der JCS, der dem Präsidenten am 3. Februar vorgelegt wurde, wies auf eine Reihe von Unwägbarkeiten hin – z.B. daß der „Erfolg“ der Invasion letztlich von politischen Faktoren abhängig sei –, aber das Fazit war überwiegend positiv: „Trotz aller Vorbehalte...hat das geplante Unternehmen bei strikter Einhaltung des vorgegebenen Zeitrahmens einige Erfolgsaussichten; selbst wenn sich damit nicht unmittelbar sämtliche erwünschten Ergebnisse erzielen lassen, so könnte es doch langfristig gesehen zum Sturz des Castro-Regimes beitragen.[14] Grays Arbeitsunterlagen lassen eine pessimistischere Haltung der Joint Chiefs of Staff erkennen, aber in der endgültigen, offiziellen Fassung sorgten die Vorsicht, die ihnen zur zweiten Natur geworden war, sowie die Auffassung, daß es eine wichtige Mission zu erfüllen und das gute Einvernehmen zwischen militärischen und zivilen Funktionsträgern zu demonstrieren galt, für eine abgeschwächte Formulierung. Die Vereinten Stabschefs waren daran gewöhnt, nicht mehr als eine beratende Rolle zu spielen, und glaubten nicht, daß man von ihnen ein definitives Urteil erwartete. Außerdem lag die gegen Kuba geplante Aktion nicht in ihrer Hand, sondern fiel in den Zuständigkeitsbereich der CIA, der sie sich verwandt fühlten. Und deshalb behandelten sie die Behörde mit der gleichen „familiären" Rücksichtnahme, die sie auch von ihr erwarteten.

Der Abschlußbericht der JCS war in einer Art Code verfaßt. Gray gab später zu, daß man sich bei der Wahl der Worte bewußt zurückgehalten hatte: „Wir dachten, daß jeder auf den ersten Blick erkennen müßte, daß die Formulierung „einige Erfolgsaussichten" bedeutete, daß die Chancen „nicht besonders gut" stünden.[15] Diese verschlüsselte Botschaft entging jedoch den Repräsentanten der neuen Regierung, die die Gründe für die reservierte Haltung der JCS nicht kannten und von denen die meisten an den Umgang mit Militärs nicht gewöhnt waren. Es ist für Außenseiter, insbesondere für eine erstmals amtierende Regierung, immer schwierig, die Denk- und Handlungsmuster in sich geschlossener Kreise, wie sie im militärischen Bereich oder in der Nachrichtenbeschaffung bestehen, auszuloten.

Kein Wunder also, daß die neuen politischen Akteure aus dem Bericht eine, wenn auch vorsichtige Zustimmung und die Schlußfolgerung herauslasen, daß eine offene Intervention der Vereinigten Staaten unter Umständen gar nicht erforderlich sei. Kennedy genehmigte den Trinidad-Plan, allerdings wies er Bissell, der nun sein Untergebener, aber auch ein langjähriger Freund war, auf eine Einschränkung hin: „Dick, denk' daran, daß ich mir das Recht vorbehalte, die geplante Aktion jederzeit zu stoppen."[16]

Die hohen Washingtoner Regierungsbeamten besaßen aus den bereits genannten Gründen außerdem nur begrenzten Zugang zu „neutralen" Informationsquellen, anhand derer sich die Pläne der CIA aus einer breiteren Perspektive und daher objektiver überprüfen ließen, und waren sich dieses Mangels nicht einmal bewußt. Auch als der Plan, bei der Landung auf Kuba eine kleine Guerillaeinheit einzusetzen, zugunsten einer umfangreicheren Invasion verworfen wurde, war der Erfolg der Operation in erster Linie davon abhängig, daß man die kubanischen Aufständischen aktivieren konnte. Kennedy und sein Mitarbeiterstab erhielten diesbezüglich von Dulles und Bissell nur positive Prognosen.

Sie waren weder mit der Entwicklungsgeschichte noch mit der funktionalen „Gliederung“ der CIA hinreichend vertraut. Kennedy sah in Dulles' Bericht *die* Meinung der CIA schlechthin. Tatsache war, daß er vornehmlich die Ansichten der Planer widergab, die mit verdeckten Aktionen befaßt und daher an diesem Teilbereich besonders interessiert waren. Daß die CIA-Analytiker, denen die nachrichtendienstliche Informationsauswertung oblag, Ausmaß und Wirksamkeit der kubanischen Opposition gegen das Castro-Regime weit skeptischer beurteilt hätten, war ihm nicht bewußt. Diese Gruppe besaß keine Kenntnis vom Trinidad-Plan.

Kennedys persönlicher Berater in Angelegenheiten der nationalen Sicherheit, McGeorge Bundy, der vor seinem Eintritt in die Regierung das Amt des Dekans an der Harvard-Universität innegehabt hatte, erinnerte sich später daran, er habe „mit der typischen Gläubigkeit des Neulings den Ausführungen der höchst engagierten Planer gelauscht, die das später als ‚Unternehmen in der Schweinebucht‘ bekannte Projekt so vehement befürworteten. Außerdem habe er aufgrund mangelnder Kenntnisse versäumt, die andere Seite der CIA – die Analytiker – nach ihrer Einschätzung der Sachlage zu befragen“.[17]

Für die langjährigen ranghohen CIA-Beamten – Dulles, Wisner und Bissell – galt das ungeschriebene Gesetz, daß besondere Operationen eine besondere Vorgehensweise, abseits jeglicher bürokratischen Routine, erforderten. Geheimhaltung war oberstes Gebot, und bestimmte Operationen wurden einem kleinen Kreis von „Spezialisten“ anvertraut, über dessen Grenzen keine Informationen nach außen drangen. Deshalb war selbst die Gruppe der Eingeweihten innerhalb der CIA begrenzt. Diese Spezialisierung und die damit verbundenen Informationsbarrieren galten auch für den Geheimdienst. Daß geheime Aktionspläne überhaupt existierten, wußten unter Umständen nur der DDP und der jeweilige Projekt-Entwicklungsstab.

Im Fall Kuba wurde aufgrund dieser Taktik, den Kreis der Eingeweihten so klein wie möglich zu halten, und wegen der noch immer schwelenden Rivalität zwischen OPC und OSO nach ihrer Eingliederung in den Geheimdienst sogar Richard Helms – Bissels Kontrahent und Stellvertreter sowie ranghöchster für den Bereich Spionage zuständiger Offizier des Staates – ausgeklammert. Bissell, führender Kopf bei der Entwicklung des U-2-Programms (Aufklärungssystem, bei dem Flugzeuge des Typs U-2 eingesetzt wurden) und Protegé der Dulles-Brüder, war als Außenseiter zum Leiter des Direktoriums für Planungen (DDP) befördert worden, während Helms die Position des zweiten Mannes in der Abteilung, die er seit 1952 innehatte, behielt.

Die Spezialisierung verhinderte auch innerhalb der CIA eine funktionsübergreifende und somit umfassendere Analyse verdeckter Aktionen. Die mit der Spionagetätigkeit betrauten CIA-Außenstellenmitarbeiter wußten unter Umständen nicht einmal, daß verdeckte Aktionen geplant wurden, und konnten deshalb auch nicht beurteilen, welche Erfolgsaussichten ein Projekt bot. Besonders intensiv wirkte sich die Spezialisierung in der Abgrenzung zwischen dem Geheimdienst, der zum Planungsdirektorium (Directorate of Planning = DDP) gehörte, und den Analytikern des Nachrichtendienstes, dem Directorate of Intelligence (wie auch sein Leiter DDI genannt), aus. In der Praxis hatte das zur Folge, daß aufgrund der Vorrangstellung, die der Schutz von ,,Quellen und Methoden'' im DDP einnahm, DDI-Angehörige und Analytiker in der Regierung auf die Berichte ausländischer ,,Kontaktpersonen'' angewiesen waren, die aus Sicherheitsgründen nur selten spezifische Informationen boten.

Auch die informellen Beziehungen zwischen DDP- und DDI-Mitarbeitern boten wenig Gelegenheit, sich ein umfassenderes Bild von den Hintergründen bestimmter Berichte zu machen. Das galt sogar noch für die Zeit, als die beiden CIA-Bereiche Anfang der sechziger Jahre ein gemeinsames Hauptquartier in Langley (Virginia) bezogen. Die Analytiker des DDI-Stabes neigten dazu, die Routineaufgaben des DDP ziemlich geringschätzig zu betrachten. Sie wurden nur selten in verdeckte Aktionen, die sich in der Planung befanden, eingeweiht und hatten daher keine Möglichkeit, ein Projekt aus einer breiteren Perspektive und im Hinblick auf andere außenpolitische Aspekte zu durchleuchten.

Nicht nur das wachsende Risiko, daß geheime Projekte bekannt wurden, sondern auch strategische Gesichtspunkte brachten die Akteure in Zugzwang. Anfang März, zwei Monate nach dem Regierungswechsel, berichtete die CIA, die Exilkubaner seien für das bevorstehende Unternehmen nun auch moralisch optimal gerüstet. Der guatemaltekische Präsident, dem an einem schnellen Abzug der Gruppe von seinem Territorium lag, verlangte eine Zusage, daß die Trainingscamps bis Ende April aufgelöst würden, weil die Regenzeit nahte und eine weitere Ausbildung ohnehin sinnlos schien. Dazu kam, daß die CIA von einer bevorstehenden Lieferung moderner sowjetischer Düsenflugzeuge an Kuba erfahren hatte, die Castros Schulmaschinen ergänzen sollten. Eine Landeoperation in bescheidenem Umfang wäre deshalb einem Selbstmord gleichgekommen. Schlesinger sprach das aus, was damals die meisten dachten: „Nach dem 1. Juni hätte man die Marine und die Air Force einsetzen müssen, um Castro zu stürzen. Sollten die Landestreitkräfte, wie geplant, nur aus Exilkubanern bestehen, dann mußte das Unternehmen, wenn überhaupt, innerhalb der nächsten Wochen anlaufen."[18]

In Anbetracht dieser Umstände gab es nur einen Ort, an den man die Exilkubaner schicken konnte: nach Kuba. Dulles äußerte freimütig seine Ansichten bei einer Kabinettssitzung, die am 11. März stattfand:

> *Vergessen Sie nicht, daß es sich hier um ein Aufstellungsproblem handelt. Wenn wir diese Männer aus Guatemala abziehen müssen, sind wir gezwungen, sie in den Vereinigten Staaten aufzunehmen und zu internieren. Wir können nicht zulassen, daß sie sich frei im Land bewegen und jedem erzählen, wozu man sie gerade ausgebildet hat.*[19]

Für Kennedy war dieses Problem noch gravierender: ,,Sollten wir beschließen, auf das geplante Landeunternehmen zu verzichten", gestand er einem seiner Berater, ,,dann weiß ich nicht, ob sie sich nicht einer Entwaffnung widersetzen."[20]

Die CIA-Beamten, die mit der Planung der Invasion befaßt waren, drängten ebenfalls zum Handeln. Schon vor März, präziser gesagt Mitte Januar, galt das geplante Unternehmen als offenes Geheimnis, was erstaunlicherweise ebensowenig Folgen hatte wie das Bekanntwerden von PBSUCCESS im Jahre 1954. Sowohl das TIME-Magazin als auch die New York TIMES veröffentlichten Details über die Rolle der CIA und die Ausbildungslager der Exilkubaner in Guatemala und Nicaragua.[21] Ende Februar schickten die Vereinten Stabschefs ihre eigenen Mitarbeiter in die Trainingscamps, damit diese sich vor Ort ein Bild von der Situation machen konnten. Sie kamen zu der Schlußfolgerung, daß die Chancen, Castro durch einen Überraschungsangriff zu entmachten, aufgrund der inzwischen durchgesickerten Informationen nur mehr bei 15 % lagen. Da das Überraschungsmoment fehle, seien die Invasionsstreitkräfte extrem gefährdet. Ein einziges kubanisches Flugzeug könne mit einer .50 Maschinengewehr-Salve die meisten Boote der Brigade versenken.[22]

Dennoch ließ der offizielle Bericht der Joint Chiefs of Staff, wenn auch in verschlüsselter Formulierung abgefaßt, eine optimistische Deutung zu: ,,Der Plan könnte zunächst die gewünschten Erfolge zeitigen. Inwieweit sich damit das Endziel erreichen läßt, hängt davon ab, ob der Überraschungsangriff die kubanische Opposition gegen Castro zu aktivieren vermag."[23] Die Stabschefs standen mit ihrer Meinung nicht allein. Fast alle Washingtoner Regierungsbeamten, die von dem geplanten Landeunternehmen an der Küste Trinidads Kenntnis hatten, waren überzeugt, daß sich die Invasion als rein kubanische Aktion deklarieren ließ – eine ,,Selbsttäuschung", wie Bissell später meinte, die erheblich zum nachfolgenden Debakel beitrug.[24]

Die führenden Köpfe der CIA, die hinter dem Invasionsplan standen, hatten sich inzwischen so festgelegt, daß unerfreuliche Aspekte kaum ins Gewicht fielen. Ihre Einschätzung der Erfolgsaussichten wurde – ebenso wie die ihrer Vorgesetzten in Regierungskreisen – getragen von der Euphorie über die errungenen spektakulären Erfolge im Iran und in Guatemala. Die Intervention hatte sich zwar in beiden Fällen nicht völlig geheimhalten lassen, aber die Rolle der Vereinigten Staaten konnte bis zu einem gewissen Grad kaschiert werden. Warum sollte das im Fall Kuba nicht auch gelingen, trotz der Informationen, die durchgesickert waren?

Experten und Politiker

Einige Angehörige aus dem Mitarbeiterstab des Präsidenten machten sich große Sorgen, als sie Anfang 1961 von dem erweiterten Invasionsplan erfuhren. Aber sie waren nicht mehr in der Lage, die Operation zu stoppen. In den ersten Februartagen verfaßte Arthur Schlesinger beispielsweise eine Denkschrift an den Präsidenten, in der er empfahl, das geplante Unternehmen abzubrechen, um dem Ansehen der Vereinigten Staaten im Ausland nicht zu schaden.[25] Zwei Monate später, nach einer Sitzung, die für das Projekt entscheidend war, schrieb Schlesinger in seinem Büro ein weiteres Memorandum an den Präsidenten, in dem er seine Einwände in detaillierterer Form darlegte.

Aber Schlesinger, der gerade erst seinen akademischen Kreis verlassen hatte und den vagen Titel „Sonderberater" führte, bekleidete eine untergeordnete Stellung im Weißen Haus. Auf dem Gebiet verdeckter Aktionen war er ein Neuling und Außenseiter, der sich gegen die langgedienten CIA-Beamten und Vereinten Stabschefs nicht durchzusetzen vermochte. Hätte er seine Einwände mit noch größerem Nachdruck geltend gemacht, wäre er – nach seiner Auffassung – als „lästiger Eindringling" abgestempelt worden.[26] Seine Argumente in bezug auf die ,,Unwägbarkeiten – die moralische Veranwortung der Vereinigten Staaten, das Ansehen des Präsidenten, die Meinung der 'Weltöffentlichkeit''' – sind zumindest theoretisch einleuchtend, besonders wenn ein Historiker sie heute rückblickend betrachtet.[27] Aber sie konnten die von den meisten Eingeweihten akzeptierte Behauptung der Invasionsverfechter, mit der geplanten Landung an der Küste Trinidads ließe sich die Sowjetunion aus dieser Hemisphäre vertreiben, nicht entkräften.

Das lag nicht nur daran, daß dem neuen politischen Führungsteam Format und Erfahrung fehlten, um eine offene Konfrontation mit den Experten heraufzubeschwören. Angesichts des damals herrschenden politischen Zeitgeistes mußten Schlesingers Argumente als Ausdruck einer zu ,,weichen'' und passiven Einstellung und daher als wenig überzeugend betrachtet werden. Ein weiterer, ernstzunehmender Gegner des Invasionsplanes, Senator J.William Fulbright, Vorsitzender des Außenpolitischen Sicherheitsausschusses des Senats, teilte Schlesingers Schicksal; als er aus den Zeitungen von der geplanten Landeoperation erfuhr, schickte er dem Präsidenten am 30. Mai ein ausführliches Memorandum. Die Invasion sei rechtswidrig und unmoralisch, schrieb er, und die Rolle der Vereinigten Staaten ließe sich nicht geheimhalten. Falls der Überraschungsangriff mißlänge, wären die USA gezwungen, ,,in wachsendem Ausmaß zu intervenieren, um doch noch den erwünschten Erfolg zu erzielen.'' Er zog das Fazit, ,,das Castro-Regime ist zwar ein Dorn im Auge, aber kein Dolch im Herzen.''[28]

Kennedy bat Fulbright, seine Argumente in der Lagebesprechung vorzutragen, die für den 4. April anberaumt war. Seine Rede wirkte, laut Schlesinger, wie ein ,,braver, langweiliger Vortrag nach herkömmlichem Muster...die keinen der Zuhörer, von mir und möglicherweise dem Präsidenten einmal abgesehen, bewegte.''[29] Man verzichtete auf eine anschließende Diskussion. Statt dessen begann der Präsident seine dienstältesten Berater auf eine Weise um ihre Ansicht zu bitten, die bei einigen Anwesenden den unangenehmen Eindruck erweckte, hier handle es sich um eine Farce, bei der man Fulbright zuliebe mitspielte. Die Beteiligten hatten – wie die Männer, die von Foster Dulles im Frühjahr 1953 zur Abstimmung über das Projekt AJAX aufgefordert wurden – das Gefühl, dies sei weder das rechte Forum noch der rechte Zeitpunkt, um ihre Einwände geltend zu machen.

Zeitweilig schien sogar der Präsident das Unternehmen skeptisch zu beurteilen. Er schob das Datum der Invasion mehrmals auf. Aber in Anbetracht der rosigen Erfolgsaussichten, die Dulles und Bissell dem Projekt einräumten, konnten weder Kennedy noch andere hochrangige Regierungsmitglieder dem Plan und der Aussicht, die damit verbundenen politischen Ziele zu realisieren, widerstehen. Wenn Kennedy Zweifel hegte, stellte ihm Dulles unweigerlich die Frage, ob er ein ,,weniger standfester Antikommunist als Eisenhower" sei.[30]

Dulles selbst galt als treibende Kraft des Invasionsplans. Er war von Kennedy im Amt des Direktors der Central Intelligence (DCI) bestätigt worden – ein Symbol, das die Existenz von zwei Dimensionen in der Außenpolitik unterstrich. Er zählte, wie Kennedy später zugab, darüber hinaus noch zu den ,,legendären Figuren der Geschichte, mit denen der Umgang bekanntlich schwierig ist."[31] Dulles ließ es sich nicht nehmen, Kennedy an seinen Status oder seine zahllosen Erfolge zu erinnern. Einmal sagte er zu ihm: ,,Ich habe hier an Ikes Schreibtisch gestanden und ihm versichert, unsere Operation in Guatemala würde gelingen, und heute, Herr Präsident, sind unsere Erfolgsaussichten weit sicherer, als sie damals waren."[32] Man beachte, daß Dulles' Taktik, mit der er den Präsidenten zu überzeugen suchte, darin bestand, eine Chance von 40 % oder weniger als einen ,,sicheren" Erfolg darzustellen.

In dieser Atmosphäre, die von einem verhängnisvollen Optimismus beherrscht war, gab Kennedy am 15. März seine vorläufige Genehmigung für die Invasion. In den vorausgehenden Monaten hatte Außenminister Dean Rusk keinen der Zweifel, die er am Gelingen des Unternehmens haben mochte, laut geäußert, möglicherweise aus Angst, in der neuen, tatkräftigen Regierung als übervorsichtig oder zu wenig aktiv im Vergleich zu den CIA-Beamten bezeichnet zu werden. Er stellte sich taub gegenüber der vehementen Opposition seines Unterstaatssekretärs Chester Bowles. Kurz vor dem 15. Mai fand jedoch ein Gespräch zwischen Rusk und Kennedy statt, in dessen Verlauf man sich darauf einigte, daß die geplante Landung an der dichtbesiedelten Küste der Stadt Trinidad ,,allzu lautstark und einer Invasion der Alliierten im Zweiten Weltkrieg ähnlich'' sei.[33]

Die CIA suchte hektisch nach einem neuen, ,,ruhigeren'' Platz für das Landemanöver und entschied sich schließlich für die Schweinebucht. Ein wichtiger Punkt war jedoch bei dieser Änderung nicht bedacht worden: Der ursprüngliche Plan erschien nicht zuletzt deshalb hieb- und stichfest, weil die gelandeten Exilkubaner in den nahegelegenen Bergen untertauchen konnten. Aber die Schweinebucht lag isoliert; der Weg in die Berge betrug rund 130 Kilometer und führte durch einen Sumpf.

Das Debakel

Der Rest der Geschichte ist schnell erzählt. Mitte April sollte die Beschuldigung der kubanischen Regierung, die USA betrieben eine aggressive Politik gegenüber der Zuckerinsel, auf einer Vollversammlung der Vereinten Nationen geprüft werden. Kennedy ordnete an, daß Adlai Stevenson, der amerikanische UN-Botschafter, in den Invasionsplan eingeweiht wurde. Stevenson war entsetzt. Er bestand darauf, daß sich die Vereinigten Staaten nicht an der Aktion beteiligten.[34] Kennedy gab seiner Forderung nach und ließ die Führer der Exilkubaner von der Entscheidung informieren. Sie reagierten ebenso entgeistert auf die Eröffnung wie Stevenson, denn sie hatten offenbar angenommen, daß die amerikanischen Streitkräfte ihnen im Notfall Rückendeckung geben würden.

Am 14. April genehmigte Kennedy den Luftangriff. Dieser Teil des Plans war von vorneherein umstritten gewesen. Die CIA wollte einen einzigen massiven Luftangriff durchführen, um die Landung der exilkubanischen Invasionstruppen abzuschirmen. Aber Rusk hatte noch einmal sein düsteres Schweigen gebrochen und darauf bestanden, damit so lange zu warten, bis die Invasionsarmee gelandet war und der Luftangriff als Initiative der Exilkubaner deklariert werden konnte. Schließlich einigte man sich auf einen Kompromiß, der im Grunde niemanden zufriedenstellte. Man hoffte mit einem gezielten Einsatz, der vom Ausbildungslager der Piloten in Nicaragua aus geflogen werden und vor der eigentlichen Invasion stattfinden sollte – allerdings in kleinerem Umfang als geplant –, einen großen Teil von Castros Schulmaschinen zu zerstören. Ein Kubaner sollte nach Miami gebracht werden, vorgeben, aus der kubanischen Luftwaffe desertiert zu sein und sich als Initiator des Luftangriffes bekennen. Danach sollte ein zweiter Luftangriff, gleichzeitig mit dem Landemanöver, erfolgen.

Der erste Luftangriff wurde nach Plan von Nicaragua aus gestartet; aber das Täuschungsmanöver, hier handle es sich um eine Aktion der Exilkubaner, wurde schon nach wenigen Stunden durchschaut. Es kam jedoch noch schlimmer: Aufklärungsflüge, die mit der U-2 durchgeführt wurden, zeigten, daß nur fünf der 29 Schulmaschinen in Castros Besitz zerstört worden waren. Stevenson, der die Wahrheit nicht kannte, war außer sich vor Empörung, daß sein Dementi vor den Vereinten Nationen, mit dem er eine Beteiligung der Vereinigten Staaten an dem ersten Luftangriff bestritten hatte, jeder Grundlage entbehrte.[35] Gemeinsam mit Rusk überredete er Kennedy, den zweiten Luftangriff erst nach erfolgter Landung der Exilkubaner zu genehmigen. Als die CIA-Planer von der Verzögerung erfuhren, breitete sich tiefe Niedergeschlagenheit aus: Die Landestreitkräfte waren extrem gefährdet. Das Spiel schien aus zu sein.

Und sie behielten recht mit ihrer düsteren Prognose. Alles ging schief. Die erste Welle der Landestreitkräfte wurde von einer kubanischen Küstenpatrouille empfangen. Die Bucht war nicht dunkel, sondern von Scheinwerfern erhellt. In der Morgendämmerung griffen fünf kubanische Düsenmaschinen in das Kampfgeschehen ein. Die Invasionsstreitkäfte wußten offenbar nicht, daß der zweite Luftangriff abgeblasen war. Die kubanischen Panzer erschienen weit früher auf der Bildfläche, als man angenommen hatte. Und besonders verheerend wirkte sich die Tatsache aus, daß es in Kuba selbst keine Bürgerkriegssituation gab. Wenn überhaupt jemand auf der Insel von der Invasion Notiz nahm, dann waren es ,,Castros Mitarbeiter'', wie Kennedy es später formulierte.[36] Die kubanische Polizei hatte die Dissidenten bereits seit längerem überwacht und allein in Havanna 200 000 Verdächtige in Theatern und Vortragssälen interniert.

Die 1 400 Exilkubaner der Brigade 2506 kämpften tapfer, aber angesichts der Übermacht – Castro hatte 20 000 Mann aufgeboten – waren sie hilflos. Trotz des Drucks, dem Kennedy ausgesetzt war, weigerte er sich noch immer, eine direkte Intervention zu genehmigen. Schließlich erklärte er sich einverstanden, daß vier amerikanische Düsenmaschinen ohne Hoheitsabzeichen den zweiten Luftangriff der B-26-Bomber abschirmten. Als sich die exilkubanischen Piloten, übermüdet und zutiefst deprimiert, weigerten, den Einsatz zu fliegen, erteilte Dulles ihren amerikanischen Ausbildern die Erlaubnis, die B-26 zu fliegen. Durch einen Fehler im Zeitplan erschienen sie jedoch eine Stunde zu spät am Schauplatz. Die Amerikaner hatten ebenso große Schwierigkeiten wie die Exilkubaner, die veralteten Maschinen zu steuern – die vor allem deshalb ausgewählt worden waren, weil die kubanische Luftwaffe Flugzeuge dieses Typs besaß und sich eine Beteiligung der Vereinigten Staaten deshalb glaubhafter dementieren ließ. Bei diesem Einsatz wurden vier Maschinen abgeschossen und die Piloten getötet.

Die Brigade war aufgerieben, und die meisten Exilkubaner gefangengenommen worden, obwohl Kennedy viel daran setzte, um sie zu retten. Schlesinger hatte den Eindruck, als ob ,,Kennedy bereit sei, größere Risiken einzugehen, um die im Brückenkopf eingeschlossenen Männer herauszuholen, als sie dorthin zu bringen.''[37] Während des Landemanövers starben 114 Exilkubaner, 1 189 fielen in Castros Hand. Sie wurden später gegen Nahrungsmittel und Medikamente im Gegenwert von 53 Millionen Dollar freigekauft, eine Summe, die Robert Kennedy privat aufgebracht hatte. Der Präsident sorgte zwar eigenhändig dafür, daß Dulles seinen Posten als DCI aufgeben mußte, aber er selbst übernahm die volle Verantwortung für das Scheitern des Unternehmens, was er während einer Pressekonferenz bekundete: ,,Es gibt ein altes Sprichwort: Der Sieg hat hundert Väter; die Niederlage ist ein Waisenkind. Daß ich aufgrund meiner Stellung in der Regierung für dieses Debakel die Verantwortung trage, läßt sich nicht übersehen.''[38]

Interventionen – gestern und heute

Im Falle Kubas ließ sich die Ausweitung geheimer Interventionen – ebenso wie beim Projekt AJAX und SUCCESS – nur schwer verhindern, sobald die Vereinigten Staaten die Initiative ergriffen hatten. Die Aussicht, mit geheimen Operationen in Chile das gewünschte Resultat zu erreichen, waren ungleich günstiger und daher auch verlockender. Die Infrastruktur – ein Agentennetz und sichere Kanäle, über die Geldmittel und Instruktionen eingeschleust werden konnten – war bereits vorhanden. Dazu kam, daß man die bereits erzielten Erfolge in die Waagschale zu werfen vermochte. Die Beweislast lag bei den Gegnern geheimer Interventionen. Es hatte bereits einmal geklappt, warum also nicht ein zweites Mal?

Am 19. Juli 1975, als ich für den Church-Ausschuß arbeitete, fuhr ich nach Briarcliff Manor (New York). Ich wurde begleitet von einem sympathischen Mann namens J. J. Hitchcock, einem CIA-Beamten im Ruhestand, der im Auftrag des Außenministeriums als Bindeglied zum Ausschuß fungierte. Meine Aufgabe war einfach, aber ziemlich unangenehm.[39] Ich hatte zu überprüfen, ob Edward Korry, der 1970 in Chile akkreditierte amerikanische Botschafter, tatsächlich keine Kenntnis von dem sogenannten Track II-Projekt besaß, mit dem man einen Putsch der Militärs organisieren wollte, um Salvador Allendes Wahl zum Präsidenten zu verhindern.

Ich war mir ziemlich sicher, was ich herausfinden würde. Die Anweisungen, die Präsident Nixon am 15. September 1970 Richard Helms, dem damaligen Direktor der Central Intelligence, gegeben hatte, ließen keinen Zweifel offen: Track II sollte sowohl vor dem State Department als auch vor dem Verteidigungsministerium geheimgehalten werden. Ich wußte aus vorhergehenden Telefongesprächen, daß Korry ein sensibler Mann war, der schon verstört darauf reagiert hatte, als ihn ein anderer Senatsausschuß unter Vorsitz von Frank Church – der sich mit der Rolle der ITT (International Telephone and Telegraph) und ihrer Verbindungen zur CIA vor den chilenischen Präsidentschaftswahlen 1970 befaßte – in den Zeugenstand rief. Als frischgebackener Doktor der Philosophie und Neuling in der politischen Szene Washingtons nahm ich an, mir stünde die unangenehme Pflicht bevor, Korry – einen Mann, der seinem Land mit großer Hingabe, ja sogar Leidenschaft, gedient hatte – darüber aufzuklären, daß er von seiner eigenen Regierung und auf ausdrückliche Anordnung des Präsidenten der Vereinigten Staaten, die er in Santiago repräsentierte, getäuscht worden sei.

Meine Vermutungen bestätigten sich. Korry hatte keine Ahnung von Track II. Ich war verunsichert und fragte Hitchcock: „Sollen wir es ihm sagen?" Wir baten Korry um Stillschweigen und informierten ihn über Track II. Er erklärte uns, er habe geahnt, daß die CIA hinter seinem Rücken etwas plane. Nun, da sich seine Annahme bestätigt habe, sei ihm vieles klar geworden.

Aber die Track II-Episode war nicht das Hauptthema unserer Unterhaltung. Korry redete fünf Stunden lang leidenschaftlich und bisweilen widersprüchlich über seine Erfahrungen. Es gelang mir vielleicht ein Dutzend Mal, seinen ungehemmten Redefluß durch Fragen zu unterbrechen. Es ging in erster Linie um eine verdeckte Aktion, die 1970 stattgefunden hatte und von der Korry *wußte* – nämlich das „Störfeuer", das einen Wahlsieg Allendes verhindern sollte.

Korry hatte sein Amt als amerikanischer Botschafter in Chile 1967 angetreten. Zwei Jahre später begannen die Pläne der amerikanischen Regierung, die 1970 stattfindenden chilenischen Wahlen zu beeinflussen, Gestalt anzunehmen. Am 1. April 1969 machte Helms anläßlich einer Sitzung des Ausschusses 303 – der die Special Group abgelöst hatte – Henry Kissinger, den Stellvertreter des Präsidenten in Angelegenheiten der nationalen Sicherheit und Vorsitzenden des Ausschusses, darauf aufmerksam, daß ein rasches Eingreifen der CIA erforderlich sei, um die erfolgreiche Manipulation des chilenischen Wahlkampfes von 1964 zu wiederholen. Kissinger stellte die Entscheidung zurück.[40] (Die häufigen Namensänderungen des Ausschusses waren ein halbherziger Versuch, ein gewisses Maß an Geheimhaltung zu wahren. Mit der Zahl 303 wurde vermutlich der Raum im Außenministerium bezeichnet, in dem der Ausschuß tagte. Die Umbenennung in Ausschuß 40 erfolgte nach Herausgabe der *Direktive NSC 40*, mit der der Nationale Sicherheitsrat der Arbeitsgruppe die einstigen Vollmachten zurückgab.)

Korrys Kontrahent in Santiago war Henry Heckscher, Stationschef der CIA und seit Anfang 1947 bei der Behörde tätig, der sich schon an Operationen in Guatemala und Laos beteiligt hatte. Korry lehnte eine geheime Beeinflussung der Wahlen 1970 instinktiv ab. Er erinnerte sich an eine hitzige Auseinandersetzung mit Heckscher (dessen Name in unserem Gespräch übrigens nicht erwähnt wurde) über dieses Thema. Auf Korrys Einwände hin konterte der CIA-Mann:

,,Wollen Sie die Verantwortung übernehmen, wenn ein Kommunist zum Präsidenten Chiles gewählt wird?‘‘

Ich war entsetzt über die Prämissen, die in dieser Frage deutlich wurden. Ich wollte wissen, wieso man davon ausging, daß Allende ,,Kommunist‘‘ sei und inwiefern die Vereinigten Staaten oder Korry für das Schicksal Chiles ,,verantwortlich‘‘ sein sollten? Dieses Thema war für Korry besonders ergiebig. Seine Einstellung gegenüber dem Kommunismus war von seinen Erfahrungen als Journalist in Osteuropa während der Nachkriegszeit geprägt. Die Kennedy-Administration hatte ihn als Vertreter eines gemäßigten antikommunistischen Kurses in den diplomatischen Dienst berufen. Nach kurzem Nachdenken antwortete Korry auf meine Frage, er habe Allende für einen Kommunisten gehalten, der die Demokratie in Chile, wenn auch mit demokratischen Mitteln, zu zerstören trachtete.

Auch der Begriff ,,Verantwortung‘‘ besaß für Korry eine besondere Bedeutung. Er erklärte, Kennedy habe dazu aufgerufen, daß öffentliche und private Gelder über das Alliance for Progress-Programm nach Chile flossen. Korry sah sich als ,,Treuhänder‘‘ dieser amerikanischen Investitionen. Er habe sich seiner Verantwortung nicht einfach dadurch entziehen können, daß er ein neutraler Beobachter blieb, während Allende nach dem Präsidentschaftsamt strebte und den Besitz der US-Bürger zu enteignen drohte.[41]

Aber diese Pflichtauffassung, die Korry mit vielen ranghohen Regierungsmitgliedern teilte, war weniger auf sein Selbstverständnis als Hüter amerikanischer Vermögenswerte zurückzuführen als vielmehr auf die Tatsache, *daß die Vereinigten Staaten schon früher in Chile interveniert hatten.* Aufgrund dieses Engagements mußten die Gegner einer Interventionspolitik 1970 damit rechnen, daß man ihre Zurückhaltung als Gleichgültigkeit gegenüber dem Schicksal Chiles – ja sogar als Pro-Allende-Haltung interpretierte. Und eben dieses Argument brachte Heckscher in seinem Gespräch mit Korry vor.[42] Später griff Korry es auf, um Druck auf Washington auszuüben. Im Juni 1970, als die führenden Beamten des Außenministeriums zögerten, das gegen Allende gerichtete Projekt mit weiteren Geldmitteln zu unterstützen, schickte Korry ein Telegramm, in dem es hieß: ,,*Welche Antwort wollen die Vereinigten Staaten, falls Allende an die Macht kommen sollte, denen geben, die fragen, was man getan hat, um seinen Wahlsieg zu verhindern?*''[43]

Zu dem Zeitpunkt, als Korry zu der Schlußfolgerung gelangt war, Allende sei ,,Kommunist'', hatten sich die chilenischen Präsidentschaftswahlen zu einem Tauziehen um die Macht entwickelt, an dem drei Parteien teilnahmen. Präsident Eduardo Frei, ein Christdemokrat, war aus verfassungsrechtlichen Gründen von der Kandidatur ausgeschlossen; seine Partei wurde von Radomiro Tomic repräsentiert. Zwischen den beiden Männern herrschte wenig Sympathie. Tomic, der zum linken Flügel tendierte und bereits Kontakt zu den Marxisten aufgenommen hatte, konnte dem Gedanken wenig abgewinnen, sich in der bevorstehenden Wahl mit Freis politischen Zielen zu identifizieren. Die Rechte, vertreten durch die Nationalpartei, die bei den Parlamentswahlen im Jahre 1969 ausgezeichnet abgeschnitten hatte, schickte den 74jährigen ehemaligen Präsidenten Jorge Alessandri in das Rennen.

Salvador Allende wurde als Kandidat der Linken aufgestellt, die sich zu einer Volksfront aus Marxisten und nichtmarxistischen Parteien zusammengeschlossen hatte. Seine Koalition strebte eine Verstaatlichung der Kupferminen und anderer Wirtschaftssektoren, eine Beschleunigung der Agrarreform, Lohnerhöhungen und verbesserte Beziehungen zu den sozialistischen Ländern an.

Im Dezember 1969 einigten sich Heckscher und Korry auf einen Kompromiß und entwickelten einen gemeinsamen Plan: Die CIA sollte mit Genehmigung der Botschaft Propagandafeldzüge und andere Aktivitäten vorbereiten, um einen Wahlsieg Allendes zu verhindern, aber die Gegner Allendes im Wahlkampf nicht finanziell unterstützen. Der Vorschlag mußte aber zeitweilig auf Eis gelegt werden, weil der Ausschuß 303 gespalten war und das State Department, das von Unterstaatssekretär U. Alexis Johnson repräsentiert wurde, weiterhin eine strikte Nichteinmischungspolitik verfolgte. Die CIA vertrat die Auffassung, daß nur Allessandri in der Lage sei, Allendes Wahlsieg zu verhindern, und für seine Kampagne sowohl Geld als auch aktive Hilfe brauche.

Am 25. März 1970 bewilligte der Ausschuß 303 – inzwischen in Ausschuß 40 umbenannt – 135 000 Dollar für die „propagandistische Störung" des Wahlkampfes, wie im gemeinsamen Plan von der CIA und der Botschaft vorgesehen. Am 18. Juni unterbreitete Korry eine weitere, zweiteilige Forderung: erstens das dafür benötigte Budget aufzustocken und zweitens weitere 500 000 Dollar zur Verfügung zu stellen, mit denen die Abstimmung des chilenischen Parlaments beeinflußt werden sollte. Dieser hatte laut Verfassung eine Stichwahl zwischen den beiden Kandidaten mit dem höchsten prozentualen Stimmenanteil durchzuführen, falls keiner die absolute Mehrheit auf sich vereinigen konnte.

Wieder einmal zögerte das State Department, was Korry zu der zuvor erwähnten rhetorischen Frage nach der Verantwortung veranlaßte. Man bewilligte zwar die Erhöhung des Budgets für die geplanten Störaktionen, aber die Entscheidung über Geldmittel, die der Beeinflussung des Parlaments dienten, wurde bis zum 4. September verschoben, dem Tag, an dem die Wahlergebnisse vorlagen.

Der Ausschuß 40 tagte wieder am 7. August, aber die Unterstützung von Allendes Gegenkandidaten stand nicht auf der Agenda. Am 4. September bestätigten sich die Befürchtungen der amerikanischen Regierung: Allende hatte zwar nicht die absolute Mehrheit, aber 36,3 Prozent der Stimmen gewonnen, gefolgt von Allessandri mit 34,9 Prozent und Tomic mit 27,8 Prozent.

Von den Störaktionen zu „TRACK II“

Nachdem es Washington nicht gelungen war, Allendes Wahlsieg mittels verdeckter Aktionen zu verhindern, leitete man die nächste Phase ein: die Einflußnahme auf das Parlament, um Allendes Amtsübernahme zu vereiteln. Als klar wurde, daß der noch amtierende Präsident Frei jedwede Beteiligung ablehnte und das Parlament sich ohne ihn nicht manipulieren ließ, griff man zum dritten geheimen Aktionsplan, Track II genannt. Daß Track II überhaupt initiiert wurde, war keine zwangsläufige, durch die Ereignisse bedingte Entwicklung, sondern auf eine seit langem getroffene Entscheidung zurückzuführen, die von Präsident Nixon maßgeblich beeinflußt wurde. In Anbetracht der feindlichen Haltung gegenüber Allende und der bereits erfolgten Versuche, ihn an einer Übernahme des Präsidentenamtes zu hindern, erschien wohl nicht nur Nixon, sondern allen Beteiligten die aktive Unterstützung eines Putschversuches seitens der Militärs als eine erfolgversprechende Problemlösung. Vor die Wahl gestellt, ob man die Operation abbrechen oder sich in noch größerem Umfang engagieren sollte, entschloß sich Washington wie schon im Iran für die letzte Option.

Am 8. September, vier Tage nach der Wahl, tagte der Ausschuß 40 in Washington. Am Ende der Sitzung kam man überein, die Botschaft um eine „objektive Auflistung“ des „Für und Wider“ eines „mit amerikanischer Unterstützung organisierten Militärputsches“ zu bitten.[44] Korry antwortete am 12. September und machte keinen Hehl aus seiner pessimistischen Einschätzung, die von der CIA-Station in Santiago geteilt wurde: „Unsere eigenen Militärexperten sind einstimmig der Meinung, daß eine militärische Intervention keine Wirkung zeitigen wird...Wir wollen damit zum Ausduck bringen...daß es für die amerikanische Regierung keine weiteren Aktionsmöglichkeiten gibt, die die chilenischen Streitkräfte mit einbeziehen.“[45] Der Hauptgrund für die pessimistische Lagebeurteilung der Botschaft und der CIA-Station war der Oberbefehlshaber der chilenischen Streitkräfte, General René Schneider, ein verfassungstreuer Militär, der jeden Umsturz, wie man wußte, rigoros ablehnte.

Der Ausschuß 40 traf am 14. September wieder zusammen, um mehrere Varianten der sogenannten Frei-Schachzüge" zu erwägen – eine Manipulation, bei der Frei zugunsten einer Interimsregierung zurücktreten und sich dann als Kandidat für neue Wahlen aufstellen lassen sollte. Eine weitere Variante war der Rube-Goldberg-Plan (nach einem namhaften amerikanischen Karikaturisten benannt), den ein inzwischen verstorbener CIA-Beamter folgendermaßen schilderte: „Er würde dafür sorgen, daß sich das Parlament am 24. Oktober für Allessandri entscheidet. Nach seiner offiziellen Rücktrittserklärung wäre Frei laut Verfassung berechtigt, in einer neu anberaumten Wahl für das Präsidentschaftsamt zu kandidieren."[46] Die Variante mit dem euphemistischen Namen „*der konstitutionell abgesegnete Putsch*" hatte sich dasselbe Ziel, wenn auch mit anderen Mitteln, gesetzt: Hier sollte Frei die Regierungsgeschäfte zeitweilig und aus freiem Willen an eine Militärjunta abgeben, die wiederum neue Wahlen anberaumen würde.

Korry wurde aufgefordert, Frei über die verschiedenen politischen Schachzüge, die man plante, zu informieren. Der Ausschuß 40 bewilligte 250 000 Dollar für eine „geheime Unterstützung von Projekten, die Frei oder sein Wahlkampfteam für wichtig erachten."[47] Das Geld wurde nie ausgegeben, denn es diente einzig dem Zweck, chilenische Parlamentsmitglieder zu bestechen, gegen Allende zu stimmen. Dieses Vorhaben hielten sowohl die Botschaft als auch die CIA für undurchführbar.

Am 15. September traf sich Helms mit Nixon. Er erhielt grünes Licht für das Projekt, das den Eingeweihten im Weißen Haus und in der CIA unter der Bezeichnung Track II bekannt war. Track I – die verschiedenen Varianten der „Frei-Schachzüge" – und Track II unterschieden sich in der Durchführung: Mit Track II wurde eine separate Projektentwicklungsgruppe betraut. Nur eine Handvoll Mitarbeiter der für Chile zuständigen Planungsabteilung sowie der CIA-Stationschef in Santiago und sein Stellvertreter hatten Kenntnis von Track II.

Hinsichtlich der politischen Zielsetzung gab es kaum Unterschiede zwischen den beiden Alternativen. Track II sah einen Militärputsch vor; Track I beschränkte sich auf die stillschweigende Billigung oder auch Unterstützung eines Umsturzes, unter der Voraussetzung, daß Frei die Initiative ergreifen würde. Um Frei oder die Militärs zu animieren, hatte der Ausschuß 40 am 14. September die CIA gebeten, das propagandistische „Störfeuer" wieder aufzunehmen, mit dem man eine Panik unter den amerikanischen Geschäftsleuten, die in Chile investiert hatten, oder eine politische Destabilisierung auszulösen hoffte. Bei Amtsantritt Allendes waren manche Propagandaexperten der CIA so bekannt, daß sie das Land verlassen mußten.

Darüber hinaus versuchten die Vereinigten Staaten ihre Propagandaziele dadurch zu verwirklichen, daß sie auch im wirtschaftlichen Bereich starken Druck auf Chile ausübten. Sie strichen die staatliche Wirtschaftshilfe, hielten multinationale Unternehmen an, ihre Investitionen einzuschränken, und empfahlen anderen Ländern, ihrem Beispiel zu folgen. Helms Notizen vom 15. September anläßlich einer Sitzung, bei der Track II im Mittelpunkt stand, legen beredtes Zeugnis davon ab: „*In der Wirtschaft muß ein Aufruhr erzeugt werden*", heißt es da. Wie sich die wirtschaftliche Stärke der USA im Falle Chiles nutzen ließ, war auch Thema einer weiteren Gesprächsrunde am 18. September im Weißen Haus. Zu den Strategen dieses wirtschaftlichen Feldzuges gegen Chile gehörte außer dem Ausschuß 40 eine weitere behördenübergreifende Arbeitsgruppe, die sich aus dem Leiter der für die westliche Hemisphäre zuständigen CIA-Abteilung und Repräsentanten des State Department, des Nationalen Sicherheitsrates und des Finanzministeriums zusammensetzte.

Obwohl Korry von Track II keine Kenntnis hatte, spiegelt der Wortlaut der Depesche – abgefaßt in der für ihn charakteristischen Prosa statt im bürokratischen Jargon – die er am 21. September an Kissinger und den stellvertretenden Außenminister Charles Meyer schickte, das Szenarium wider, in dem die Wirtschaftskampagne angesiedelt war:

> *Frei sollte wissen, daß unter einem Allende-Regime keine Schraube und kein Bolzen nach Chile gelangt. Sollte Allende an die Macht kommen, werden wir alles daransetzen, Chile und das chilenische Volk zu zahllosen Entbehrungen und bitterster Armut zu verurteilen – eine langfristige Politik, die jedoch innerhalb kürzester Zeit die Härten einer kommunistischen Gesellschaft in Chile offenbaren wird. Wenn Frei glaubt, es gäbe angesichts dieses Elends eine Alternative...gibt er sich einer Illusion hin.*[48]

Am 29. September kam der Ausschuß 40 zu der Schlußfolgerung, daß die chilenischen Militärs nur durch wirtschaftliche Sanktionen zum Handeln motiviert werden könnten.

In der Zeit von Mitte September bis Mitte Oktober plante man, die beiden Alternativen Track I und Track II parallel zu inszenieren, obwohl die Durchführung strikt getrennt bleiben sollte. Laut Anweisungen des Ausschusses 40 vom 14. September waren Korry und „weitere qualifizierte Botschaftsangehörige" ermächtigt, den Kontakt zu den chilenischen Militärs zu intensivieren, um herauszufinden, inwieweit sie das „Frei-Schachzüge" oder seine Varianten unterstützten. In Korrys Lagebericht vom 21. September heißt es: Um den Plan erfolgreich auszuführen, müsse „General Schneider, neutralisiert und, falls nötig, ersetzt werden" – wie es scheint, eine Anspielung auf einen Umsturz.[49]

Als die Aussichten, mit einer der Manipulationen den erhofften Erfolg zu erzielen, schwanden und die Vertreter der amerikanischen Regierung sowohl in Santiago als auch in Washington immer verzweifelter nach einem Ausweg suchten, wurden die Kontakte zum Militär enger. Am 23. September berichtete die CIA-Station in Santiago, daß es „gute

Gründe für die Annahme gibt, daß weder Frei noch Schneider bereit sind, zu handeln."[50] Als Frei keinerlei Anstalten machte, seine Gesinnungsgenossen während einer Parteisitzung, die vom 3. bis zum 5. Oktober stattfand, davon abzuhalten, sich mit Allende zu arrangieren, verblaßte auch der letzte Hoffnungsschimmer, am Rad der Geschichte zu drehen. Die Vereinigten Staaten zielten mit ihren geheimen Interventionsplänen nunmehr auf das chilenische Militär und auf die unteren Chargen ab – angesichts der mangelnden Bereitschaft von General Schneider, sich gegen Frei zu stellen. In dem schon erwähnten CIA-Bericht vom 23. September über die Fortschritte von Track II hieß es weiterhin, daß ,,eine Kontaktaufnahme zu Offizieren mit niederem Dienstgrad (z.B. General Camilo Valenzuela, Kommandeur der in Santiago stationierten Garnison) natürlich möglich ist. Dieses Vorgehen schließt eine Spaltung innerhalb der Armee ein."

Gemäß den in Track I festgelegten Richtlinien wurde Korry nach und nach ermächtigt, seinen Kontakten in den Reihen der Militärs folgende Informationen zukommen zu lassen: Falls Allende sein Amt antrete, würden die Vereinigten Staaten jegliche militärische Hilfe einstellen; daß auf Korrys eigenen Vorschlag hin die finanzielle wie materielle Unterstützung der Streitkräfte so lange unterbleiben sollte, bis das Abstimmungsergebnis am 24. Oktober bekannt sei. Und am 7. Oktober teilte er ihnen mit,

> *falls es gelingt, Allende an der Amtsübernahme zu hindern, werden wir die Einschränkung der Militärhilfe, zu der wir gezwungen waren, nochmals überdenken und gegebenenfalls den Umfang des geplanten militärischen Hilfsprogrammes für die chilenischen Streitkräfte erweitern... Sollten sich die Militärs zu Maßnahmen entschließen, die zu einer Bürgerkriegssituation in Chile führen, wären wir bereit, die dafür unmittelbar erforderliche finanzielle wie materielle Unterstützung zu gewähren.*[51]

Track II wurde auf ausdrückliche Anordnung Präsident Nixons initiiert, der sich damit die sonst übliche Möglichkeit nahm, eine Beteiligung glaubhaft zu dementieren. Aber Track II war nichts weiter als der logische Höhepunkt einer Kette von verdeckten Interventionen. In einer ‚Regieanweisung' der Track II-Planer, die bereits am 21. September an die Außenstation in Santiago erging, heißt es: „Der Zweck der Übung besteht darin, Allende an der Machtübernahme zu hindern. Paramilitärische Taschenspielertricks scheiden aus. Eine militärische Lösung scheint angeraten."[52] Als die propagandistischen Störfeuer der CIA-Wahlexperten ohne Wirkung blieben, war der Versuch, den verfassungsgemäßen Ablauf der chilenischen Wahlen zu stören und dabei unter dem Deckmantel der Legitimität zu operieren, den Frei lieferte, geradezu vorprogrammiert.

Als auch dieser Schachzug nicht den erhofften Erfolg versprach, beschlossen die hohen Washingtoner Regierungsbeamten, den nächsten Schritt einzuleiten: einen Militärputsch aktiv zu unterstützen, der nicht nur ohne das Einverständnis Freis und seines Obersten Befehlshabers der Streitkräfte inszeniert werden sollte, sondern auch in gleichem Maße gegen sie wie gegen Allende gerichtet war. Für die CIA-Beamten, die von Track II Kenntnis hatten, gab es nichts daran zu deuten, daß die Ermächtigung, den Plan auszuführen, von ganz oben kam. Thomas Karamessines, der damalige DDP, erklärte, Kissinger habe in seinen Augen „keinen Zweifel offengelassen, daß er gezwungen war, dieses Mandat zu erfüllen; und er setzte uns wiederum extrem unter Druck, unseren Teil der Aufgabe zu meistern."[53]

Die Kontakte zu den Contras

Daß sich die CIA-Beamten in immer stärkerem Maße für den Erfolg ihrer Projekte und der Gruppierungen, die sie unterstützen, einsetzen, daß verdeckte Aktionen, mit denen die politische Szene eines Landes verändert werden soll, dazu neigen, sich auszuweiten, und daß die politischen Führer

– was vielleicht noch wichtiger ist – ihren Aktionsradius selbst bei einem anfänglich geringfügigen, geheimen Engagement eher vergrößern, als sich aus der Szene zurückzuziehen, leuchtet jedem ein, der sich mit großen Organisationen oder Psychologie befaßt hat. Was verdeckte Aktionen von anderen Spielarten der Intervention unterscheidet, ist das Primat strikter Geheimhaltung. Die Handlungsalternativen werden in aller Stille geplant und nach Bedarf weiterentwickelt – wobei man erwartet, oder vielmehr hofft, daß auch weiterhin nichts an die Öffentlichkeit dringt.

Das auslösende Moment, das die Vereinigten Staaten im Fall von Kuba und Chile veranlaßte, die Initiative zu ergreifen, schien zeitbedingt und eher die Ausnahme als die Regel zu sein, wenn man eine Episode jüngeren Datums als Vergleich betrachtet: die geheime Unterstützung, die die Vereinigten Staaten in den achtziger Jahren den Gegnern der Sandinisten in Nicaragua angedeihen ließen. Meine Ausführungen zu diesem Thema stützen sich zwangsläufig auf Thesen, weil der Zugang zu den meisten Dokumenten, vor allem zu Beginn der Operation, ebenso fehlt wie mündlich überlieferte Berichte oder authentische Erinnerungen. Diese verdeckte Aktion war jedoch von jeher umstrittener als andere, und so blieb es nicht aus, daß Einzelheiten an die Öffentlichkeit drangen. Der Ablauf der Ereignisse ist in den Grundzügen klar.

Im Juli 1979 ging die vierzigjährige Regierungszeit der Somoza-Familie in Nicaragua – die die Vereinigten Staaten und die CIA in den Jahren 1954 und 1961 so tatkräftig unterstützt hatte – zu Ende. Die Nachfolge wurde von einer breit gefächerten Koalition angetreten, in der die Sandinistische Befreiungsfront (FSLN) eine dominierende Rolle spielte. Sie war nach *Augusto César Sandino* benannt, einem General, dem ein Guerillaverband unterstand, der in den zwanziger Jahren gegen die amerikanischen Besatzungstruppen in Nicaragua gekämpft hatte. Sandino wurde auf Anweisung des älteren Somoza getötet, nachdem er sich zu Verhandlungen mit ihm bereit erklärt hatte. Wie auch nach der Machtübernahme Castros zwei Jahrzehnte zuvor, besaß die sandinistische Regierung anfangs die Unterstützung zahlreicher gemäßigter und reformistischer Nicaraguaner, die sich in ihrer somozafeindlichen Einstellung einig waren. Und wie auf Kuba gab es in dem Zweckbündnis gegen das sandinistische Regime Gruppen aller erdenklichen politischen Schattierung: angefangen von Sozialdemokraten bis hin zu Angehörigen der Nationalgarde, die besonders verhaßt gewesen war und sich nach dem Sturz von Somoza in Honduras als *Legion 15. September* neu formierte.

Es gab noch eine weitere Parallele zu Kuba: Als die Sandinisten erkennen ließen, daß sie eine Ein-Parteien-Regierung anstrebten, wechselten viele ihrer ursprünglichen Anhänger das Lager und schlossen sich der Opposition an. Zu ihnen gehörte auch Alfonso Robelo, ehemaliges Mitglied des einstigen neunköpfigen Revolutionsrates der Sandinisten. Im Mai 1982 brach der Held der sandinistischen Bewegung, *Eden Pastora*, bekannt unter seinem NOM DE GUERRE „Commandante Zero", mit den Sandinisten und baute in Costa Rica eine eigene Kampftruppe auf – ein unmißverständliches Signal, daß er sich von den einstigen Somoza-Gegnern, den Contras in Honduras, distanzierte.

Nicaragua ließe sich auch in anderer Hinsicht mit Kuba, Guatemala oder dem Iran vergleichen: Die Vereinigten Staaten waren sich zwar im klaren darüber, wogegen sie kämpften – eine Diktatur der Sandinisten unter kubanischer (und somit sowjetischer Ägide) – nicht aber über ihre politischen Zielvorstellungen oder die politischen Akteure, die sie bevorzugten! Nach ihrem Amtsantritt im Jahre 1981 erbte die Reagan-Administration von ihren Vorgängern unter anderem auch ein bescheidenes Programm, mit dem man insgeheim politisch gemäßigte Fraktionen und Interessengruppen auf privatem Sektor innerhalb Nicaraguas unterstützt hatte, die nun nach Ansicht Washingtons durch das sandinistische Regime bedroht waren. Diese Hilfestellung glich, wenn auch in kleinerem Rahmen, den Aktionen, mit denen die CIA der Opposition in Chile im Zeitraum von

1971 bis 1973 den Rücken gestärkt hatte, und basierte auf den gleichen Überlegungen.[85] Die Carter-Administration, die in letzter Sekunde beschloß, mit den Somoza-Gegnern zu paktieren und dem Diktator jegliche Wirtschafts- und Militärhilfe verweigerte, hatte den Angehörigen der ehemaligen Nationalgarde keine noch so verdeckte aktive Unterstützung gewährt.

Im August nahm die neue US-Regierung inoffizielle Verhandlungen mit den Sandinisten auf. Man wollte erreichen, daß diese den Guerillas ihre Unterstützung entzogen, die im benachbarten El Salvador gegen die US-freundliche Regierung kämpfte. Washingtons ‚Köder' bestand in dem Vorschlag, die Vereinigten Staaten würden unter Umständen in Betracht ziehen, das Gesetz der Neutralität „strikter zu handhaben", und eine Ausbildung anti-sandinistischer Nicaraguaner auf amerikanischem Territorium unterbinden. Ende Oktober wurden die Gespräche aufgrund zahlloser Mißverständnisse abgebrochen.[55] Ein großer Teil der Hilfsaktionen, mit denen die Vereinigten Staaten die Sandinistas unterstützt hatten, waren schon im März ausgeblieben. Im September ließ man die Quelle vollends versiegen.

Die Pläne der CIA hatten mit der Entwicklung in Nicaragua Schritt gehalten und wurden im November der National Security Planning Group – die letzte in der Reihe der NSC-Ausschüsse, die größere verdeckte Aktionen zu genehmigen hatte – vorgestellt. Die CIA entwarf offensichtlich mehrere komplexe Szenarien für die „Unterstützung und Durchführung politischer und paramilitärischer Aktionen, die sich gegen die Präsenz der Kubaner und die kubanisch-sandinistische Allianz in Nicaragua und anderen zentralamerikanischen Staaten richtet", wie es im CIA-Jargon hieß. In diesem Programm war unter anderem „der Aufbau einer starken nationalistischen, anti-kubanischen und gegen Somoza gerichteten Opposition in Lateinamerika" vorgesehen. Es stellte im Grunde eine Fortsetzung der Carter-Politik, versehen mit einem Preisschild von 3 Millionen Dollar, dar.[56]

Des weiteren plante man mit rund 19 Millionen Dollar ein 500 Mann starkes Einsatzkommando an der Grenze nach Honduras zu finanzieren, das sich aus nicaraguanischen und kubanischen Somoza-Gegnern zusammensetzte und „Aufklärungsarbeit leisten sowie paramilitärische und politische Aktionen in Nicaragua und anderswo durchführen" sollte. Dieses Kommandounternehmen hatte die Aufgabe, Brücken und Kraftwerke zu sprengen, um Krisenstimmung zu erzeugen, die Wirtschaft zu schwächen und den Waffennachschub aufzuhalten, mit dem Nicaragua die Rebellenverbände versorgte, die in El Salvador gegen die pro-amerikanische Regierung kämpften. Diese Operationen sollten gegebenenfalls durch „paramilitärische Einsätze nach Möglichkeit von Amerikanern ausgeführt und gegen spezifische kubanische Ziele gerichtet" ergänzt werden.

Und schließlich betonte die CIA, daß die Unterstützung paramilitärischer Operationen „nicht auf die genannte Summe oder den Aufbau der 500 Mann starken Truppe beschränkt bleiben sollte". Damit deutete man die Möglichkeit an, einem stärkeren Kampfverband, rekrutiert aus den Reihen der ehemaligen Nationalgardisten, finanzielle Hilfe zukommen zu lassen. Die CIA-Planer wußten allerdings, daß eine Truppe, in der die Nationalgardisten dominierend waren, bei der Bevölkerung Nicaraguas wenig Unterstützung finden würde.

Am 23. November genehmigte Präsident Reagan die *Direktive 17* des Nationalen Sicherheitsrates, die der nicaraguanischen Opposition und einer oder beiden bewaffneten Gruppen verstärkte Unterstützung zubilligte. Wie diese Gruppen strukturiert und kontrolliert sein sollten, würde in Gesprächen mit Argentinien und anderen Ländern in der betroffenen Region geklärt werden.[57] Argentinien war, für viele überraschend, ebenfalls in den mittelamerikanischen Konflikt einbezogen. Die herrschende Militärjunta hatte ihre eigenen, wenn auch reichlich exzentrischen Gründe, ihre Neutralität aufzugeben: Mehrere Montonero-Guerillas, gegen die das Regime einen „schmutzigen Krieg" geführt hatte, waren in Mittelamerika aufgetaucht. Abgesehen davon wurde die Junta mit großer Wahrscheinlichkeit von Washington dazu ermutigt, Partei zu ergreifen und später mit den Vereinigten Staaten zu kooperieren. Diese Liaison endete erst, als die USA 1982 während des Krieges um die Falkland-Inseln – die Malvinas – mit Großbritannien paktierte.

Es scheint, als ob die außenpolitischen Sicherheitsausschüsse des Kongresses, als sie 1981 über das Programm informiert wurden, nicht nur Einspruch dagegen erhoben, daß Gelder für den Sturz der Sandinistas bereitgestellt wurden, sondern darauf bestanden, daß die Vereinigten Staaten auf jede Form der Intervention verzichteten. Regierung und Komitees setzten ihre Debatten über die politische Zielsetzung fort, die von der Kontroverse über die Aktivitäten der Contras beherrscht waren. Der Kongreß forderte mit großem Nachdruck, daß sich die Vereinigten Staaten von den Umsturzplänen der CIA, von denen er im September 1982 Kenntnis erhalten hatte, distanzierten, und gab seine Entscheidung Ende des Jahres in einem Erlaß bekannt.[58]

Im Herbst 1983 inszenierten die Contras im Norden und Süden Nicaraguas einen Großangriff, begleitet von einzelnen Überfällen auf die Häfen, um das Land zu isolieren. Im Oktober wurde ein Öldepot in Corinto, einer Hafenstadt am Pazifik, von einer Bombe getroffen – ein schwerer Schlag für die ohnehin marode Wirtschaft – und eine Woche später war die Stadt Puerto Cabezas an der Atlantikküste zerstört. Anfang 1984 stellte sich heraus, daß die CIA die Bombardierung mehrerer nicaraguanischer Häfen durch eigene Einsätze unterstützt hatte. Bei diesen Angriffen wurden rund ein Dutzend Schiffe aus sechs Nationen beschädigt. Verbergen ließ sich auch nicht, daß die Schnellbootangriffe gegen die Hafenstädte, die im Herbst des vergangenen Jahres stattgefunden hatten, zwar von Kommandounternehmen der Contras durchgeführt worden waren, daß aber das Mutterschiff von CIA-Offizieren dirigiert und von bezahlten Agenten der CIA gesteuert wurde.

Diese Episode spaltete Exekutive und Kongreß. Sogar in der Gefolgschaft des Präsidenten wurde der Vorwurf geäußert, die CIA habe es unterlassen, sie über die Operationen zu informieren, ja die Verbindung zu den Contras sogar als Tarnung für ihre eigenmächtigen Aktionen benutzt. Planungsdirektor William Casey reagierte auf diese Anklage mit dem Hinweis auf die 1981 getroffene Entscheidung und die revidierte Lagebeurteilung des Präsidenten, die den mit nachrichtendienstlichen Erkenntnissen befaßten Sicherheitsausschüssen des Kongresses im September 1983 vorgelegt worden war.[59]

Anfangs genossen die Contras in den Vereinigten Staaten keinen guten Ruf. Sie wurden bei Hearings im Kongreß oder bei Fernsehveranstaltungen von bulligen Männern mit dunklen Sonnenbrillen repräsentiert, die sich in ihren Anzügen sichtlich unwohl fühlten und den Argumenten ihrer amerikanischen Wortführer mit einsilbigen Kommentaren beipflichteten. Ihre Unzulänglichkeiten waren nicht zu übersehen. Sie schienen sich aufgrund ihres unzivilisierten Lebens und ihrer brutalen Kampftaktiken eher für Anschläge aus dem Hinterhalt oder für Sabotageakte als für einen offen geführten Kampf zu eignen. Die Contra-Verbände blieben oft bis zu sechs Monaten ohne Pause im Kampfgebiet und waren daher extrem schwer zu kontrollieren. Anfang 1983 führte eines ihrer Bataillone zum Beispiel Überfälle auf Dörfer an der Grenze zwischen Honduras und Nicaragua durch, die damit endeten, daß zwei Soldaten vor ein Kriegsgericht gestellt und zum Tod durch Erschießen verurteilt wurden – was Ansehen und Moral der Contras gleichermaßen schadete.

Es lag ebenfalls auf der Hand, daß die CIA sich außerordentliche Mühe gab, die anti-sandinistischen Gruppierungen zu einer politischen Einheit zusammenzuschweißen, und daß sie dieses Ziel mit wachsendem Engagement verfolgte. Zunächst übte sie Druck auf die Gruppen aus, sich der Demokratischen Front Nicaraguas (FDN) anzuschließen, dann sorgte sie dafür, daß die Organisation Zivilisten unterstellt wurde, die von Büros in Miami aus operierten, um so dem Eindruck entgegenzuwirken, die FDN stünde unter militärischer Leitung aus den Reihen der ehemaligen Nationalgardisten.[60] Angeblich hatte die CIA im April 1984 ihre Hilfsleistungen an Pastora eingestellt, weil dieser sich weigerte, der FDN beizutreten.[61]

Im Herbst kam es erneut zu verbalen Auseinandersetzungen zwischen den beiden Kammern des amerikanischen Kongresses. Der Senat, in dem die Republikaner tonangebend waren, befürwortete die weitere Unterstützung der Contras, während die im Repräsentantenhaus dominierenden Demokraten für eine Beendigung votierten. In einer Sitzung beider Häuser einigte man sich auf eine Kompromißlösung: Das Budget, das den Contras zur Verfügung gestellt werden sollte, wurde auf 24 Millionen Dollar gekürzt. Im Frühjahr 1984, nach der Bombardierung der Hafenstädte, sprach sich der Sicherheitsausschuß des Repräsentantenhauses noch schärfer gegen die Bereitstellung weiterer Geldmittel aus, während der Senat darüber geteilter Meinung war. In dieser Sitzung wurde der Senat überstimmt, und im Oktober stoppte der Kongreß das gesamte Hilfsprogramm bis Februar 1985. Ausnahmeregelungen sollten nur dann genehmigt werden, wenn die Regierung strikte Auflagen mit der Zahlung der Gelder verknüpfte. Die CIA-Berater hielten sich mit ihrer Meinung wohlweislich zurück.

Die Waagschale in der Debatte schlägt aus

Trotz der kontroversen Meinungen stellte die Frage, ob man die Contras insgeheim und in noch stärkerem Maße unterstützen sollte, ein starkes Handlungsmotiv dar. Wie schon in früheren Fällen, so änderten sich auch hier die Zielvorstellungen der amerikanischen Regierung und mit ihr das Gleichgewicht, daß in den Diskussionen um das Für und Wider geheimer Interventionen in Nicaragua noch geherrscht haben mag. Umfragen, die in den USA durchgeführt wurden, zeigten, daß die Meinung der amerikanischen Öffentlichkeit und des Kongresses diesbezüglich gespalten war. Die meisten Amerikaner teilten die Ansicht ihrer politischen Stellvertreter, daß die sandinistische Regierung im eigenen Land eine Willkürherrschaft ausübe und für die gesamte Hemisphäre eine Bedrohung darstelle. Andrerseits ließ die Erhebung aber keine gesicherten Rückschlüsse darauf zu, daß die Amerikaner bereit waren, den Preis für einen Sturz des Regimes zu zahlen, falls dieser Preis im Einsatz amerikanischer Soldaten bestand. Eher das Gegenteil ließ sich daraus ableiten.[62]

Obwohl die Reagan-Regierung im Kongreß an Boden verlor, gelang es ihr, die Debatte auf ein ihr vertrautes Terrain zu verlagern. Der Meinungszwiespalt, der sich durch die gesamte amerikanische Öffentlichkeit zog, ließ ,,verdeckte" Hilfeleistungen zunehmend als akzeptablen ,,Mittelweg" erscheinen, der einen vergleichsweise geringen Einsatz an Menschen und Material forderte – eine Handlungsalternative, die der Kongreß, ja nicht einmal die Demokraten, ablehnen konnten, wollten sie nicht Gefahr laufen, von einem populären Präsidenten als ,,zu weich gegenüber dem Kommunismus" abgestempelt zu werden. Die Reagan-Administration nutzte diese Ambivalenz und machte darauf aufmerksam, daß die einzige Alternative zu verdeckten Aktionen eine militärische Intervention sei. Langhorne Motley, der für lateinamerikanische Angelegenheiten zuständige stellvertretende Außenminister, sagte 1985: ,,Das Contra-Programm" sei auf die Forderung der amerikanischen Öffentlichkeit zugeschnitten gewesen, ,,eine Wiederholung" zu verhindern: sie wollte ...,, kein zweites Kuba...keinen zweiten marxistisch-leninistischen Staat vor der eigenen Haustür....kein zweites Vietnam, wo amerikanische Soldaten ohne zwingende Notwendigkeit ihr Leben lassen mußten". Sein Nachfolger, Elliott Abrams, sprach noch deutlicher aus, welche Optionen die Vereinigten Staaten hatten: Ohne die geheime Unterstützung der Contras bliebe

Amerika nur noch die Wahl, ,,militärisch einzugreifen...oder...zu kapitulieren.''[63]

Aber wie schon in Kuba, so ging es in den Debatten nicht nur um Material, sondern auch um Menschen. Die Vereinigten Staaten hatten ein Interesse an der Zukunft der Contras, die politisch zwar noch immer zerstritten waren, aber 1985 zwei interessante Führungspersönlichkeiten hervorgebracht hatten, Arturo Cruz und Alfonso Robelo, die anfangs beide der sandinistischen Regierung angehört hatten. Die Entscheidung, sie ,,fallenzulassen'', war politisch gesehen eine ganz andere als die Frage, ob man sie unterstützen sollte. David Phillips, CIA-Veteran, der schon an Operationen in Guatemala, Chile und an dem Unternehmen in der Schweinebucht beteiligt war, äußerte einmal: ,,Ungeachtet der Verdienste dieser ‚Freiheitskämpfer' sollten wir erkennen, daß unser Land ihnen etwas schuldet und daß es daher unfair oder sogar unmoralisch ist, ihnen den Rücken zu kehren.''[64]

Anfang 1985 bat Präsident Reagan erneut um Hilfe für die Contras, die seit Februar unterblieben war, dieses Mal in Höhe von 14 Millionen Dollar. Nach einer heftigen Debatte wies das Repräsentantenhaus sein Ansinnen zurück. Als sich jedoch der Präsident von Nicaragua, Daniel Ortega, kurz nach der Abstimmung unklugerweise auf den Weg nach Moskau begab, galten die demokratischen Abgeordneten, die gegen verdeckte Aktionen gestimmt hatten, plötzlich als Schwächlinge oder Narren. Sie beschlossen wirtschaftliche Sanktionen gegen Nicaragua, wenn auch mehr in symbolischer Form. Im August 1985 einigte sich der Kongreß auf eine Kompromißlösung: Er bewilligte ein Budget von 27 Millionen Dollar, die den Contras für nicht-militärische Zwecke zur Verfügung gestellt werden sollten, unter der Bedingung, daß die CIA weder den Transfer arrangierte noch direkten Kontakt zu den Contras aufnahm oder bei ihrer militärischen Ausbildung assistierte.

Das Thema kam erneut zur Sprache, als der Präsident Anfang des Jahres um Militärhilfe für die Contras, dieses

Mal in Höhe von 100 Millionen Dollar, nachsuchte. Die Regierung leitete eine massive Kampagne ein, um das Hilfsprogramm – mittlerweile war Nicaragua zur wohl bekanntesten „geheimen" Aktion in der Geschichte geworden – durchzusetzen. In seiner Rede an die Nation beschwor Reagan Schreckensbilder von Lateinamerika herauf. Er sprach von den „Millionen von Flüchtlingen, die Schutz in den Südstaaten der USA suchen", erklärte, daß „die nicaraguanischen Kommunisten" in verschiedenen Ländern, wie beispielsweise Brasilien, agitierten, die von ihren Umtrieben bisher keine Ahnung gehabt hätten, und daß es absolut unerläßlich sei, „die kommunistische Machtübernahme von ganz Zentralamerika zu verhindern."[65]

Unter diesen Umständen vollzog sich im Repräsentantenhaus eine Kehrtwendung. Im Juni stimmte es für das Hilfsprogramm, das es noch im März und April strikt abgelehnt hatte. Als der Senat seinem Beispiel folgte, bewilligte der Kongreß im Oktober 1986 das 100-Millionen-Dollar-Paket, das im Verhältnis siebzig zu dreißig zwischen Waffen- und nicht-militärischer Hilfe aufgeteilt werden sollte, wobei die Ausbildung durch Angehörige der amerikanischen Streitkräfte eingeschlossen war. *Die finanziellen Zuwendungen wurden nicht einmal mehr offiziell geheimgehalten, sondern offen aus dem Rüstungsetat bestritten.* Die gesetzgebenden Körperschaften hoben die Beschränkungen auf, die man der CIA 1984 auferlegt hatte, mit der Ausnahme, daß kein Mitglied der Behörde sich in Nicaragua oder in einem Umkreis von rund 30 Kilometern von der Grenze aufhalten durfte. Die Koordinierung des Programms wurde dem Unterstaatssekretär für lateinamerikanische Angelegenheiten übertragen. Während der Kongreß versuchte, den Wünschen des Präsidenten entgegenzukommen, bemühte sich die Mehrheit der Abgeordneten gleichzeitig, ihn durch die Forderung nach regelmäßigen Berichten über die Wahrung der Menschenrechte und die Fortschritte der Friedensverhandlungen zwischen den zentralamerikanischen Staaten unter Druck zu setzen.

Diese menschlichen Beweggründe waren, wie so viele andere uneigennützige Handlungsmotive, nicht sonderlich stark ausgeprägt. Die Vereinigten Staaten zögerten nicht, Gruppen fallenzulassen, die sie insgeheim unterstützt hatten. Sie brachen die Verbindungen abrupt, manchmal sogar mit einer gewissen „Gefühllosigkeit", ab. 1958, als die geheimen CIA-Operationen gegen Achmed Sukarno auf ganzer Linie scheiterten, kehrten die Vereinigten Staaten einer Dissidentengruppe – hochrangige Militärs aus Sumatra –, die sie zuvor unterstützt hatten, den Rücken.[66] 1972 bat der Schah Präsident Nixon, die CIA möge doch die kurdischen Bergstämme in ihrem Kampf gegen seinen größten Feind, den Irak, unterstützen. Drei Jahre später hatte der Schah seine Differenzen mit dem Irak beigelegt und keine weitere Verwendung mehr für die Kurden. Der damalige Direktor der Central Intelligence, William Colby, schreibt, daß die CIA „plötzlich mit Forderungen bombardiert wurde, den flüchtigen oder verbannten Kurden zu helfen statt sie heimlich mit Waffen oder anderen Nachschubgütern zu versorgen."[67]

Die beiden anderen von der CIA unterstützten Gruppen waren Opfer des amerikanischen Rückzugs aus Vietnam. Als Präsident Johnson 1968 die Einstellung aller Luftangriffe auf Nordvietnam befahl, wurden auch die Kommandos der Montagnards (= Bergvolk im Zentralen Hochland Vietnams), die hinter den nordvietnamesischen Linien operierten, nicht mehr aus der Luft versorgt. Manche Soldaten starben, andere gerieten in Gefangenschaft. Ein ähnlich trauriges Schicksal erlitten die Meo-Armeen, die mit Unterstützung der CIA den „geheimen Krieg" in Laos geführt hatten. Auf dem Höhepunkt der Kampfhandlungen hatte es rund 30 000 Meos gegeben. 1975 entkam nur noch ein kläglicher Rest von etwa 10 000 nach Thailand.

Aber all diese Gruppen waren „bedauernswerte Überbleibsel" aus geheimen Kriegen, die längst vergessen waren oder aus dem Bewußtsein Amerikas verdrängt waren. Außerdem zählten sie, um es einmal milde zu formulieren, nicht zum Kreis der Europäer. Sie besaßen weder Anhänger in Miami, wie die Kubaner, noch eine starke Lobby im Kongreß oder die Möglichkeit, im amerikanischen Fernsehen aufzutreten. Sie waren allerdings, wie beispielsweise die Exilkubaner der Brigade 2506 oder die nicaraguanischen Contras, ausschlaggebend für die Entscheidung, sich auf verdeckte Aktionen einzulassen.

Motive und Mißgriffe

Die Intervention in Nicaragua enthielt – wie das Projekt SUCCESS und das Unternehmen in der Schweinebucht – zahlreiche operationelle Fehlleistungen, die man nur in ihrem vollen Ausmaß verstehen kann, wenn man sie im Zusammenhang mit der Eigendynamik betrachtet, die verdeckte Aktionen großen Stils entwickeln. In der Retrospektive erscheint das Versenken der *Springfjord* vor der Küste Guatemalas als eine nahezu unglaubliche Strategie, ebenso wie die Landung der Brigade 2506, die an einem isolierten Küstenstreifen, von den rettenden Bergen durch einen Sumpf getrennt, aufgerieben wurde.

Daß die CIA die Hafenstädte Nicaraguas bombardierte, muß man heute für genauso töricht halten. Als erste Gerüchte an die Öffentlichkeit drangen – was selten zu vermeiden ist –, konnte kein noch so lauteres Motiv die Vereinigten Staaten in den Augen der Welt rechtfertigen. All diese Überlegungen müssen auch schon vor der Intervention angestellt worden sein. Nachdem die Rolle Amerikas bekannt wurde und Nicaragua offiziell Anklage erhob, sah sich Washington genötigt, mit tradierten Gepflogenheiten zu brechen und die Zuständigkeit des Internationalen Gerichtshofes abzulehnen, um den Schein einer Nation zu wahren, die sich an völkerrechtliche Bestimmungen und Gesetze hält.

Ein weiteres Beispiel: 1983, als die Contras wegen Verletzung der Menschenrechte angeklagt wurden, stellte die CIA für sie ein neues Handbuch zusammen.[69] Der unter dem Titel *Psychologial Operations in Guerilla Warfare* erschienene Leitfaden wurde von einem Amerikaner im Auftrag der CIA verfaßt und von rund einem Dutzend rangniederen Beamten des DDO (das Planungsdirektorium war im März 1973 offiziell in Operationsdirektorium umbenannt worden, Anm.d.Übers.) überprüft. Der Autor, ehemaliges Mitglied der Green Berets, einer Elitetruppe der US-Streitkräfte, hatte sich ganz offensichtlich an den ersten Ausbildungsrichtlinien der Special Forces (= Spezialeinheiten) orientiert. In seinem Handbuch deutete er auch die Möglichkeit an, Mitglieder der Unterwelt anzuwerben und notfalls „Märtyrer" in den Reihen der Contras zu schaffen. Darüber hinaus zog er sogar die Ermordung bestimmter Sandinistenführer in Erwägung, um die Bevölkerung einzuschüchtern – trotz der bestehenden Gesetze und Verordnungen der Exekutive, die Attentate strikt verboten, seit der Kongreß vor einem Jahrzehnt diesbezügliche Untersuchungen eingeleitet hatte. Der Gipfel der Dummheit bestand aber wohl darin, daß diese Handbücher per Freiballon über dem Operationsgebiet der Contras abgeworfen wurden, wo mit Sicherheit einige Exemplare den Sandinisten in die Hände fielen!

Diese schier unglaublichen Fehlleistungen sind keinesfalls darauf zurückzuführen, daß es der CIA an der Leistungsfähigkeit anderer mit außenpolitischen Angelegenheiten befaßten Behörden mangelte. Ganz im Gegenteil, gerade ihre sprichwörtliche Kompetenz hat die Präsidenten der Vereinigten Staaten immer wieder veranlaßt, ihr den Vorzug vor den weit bürokratischer geführten und daher schwerfälligeren militärischen oder diplomatischen Organisationen zu geben. Frappante Fehler unterliefen ihr vornehmlich in Situationen, wo der Druck, Resultate vorzuweisen und die Planung geheimzuhalten, besonders groß war. Die strikten Geheimhaltungsvorschriften grenzen die Zahl derer, die eine Operation in allen Details überprüfen könnten, ein. Wie am Beispiel Kuba ersichtlich, werden die Experten innerhalb wie außerhalb der CIA, die imstande wären, ein qualifiziertes Urteil abzugeben, entweder nicht hinzugezogen oder haben das Gefühl, sich in ihren Entscheidungen Zurückhaltung auferlegen zu müssen.

Der kleine Kreis der Eingeweihten und die Illusion, eine Operation geheimhalten zu können, verführen die Planer verdeckter Aktionen möglicherweise auch dazu, Risiken einzugehen, die sie ablehnen würden, wenn man sie als Initiatoren offen zur Verantwortung zöge. Bestenfalls nehmen die CIA-Beamten, die unter Druck entscheiden müssen, ihre Zuflucht zu reinem Wunschdenken und sagen sich: „Wir haben es schon einmal trotz aller widrigen Umstände geschafft, warum nicht auch jetzt?" Und schlimmstenfalls stellen sie im Hinblick auf die Resultate, die man von ihnen fordert, und aufgrund des Gefühls der persönlichen Verantwortung Überlegungen an, die zu ähnlichen Entscheidungen führen wie die Bombardierung der nicaraguanischen Häfen, die sie – und vielleicht auch ihre Vorgesetzten auf politischer Ebene – später bedauerten.

Das Problem der Überwachung: „Unsere" und „ihre" Ziele

Geheimen Interventionen größeren Umfanges läßt sich nur schwer Einhalt gebieten, sobald man sich für diese Option entschieden hat. Daß dabei die Geheimhaltung oberstes Gebot ist, wirft spezifische Probleme auf, die die Überwachung betreffen. Die Beziehung zwischen den Planern in den Vereinigten Staaten und den Gruppierungen im Operationsgebiet, die von ihnen unterstützt werden, ist nur schwer zu steuern: Letztere sind es, die handeln, während die USA lediglich Hilfestellung leisten. Sie haben gute Gründe, sich nur an die Instruktionen ihrer CIA-Kontaktpersonen zu halten, die ihren eigenen Interessen dienen oder die Informationen ihren Zwecken entsprechend deuten. Da die Verbindung zu den Vereinigten Staaten geheim bleiben muß, sieht sich die CIA oft außerstande, sie zu den erwünschten Verhaltensweisen zu zwingen.

Darüber hinaus spielt Amerika für „ihre" Ziele eine wichtige Rolle. Ob es den Vereinigten Staaten recht ist oder nicht – wenn sie ausländische Gruppen heimlich unterstützen, werden sie nahezu automatisch mit deren Zielen identifiziert, falls oder wenn diese Beziehung bekannt wird. Die Regierung der Vereinigten Staaten hat sich ohne Zweifel ernsthaft bemüht, in ihren geheimen Verbindungen zu ausländischen Gruppen zwischen legitimen und gesetzeswidrigen Verhaltensweisen, zwischen beabsichtigter und nicht beabsichtigter Wirkung zu differenzieren. Aber diese strikte

Abgrenzung kann angesichts der oftmals verworrenen politischen Situation im Operationsgebiet, der Tatsache, daß die von Amerika unterstützten Gruppen ihre eigenen Ziele verfolgen und daß die Grenzen zwischen den Gruppen und ihren jeweiligen Zielsetzungen oft fließend oder unklar sind, nicht aufrechterhalten werden.

Die Signale

Manchmal übersehen die von der CIA unterstützten Gruppen die Signale der Vereinigten Staaten, weil sie sie ignorieren wollen. Betrachten wir beispielsweise den Fall des glücklosen Oberst Díaz in Guatemala 1954. Díaz verstand sich als Führer einer nationalistischen Revolution und glaubte, nicht die politischen Ziele der Vereinigten Staaten, als deren Mittler die CIA fungierte, sondern die Interessen seines eigenen Landes zu verfolgen. Er wurde nicht in die Pläne eingeweiht, die Amerika mit Castillo Armas hatte. Er war zwar bereit, das Arbenz-Regime zu stürzen, sah jedoch keine Veranlassung, seine Opposition gegenüber Castillo Armas aufzugeben.

Das Projekt PBSUCCESS schien beinahe zu reibungslos zu laufen, und dieser Erfolg stellte die Vereinigten Staaten vor neue Probleme. Castillo Armas, der sich noch immer weitab von der Hauptstadt befand, mußte mit seinen Rebellen nach Guatemala-Stadt geflogen werden. Die Washingtoner Regierungsbeamten wußten nicht recht, ob sie Díaz trauen konnten. PBSUCCESS regelte bis dato lediglich die Nachfolge im Präsidentenamt, für die der ranghöchste Offizier der Revolutionsstreitkräfte vorgesehen war. Botschafter Peurifoy – der kurze Zeit vorher Arbenz' Außenminister Toriello gestanden hatte, er sähe keine Möglichkeit, Castillo Armas in seine Schranken zu verweisen – versprach Díaz, Kontakt zu dem Rebellenführer aufzunehmen, um mit ihm über einen Waffenstillstand zu verhandeln.[1] Was Peurifoy zu diesem Zeitpunkt nicht wußte, aber bald feststellen sollte, war, daß Díaz die Absicht hatte, den Kampf fortzusetzen, falls Castillo Armas seine Offensive nicht abbrach. Er schwor, sich niemals den Rebellen zu ergeben, und sicherte sich die Unterstützung der Streitkräfte, indem er Oberst Elfego H. Monzón und Oberst José Angel Sánchez in seine Militärjunta berief.

Peurifoy suchte Rat in Washington. Dort erfuhr er, daß die Dulles Brüder geplant hatten, ,,Díaz seines Amtes zu entheben und durch einen geeigneteren Armeeoffizier zu ersetzen.''[2] Deshalb traf sich Peurifoy am 29. Juni mit Díaz, der ihn freundlich begrüßte und ihm einen Bericht von seinem ersten Tag im Amt sowie eine Liste der ehemaligen Regierungsmitglieder lieferte, die inzwischen verhaftet worden waren. Peurifoy warf ihm jedoch vor, er habe zugelassen, daß Arbenz in seiner Abschiedsrede die Vereinigten Staaten ein letztes Mal scharf kritisierte. Und er ging noch einen Schritt weiter, wie aus seinem Bericht an Außenminister Dulles ersichtlich: ,,Aufgrund dieses Umstandes sah ich keine Möglichkeit, ihn in unsere Friedensbemühungen mit einzubeziehen.''[3] Falls Ihnen die Pointe entgangen sein sollte: derselbe Pilot, der am 25. Juni die Bombe über der Hauptstadt abgeworfen hatte, bereitete sich zu diesem Zeitpunkt ostentativ auf seinen nächsten Einsatz vor.

Díaz brauchte nicht lange, um die Botschaft zu entschlüsseln: Die Vereinigten Staaten würden keine Opposition gegen Castillo Armas dulden. Sie war nicht vorgesehen in den Plänen, die zum Sturz des Arbenz-Regimes geführt hatten. Díaz erklärte Peurifoy nach einigem Zögern, er und Sanchez seien bereit, die Militärjunta zu verlassen. Das war das Stichwort für Monzóns Auftritt, der draußen gewartet hatte. Díaz verließ den Raum in Begleitung von Monzóns Wachen. Monzón gab Díaz' Rücktritt bekannt und kündigte an, er werde eine neue Junta bilden.

Aber noch befand sich die Macht nicht in den Händen des von Amerika designierten Nachfolgers. Peurifoy war anfangs unsicher, ob nicht Monzón der am besten geeignete Kandidat sei. Er galt als loyaler Offizier und hatte sich nicht mit Arbenz arrangiert. Andrerseits sah Washington in ihm nicht den dynamischen Führer, den die Situation erforderte. Und außerdem galt es einen weiteren Nachteil zu bedenken: Er war nicht Castillo Armas. Die Vereinigten Staaten konnten es nicht riskieren, Armas zu brüskieren, und Peurifoy bezweifelte, ob Monzón in der Lage sein würde, das Land ohne die Zustimmung der Aufständischen zu regieren, die keinerlei Anzeichen erkennen ließen, daß sie andere Führer als die von ihnen gewählten zu akzeptieren gedachten.

Die Dulles Brüder beschlossen, ein Treffen zwischen Monzòn und Castillo Armas zu arrangieren, das in aller Eile in den Amtsräumen des Präsidenten von El Salvador anberaumt wurde. Die beiden guatemaltekischen Führer trafen am 30. Juni in El Salvador ein. Sowohl Außenminister Dulles als auch der Staatssekretär für lateinamerikanische Angelegenheiten, Henry Holland, waren der Meinung gewesen, daß Peurifoy nicht an den Gesprächen teilnehmen sollte. Er hatte sich in den vergangenen Tagen als Mittelsmann zwischen den Vereinigten Staaten und den Arbenz-Offzieren zu sehr exponiert, und die Rolle der USA ließ sich zunehmend schwerer kaschieren. Schließlich erhielt er aber ein Telegramm von Dulles, in dem es hieß: ,,Sollten Sie der Ansicht sein, daß ein Konsens und folglich die Stabilisierung einer anti-kommunistischen Regierung nur dann gewährleistet ist, wenn Sie an Ort und Stelle Ihren persönlichen Einfluß geltend machen, überlassen wir es Ihrem Ermessen, ob Sie an der Konferenz teilnehmen wollen.''[4]

Peurifoy reiste unverzüglich nach El Salvador und fühlte sich ,,ermächtigt, 'einige Köpfe aneinanderkrachen zu lassen.'''[5] Er schlug eine Kompromißlösung vor, um die Pattsituation zu beenden: Monzón würde sein Gesicht wahren, wenn er Castillo Armas in seine Junta aufnahm und gleichzeitig freie Wahlen ankündigte. Peurifoys Telegramm an Washington ließ keinen Zweifel offen, wer seiner Meinung nach diese Wahlen gewinnen würde: ,,Auch ohne offizielle Bestätigung kann man davon ausgehen, daß Castillo Armas gewählt wird.''[6] Am 7. Juli ernannte die Junta Castillo Armas zum vorläufigen Präsidenten Guatemalas, und Anfang Oktober wurde er aufgrund seines „spektakulären" Wahlsieges im Amt bestätigt.

Die Mißachtung der Signale

In anderen Fällen verdrängt die Tatsache, daß die Vereinigten Staaten eine bestimmte Gruppierung unterstützen, die Signale, daß dieser Unterstützung Grenzen gesetzt sind. Sobald das Unternehmen in der Schweinebucht offiziell genehmigt war, glaubte die Brigade 2506, daß die USA alles in ihrer Macht Stehende unternehmen würden, um dem Erfolg zum Durchbruch zu verhelfen. Die Bemühungen ihrer CIA-Berater, die Moral der Invasionstruppe dadurch zu stärken, daß man ihnen die Erfolgsaussichten in den rosigsten Farben schilderte, verfestigte noch die Fehleinschätzung der Exilkubaner.

In der zweiten Aprilwoche des Jahres 1961 wurden die Bedenken, die Arthur Schlesinger, Mitglied im Beraterstab des Weißen Hauses, gegen das geplante Landemanöver äußerte, vom Tisch gefegt. Das Projekt hatte eine eigene, zwingende Dynamik entwickelt. In seinem Memorandum vom 10. April wies er darauf hin, daß sich die Exilkubaner darüber im klaren sein sollten, daß sich die Vereinigten Staaten unter keinen Umständen zu einer militärischen Intervention entschließen würden: „Wir müssen dem Revolutionsrat mitteilen, daß er keine unmittelbare völkerrechtliche Anerkennung von den USA erwarten kann; daß diese nur dann erfolgen wird, wenn die Chancen, sich als legitime Macht zu etablieren, besser als 50 zu 50 stehen; und daß dies ein Kampf ist, den die Kubaner im wesentlichen selbst austragen müssen."[7] Kennedy stimmte ihm zu und gab zwei Tage später in einer Pressekonferenz bekannt: „Es wird unter keinen Umständen eine militärische Intervention der Vereinigten Staaten in Kuba geben...Das Problem Kuba kann nicht von den Vereinigten Staaten *und* Kuba gelöst werden; es handelt sich um eine rein kubanische Angelegenheit."[8]

Den Exilkubanern dürfte kaum bewußt gewesen sein, daß der Präsident vielleicht die ungeschminkte Wahrheit sagte. Aufgrund des zunehmenden Interesses, daß die Vereinigten Staaten am Erfolg der Operation hatten, gingen sie, ebenso wie ihre Verbindungsleute in der CIA, von der stillschweigenden Annahme aus, daß die USA notfalls ihre Streitkräfte nach Kuba entsenden würden. Die CIA-Berater und die Exilkubaner hielten Kennedys Bemerkung lediglich für einen „gelungenen Schachzug, die Machthaber auf Kuba irrezuführen."[9]

Um seinen Worten Nachdruck zu verleihen, schickte Kennedy Schlesinger und Adolf Berle, Staatssekretär für lateinamerikanische Angelegenheiten unter Roosevelt, Freund der Familie Kennedy und inoffizieller Berater des Präsidenten, zu den Exilkubanern, um sicherzugehen, daß diese die Position der Vereinigten Staaten verstanden. Die Mühe war allerdings umsonst; laut Schlesinger reagierte der Führer der Exilkubaner, José Miro Cardona, „aggressiv und ungläubig auf die Eröffnung, daß die USA keine Truppen entsenden würden."[10] Schlesinger und Berle gelang es nicht, ihn davon zu überzeugen, daß Kennedy meinte, was er sagte. Das teilten sie auch dem Präsidenten mit. Kennedy erklärte daraufhin Bissell, dem Leiter des Planungsdirektoriums, die Invasionspläne müßten so lange zurückgestellt werden, bis sich die Exilkubaner mit den Bedingungen der Vereinigten Staaten einverstanden erklärten. Bissell schickte sofort seinen eigenen Emissär zu Miro Cardona, der – zumindest dem Anschein nach – schließlich doch zustimmte. Bissells Abgesandter war sich allerdings nicht sicher, ob Miro Cardona diese Kondition tatsächlich akzeptiert oder ein Lippenbekenntnis abgelegt hatte.

Die enthusiastische Einstellung der CIA gegenüber dem geplanten Unternehmen und das daraus resultierende Versäumnis, die Lage mit Hilfe weiterer Nachrichtenexperten aus einer umfassenderen Perspektive zu beurteilen, bestärkten die Exilkubaner noch in ihrem Irrglauben. Am 13. April, vier Tage vor der Invasion, erhielt Kennedy von Jack Hawkins, einem erfahrenen Marineoberst, einen Bericht über die Brigade 2506, der so euphorisch klang, daß er – den Worten Robert Kennedys zufolge ,,als einziges schriftliches Dokument den Präsidenten in seiner Entscheidung bestärkte, das Projekt wie geplant fortzusetzen‘‘:[11]

> *Meine Beobachtungen haben mein Vertrauen in die Truppe bestätigt. Sie ist nicht nur fähig, das unmittelbare Ziel des Einsatzes, sondern auch das Endziel, den Sturz des Castro-Regimes, zu verwirklichen. Die Angehörigen der Brigade und ihre Kommandanten...sind jung, mutig, intelligent und von dem Wunsch besessen, den Kampf zu beginnen....sie vertrauen fest darauf, daß sie sich gegen alle Abwehrmaßnahmen, die Castro treffen wird, zu behaupten wissen. Ich teile ihre Zuversicht.*[12]

Wie sich herausstellen sollte, gründete sich diese Zuversicht vornehmlich auf die falschen Informationen der CIA, die teilweise im Widerspruch zu der Forderung des Präsidenten standen, die Intervention der Vereinigten Staaten auf ein Minimum zu beschränken. Es hieß, die Brigade spiele in dem geplanten Landemanöver nur eine Nebenrolle; die kubanischen Dissidenten sollten überall auf der Insel Brücken sprengen und zum Generalstreik aufrufen. Hunderte von Guerillas würden den Invasionsstreitkräften zur Hilfe eilen. Dieses Szenarium entwickelten die CIA-Berater in Gegenwart der Exilkubaner. Das darin enthaltene, vielleicht ermutigendste Signal stand jedoch in besonders krassem Widerspruch zu den Intentionen des Präsidenten: ,,Die Vereinigten Staaten sind bereit, den kubanischen Revolutionsrat als legitime Macht anzuerkennen und ihm die nötige Unterstützung zu gewähren, um Castro zu stürzen. Amerikanische Schiffe stehen in kubanischen Gewässern bereit, damit Hilfsaktionen nicht unnötig verzögert werden.‘‘[14] Diese Botschaft stellt nicht unbedingt eine Mißachtung der von Kennedy gegebenen Anweisungen dar, sondern legt vielmehr die Vermutung nahe, daß seine in letzter Minute getroffene Entscheidung, die Rolle der USA zu begrenzen, die CIA-Beamten – und die Exilkubaner – nicht zu einer Änderung ihrer bereits vorgefaßten Meinung bewegen konnte.

Ein CIA-Berater erklärte sogar der Brigade, daß sie die Vereinigten Staaten nicht brauche: „Ihr seid so stark und habt so viele Helfer auf eurer Seite, daß ihr mit Sicherheit nicht auf uns warten wollt. Ihr streckt nur die Hände aus, haltet euch links und marschiert schnurstracks nach Havanna."[15]

Aber trotz aller Zuversicht habe man ein Sicherheitsnetz eingebaut: die Vereinigten Staaten stünden bereit, wenn man sie benötige. An diese Illusion klammerten sich die Exilkubaner auch dann noch, als der Kampf näherrückte. Auf dem Weg nach Kuba probierte ein Angehöriger der Brigade das an Bord des Schiffes installierte Maschinengewehr aus. Die Sicherungsschelle zerbrach und löste den Feuermechanismus aus. Die meisten Exilkubaner, die sich an Deck befanden, konnten sich in Sicherheit bringen, aber ein Mann wurde getötet und zwei verletzt, einer davon schwer. Man unterbrach daraufhin die angeordnete Funkstille und rief Hilfe herbei. Innerhalb weniger Stunden ging ein amerikanischer Zerstörer längsseits und nahm die Verletzten auf. Das Auftauchen eines amerikanischen Schiffes trug dazu bei, die ohnehin schon gute Moral der Truppe noch mehr zu heben. „Wir fühlten uns zuversichtlich, denn wir waren nicht allein", erinnerte sich später ein Mitglied der Brigade.[16]

Die Exilkubaner an Bord des Schiffes versuchten, sich vor dem Kampf noch ein wenig zu entspannen. In einer Tagebucheintragung schilderte ein Angehöriger der Invasionstruppe sehr treffend die Mischung aus Angst und Zuversicht – und damit auch das ganze Ausmaß der Fehlinformation:

In der letzten Lagebesprechung hieß es, wir würden auf schwachen Widerstand treffen, da sich nur 5 000 Ange-

hörige der Miliz im Landegebiet aufhielten. Die Bevölkerung würde uns zu Hilfe eilen, und wir könnten mit zahllosen Überläufern aus der Miliz rechnen. All das hat uns enorm den Rücken gestärkt. Die Männer redeten, als sei der Kampf bereits vorüber und gewonnen und als ob wir schon wieder in Havanna wären. Ich selbst hatte Zweifel und war nicht so zuversichtlich, wenn ich an den bevorstehenden Kampf dachte. Mich verfolgte der Gedanke: irgend jemand wird getötet werden.[17]

Engagement und Rückzugsversuche

Anfang Oktober 1970, drei Wochen bevor der chilenische Kongreß über die Nachfolge im Präsidentenamt entscheiden sollte, war den amerikanischen Politikern sowohl in Washington als auch in Santiago klar, daß der scheidende Präsident Frei nichts unternehmen würde, um Allende an der Machtübernahme zu hindern, und daß die militärische Führung des Landes, insbesondere der Oberbefehlshaber der Streitkräfte, General René Schneider, unter keinen Umständen bereit war, sich an einem Putschversuch zu beteiligen. Deshalb konzentrierten sich die Planer von Track II auf bestimmte Teilbereiche der Streitkräfte, und hier insbesondere auf Offiziere der unteren Chargen.

Track II war auch für die CIA ein unvorhergesehener Schachzug. Im Juli 1969 hatte die Außenstation mit Genehmigung des Hauptquartiers eine Reihe von Agenten in den Reihen der chilenischen Militärs angeworben, um Informationen über die Bereitschaft zum Umsturz zu sammeln. Die CIA verfügte zeitweilig über Kontaktpersonen auf sämtlichen Hierarchieebenen und in allen drei Teilstreitkräften. Der Schwerpunkt dieses Projektes lag allerdings auf der Nachrichtensammlung, denn im Herbst 1970 wäre keiner der beiden militärischen CIA-Kontakte in der Lage gewesen, einen Putsch anzuzetteln.[18]

Als Track II in die Wege geleitet wurde, mußte die CIA-

Station improvisieren. Der für die Armee zuständige Militärattaché der Vereinigten Staaten, Oberst Paul Wimert, unterhielt außergewöhnlich gute Beziehungen zu einigen ranghohen chilenischen Offizieren. Für die CIA waren diese Verbindungen ein reiner Glücksfall und nicht geplant. Wimert galt, wie viele Militärs, als Pferdenarr und ritt fast jeden Morgen gemeinsam mit chilenischen Offizieren aus. Auf eine Anfrage der Außenstation hin erhielt der stellvertretende CIA-Direktor von seinem Kollegen im DIA (Defense Intelligence Agency = Amt für militärische Aufklärung), dem die Attachés unterstanden, die Erlaubnis, Wimert in Track II einzubeziehen. Die Anweisungen, die Wimert daraufhin von der CIA erhielt, spiegeln den extremen Druck, unter dem das Projekt konzipiert wurde, und die strikte Geheimhaltung wider, die es umgab. Wimert hatte folgende Order:

> *...in enger Zusammenarbeit mit dem CIA-Stationschef oder seinem Stellvertreter den ranghohen Militärs als Berater und Kontaktperson bei allen Aktivitäten zur Verfügung zu stehen, die langfristig Allendes Bestätigung im Amt verhindern könnten.*
>
> *Unterrichten Sie keinesfalls, ich wiederhole, keinesfalls, den Botschafter oder den Attaché des Verteidigungsministeriums (Wimerts unmittelbaren Vorgesetzten in der Botschaft) von dieser Anweisung....*
>
> *Diese Order ist ausschließlich für Ihre Augen bestimmt und darf nur mit den CIA-Beamten diskutiert werden, die davon Kenntnis haben. Die CIA wird Ihnen die Namen mitteilen.*[19]

Wie im Fall Guatemalas oder beim Unternehmen in der Schweinebucht übergab die CIA Track II einem kleinen Projektentwicklungsstab, der sich aus Spezialisten zusammensetzte. David Phillips, der Propagandaexperte der CIA, der sich schon 1954 bei PBSUCCESS profiliert hatte, wurde aus Brasilien abberufen, um die Leitung der Einsatzgruppe zu übernehmen. Außer den Mitgliedern wußten nur vier Personen innerhalb der CIA von ihrer Existenz: Thomas

Karamessines, der Chef des Planungsdirektoriums; William Broe, Leiter der Abteilung, die für die westliche Hemisphäre zuständig war; Broes Stellvertreter und der Leiter der Chile-Abteilung. Die Einsatzgruppe verfügte über eigene Kommunikationskanäle nach Santiago und Buenos Aires.[20] Phillips, Broe und Karamessines, die sich für die Dauer von Track II täglich zu einer Lagebesprechung trafen, fällten den größten Teil der Entscheidungen, die die Durchführung des Projektes betrafen.

Der Aktionsplan, den die Einsatzgruppe an die CIA-Station weiterleitete, sah folgende Aufgaben vor:

a) Informationen über putschwillige Militärs sammeln;
b) Mit Hilfe von Propagandamaßnahmen, Desinformation und terroristischen Aktivitäten das für einen Umsturz erforderliche Klima zu schaffen, das der Linken einen Vorwand zum Handeln liefert;[22]
c) Die Verschwörer davon unterrichten, daß die Vereinigten Staaten bereit sind, ihnen jegliche Unterstützung, außer in Form einer direkten militärischen Intervention, zu gewähren.[23]

In einem weiteren Telegramm vom 19. Oktober erteilte die Einsatzgruppe der CIA-Station Ratschläge, wie man das zum Umsturz erforderliche ,,Klima" schafft:

Es hat den Anschein, als ... fehle noch immer der Vorwand oder die Rechtfertigung, die einen Putschversuch in Chile oder Lateinamerika als annehmbare Lösung erscheinen lassen. Deshalb wird es unumgänglich sein, eine Situation zu schaffen, die die Beweggründe der Verschwörer, Chile durch einen Umsturz vor dem Kommunismus zu retten, untermauert. Um einen Putsch zu rechtfertigen, könnten Sie unter anderem die Militärs auf folgende Punkte aufmerksam machen...: (A) Es gibt gesicherte Informationen darüber, daß die Kubaner eine Reorganisation der chilenischen Nachrichtendienste nach kubanisch/sowjetischem Modell planen und somit die Gußform für einen Polizeistaat liefern....(B) Die Wirtschaft steht vor dem endgültigen Zusammenbruch ...

(C) Aufgrund der Tatsache, daß Kuba und andere kommunistische Staaten seinen Machtanspruch unterstützen, hat Allende angenommen, die USA würden ihre materiellen Hilfeleistungen an die Streitkräfte einstellen und somit eine verfassungstreue Macht im Staate schwächen. Er plant, kommunistische Volksmilizen mit den vorhandenen Waffen auszurüsten, die unter dem Vorwand, Streiks und Wirtschaftssabotage zu verhindern, Angst und Schrecken in der Bevölkerung verbreiten sollen. (Belegen Sie diese These durch entsprechende Zitate Allendes.)[24]

Zu behaupten, daß ein großer Teil der in Track II eingeweihten CIA-Beamten diesem Aktionsplan wenig abgewinnen konnte, wäre noch untertrieben. Sie hatten nicht viel für Allende übrig. Sie waren auch nicht grundsätzlich gegen einen Putsch, vorausgesetzt, es gab keine andere Möglichkeit, Allendes Amtsübernahme zu verhindern. Aber die Umstände schienen für einen Staatsstreich mehr als ungünstig: Frei war nicht bereit, die Initiative zu ergreifen; Schneider würde, soweit möglich, jeden Putsch zu verhindern suchen; und die Verschwörer machten den Eindruck, als mangle es ihnen an der nötigen Organisation und Antriebskraft. Der CIA-Stationschef in Santiago fühlte sich beispielsweise mehrmals bemüßigt, seine Vorgesetzten zu warnen:

Denken Sie daran, daß die Handlungsparameter extrem eng abgesteckt und die verfügbaren Optionen ziemlich begrenzt sind.

Fühle mich genötigt, vor falschem Optimismus zu warnen. Wir dürfen keinesfalls Opfer unserer eigenen Propaganda werden.

Bitte Sie dringend, nicht den Eindruck zu erwecken, als verfüge die Station über eine todsichere Methode, Putschversuche zu verhindern, geschweige denn, zu initiieren.[25])

Am 7. Oktober erhielt der CIA-Stationschef folgende Depesche, die ihm einige Sorge bereitete: „Bericht sollte weder

Analyse noch Proteste enthalten; melden Sie nur, was unternommen wird."[26] Um dieser Anweisung Nachdruck zu verleihen, zitierte man ihn nach Washington, wo man ihm unmißverständlich erklärte: Wir alle stehen unter dem Druck, unsere Aufgabe zu einem erfolgreichen Abschluß zu bringen; also sorgen auch Sie dafür, daß sie ausgeführt wird.

Es gab Umsturzpläne von chilenischen Verschwörern, die sich um zwei Männer gruppierten: Der eine war Brigadegeneral Roberto Viaux, ein unzuverlässiger und politisch verantwortungsloser Mann, der im Oktober 1969 eine fehlgeschlagene Revolte, den sogenannten „*Tacnazo*" – nach der chilenischen Stadt Tacna benannt, in der sie stattfand – angeführt hatte. Der Aufruhr wurde unter dem Vorwand angezettelt, eine bessere Besoldung für die Streitkräfte durchzusetzen, wurde aber von vielen als Putschversuch bewertet, der zwar dilettantisch inszeniert war, aber dennoch fast Erfolg gehabt hätte. Auch nach seinem Ausschluß aus der Armee besaß Viaux die Unterstützung vieler politisch neutraler sowie jüngerer Offiziere und leitete mehrere „zivile" Fraktionen des rechten Flügels.

Die zweite Gruppe scharte sich um General Camillo Valenzuela, Kommandeur der in Santiago stationierten Garnison. Sie wurde, im Gegensatz zu Viaux, von aktiven Offizieren geführt, wobei einer von ihnen möglicherweise auch zu Viaux' innerem Zirkel gehörte. Die beiden Gruppen, zu denen vielleicht ein Dutzend Militärs zählten, operierten getrennt, standen aber in Kontakt miteinander.

Track II wurde am 5. Oktober in die Praxis umgesetzt, als Wimert einen Armee- und einen Luftwaffengeneral darüber informierte, daß die Vereinigten Staaten einen Militärputsch sowohl in der Vorbereitungsphase als auch nach erfolgtem Umsturz unterstützen würden. Zwischen dem 5. und dem 20. Oktober berichteten die CIA-Station und vor allem Wimert über 21 Gespräche mit chilenischen Militärs und Carabinero-Offizieren (Angehörige der Staatspolizei).[27] Am 7. Oktober traf sich Wimert mit Mitgliedern der

Militärakademie, die ihn um Handfeuerwaffen baten. Hier begegnete Wimert zum erstenmal dem Offizier, dem er am 22. Oktober die erwähnten drei Maschinenpistolen übergab. Diese Offiziere sahen in Schneider das größte Hindernis für eine militärische Intervention. Sie setzten alles daran, „Frei zu bewegen, ihn zu eliminieren, zu ersetzen oder auszubürgern. Sie hatten sogar einen Entführungsversuch ins Auge gefaßt."[28]

Am Ende der zweiten Oktoberwoche beurteilte auch die Einsatzgruppe die Erfolgsaussichten für einen Putschversuch pessimistisch. Man war ebenso wie die CIA-Station zu der Auffassung gelangt, Viaux sei „der einzige führende Militär, der gewillt ist, Allendes Amtsübernahme zu verhindern". Die Wahl ficl auf ihn, weil alle anderen Kandidaten ausschieden – ungeachtet der Tatsache, daß er von seinen eigenen Verbündeten, einschließlich Valenzuela, als „General ohne Armee"[29] bezeichnet wurde. Wie frustrierend diese Wahl für die CIA-Station war, geht aus einem Telegramm an Washington hervor. Die darin enthaltene Botschaft wurde allerdings durch die Wortwahl der CIA-Kommunikationsexperten geschickt verbrämt: Wir brauchen keine Waffen, kabelte die Station, sondern einen chilenischen General mit dem nötigen Biß.

Wimert nahm über den Militärattaché einer anderen Nation Kontakt zu Viaux auf; für die weitere Kommunikation waren aus Sicherheitsgründen die CIA-Agenten dieses Landes zuständig. Am 5. Oktober bat Viaux um die Lieferung mehrerer hundert Tränengasgranaten, die er bei seinem für den 9. Oktober geplanten Staatsstreich verwenden wollte. Die CIA lehnte diese und weitere Anforderungen in den darauffolgenden Tagen ab, in erster Linie, um Zeit zu gewinnen und Viaux gleichzeitig zu ermutigen, seine Pläne auszufeilen. Um zu demonstrieren, daß die Vereinigten Staaten hinter ihm standen, erhielt die CIA-Station am 13. Oktober die Erlaubnis, ihm 20 000 Dollar in bar auszuhändigen und ihm den Abschluß einer Lebensversicherung in Höhe von 250 000 Dollar in Aussicht zu stellen.[30]

Am 15. Oktober war allen Beteiligten klar, daß Viaux, der sich mindestens einmal mit Valenzuela getroffen hatte, das ,,Problem Schneider‘‘ durch eine Entführung zu lösen beabsichtigte. Im Bericht der CIA-Station vom 13. Oktober hieß es, der Überfall werde voraussichtlich innerhalb der kommenden 48 Stunden stattfinden. Aber Viaux hatte offensichtlich beschlossen, mit dem Putschversuch noch zu warten. Am darauffolgenden Tag begannen sich nach Meinung der ,,Einsatzgruppe Chile‘‘ die Anzeichen dafür zu mehren, daß ,,auch andere Teile der Streitkräfte, insbesondere ein (ehemaliger) Armeegeneral und ein (ehemaliger) Admiral einen Staatsstreich planten‘‘.[31]

Am 15. Oktober, neun Tage vor der Abstimmung des chilenischen Parlaments, traf sich Karamessines mit Kissinger und dessen Stellvertreter, Alexander Haig, im Weißen Haus zu einer Lagebesprechung. Sie kamen überein, ,,zumindest zeitweilig auf eine Verbindung zu Viaux' und seinen Mitverschwörern zu verzichten‘‘, weil die CIA ihre Erfolgsaussichten gering einschätzte, und Viaux folgende Mitteilung zukommen zu lassen: ,,Wir haben Ihre Pläne überprüft....und sind zu der Auffassung gelangt, daß ihnen zu diesem Zeitpunkt kein Erfolg beschieden sein wird. Ein Fehlschlag könnte Ihre Handlungsalternativen für die Zukunft erheblich begrenzen. Bewahren Sie das, worüber Sie bereits verfügen. Wir bleiben in Verbindung... Sie können auch weiterhin mit unserer Unterstützung rechnen.‘‘[32]

Diese Botschaft wurde am nächsten Tag der CIA-Außenstation übermittelt und am darauffolgenden Tag an einen Verbündeten Viaux' weitergeleitet. Aber Viaux ließ sich nicht auf eine Laune Washingtons hin außer Gefecht setzen. Die Vereinigten Staaten hatten keine Kontrolle mehr über ihn – falls dies je der Fall gewesen sein sollte. Viaux' Emissär brachte in Gesprächen mit den CIA-Beamten am 17. und 18. Oktober unmißverständlich zum Ausdruck, daß man am 22. Oktober losschlagen werde, ,,und daß die Beseitigung General Schneiders eine Kette von Ereignissen einleite‘‘.[33] Zu diesem Zeitpunkt brach die CIA den Kontakt zu den Verschwörern ab, sicherte sich aber noch eine sogenannte „Notfrequenz" – das heißt, sie ließ sich die Möglichkeit offen, im Bedarfsfall mit Viaux Kontakt aufzunehmen.

Die Einsatzgruppe hatte ihre Aufmerksamkeit inzwischen auf die Gruppe um Valenzuela verlagert, der, wie es schien, ein General *mit* Armee war. Am 17. Oktober traf sich Wimert mit einem Armee- und einem Marineoffizier aus diesem Verschwörerkreis. Sie baten ihn um die Lieferung von acht bis zehn Tränengasgranaten, drei Maschinengewehren und 500 Schuß Munition. Das Hauptquartier reagierte erstaunt auf die Anfrage: „Finden es unglaubhaft, daß Marineoffizier seine Truppe mit sterilen Waffen (deren Herkunft nicht identifizierbar ist) auszustatten plant. Für welchen spezifischen Zweck werden diese Waffen gebraucht?" Die Verschwörer hatten Wimert gegenüber behauptet, die Waffen dienten ihrem „eigenen Schutz". Trotz der Verwirrung, die diese Forderung auslöste, antwortete die CIA-Zentrale, man werde versuchen, „die Waffen mit oder ohne einleuchtende Erklärung zu liefern".[34]

Am Abend des 18. Oktober wurden – als Zeichen der Unterstützung seitens der Vereinigten Staaten – dem Armee- und Marineoffizier sechs Tränengasgranaten übergeben, die ursprünglich für Viaux gedacht waren. Die Waffen verließen Washington mit der am Morgen des 19. Oktober ausgehenden Kurierpost.

Ebenfalls am 18. Oktober erklärte Valenzuela Wimert, die Vorbereitungen für den Putsch seien abgeschlossen und das komplexe Unternehmen werde am nächsten Abend mit der Entführung Schneiders nach einem ihm zu Ehren gegebenen Essen im Kasino eingeleitet. Schneider solle nach Argentinien geflogen werden, Frei seinen Rücktritt bekanntgeben und das Land verlassen und eine Militärjunta den Kongreß auflösen. Viaux, der in den Plan eingeweiht, aber „nicht direkt daran beteiligt" sei, würde sich einige Tage lang an einem sicheren – und für alle sichtbaren – Ort außerhalb Santiagos aufhalten. Die Militärs hätten nicht die

Absicht, sich zu der Entführung zu bekennen, sondern würden linksradikale Gruppen dafür verantwortlich machen.[35]

Dieses bizarre Vorhaben scheiterte, als Schneider das Essen in seinem Privatauto und nicht, wie angenommen, in seinem Dienstwagen verließ, begleitet von einer starken Polizei-Eskorte. Der Kontaktmann aus der Armee versicherte Wimert, ein zweiter Entführungsversuch sei geplant. Er erhielt daraufhin 50 000 Dollar, ,,die zwischen den Verschwörern und einer ungenannten Gruppe von Entführern vereinbarte Summe'', die aber erst dann gezahlt werden sollte, wenn das Vorhaben gelungen war.[36] Aber auch der zweite Entführungsversuch schlug fehl. Daraufhin gelangte die Einsatzgruppe Chile zu der Schlußfolgerung, ,,die Aussichten, daß vor dem 24. Oktober ein Putschversuch stattfinden, geschweige denn gelingen könnte, sind äußerst gering.''[37]

Dessen ungeachtet traf sich Wimert am 22. Oktober um 14 Uhr mit seinem Kontaktmann in einem entlegenen Viertel Santiagos und übergab ihm die versprochenen Maschinenpistolen und die Munition. Am selben Tag, kurz nach 8 Uhr morgens, wurde Schneider in seinem Wagen auf dem Weg zur Arbeit überfallen. Er zog seinen Revolver, um Widerstand zu leisten, wurde bei dem Schußwechsel schwer verwundet und starb einige Tage später.

Die CIA-Station war sich nicht sicher, glaubte aber zunächst, daß die bei der Entführung benutzten Waffen die von ihr gelieferten sein könnten. Sie informierte die Zentrale, daß sie Wimert den Auftrag gegeben habe, ,,General Valenzuela auf Anforderung 50 000 Dollar zu übergeben'', ein Zeichen dafür, daß sie annahm, Valenzuelas bezahlte Entführer hätten den Überfall verübt.[38] Am selben Tag – Schneider war zwar schwer verletzt, lebte aber noch – hieß es in einem weiteren Bericht der Station: ,,Wir sind der Meinung, daß nach dem Überfall auf General Schneider den Streitkräften nur noch eine Möglichkeit offensteht, Allendes Wahl zu verhindern, falls sie bereit sind, sich an Valenzuelas Szenario zu halten.''[39]

Das Kriegsrecht wurde ausgerufen und Valenzuela zum Befehlshaber der Provinz Santiago ernannt. Aber es kam zu keinem Putsch. Die Prognosen der CIA-Station vom 9. Oktober trafen ein. Sie hatte behauptet, falls Schneider bei einem Entführungsversuch ums Leben käme, würde sich „die Armee geschlossen hinter die Fahne der Verfassung stellen".[40] Allende wurde am 24. Oktober in seinem Amt bestätigt, und Schneider starb am darauffolgenden Tag.

Es ist anzunehmen, daß die von der CIA gelieferten Waffen bei dem Überfall tatsächlich nicht benutzt wurden und daß die Offiziere, die sie erhalten hatten, nicht direkt an der Ermordung Schneiders beteiligt waren. Das chilenische Militärgericht stellte fest, daß Schneider von Schüssen aus Handfeuerwaffen, und nicht Maschinenpistolen, getroffen wurde und daß weder der Armeeoffizier, der die Waffen entgegengenommen noch sein Kollege von der Marine an der Besprechung vor dem fehlgeschlagenen Entführungsversuch teilgenommen hatten. Viaux wurde als „Initiator" des Entführungsversuches zu 20 Jahren Haft und weiteren fünf Jahren Verbannung für den geplanten Staatsstreich und Valenzuela, ebenfalls wegen des Putschversuches, zu drei Jahren Verbannung verurteilt.

Die Vereinigten Staaten hatten sich eindeutig der Komplizenschaft schuldig gemacht, auch wenn dieser Tatbestand damals nicht bekannt wurde. Sie hatten Viaux ermutigt und dann mit ihm gebrochen, und zwar aus einem einzigen Grund: weil sie seinem Plan keine Erfolgschancen einräumten. Genauso war es im Fall Valenzuela. Die USA waren über sein Vorhaben informiert und wußten, daß es – wie Viaux' – eine Entführung einschloß. Sie hatten als sichtbares Zeichen ihrer Unterstützung Waffen geliefert, wohl wissend, daß diese bei einem Entführungsversuch auch benutzt werden könnten. Schneiders Tod mag von der CIA nicht beabsichtigt gewesen sein, ebensowenig wie von den Verschwörern; aber sie wußten, daß der Überfall tödlich ausgehen konnte.

Nachrichtensammlung und Signale

Nicht nur die geheimen Aktivitäten, die unter die Rubrik verdeckte Aktionen fallen, enthalten bestimmte Signale für die von Amerika unterstützten ausländischen Gruppierungen. In diesem Sinn läßt sich keine klare Grenze zwischen verdeckten Aktionen und der geheimen Nachrichtensammlung ziehen. Diese Tatsache bewahrheitet sich immer wieder in der Spionagepraxis. Informanten geben die gesammelten Fakten selten passiv weiter; sie haben ihre eigene „Ordnung".

Die meisten stellen sich den CIA-Führungsoffizieren freiwillig zur Verfügung. Häufig ist Geld das vorrangige Motiv, gelegentlich noch mit dem Versprechen gekoppelt, ihr Land irgendwann verlassen zu können. In diesen Fällen weist die Zusammenarbeit ein bestimmtes Muster mit kalkulierbaren Risiken auf. Aber mitunter haben die Informanten auch politische Beweggründe und suchen deshalb den Kontakt zur CIA. Diese Kategorie neigt dazu, die Signale ihrer Führungsoffiziere so zu interpretieren, daß sie ihren eigenen Zwecken dienen.

Dieses Problem wiegt besonders schwer, wenn die CIA-Kontaktpersonen in erster Linie angehalten sind, zu handeln und nicht Bericht zu erstatten. In diesem Fall bleibt ihnen gar keine andere Wahl, als nach Anzeichen dafür zu suchen, daß die Vereinigten Staaten ihre politischen Ziele nach wie vor unterstützen. Nach Allendes Amtsübernahme begann die CIA, ihre Kontakte zu den chilenischen Militärs wieder aufzubauen – wie schon vor dem 4. September in der Absicht, Informationen über die Bereitschaft zu einem Putschversuch zu sammeln, und nicht, ihn zu inszenieren. Viaux und Valenzuela waren nicht mehr verfügbar, aber unter den CIA-Informanten gab es zweifellos einige Offiziere, die wußten, daß Amerika einen Staatsstreich befürwortete, und deshalb auf jeden Hinweis achteten, der ihnen Unterstützung signalisierte.

Karamessines sagte später aus, daß aus seiner Sicht

„Track II nie außer Kraft gesetzt wurde“.[41] Das Projekt verlief einfach im Sand: Die Einsatzgruppe Chile wurde aufgelöst, und Phillips kehrte nach Brasilien zurück. Nixon und Kissinger wandten sich dringlicheren Aufgaben zu, ohne Hehl aus ihrer Abneigung gegen Allende zu machen. Karamessines' Mitarbeiter, die diese Einstellung kannten und wußten, daß sich ihr Vorgesetzter stets an die Vorschriften zu halten pflegte, belästigten ihn daher nicht mit dem Ansinnen, er möge sich doch im Weißen Haus bestätigen lassen, daß die Vereinigten Staaten nicht länger an einem Staatsstreich interessiert seien.[42]

Der Schriftwechsel, der im Herbst 1971 zwischen der CIA-Außenstation und dem Hauptquartier stattfand, bestätigt, daß Track II nicht wirklich aufgegeben wurde. Im September hatte das Außenbüro ein neues Agentennetz aufgebaut und erhielt täglich Berichte über Umsturzpläne. Man bat um Anweisung, wie man dieses Agentennetz verwenden solle, und machte darauf aufmerksam, daß bei der Entwicklung von Quellen aus dem militärischen Bereich die Vereinigten Staaten „ein bißchen schwanger“ würden, weil sie damit den Verschwörern unweigerlich Zustimmung signalisierten.[43]

Im November erhielt die Zentrale ein Telegramm, aus dem hervorging, daß die CIA-Station bei ihrer Kontaktaufnahme zu den chilenischen Militärs das Endziel verfolgte, einen Putsch zu inszenieren. Broes Stellvertreter im CIA-Hauptquartier, der noch immer darauf besteht, ungenannt zu bleiben, hatte einstweilen die Abteilung „Westliche Hemisphäre“ übernommen und wartete auf Broes Nachfolger. Anstatt der Außenstation ein Telegramm zu schicken und damit Gefahr zu laufen, daß Karamessines es zu Gesicht bekommen und dem Weißen Haus weiterleiten würde, beförderte der Stellvertreter seine Antwort per Kurierpost nach Santiago. Sie war philosophischer abgefaßt und prägnanter als die meisten bürokratischen Schriftstücke.[44]

Sie enthielt im wesentlichen die Botschaft: Berichtet über den Lauf der Geschichte und versucht nicht Geschichte zu machen. Die CIA war vom Ausschuß 40 nicht autorisiert worden, sich an einem Putschversuch zu beteiligen, was zeigt, daß Track II ein Jahr nach Allendes Machtübernahme keine einflußreichen Befürworter mehr besaß. Der Stellvertreter brachte seine Ansicht zum Ausdruck, daß die chilenischen Offiziere nicht zum Putsch ermutigt werden dürften, sondern sich aus eigenem Antrieb für eine militärische Lösung entscheiden müßten. Gleichzeitig gestand er aber auch ein, daß die Grenzen zwischen der Sammlung von Informationen über geplante Umsturzversuche und einer scheinbaren Unterstützung dieser Handlungsalternative fließend seien und daß die Verschwörer allein die Tatsache, daß die Vereinigten Staaten Kontakt mit ihnen hielten, als Signal deuten könnten, daß Amerika ihre politische Zielsetzung befürworte. Dennoch habe die CIA-Station das Recht, Amerika eine Position zu verschaffen, in der man – je nach Lauf der Ereignisse – „*auch in Zukunft Vorteile aus einer politischen oder militärischen Lösung des Chile-Problems ziehen könne*“.[45]

Die unklare Abgrenzung zwischen Spionagetätigkeit und verdeckter Aktion wurde auch in einem weit spezifischeren Dialog zwischen Außenstation und Zentrale deutlich, der zur gleichen Zeit wie die Diskussion über den Verwendungszweck militärischer Kontakte stattfand. Es ging dabei um ein „Täuschungsmanöver“, das die Militärs auf die – tatsächliche oder angebliche – Infiltration der chilenischen Streitkräfte durch kubanische Agenten aufmerksam machen sollte.

Aufschlußreich ist, daß der neue amerikanische Botschafter in Santiago, Nathaniel Davis, nach seinem Amtsantritt nicht darüber informiert wurde, daß man in CIA-Kreisen diese beiden Themen erörterte. Das erste betrachtete man als eine CIA-interne Angelegenheit, mit deren Regelung man sichergehen wollte, daß Zentrale und Außenstation sich an die vorgegebenen Richtlinien hielten. Und was das Täuschungsmanöver betraf, so benutzte die CIA offensichtlich die Zeit zwischen Korrys Ausscheiden aus dem diplomatischen Dienst und Davis' Amtsantritt, um die Auflage des Weißen Hauses, daß die Botschaft von verdeckten Aktivitäten in Kenntnis gesetzt werden mußte, zu umgehen. *Da das Täuschungsmanöver nicht in Chile vorbereitet wurde, handelte es sich nach Auffassung der CIA eindeutig um die Operation eines Drittlandes, über die der Botschafter in Santiago nicht informiert werden mußte.* Und da Track II zwar ad acta gelegt, aber noch nicht offiziell aus dem Programm gestrichen war, fühlte sich die CIA berechtigt, Davis im dunkeln zu lassen.

Im September schlug die Außenstation der Zentrale vor, den chilenischen Offizieren Informationen – die zum Teil aus fingierten Meldungen der CIA bestanden – zukommen zu lassen, die sie davon überzeugen sollten, daß eine Untersuchungskommission der Carabineros (= Staatspolizei) gemeinsam mit dem kubanischen Nachrichtendienst (DGI) belastendes Material gegen hohe chilenische Militärs sammle. Die Zentrale antwortete im darauffolgenden Monat mit dem Vorschlag, die Station solle „verifizierbare" Informationen an *die* Verschwörer weitergeben, von denen man sich in der Außenstelle und im Hauptquartier im Augenblick den größten Erfolg verspreche.[47]

Die Zentrale ging noch auf eine weitere Forderung der Außenstation ein. Im Dezember wurde einem chilenischen Offizier außerhalb der Landesgrenzen umfangreiches Informationsmaterial übergeben, unter anderem auch ein fingierter Brief. Die Station erwähnte in ihren Berichten nicht, welche Wirkung diese „Informationen" hervorriefen. Entgegen dem ursprünglichen Plan erfolgten auch keine weiteren Lieferungen. Im selben Zeitraum finanzierte die CIA kurzfristig ein gegen die Regierung gerichtetes Pamphlet, das innerhalb der Streitkräfte in Umlauf gesetzt werden sollte.

Während Allendes Amtszeit sammelte die Station Informationen, die nach ihrer Auffassung für das Gelingen eines Staatsstreiches unerläßlich waren. Sie stellte Listen von Personen zusammen, die verhaftet, von strategisch wichtigen öffentlichen Einrichtungen, die besetzt, und von Menschen und Objekten, die unter Schutz gestellt werden sollten. Außerdem erwog man die Gegenmaßnahmen, die der Regierung im Falle eines Staatsstreiches zur Verfügung standen. Laut Angaben der CIA wurden diese Informationen nicht an die chilenischen Militärs weitergegeben.[48] Den Botschafter setzte man ebenfalls nicht in Kenntnis, da es sich hier vorgeblich um eine CIA-interne „Orientierungshilfe" handelte.[49]

1972 und 1973 konzentrierte sich die Station auf die Gruppe, der sie schon einmal die größten Erfolgschancen für einen Staatsstreich eingeräumt hatte. Im Januar 1972 besaß sie in diesem Kreis bereits zahlreiche Informanten und hielt über einen Mittelsmann Kontakt mit dem Führer der Gruppe. In Santiago mehrten sich die Gerüchte über bevorstehende Putschversuche. Die Überwachungsaktivitäten der CIA erreichten im Juni 1973 und in der Zeit von Ende August bis Mitte Oktober, bevor der Staatsstreich tatsächlich gelang, ihren Höhepunkt.

Washington befürchtete, daß die Vereinigten Staaten für einen Umsturz verantwortlich gemacht werden könnten, den sie nicht aktiv unterstützt hatten. Im CIA-Hauptquartier nutzte derselbe Stellvertreter, der im November 1971 die philosophisch formulierte Depesche an die Außenstation verfaßt hatte, wieder einmal den Handlungsspielraum, den ihm die Übergangsperiode zwischen dem Ausscheiden seines ehemaligen und dem Amtsantritt seines neuen Vorgesetzten verschaffte. Er schickte, offenbar ohne Weisung von höherer Stelle, im Mai 1973 zwei Telegramme an die Außenstation. Das erste, datiert vom 8. Mai, stellt „einen ziemlich abrupten Bruch" mit der CIA-Tradition dar. Der Stellvertreter wies unmißverständlich darauf hin, daß „eine gegen Allende gerichtete Aktion wahrscheinlich und die Beschuldigung, die CIA habe den Putsch inszeniert, unvermeidlich" sei. Das zweite erfolgte auf eine Anfrage der Außenstation hin und forderte die CIA-Mitarbeiter auf, alles daran zu setzen, „den Gong zu schlagen" – das heißt, den bevorstehenden Staatsstreich rechtzeitig anzukündigen. Es wies aber ausdrücklich darauf hin, daß sich die CIA unter allen Umständen „bedeckt halten“ solle.[50]

Engagement und Verantwortung

Die Vereinigten Staaten waren am Staatsstreich, der am 11. September 1973 erfolgte und mit Allendes Tod endete, weder über die CIA noch deren militärische Kontakte *direkt* beteiligt. Zu dieser Schlußfolgerung gelangte ich 1975, nachdem ich alle verfügbaren Akten der Regierung eingesehen hatte. Auch meine in der Nachfolgezeit durchgeführten Recherchen ließen keine andere Deutung zu.

Inwieweit die USA jedoch im voraus darüber informiert waren, kann ich nicht mit Sicherheit sagen. Die Station erhielt im Juli, August und September regelmäßig Berichte über die Aktivitäten der Verschwörer, die in den Umsturz am 11. September verwickelt waren. Man kann davon ausgehen, daß die Vereinigten Staaten jedoch *einiges* wußten. Die chilenischen Akteure hatten sich offenbar erst in letzter Minute zum Handeln entschlossen und waren übereingekommen, die Vereinigten Staaten nicht von ihren Plänen im einzelnen zu unterrichten.[51] Am Samstag, den 8. September, glaubte die Botschaft Hinweise darauf zu erkennen, daß der Putsch am Montag inszeniert werden würde. An diesem Wochenende beschlossen die Verschwörer aber, ihn auf Dienstag zu verlegen – eine Änderung im Zeitplan, für die es in den Vereinigten Staaten im Laufe des Montags immer stärkere Verdachtsmomente gab.[52]

Obwohl die CIA den Umsturz weder direkt unterstützt noch schlüssige Beweise für den geplanten Staatsstreich hatte, kann man die Vereinigten Staaten von einer gewissen Mitschuld nicht freisprechen! Die Tatsache, daß die Informationssammlung per se schon eine Signalwirkung hat, stellt ein Problem dar, das so alt ist wie die Geschichte der Nachrichtendienste. Die Kalamitäten, mit denen die USA von 1971 bis 1973 in Chile konfrontiert wurden, ließen sich nicht einmal von den Meistern des 'tradecraft' lösen (ein in CIA-Kreisen häufig verwendeter Begriff, mit dem man die handwerkliche Geschicklichkeit derer bezeichnet, die die klassischen Methoden des nachrichtendienstlichen Metiers beherrschen) – zum Beispiel mit Hilfe von Agentenberichten, die über dritte Personen, die „Ausschnitte", wie es im Jargon heißt, weitergegeben wurden. *In den Kontakten der CIA zu den chilenischen Militärs spielten die bereits erfolgten Versuche, Allende zu entmachten und die unverblümt feindselige Einstellung der USA gegenüber seinem Regime eine entscheidende Rolle.* Diese Tatsache läßt sich nicht leugnen, auch wenn die CIA sich die größte Mühe gab, zwischen Überwachung und Begünstigung von Umsturzplänen zu differenzieren. Die Vereinigten Staaten hatten diese Grenze schon vor dem gelungenen Staatsstreich mehrmals mißachtet.

Aufschlußreich sind auch die Meinungen der CIA-Beamten zu diesem Thema. In seiner Aussage vor dem Senate Select Committee (= Untersuchungsausschuß des Senats) erklärte Karamessines 1975, als er darauf hinwies, daß Track II niemals wirklich aufgegeben wurde: „Ich bin sicher, daß die Saat, die wir 1970 mit unseren Bemühungen gelegt hatten, 1973 aufging. Daran kann es für mich keinen Zweifel geben."[53] Und William Colby, der 1973 das Amt des Direktors der Central Intelligence innehatte, sagte: „Mit Track II verfolgte man (die CIA) 1970 das Ziel, einen Militärputsch herbeizuführen....Zweifellos ist die CIA als Initiator des Projektes auch bis zu einem gewissen Grad für das Endergebnis verantwortlich, ungeachtet der Tatsache, daß sie schon lange vor 1973 versucht hat, sich zu „distanzieren" und umzukehren."[54]

Theoretische Abgrenzung und Realität

Wenn eine Nation bemüht ist, Einfluß auf die Entwicklung eines anderen souveränen Staates zu nehmen, läßt sich nur schwer voraussagen, ob sich beabsichtigte und tatsächliche Wirkung decken. Der Versuch, das Fehlverhalten der Sowjetunion mit einem Embargo zu ahnden, das man über den Transfer von Schlüsseltechnologien verhängte, kann die Beziehungen zu den Verbündeten der Vereinigten Staaten in stärkerem Maß belasten als die sowjetische Wirtschaft. Die Bombardierung Libyens durch US-Flugzeuge im April 1986, die Muhammar Al Gaddafi davon abhalten sollte, den internationalen Terrorismus zu unterstützen, machte aus ihm einen Helden in der arabischen Welt.

Revolutionen und Konterrevolutionen weisen in der Regel kein geordnetes Muster auf, sondern stellen ein Chaos dar. Die Gruppen, die einen Staatsstreich planen oder beschließen, zunächst darauf zu verzichten, haben allen Grund, ihre wahren Motive nicht zu offenbaren, schon gar nicht ihren CIA-Führungsoffizieren. Dazu kommt, daß die Kontakte zwischen den verschiedenen Dissidentenbewegungen mehr oder weniger eng sind bzw. regelmäßig erfolgen, so daß die Mitglieder selbst nicht immer wissen, was gerade geplant ist und wer im Augenblick zu ihren Feinden bzw. Verbündeten zählt.

Ich erinnere mich an lange Gespräche mit Orlando Letelier, einem urbanen Politiker des linken Flügels, der unter Allende Verteidigungsminister und als Botschafter in Washington akkreditiert war. Letelier lebte später in Washington im Exil, wo er zusammen mit seinem amerikanischen Forschungsassistenten bei einem Bombenanschlag auf seinen Wagen getötet wurde – der mit Sicherheit auf Anweisung der Pinochet-Regierung in Chile erfolgte. Er redete damals freimütig über das Chaos, das während der letzten Monate des Allende-Regimes in Regierungskreisen herrschte. Er habe das untrügliche Gefühl gehabt, irgend etwas sei im Gange gewesen, aber er habe nicht herausfinden können, was oder warum. Die Steinchen des Puzzles hätten einfach nicht zusammengepaßt. Zu vieles sei damals geschehen, was sich seiner Kenntnis entzogen habe.

Washington ist gezwungen, mit der rasanten Entwicklung im Operationsgebiet Schritt zu halten. Bis die CIA endlich die Genehmigung für eine bestimmte Aktion erhält, hat sich die Situation dort unter Umständen schon geändert, und der ursprüngliche Plan scheint nicht länger angemessen zu sein. Dieser Wandel bewirkt, daß die CIA bisweilen die Kontrolle über die Gruppen, die sie mit Geld oder Waffen versorgt hat, verliert. Sie handelt nicht unbedacht, sondern macht, wie – jede andere große Organisation – unter extremem Druck Fehler.

Was mich verwundert hat, ist der Kontrast zwischen der Freizügigkeit, die verdeckten Aktionen anzuhaften scheint, und der strikten, nahezu kleinkrämerischen Überwachung der CIA-Budgets, die in der Praxis üblich ist. Vielleicht hatte die CIA auf dem Höhepunkt des Kalten Krieges noch unbeschränkten Zugang zu Geldmitteln, die nicht belegt werden mußten, aber das ist heute nicht mehr der Fall. Die Gliederung der Budgets nach Projekten erfordert ein straffer organisiertes Rechnungs- und Revisionswesen und eine minutiöse Auflistung der Ausgaben, die sowohl von den CIA-internen Budgetplanern als auch seit neuerem von den Überwachungsinstanzen des Kongresses streng kontrolliert wird. In den Geheimprotokollen über verdeckte Aktionen in Chile sind sogar zweistellige Beträge ausgewiesen.

Nicht die interne Organisation erschwert eine effektive Kontrolle, sondern das verworrene Milieu, in dem verdeckte Aktionen stattfinden. Im November 1970 – nachdem Track I und Track II gescheitert waren – trat Salvador Allende sein Amt an. Im darauffolgenden Februar skizzierte Präsident Nixon in seiner Rede an die Nationen den politischen Kurs der Vereinigten Staaten gegenüber dem Allende-Regime: „Wir haben uns entschlossen, die gleichen Beziehungen zur chilenischen Regierung zu pflegen, die sie zu uns zu unterhalten gedenkt.“ Die Entscheidung, künftig eine

„korrekte, aber minimale“ Kommunikation aufrechtzuerhalten, basierte auf einer internen Studie mit der Bezeichnung National Security Study Memorandum (NSSM) 97 und einer zweiten streng geheimen Denkschrift, dem National Security Decision Memorandum (NSDM) 93, das im November 1970 herausgegeben worden war.

Der Staatssekretär für Lateinamerika Charles Meyer beschrieb den neuen politischen Kurs in seiner Zeugenaussage vor einem Senatsausschuß, obwohl er zu juristischen Spitzfindigkeiten Zuflucht nahm, als er die Aktionen der Vereinigten Staaten beschreiben sollte, über die er – vor allem in einer offenen Sitzung des Kongresses – nicht zu reden gedachte:

> *Der Kurs der Regierung....bestand in einer strikten Ablehnung jeglicher Einmischung in die innenpolitischen Angelegenheiten Chiles. Wir waren übereingekommen, keinen Kandidaten und keine politische Partei vor oder nach dem 4. September zu finanzieren....Die Vereinigten Staaten vertraten die Auffassung, daß Chiles Problem ein rein chilenisches Problem war und nur von Chile gelöst werden konnte. Wie der Präsident im Oktober 1969 schon sagte: „Wir nehmen die Regierung, so wie sie ist.“*[55]

Mit dieser Neutralitätspolitik hoffte man jedoch, das Allende-Regime unter Druck zu setzen, um eine Konsolidierung zu verhindern und seinen Einfluß in Lateinamerika zu begrenzen. Die scheinbar „korrekte“ Haltung der USA sollte Allende gleichzeitig davon abhalten, ein Feindbild zu schaffen und den Widerstand seiner Landsleute gegen die Vereinigten Staaten zu schüren. Ein Instrument dieser Politik waren die sichtbaren wie auch geheimen Pressionen auf die chilenische Wirtschaft: Man sperrte die Wirtschaftshilfe, verweigerte weitere Kredite und versuchte – nur zum Teil erfolgreich – internationale Banken und Privatunternehmen davon abzubringen, sich in Chile niederzulassen, um das Wirtschaftsgefüge vollends aus den Angeln zu heben.

Das zweite Instrument waren verdeckte Aktionen. Während des Allende-Regimes bewilligte der Ausschuß 40 mehr als 7 Millionen Dollar für die Unterstützung chilenischer Oppositioneller, wovon 6 Millionen Dollar tatsächlich ausgegeben wurden. Rechnet man jedoch die Budgets für bestimmte Projekte hinzu, die nicht vom Ausschuß 40 genehmigt werden mußten, dann belaufen sich die Gesamtausgaben der CIA für verdeckte Aktionen in Chile zwischen 1970 und 1973 auf schätzungsweise 7 Millionen Dollar.[56]

Im wesentlichen sollte mit diesen Geldern die Existenz der Oppositionsparteien und Medien – insbesondere die Christdemokraten (PDC), die Nationalpartei (PN) und die Zeitung *El Mercurio* – gewährleistet werden. Trotz der allgemein akzeptierten Zielsetzung löste diese Entscheidung in Washingtoner Regierungskreisen, in der amerikanischen Botschaft in Santiago und im Dialog zwischen den beiden Instanzen eine thematisch begrenzte, aber vehemente Debatte aus. Wo sollte man die Grenze ziehen zwischen der Unterstützung oppositioneller Bewegungen und solcher Gruppen, die den Sturz des Allende-Regimes planten?

In dieser Kontroverse waren in der Regel die ,,Tauben" dominierend, die sich gegen eine geheime Verbindung mit den regierungsfeindlichen Agitatoren aussprachen. Zum Beispiel hatte die CIA während der Laufzeit von Track II einer paramilitärischen, rechtsgerichteten Organisation, der *Patria y Libertad* (Vaterland und Freiheit), 38 500 Dollar über eine dritte Partei zufließen lassen, um die Spannungen innerhalb Chiles zu verschärfen und den Vorwand für einen Militärputsch zu liefern. Nach Allendes Amtsübernahme erhielt sie gelegentlich noch kleinere Beträge von der CIA für Demonstrationen oder subversive Aktivitäten. Diese finanziellen Zuwendungen, die sich insgesamt auf rund 7000 Dollar beliefen, wurden 1971 eingestellt, als sich *Patria y Libertad* zu einer zunehmend militanten Organisation entwickelte.

Die Kontroverse über die Grenzen verdeckter Aktionen

erreichte 1972 und 1973 einen Höhepunkt, als chilenische Geschäftsleute und andere Interessengruppen, die zu Streiks aufgerufen hatten, eine Schlüsselstellung in den Dissidentenbewegungen einzunehmen begannen. Für die Vereinigten Staaten stellte sich die Frage, ob man über die CIA Gruppen des privaten Sektors unterstützen solle, die sich unter Umständen an den Streiks beteiligen würden. Im September 1972 bewilligte der Ausschuß 4 024 000 Dollar als „Nothilfe" für eine Wirtschaftsorganisation, die Society for Manufacturing Development (SOFOFA = Gesellschaft für die industrielle Entwicklung), die sich damals in einer finanziellen Krise befand.[57] Gleichzeitig beschloß der Ausschuß 40 anderen Organisationen des Privatsektors keine Unterstützung zu gewähren, „weil diese sich möglicherweise an Streiks beteiligen könnten, die gegen die Regierung gerichtet sind."[58]

Im darauffolgenden Monat bewilligte der Ausschuß 40 dann doch 100 000 Dollar, die der SOFOFA und zwei weiteren Gruppen des privaten Sektors zuflossen, der Confederation of Private Organizations (CAP = Konföderation privater Organisationen) und der National Front of Private Activity (FRENAP = Nationale Front privatwirtschaftlicher Aktivitäten). Für die CIA war diese finanzielle Unterstützung Teil eines weit umfangreicheren Programms, mit dem man die für März 1973 anberaumten Wahlen dadurch zu beeinflussen suchte, daß man die Wahlhelfer der Christdemokraten in amerikanischen Methoden des Wahlkampfes und der Benutzung der Medien unterwies. Als die Opposition aufgrund des Wahlergebnisses auch bei der Abstimmung des chilenischen Senats nicht die nötige Zweidrittelmehrheit auf sich vereinigen konnte, um ein Impeachment einzuleiten (= Klage auf Amtsenthebung wegen Amtsmißbrauch und schwerer Vergehen) und Allendes Bestätigung im Amt zu verhindern, konzentrierte sie sich nicht länger auf den Stimmenfang, sondern auf Streiks. Und damit befand sich die amerikanische Regierung wieder in einem politischen Dilemma.[59]

Die CIA begann jedoch, eine Forschungsgruppe zu finanzieren, die von der SOFOFA gegründet worden war. 1973 stammte rund drei Viertel ihres Betriebskapitals von der CIA. Dieses Projekt wurde als Forschungsprojekt, nicht als politische Aktion deklariert. Die Organisation belieferte die Opposition kontinuierlich mit Wirtschaftsanalysen und anderen Berichten. Sie zeichnete sogar einen großen Teil der Rechnungen ab, die ihr von den Parlamentariern der Opposition vorgelegt wurden.

Mitte Juli 1973 traten die chilenischen Lastwagenfahrer in einen Streik, der bis zum Sturz des Allende-Regimes am 11. September währte. Das Ziel war unverkennbar politischer Natur. Die Wirtschaft des Landes sollte lahmgelegt werden, so daß das Militär gezwungen war einzugreifen – oder zumindest der Allende-Regierung wieder beizutreten –, um Ruhe und Ordnung wiederherzustellen. Aufgrund dieses Ereignisses überprüfte Washington nochmals eine Reihe von Vorschlägen, die eine Unterstützung verdeckter Aktionen von Organisationen des privaten Sektors nahelegten.

Wieder zögerten Davis und die Lateinamerika-Experten des State Department, denn es war bekannt, daß diese Gruppen auf eine Intervention der chilenischen Militärs hofften. Mit dem Beschluß, ihnen finanzielle Hilfe zuteil werden zu lassen, hätten die Vereinigten Staaten die Grenze zwischen der Unterstützung oppositioneller Bewegungen und konspirativer Gruppen, die einen Staatsstreich anstrebten, überschritten. Zu denen, die ein Hilfsprogramm befürworteten, gehörten viele CIA-Beamte, die einen Gesinnungsgenossen auf höchster Ebene fanden – in Davis' unmittelbarem Vorgesetzten Henry Kissinger, der gerade von der Position eines Beraters im Weißen Haus zum Außenminister avanciert war.[60]

Am 20. August 1973 bewilligte der Ausschuß 40 eine Million Dollar für die Oppositionsparteien und Gruppen des privaten Sektors, mit der Auflage, daß die Aushändigung nur mit Zustimmung des Botschafters erfolgen sollte. Kein

Pfennig dieses Geldes floß vor dem Staatsstreich an den privaten Sektor.

Auf dem Höhepunkt dieser Diskussionen bat die CIA-Station in Santiago die Zentrale, sich in Washington einmal umzuhören, ob Aussichten bestünden, die streikenden Lastwagenfahrer ebenfalls zu unterstützen. Botschafter Davis war zwar einverstanden, ‚das Terrain zu sondieren', lehnte aber den Vorschlag ab, den Streikenden einen Hilfsfonds von 25 000 Dollar zu Verfügung zu stellen, der ihm gleichzeitig von der CIA unterbreitet wurde. Es ist bis heute nicht geklärt, ob der Ausschuß 40 überhaupt davon in Kenntnis gesetzt wurde. Am 25. August, 16 Tage vor dem Putsch, teilte das Hauptquartier der Außenstation in einer Depesche mit, daß man Tuchfühlung aufgenommen habe. Aber die Gelder für die Lastwagenfahrer wurden nie bewilligt.

Aus der Art der Kontroverse in Regierungskreisen geht hervor, daß man sich nach bestem Wissen und Gewissen bemühte, zwischen der Unterstützung von oppositionellen Gruppen und den Protagonisten eines Militärputsches zu differenzieren. Daß der Versuch, hier eine klare Grenze zu ziehen, einem Bedürfnis entsprang, läßt sich aus den zahlreichen Debatten folgern, die teilweise recht hitzig ausgetragen wurden. Aber in Anbetracht der politischen Realität in Chile beruhte der Wunsch nach einer klaren Abgrenzung auf einer Illusion. Die politischen Parteien, militanten Gewerkschaften (*gremios*) und paramilitärischen Organisationen, die eine gewaltsame Lösung des Chile-Problems akzeptierten und der CIA zum Teil bekannt waren, schienen auf vielfältige Weise miteinander verknüpft zu sein. Wahrscheinlich flossen deshalb CIA-Gelder aus zweiter Hand – nämlich über die Parteien – an die *Patria y Libertad* und eine ähnlich extremistische Gruppe, die *Brigada Rolando Matus*.

Allen Beobachtern der Szene mußte klar sein, daß die beiden lang andauernden Streiks der chilenischen Lastwagenfahrer, insbesondere derjenige, der in den letzten Monaten vor dem Sturz Allendes ausgerufene, nicht aus der Kasse der

Gewerkschaften bestritten worden waren.[61] Die Lastwagenfahrer hatten *irgendwo* einen Geldgeber gefunden. Die Streiks wurden aktiv von den Gruppen des privaten Sektors unterstützt, die wiederum finanzielle Zuwendungen von der CIA erhielten. Mit Sicherheit wurde über diesen Kanal ein Teil der CIA-Gelder für die Streikenden abgezweigt.

Der erste Streik wurde im Oktober 1972 ausgerufen, zum selben Zeitpunkt, da die amerikanische Regierung beschloß, Gruppen des privaten Sektors zu unterstützen, wenngleich diese Hilfeleistung für die Finanzierung des Wahlkampfes – und nicht der Streiks – gedacht war. Im darauffolgenden Monat erfuhr die CIA, daß eine Gruppe sich nicht an die Abmachungen gehalten und den Streikenden 2 800 Dollar zur Verfügung gestellt hatte. Die Gruppe wurde scharf verwarnt, erhielt aber im nächsten Monat weitere, noch höhere Beträge. Die Tatsache, daß die CIA von der Verwendung wußte, läßt zwei Deutungen zu. Entweder wehrte sie sich auf ihre eigene Weise gegen die strikte Überwachung ihrer Ausgaben, oder es waren in Wirklichkeit weit mehr Gelder an die Streikenden geflossen, als man entdeckt zu haben vorgab. Um welche Summen es sich dabei tatsächlich handelte, wird man wohl nie erfahren.

Aus heutiger Sicht erscheint uns diese Abgrenzung zwischen der Unterstützung der Opposition und dem Bestreben, einen Regierungswechsel herbeizuführen, reichlich gekünstelt und nur für die Vereinigten Staaten relevant. Die chilenische Opposition wollte mit Sicherheit nicht nur überleben. Sie strebte nach der Macht, auch wenn man sich über die Mittel und Wege, die zu diesem Ziel führten, nicht einig war. Nathaniel Davis sagte einmal sehr treffend: „Die amerikanische Regierung hat der Opposition Erfolg gewünscht."[62] Und selbst wenn diese Gruppen die von den USA bewilligten Geldmittel den Auflagen der CIA gemäß verwendeten, konnten sie dadurch ihre eigenen finanziellen Ressourcen für andere Zwecke aufsparen. Ihr *wahres Endziel* war die Abschaffung des Allende-Regimes. Die Vereinigten Staaten mußten wissen, daß man kein Teilziel unterstützen kann, ohne sich nicht gleichfalls für das Endziel einzusetzen.

„Ihre“ und „unsere“ Ziele

Ähnlich unhaltbare Abgrenzungsversuche scheinen auch unternommen worden zu sein, als die Vereinigten Staaten in den achtziger Jahren begannen, die Contras in Nicaragua zu unterstützen. Die Exekutivbeamten rechtfertigten die Hilfeleistungen an die Contras mit Argumenten, die nicht das geringste mit einem Sturz der sandinistischen Regierung zu tun hatten. Dies sei, wie Robert R.Simmons, der damalige Vorsitzende des Senatsausschusses für die Überwachung der Nachrichtendienste, es formulierte, ein Thema gewesen, über das „jeder sprach, was aber nur wenige offen zugaben.“[63] Die Geldmittel dienten angeblich dazu, die Waffenlieferungen an die Rebellen zu unterbinden, die gegen die pro-amerikanische Regierung El Salvadors kämpften, oder den Blick der Sandinisten auf innenpolitische Angelegenheiten zu richten, anstatt ihre Revolution in andere Länder zu exportieren, oder das herrschende Regime zu zwingen, sich mit den Nachbarstaaten oder den USA zu arrangieren. Aber die Contras ließen sich, genausowenig wie die Opposition in Chile, auf begrenzte Ziele festlegen, und schon gar nicht nur auf solche, die Amerika genehm waren. Sie wollten die sandinistische Regierung nicht in ihre Schranken verweisen, sondern stürzen.

Aus den vorhandenen Dokumenten geht allerdings nicht eindeutig hervor, ob die Reagan-Administration sich selbst *und* den Kongreß, oder nur letzteren, in die Irre führte. Plädierte sie vor den Überwachungsausschüssen des Kongresses tatsächlich nur für das begrenzte Ziel, geheime Interventionen zu genehmigen, um den Waffennachschub zu stören, oder verbarg sie ihre wahren Absichten, wohl wissend, daß der Kongreß einem Engagement größeren Ausmaßes nicht zustimmen würde? Für die einzelnen Regierungsstellen standen spezifische Zielsetzungen im Mittelpunkt der Überlegungen. Deshalb mußte der Kongreß verschiedene Aspekte berücksichtigen. Die Militärs forderten, weitere Waffenlieferungen zu verhindern und die logistische Entwicklung mit Hilfe von Aufklärungsflügen zu verfolgen. Die CIA strebte danach, den Einflußbereich der Sandinisten auf das eigene Territorium zu begrenzen, und das State Department neigte dazu, Verhandlungen zwischen den beteiligten Ländern den Vorzug zu geben.

Daß die amerikanische Regierung besorgt war wegen der Waffenlieferungen an die Rebellen in El Salvador, die über Nicaragua abgewickelt wurden, ließ sich nicht übersehen. Dieses Problem hatte für Reagans ersten Außenminister, Alexander Haig, höchste Priorität. Im Februar 1981 gab das Außenministerium ein sogenanntes Weißbuch heraus, dem abgefangene Dokumente und Informationen beigefügt waren, die beweisen sollten, daß die Sowjetunion und Kuba die Rebellen in El Salvador unterstützt hatten und daß Nicaragua dabei als Mittler aufgetreten war.[64] Washington suchte auch in Europa Verbündete gegen die Sandinisten. Haig sprach zwar vage, aber mit einem drohenden Unterton von der Notwendigkeit, ,,zur Quelle zurückzugehen" – womit Kuba gemeint war.[65]

Bevor der Präsident im November 1981 entschied, verdeckte Aktionen gegen Nicaragua einzuleiten, hatte er am 9. März angeblich einen ,,Abschlußbericht" über eine Operation vorgelegt, mit der man die Waffenlieferungen von Nicaragua nach El Salvador zu stoppen gedachte.[66] Im Vergleich dazu schien das Programm, das Reagan im November vorstellte, weit umfassender zu sein. Es löste eine Reihe heftiger Debatten zwischen der Regierung und den außenpolitischen Sicherheitsausschüssen des Kongresses aus, in deren Mittelpunkt der eigentliche Zweck des Nicaragua-Projektes stand. Die Formulierung des November-Reports – z.B. ,,paramilitärische..... Operationen in Nicaragua und anderswo einleiten" – schien darauf hinzudeuten, daß nahezu alle Handlungsalternativen erlaubt waren.

Die Reaktionen des Kongresses lassen entweder die Schlußfolgerung zu, daß die Ausschüsse, insbesondere des Repräsentantenhauses, in dem die Demokraten die Mehrheit stellten, nicht daran glaubten, daß die Regierung sich tatsächlich auf diese bescheidenen Ziele beschränkte, oder daß Ausschüsse und Regierung sich nicht über die Zielsetzung einig waren – oder beides. Aus den geheimen Berichten der Kongreßausschüsse über das CIA-Budget geht erstmalig hervor, daß sie jede Form verdeckter Aktivitäten ablehnten, die einen Umsturz der sandinistischen Regierung zum Ziel hatten. Ende 1982 wurde diese Entscheidung als sogenanntes Boland Amendment in die Haushaltsvorlage aufgenommen.[67] Die Verordnung, die den Namen des Abgeordneten und Präsidenten des außenpolitischen Sicherheitsausschusses des Repräsentantenhauses, Edward P. Boland, trägt, legte ausdrücklich fest, daß keine Geldmittel „zum Zwecke des Umsturzes der nicaraguanischen Regierung oder der Begünstigung einer militärischen Konfrontation zwischen Nicaragua und Honduras" verwendet werden durften.[68]

Die Ziele der geheimen Interventionen Amerikas blieben umstritten. Im Januar 1983 traf sich Senator Patrick Leahy, der dem Sicherheitsausschuß des Senats angehörte, während einer Rundreise durch Lateinamerika mit Contra-Führern, die ihm natürlich ihre Absicht offenbarten, die sandinistische Regierung zu stürzen. Der Senatsausschuß gab daraufhin bekannt, daß er keine weiteren Gelder mehr für das Programm bewilligen würde, bevor der Abschlußbericht überprüft und die Zielsetzung spezifiziert worden sei. Im August erschien der Direktor der Central Intelligence mit einem neuen Lagebericht, der einen weit umfangreicheren geheimen Krieg zu befürworten schien. Nachdem die Ausschüsse Einwände geltend gemacht hatten, wurde er von Casey und Außenminister George Shultz entsprechend geändert und am 20. September 1983 erneut vorgelegt.

Die neue Version sah noch immer Maßnahmen vor, um die Waffenlieferungen an die Rebellen in El Salvador zu stoppen.[69] Aber dieses begrenzte Ziel schien immer weniger einleuchtend, inbesondere nachdem bekannt geworden war, daß die CIA zu Beginn des folgenden Jahres geheime Operationen gegen Nicaragua durchzuführen plante. Als der Kongreß die finanzielle Hilfe für die Contras im Oktober 1984 einstellte, erklärte er sich bereit, weitere Zahlungen zu leisten, wenn die Frage nach der Zielsetzung geklärt sei. Der Präsident wurde aufgefordert, Beweise zu liefern, „daß die nicaraguanische Regierung den Regimegegnern...in El Savaldor materielle und finanzielle Unterstützung gewährt", und „die politischen Ziele der Vereinigten Staaten in Hinblick auf Lateinamerika darzulegen".

Im Laufe der Zeit äußerte sich die amerikanische Regierung über ihre außenpolitischen Ziele immer unmißverständlicher. Außenminister Shultz sagte im Oktober 1985:

> *Können wir...ein nicaraguanisches Regime in unserer Hemisphäre akzeptieren, obwohl wir seine Ideologie erschreckend finden? Müssen wir es bekämpfen, weil es kommunistisch ist? Die Anwort lautet: Wir haben die Pflicht, uns den nicaraguanischen Diktatoren entgegenzustellen, nicht nur weil sie Kommunisten sind, sondern weil sie als Kommunisten den Interessen der Sowjetunion und ihres kubanischen Auftraggebers dienen und den Frieden in unserer Hemisphäre bedrohen.*[70]

Im Februar 1986 sprach Präsident Reagan mit blumigen Worten über dieses Thema. Er bekundetete den Wunsch, die „augenblickliche Struktur" in Nicaragua zu „verändern". Im August gestand er einem Reporter des mexikanischen Blattes *Excelsior*, falls Nicaragua nicht demokratischer würde, bestünde „die einzige Alternative" darin, die Contras „gewähren und die Macht ergreifen" zu lassen.[71]

Selbst wenn sich die Regierung – zumindest anfangs – in ihren geheimen Aktionsplänen wirklich auf ein begrenztes Ziel festgelegt hatte, konnte eine klare Abgrenzung zwischen der geheimen Intervention und dem Versuch, die Sandinisten zu stürzen, angesichts der Realität in Zentralamerika nicht aufrechterhalten werden. Jedem Beobachter mußte klar sein, daß die Contras dieses begrenzte Ziel möglicherweise begrüßten, aber ihr Hauptaugenmerk galt Nicaragua, nicht El Salvador. Aufgrund der Unterstützung, die die Vereinigten Staaten den Contras gewährten, wurden sie nahezu automatisch mit „ihren“ Zielen identifiziert. Dazu kam, daß man im Laufe der Zeit zwischen den Aktionen, mit denen man das eine bzw. andere Ziel verfolgte – wie schon im Fall Chile ein Jahrzehnt vorher – nicht mehr klar zu unterscheiden vermochte. Durch die Angriffe der Guerillas und Sabotageakte in nicaraguanischen Häfen und Öldepots wurden die Sandinisten zeitweilig abgelenkt oder eingeschüchtert und die Hilfeleistungen an ihre Gesinnungsgenossen in El Salvador erheblich erschwert. Aber gleichzeitig setzten diese Aktionen das Regime so stark unter Druck, daß seine Existenz bedroht war.

Die amerikanischen Politiker schienen bald selbst nicht mehr zwischen den beiden Zielen differenzieren zu können. 1985 hatten die Vereinigten Staaten ihr begrenztes Ziel anscheinend erreicht. Es gab, im Gegensatz zu 1981, keine weiteren offiziellen Proteste seitens der amerikanischen Regierung, denn die Waffenlieferungen von Nicaragua nach El Salvador schienen auf ein Minimum reduziert worden zu sein. Entweder hatten sich die Motive für verdeckte Aktionen gegen Nicaragua geändert, daß heißt, die Ziele waren inzwischen ausgeweitet worden, oder die Regierung konnte aufgrund der Ereignisse offen zugeben, daß man unter dem Druck des Kongresses die Ziele begrenzt, insgeheim jedoch immer gehofft hatte, mehr zu erreichen. Aber ungeachtet des wahren Sachverhaltes wird die Öffentlichkeit die geheime Intervention der Vereinigten Staaten nach ihrer Auswirkung auf Nicaragua und nicht auf El Salvador, beurteilen.

Verdeckte Aktionen und unbeabsichtigte Resultate

Anfang 1975 hatten wir im Rahmen der Untersuchungen des Church-Ausschusses um Aufklärung über die aktuellen paramilitärischen Aktivitäten der CIA gebeten – eher der Vollständigkeit der Recherchen halber und weniger, weil wir uns davon neue Erkenntnisse versprachen. Unsere Vermutungen wurden bestätigt: Die „Scheinfirmen", die der CIA während des Vietnam-Krieges als Tarnung für paramilitärische Aktivitäten gedient hatten, waren bis auf einen kleinen Rest aufgelöst worden. Es gab nur mehr wenige Ausbildungslager und ein bescheidenes „steriles" Waffenarsenal. Was wir zu diesem Zeitpunkt nicht wußten – weil die Ford-Administration noch zögerte, uns darüber aufzuklären –, aber bald entdecken sollten, war die Tatsache, daß die CIA wieder in paramilitärische Akionen verwickelt war, dieses Mal in Angola.

Die geheimen Aktivitäten in Angola führten zu ganz anderen als zu den von den USA beabsichtigten Ergebnissen. Als Südafrika beschloß, zugunsten der FNLA und der UNITA zu intervenieren, die von den Vereinigten Staaten unterstützt wurden, signalisierten Amerikas gegen die Sowjetunion und Kuba gerichtete verdeckte Aktionen ein Bündnis mit dem Apartheid-Regime in Pretoria. Diese Allianz und ihre Auswirkungen waren in den Augen der Washingtoner Politiker wie auch der Weltöffentlichkeit ein Prestigeverlust und eine Niederlage für die USA.

Die oftmals undurchsichtige, verworrene politische Lage

im Operationsgebiet trägt wenig dazu bei, die wahren Absichten der Vereinigten Staaten unmißverständlich zu signalisieren. Es gelingt Amerika nicht immer, die Gruppen unter Kontrolle zu halten, die es unterstützt, und dieser Hilfe klare Grenzen zu setzen.

Das politische Milieu im Operationsgebiet

Angola war seit fünf Jahrhunderten eine portugiesische Kolonie und nach Aussagen eines Beobachters der Szene „für einen Zusammenstoß der Supermächte geradezu prädestiniert".[1] Fünfzehn Jahre lang hatte das Regime des Diktators Salazar in Lissabon einen blutigen Krieg gegen die angolanischen Befreiungsbewegungen geführt. Portugal war ein armes Land, und dieser Krieg – sowie ein weiterer, der gleichzeitig in Mozambik stattfand – hatte die Staatskasse geleert und das Leben vieler junger Männer gefordert. Anfang der siebziger Jahre nahm die Zahl der Deserteure in der portugiesischen Kolonialarmee beängstigend zu. Die Erfahrungen in Afrika trugen in erheblichem Maß zur Radikalisierung der portugiesischen Militärs bei, die im April 1974 das Regime Marcello Caetanos, eines Salazar-Vasallen, stürzten. Die neuen Machthaber hatten weder das Bedürfnis noch die Mittel, den Krieg in Angola fortzusetzen, und konnten dem Gedanken an eine zeitlich angemessene Übergangsperiode, um die Kolonie auf ihre Autonomie vorzubereiten, wenig abgewinnen. Angola mußte so schnell wie möglich in die Unabhängigkeit entlassen werden.

In Angola kämpften drei Fraktionen, die während des Befreiungskrieges erbitterte Gegner waren, um die Macht, die nach der Unabhängigkeitserklärung neu verteilt werden würde. Jede besaß eine eigene, nach Region und Stammeszugehörigkeit gegliederte Anhängerschaft und ihre eigenen Bündnispartner im Ausland. Die Portugiesen hatten sich diese Differenzen während des Kolonialkrieges zunutze gemacht, während die Organisation für Afrikanische Einheit

(OAU = Organization of African Unity) jahrelang vergebens versuchte, die zersplitterten Gruppen zu einigen.

Von den drei Fraktionen galt die MPLA (Popular Movement for the Liberation of Angola = Angolanische Befreiungsfront) unter ihrem Führer Agostinho Neto als die am stärksten kosmopolitisch ausgerichtete. Sie stand mit den portugiesischen Sozialisten und Kommunisten in Verbindung und besaß in der angolanischen Hauptstadt Luanda eine breite politische Basis. Zu ihren Anhängern zählte – wenn auch die ethnische Basis weniger ausgeprägt schien als in den beiden anderen Gruppen – der Stamm der Mbundu, der in ländlichen Gebieten und im nördlichen, zentralen Teil Angolas rund um Luanda angesiedelt war. Die drei Fraktionen unterschieden sich kaum in ihrer Ideologie oder ihrem politischen Programm, und alle drei hatten Unterstützung von kommunistischen Ländern erhalten. Dennoch orientierte sich die MPLA sichtbarer als die anderen an den Marxisten. Sie hatte auch die Unterstützung, die die Vereinigten Staaten der Kolonialmacht angedeihen ließen, offen kritisiert.[2]

Die FNLA (National Front for the Liberation of Angola = Nationale Front zur Befreiung Angolas) galt als die militanteste politische Kraft. Sie war 1962 von Holden Roberto gegründet worden und ebenso anti-marxistisch ausgerichtet, wie die MPLA pro-marxistisch war. Zu ihren Anhängern zählte der Stamm der Bakongo im Nordwesten Angolas und dem benachbarten Zaire. Protegiert wurden sie von Zaires starkem Mann Mobutu Sese Seko, einem treuen Verbündeten der Vereinigten Staaten, der von den verdeckten Aktionen der Amerikaner in den sechziger Jahren hinlänglich profitiert hatte. Für die FNLA erwies sich die enge Verbindung zu Zaire aus militärischer Sicht als Stärke, aber aus der politischen Perspektive als Schwäche. Viele FNLA-Führer sahen sich aufgrund ihrer französischen Muttersprache vor eine schier unüberwindliche Barriere gestellt und hatten das Gefühl, man mißtraue ihren nationalistischen Motiven. Die FNLA erhielt seit 1973 Waffen aus China, was sie wohl eher der Rivalität zwischen China und der Sowjetunion als gemeinsamen Zielen zu verdanken hatte. Mitte 1974 wurde das Hilfsprogramm durch rund hundert chinesische Berater ergänzt.[3]

Die dritte Fraktion, die National Union for the Total Independence of Angola (UNITA), war 1966 von Jonas Savimbi gegründet worden. Savimbi hatte sich zunächst der FNLA angeschlossen, dann aber mit Roberto gebrochen, den er als Agenten der Vereinigten Staaten bezeichnete, und ihn wegen seiner mangelnden Bereitschaft, mit der MPLA zu kooperieren, scharf kritisiert. Die Anhänger der UNITA lebten vorwiegend in den ländlichen Regionen und im Süden Angolas. Ihr fehlten zwar reguläre militärische Kader und ausländische Sponsoren, aber sie besaß die Unterstützung der stärksten ethnischen Gruppe Angolas, des Ovimbundu-Stammes, dem 31 % der Bevölkerung angehören. Sie predigte zwar Selbstgenügsamkeit nach maoistischem Vorbild, zeigte sich aber im Kampf um die Macht durchaus flexibel und darauf bedacht, ihren Vorteil zu nutzen. Sie forderte eine politische Lösung des Konflikts, die ihr gestattete, von ihrer rein numerischen Überlegenheit zu profitieren.

Nach dem Staatsstreich in Portugal im April 1974 bemühten sich die neuen portugiesischen Machthaber nach besten Kräften, die Wogen in Angola zu glätten, und brachten die drei Gruppen Anfang 1975 mindestens zweimal zusammen. Im Januar verpflichteten sich diese in dem sogenannten *Alvor-Vertrag*, gemeinsam eine Übergangsregierung zu bilden und freie Wahlen anzuberaumen. Das Datum für die Unabhängigkeit Angolas, Portugals letzter afrikanischer Kolonie, wurde für den 11. November 1975 festgesetzt.

Wie erwartet hielten sich die drei Fraktionen nicht lange an die Vereinbarungen. Sie baten ihre ausländischen Verbündeten um finanzielle Unterstützung und Waffen. Welcher der „Sponsoren" als erster ihrem Ansinnen nachkam, läßt sich heute nicht mehr feststellen. Die Presse in Zaire berichtete im August 1974, daß die FNLA eine umfangreiche Lieferung militärischer Güter aus Rumänien erhalten habe, und im September gab die FNLA offen zu, daß sie von China unterstützt werde.[4] Die Sowjetunon, die ihre Hilfeleistungen an die MPLA vor dem Staatsstreich eingestellt hatte, gab im August bekannt, daß sie diese Gruppe als Repräsentanten des angolanischen Volkes betrachte. Da auch der portugiesische Militärrat den Machtanspruch der MPLA anerkannte, wurde im September und Oktober mit seinem Einverständnis ein umfangreiches sowjetisches Waffenarsenal nach Angola geschafft; genaue Zahlen fehlen allerdings.[5]

Die Vereinigten Staaten standen seit 1960 mit Roberto, dem Führer der FNLA, in Kontakt, und zwar über die CIA-Station in Kinshasa, der Hauptstadt Zaires. Diese Station befand sich in der Nähe zur südöstlichen Grenze Angolas, dem Operationsgebiet Robertos. Aus den Akten geht hervor, daß er von den USA seit 1969 mit Geld und Waffen versorgt wurde. Nach 1969 kürzte man dieses Budget, das für die ,,Informationssammlung" zur Verfügung stand, auf 10 000 Dollar jährlich. Im Juli 1974 intensivierte die CIA die Beziehung und begann, Roberto kleinere Geldbeträge zukommen zu lassen.

Der Staatsstreich, der im April 1974 in Portugal stattfand, kam für Washington völlig überraschend. Die Vereinigten Staaten waren auf die politischen Herausforderungen in Angola schlecht vorbereitet. In ihrem 1969 herausgegebenen Memorandum zum politischen Kurs gegenüber Südafrika (National Security Study Memorandum 39) hatte die erst seit kurzem amtierende Nixon-Administration Zweifel an der ,,Konsolidierung und Akzeptanz einer schwarzen Lösung" in Angola geäußert und daraus die Schlußfolgerung gezogen, ,,ein Sieg der Schwarzen sollte zu jedem Zeitpunkt ausgeklammert werden". Es gab für die Vereinigten Staaten keine ,,realistische oder annehmbare" Alternative zur Kolonialherrschaft, und sie hatten sich daher beeilt, Portugal ihre Unterstützung zuzusichern. Dem neuen politischen Kurs gemäß zog sich die CIA 1970 aus Angola zurück. Informationen über die weitere politische

Entwicklung bezog die Behörde nun von Angolas Nachbarn, vor allem Zaire. Ein großer Teil stammte von Roberto.

Da die Interimsregierung allem Anschein nach auf einen Bürgerkrieg zusteuerte, berief der Ausschuß 40 am 22. Januar, drei Wochen nach Abschluß des Alvor-Vertrages, in Washington eine Krisensitzung ein. Die CIA forderte eine finanzielle Unterstützung der FNLA und der UNITA, die in erster Linie propagandistischen Zwecken dienen sollte. Der Ausschuß bewilligte Roberto und seiner FNLA 300 000 Dollar für den Kauf einer Radiostation und einer Zeitung. Den geforderten Etat von 100 000 Dollar für die UNITA lehnte er jedoch ab. Roberto war eine bekannte Größe und gehörte eindeutig zum „eigenen Team", während die UNITA als unwägbarer Faktor galt.[8]

Der Machtkampf eskalierte Ende 1974 und Anfang 1975. Die FNLA schickte eigene Truppen und Soldaten aus der Armee Zaires nach Angola. Im Norden des Landes brachen Kämpfe gegen die in dieser Region herrschende MPLA aus. Im März beschloß die Sowjetunion, die MPLA wieder massiv zu unterstützen. Die Waffenlieferungen enthielten eine große Anzahl von AK-47-Gewehren, Maschinenpistolen, Panzerfäusten und Raketen.[9] Im selben Monat kämpfte sich die FNLA nach Luanda durch, wo rund 50 Angehörige der MPLA massakriert wurden. Im Juli konnte die MPLA ihre Bastion jedoch zurückerobern. Die Interimsregierung war inzwischen völlig zusammengebrochen und Roberto und Savimbi legten ihre Streitkräfte zusammen. Sie schlossen, wenn auch widerwillig, ein Bündnis, das aus der Notwendigkeit geboren wurde.

Ein bescheidener Vorschlag

Der zu erwartende Zusammenbruch der MPLA-Gegner zwang Washington zum Handeln. Auf der zweiten Tagung des Ausschusses 40 wurde beschlossen, eine NSC-Einsatzgruppe für Angola zu gründen. Die wichtigsten Entscheidungen fielen im Juli. Sie basierten auf einem sogenannten Optionspapier, das von der Afrika-Abteilung des Geheimdienstes ausgearbeitet worden war. Die endgültige Fassung, die dem Ausschuß 40 am 14. Juli vorgelegt wurde, sah statt des üblichen Dreiergespannes vier Handlungsalternativen vor:

1) begrenzte finanzielle Unterstützung politischer Aktivitäten, ähnlich den Zuwendungen, die Roberto im Januar von der CIA erhalten hatte;

2) ein Hilfsprogramm in Höhe von 6 Millionen Dollar, um das militärische und politische Gleichgewicht wiederherzustellen;

3) weitere 14 Millionen Dollar, um Roberto und Sambivi eine Vormachtstellung gegenüber Neto zu sichern, vorausgesetzt, daß die Sowjetunion diesen nicht in noch stärkerem Maße unterstützte; und

4) einen Reservefonds von ca. 40 Millionen Dollar, um notfalls mit der Sowjetunion Schritt halten zu können, obwohl sich nicht abschätzen ließ, wie hoch die Zuwendungen der Sowjetunion inzwischen waren.[10]

In Washingtoner Regierungskreisen war man über diese Optionen geteilter Meinung. In ihrem Lagebericht an das DCI argumentierte die Afrikaabteilung, selbst mit einer umfangreichen Waffenlieferung an Roberto und Sambivi sei nicht gewährleistet, daß diese die Kontrolle über ganz Angola gewännen. Damit könne man bestenfalls dafür sorgen, daß das militärische Gleichgewicht wiederhergestellt würde und somit beide Gegner vor weiteren Kampfhandlungen zurückschreckten, sowie verhindern, daß ,,Neto einen zu billig erkauften Sieg" davontrüge.[11] Eine solche Entwicklung müsse auch die politischen Führer beruhigen, die in diesem Teil des afrikanischen Kontinents eine Schlüsselstellung einnahmen, wie z.B. Mobutu in Zaire und Kenneth Kaunda in Sambia, die aus unterschiedlichen Gründen einen von der Sowjetunion ermöglichten Sieg der MPLA fürchteten, auch wenn es ihnen undiplomatisch schien, ihre Besorgnis rückhaltlos zu äußern.

Für Außenminister Henry Kissinger stellte die Summe von 14 Millionen Dollar den Mindestbetrag dar, der erforderlich war, um den strategischen Vormarsch der Sowjetunion aufzuhalten. Er äußerte seine Ansichten auf einer Pressekonferenz im Dezember: ,,Das Grundproblem in unseren Beziehungen zur Sowjetunion besteht darin, daß die Sowjetunion den Status einer Supermacht anstrebt.'' In den sechziger Jahren habe sich das ,,Ungleichgewicht der strategischen Kräfte'' zugunsten Amerikas eingependelt; inzwischen befände sich Moskau ,,auf dem Weg, strategisch gleichzuziehen''. Nun sei ,,bewußte Zurückhaltung auf beiden Seiten'' oberstes Gebot. Aber in Angola lasse die Sowjetunion diese Zurückhaltung vermissen; im Gegenteil, sie versuche, ,,zwei Drittel der Bevölkerung ihr eigenes Gesellschaftssystem aufzuzwingen''.

Nathaniel Davis, Kissingers Staatssekretär für Afrikanische Angelegenheiten, der 1973 von seinem Posten als chilenischer Botschafter zurückgetreten war und im letzten April sein neues Amt angetreten hatte, sperrte sich – im Gegensatz zu seinem Vorgesetzten – gegen eine geheime Intervention der Vereinigten Staaten im angolanischen Bürgerkrieg. Seine Denkschriften, die er dem Repräsentanten des State Department im Ausschuß 40, Unterstaatssekretär Joseph Sisco, vorlegte, spiegeln die Ansichten der meisten Mitglieder der NSC-Einsatzgruppe für Angola wider. Gegenwärtig bestünde ,,keine zwingende Verpflichtung für die Vereinigten Staaten, ihre Macht und ihr Prestige in Angola zu demonstrieren.''[12] Selbst in dem CIA-Optionspapier habe man darauf hingewiesen, daß die Sowjetunion ihr Hilfsprogramm leichter ausdehnen könne. Deshalb sei es angezeigt, sich ein geeigneteres Terrain für eine Machtprobe mit den Sowjets zu suchen.

Davis übte außerdem Kritik an der Art, wie die CIA die geplanten Operationen durchzuführen gedachte. Aus dem Optionspapier ging hervor, daß ein großer Teil der Aktivitäten in den USA stattfinden würde, um zu verhindern, daß sich die Vereinigten Staaten im Ausland zu sehr exponierten. Die CIA habe vorgeschlagen, die FNLA und die UNITA mit militärischen Gütern aus Beständen der Armee Zaires zu beliefern, und nicht mit Waffen, die eindeutig nur aus Amerika stammen konnten. Die Vereinigten Staaten würden damit die Rüstungskapazität auf unübersehbare Weise aufstocken. Noch schwerwiegender sei, daß „ein Dementi von offizieller Seite nicht mehr die sichere Zuflucht bietet, die es darstellen sollte. Die im CIA-Papier erwähnte Abgrenzung zwischen offiziell genehmigtem und nicht-autorisiertem Handeln verliert deshalb bei einer möglichen Entdeckung an Bedeutung."

Der Ausschuß 40 überprüfte das Optionspapier am 14. Juli und forderte, einen interdisziplinären „ad-hoc-Ausschuß" mit der Planung von verdeckten Aktionen zu beauftragen, für die man 14 Millionen Dollar zur Verfügung stellen wollte. Die CIA legte ihr Konzept am 16. Juli unter dem Codenamen IAFEATURE vor. Gemäß dem Hughes Ryan-Zusatzartikel zum Gesetz über Auslandshilfsprogramme von 1974 wurde der Präsident aufgefordert, dem Kongreß eine – geheime – „Beurteilung" zuzustellen, die alle verdeckten Operationen betraf, welche nicht in die Kategorie der geheimen Nachrichtensammlung fielen.

Seine „Lagebeurteilung", die am 18. Juli 1975 herausgegeben wurde – am selben Tag, als er die ersten 6 Millionen Dollar für die Operation bewilligte – war allgemein gehalten. Angola tauchte darin nicht auf. Sie bezog sich generell auf die Situation in Afrika. Er kam zu der Schlußfolgerung, daß „die materielle, finanzielle und beratende Unterstützung gemäßigter nationalistischer Bewegungen dazu beiträgt, das politische Klima zu stabilisieren und eine echte Selbstbestimmung der gerade erst in die Unabhängigkeit entlassenen afrikanischen Staaten zu ermöglichen"[13] – was für die innere Sicherheit der Vereinigten Staaten von großer Bedeutung sei. Colby informierte zwar den Außenpolitischen Senatsausschuß und die Streitkräfte- und Bewilligungsunterausschüsse des Repräsentantenhauses, nicht aber den Senatsausschuß, dem ich angehörte.

Am 27. Juli bewilligte Ford weitere 8 Millionen Dollar. Zwei Tage später startete das erste Flugzeug von Süd-Carolina nach Kinshasa, beladen mit Waffen, die das Arsenal aus Zaire, das sich im Besitz der FNLA und der UNITA befand, ersetzen sollten. Nathaniel Davis gab umgehend seinen Rücktritt bekannt, als er von der Entscheidung des Präsidenten erfuhr, die – wie sich herausstellte – schon vor der Unterzeichnung der Lagebeurteilung getroffen worden war.

Interessen und Signale

Die Angola-Episode gleicht in vieler Hinsicht dem Unternehmen in der Schweinebucht. Aufgrund der akuten Bedrohung, in der Amerika sich wähnte, schien eine diplomatische Intervention nicht auszureichen. Die interdisziplinäre NSC-Einsatzgruppe für Angola hatte im Juni eine derartige Empfehlung ausgesprochen. Es handelte sich dabei um eine kombinierte Lösung: Man solle den Druck auf die Sowjetunion verstärken, damit diese ihre Hilfe an die MPLA einschränke, und sich gleichzeitig dafür einsetzen, daß Portugal, die afrikanischen Staaten, die Vereinten Nationen oder die OAU gemeinsam eine Lösung erarbeiteten. Das Ziel bestand nach Davis' Worten darin, „den Kampf zwischen den Parteien Angolas....wieder in die politische Arena zu verlagern ....und dadurch die Erfolgsaussichten der FNLA und der UNITA zu verbessern.“[14]

Ob im Juli noch Zeit für diesen Weg gewesen wäre, läßt sich nicht mit Sicherheit sagen. Man verzichtete jedenfalls darauf, diese Möglichkeit in die Praxis umzusetzen. Die Empfehlung der Einsatzgruppe war nur eine von drei Handlungsalternativen.[15] Die Vereinigten Staaten nahmen erst in allerletzter Minute, nämlich im Oktober, Kontakt mit der Sowjetunion wegen des Angola-Problems auf. Und da war es bereits zu spät.

Aber das maßvolle Engagement, das man geheimzuhalten hoffte, eskalierte. Washington entschied sich im Juli 1975 für ein limitiertes Programm mit dem begrenzten Ziel, der MPLA und ihren sowjetischen Verbündeten den Sieg zu erschweren. Insgeheim hoffte man mehr zu erreichen. Als sich der Bürgerkrieg in Angola ausweitete, glaubte man, mit einem geringfügig erhöhten Einsatz könne aus dieser Hoffnung eine Realität werden. Präsident Ford bewilligte am 20. August noch einmal 10,7 Millionen Dollar, und am 27. November weitere 7 Millionen Dollar für verdeckte Hilfeleistungen.[16]

Die Eskalation des Krieges machte aber auch die Hoffnung zunichte, daß sich die Intervention geheimhalten ließ. Der im verborgenen schwelende Konflikt artete in einen offenen Kampf aus. Welche ausländischen Mächte die einzelnen Parteien in Angola unterstützten, ließ sich nicht auf Dauer verbergen. Aus der Perspektive Washingtons stellte die Affäre eine Prophezeiung dar, die sich selbst erfüllte. Da die Vereinigten Staaten die Auseinandersetzung als ein Kräftemessen der beiden Supermächte definierten, mußte man damit rechnen, daß letztlich die zur Verfügung gestellten Waffen über den Sieg entscheiden würden. Die USA waren, wie Davis bereits im Sommer angedeutet hatte, für einen derartigen Wettbewerb schlecht gerüstet. Sie fochten – wie John Stockwell von der CIA-Einsatzgruppe für Angola es einmal nannte – einen „wirtschaftlichen Krieg" aus. Im Gegensatz dazu hatte die Sowjetunion nach amerikanischen Schätzungen zwischen März 1975 und Februar 1976 bereits rund 300 Millionen Dollar in ihr Hilfsprogramm für die MPLA investiert.[17]

Dieser Kontrast ist aufschlußreich, selbst wenn die Zahlen der Sowjets zu hoch und die geheimen Zuwendungen der Amerikaner, mit 33 Millionen Dollar beziffert, zu niedrig angesetzt wurden – wobei weder die Gehälter für die rund achtzig Außenstationsmitarbeiter der CIA im Operationsgebiet noch die Beträge für Zaire und Sambia eingerechnet waren, die die Waffen an die FNLA und die UNITA weiterleiteten. Die MPLA fand Hilfe bei den Kubanern, die im August und verstärkt im Oktober ins Land strömten. Ende

November betrug die Zahl der kubanischen Berater zwischen 5 000 und 7 000; im Februar waren es bereits rund 12 000.[18]

Die Vereinigten Staaten hatten in Südafrika einen starken Verbündeten, und diese Tatsache war, ob es ihnen paßte oder nicht, ausschlaggebend. Südafrikanische Truppen hatten schon unter der Herrschaft der Portugiesen wiederholt die Grenze nach Angola überschritten und gegen die Guerillaeinheiten der SWAPO (Southwest Africa People's Organization) gekämpft, die ihre Operationen bis in das von Südafrika kontrollierte Namibia ausdehnten.[19] Im Sommer 1975 trafen sich südafrikanische Armee- und Nachrichtenoffiziere mehrmals mit den Führern der FNLA und der UNITA, einschließlich Savimbi. Im August besetzten südafrikanische Truppen das Gebiet um den Cunene-Fluß in Angola, an dem sich mehrere große Wasserkraftanlagen befanden, die von Südafrika in Zusammenarbeit mit Portugal errichtet worden waren. Im September bildeten südafrikanische Offiziere UNITA-Kampfverbände aus.

Südafrika trat im Oktober in den Kampf um die Macht ein. Der genaue Zeitpunkt läßt sich nicht ermitteln, aber die Form der Intervention ist bekannt.[20] Mitte des Monats überschritt eine ,,Geisterarmee", bestehend aus weißen Söldnern, FNLA- und UNITA-Truppen und einigen südafrikanischen Einheiten die Grenze nach Angola; sie waren ausgerüstet mit Kampfhubschraubern und Panhard-Panzerwagen. Später stießen reguläre südafrikanische Einheiten zu dieser Truppe, die den Codenamen ,,Zula" trug. Sie vertrieben die MPLA aus der südlichen Hälfte Angolas und marschierten rund 1000 Kilometer nordwärts, bevor sie ca. 230 Kilometer vor Luanda von kubanischen Soldaten gestoppt wurden. Südafrikanische Berater nahmen auch an einem Vorstoß der FNLA-Truppen von Norden auf die Hauptstadt teil. Als die Südafrikaner den Rückzug antraten, belief sich ihre Zahl offiziellen Angaben zufolge auf rund 2 000.

Wie eng die Beziehungen zwischen Südafrika und den

Vereinigten Staaten bei diesen Aktionen waren, bleibt wohl Spekulation. Mit Sicherheit läßt sich nur sagen, daß die Südafrikaner ihre eigenen Gründe für eine Intervention hatten. Ihr Interesse, die Anlagen am Cunene-Fluß zu schützen, stellte ein ebenso klares Motiv dar wie ihre Beziehung zu Savimbi. In Angola hatte man begonnen, den Krieg gegen die SWAPO mit Mißtrauen zu verfolgen. Hinzu kam, daß die ,Unkenrufe' einiger südafrikanischer Politiker, die Russen strebten auf dem gesamten Kontinent nach einer politischen Vormachtstellung, inzwischen berechtigt schienen. John Vorster, der damalige Premierminister, sagte in diesem Zusammenhang über die Russen und Kubaner: ,,Wir wissen, daß ihr Ziel nicht nur in der Errichtung eines marxistischen Regimes in Angola besteht, sondern darin, eine Kette marxistischer Staaten, von Angola bis Daressalam (=Hauptstadt von Tansania) aufzubauen und zu sichern.''[21]

Ende November kritisierte P.W. Botha, der damalige Verteidigungsminister, die ,,freie Welt'', weil diese nicht genügend Interesse daran bekunde, ,,die Russen aus dem Süden Afrikas zu vertreiben.''[22] Kissinger wies den Vorwurf zurück, die Vereinigten Staaten befänden sich auf einem ,,Kollisionskurs'' mit Pretoria. Colby bestand darauf, daß die Operationen und Nachschubwege der CIA klar von denen der Südafrikaner getrennt blieben.[23]

Trotz aller Differenzen wiesen die südafrikanische und die amerikanische Politik gegenüber Angola zahlreiche Übereinstimmungen auf. Die südafrikanischen Führer ließen zumindest andeutungsweise erkennen, daß man sich untereinander einig war. Botha erklärte im Januar seinem Parlament, daß die Aktion Südafrikas ,,von mehreren afrikanischen Nationen und von mindestens einer Macht der freien Welt begrüßt'' worden sei.[24] Es gab zahlreiche Berichte über Kontakte zwischen den Experten des Militärs und der Nachrichtendienste beider Länder, und die Unterstützung der MPLA-Gegner wäre ohne eine Absprache, wenn nicht gar Zusammenarbeit, unmöglich gewesen. Daniel Moynihan, amerikanischer Botschafter bei den Vereinten Nationen, dementierte zwar eine bewußte Koordinierung, gab aber zu, daß eine ,,Konvergenz in der Politik" beider Staaten bestehe. ,,Wir tun dasselbe, zumindest ungefähr", sagte er.[25]

Wie groß auch immer das Ausmaß der Konsultationen gewesen sein mag – die Intervention Südafrikas offenbarte, daß Amerika das weiße Regime in Pretoria in seinem Kampf gegen die MPLA in Angola unterstützt hatte. Aber nun war das Pokerspiel um die Macht vorbei. Die Beziehung zu Südafrika hatte das schwer errungene ‚Stillhalteabkommen' mit den Senatoren und Kongreßmitgliedern, die über IAFEATURE informiert waren, untergraben. Mit der Übergabe der 7 Millionen Dollar an die FNLA und die UNITA, die im November stattgefunden hatte, war das CIA-Budget, das für außerplanmäßige Projekte zur Verfügung stand, erschöpft. Der Kongreß weigerte sich, weitere 28 Millionen Dollar aus dem Etat des Verteidigungshaushaltes abzuzweigen. Im Dezember stimmte der Senat für den Clark-Zusatzartikel zur Verfassung, der geheime Hilfeleistungen künftig verbot. Zum ersten Mal in der amerikanischen Geschichte wurde über die Einstellung eines ,,verdeckten" Programmes offen abgestimmt. Das Repräsentantenhaus schloß sich im Januar diesem Votum an.

Die südafrikanische Intervention hatte jede Hoffnung zerstört, daß sich die afrikanischen Staaten auf einen von allen akzeptierten Kompromiß einigen würden, und die ,,Gemäßigten", wie Zaire und Sambia, politisch isoliert. Die meisten afrikanischen Nationen beschlossen abzuwarten, wie sich die Eeignisse in Angola nach der Unabhängigkeit entwickelten. Noch im Januar waren die Teilnehmer der OAU-Sitzung geteilter Meinung, als über die Frage abgestimmt wurde, ob man die MPLA als rechtmäßige Regierung Angolas anerkennen solle: 22 votierten dafür, 22 dagegen. Zu diesem Zeitpunkt befürchtete Savimbi bereits, daß sich Südafrika aus dem Konflikt zurückziehen könnte, und arrangierte über Kaunda ein Treffen mit Vorster.[26]

Kurz nach ihrer Gipfelkonferenz folgte die OAU dem Beispiel der meisten Mitgliedstaaten und erkannte die MPLA offiziell an. Ausschlaggebend für diese Entscheidung waren die eskalierenden Kämpfe, die Spannungen zwischen der FNLA und der UNITA, die in einen offenen Konflikt auszuarten drohten, und die Tatsache, daß die FNLA ihre strategisch wichtigen Positionen im Norden einbüßte. Die südafrikanischen Truppen begannen Ende Januar mit dem Abzug. Ende März waren sämtliche Stellungen geräumt, nachdem Pretoria von der MPLA die Zusicherung erhalten hatte, daß die Wasserkraftanlagen am Cunene-Fluß weitergebaut werden dürften.

Die Intervention Südafrikas war entscheidend für den Ausgang des angolanischen Bürgerkrieges. Selbst die afrikanischen Führer, die dem Gedanken an die kubanischen Berater und ein von den Sowjets unterstütztes Regime vor ihrer eigenen Haustür wenig abgewinnen konnten, mußten dies als ein Fait accompli akzeptieren. Die Vereinigten Staaten wurden nicht als Befürworter einer Regierung in Luanda betrachtet, die die Unterstützung einer breiten Masse besaß, sondern in erster Linie als Verbündeter Pretorias. Das hatten die verdeckten Akionen eindeutig signalisiert. Für die MPLA war dieses Signal ein Glücksfall und politisch ebenso wichtig wie die Allianz mit der Sowjetunion auf dem Schlachtfeld. Die UNITA und die FNLA hatten das Nachsehen. Die UNITA war – um es mit einem bekannten Ausspruch der Mexikaner über die Vereinigten Staaten auszudrücken – so weit von Gott entfernt, aber Südafrika so nahe. Sambivi konnte sich seine Verbündeten nicht aussuchen und mußte Hilfe von jedem annehmen, der sie ihm bot.

Selbst wenn Amerika Südafrika nicht ermutigt hat zu intervenieren, war es ein Gefangener seiner eigenen Vorstellungen. Washington konnte sich nicht aus dem Konflikt zurückziehen, ohne das Gesicht zu verlieren. Es verfolgte bestimmte Ziele und stand unter dem Druck, sie zu realisieren. Da der Konflikt in Angola als ein Stellvertreterkrieg zwischen Ost und West definiert wurde, stellte der Sieg der MPLA für die Vereinigten Staaten eine Niederlage dar, zu der sie sich offen bekannten. Die Intervention Südafrikas hatte diese „Niederlage" besiegelt.

In schlechter Gesellschaft

In Angola hatten die Vereinigten Staaten mit Südafrika paktiert. Die Signalwirkung, die diese Allianz besaß, überwog alle anderen, noch so lauteren Motive und führte zu einem Ergebnis, das weit von den eigentlichen Zielvorstellungen der Washingtoner Politiker entfernt war. Im Fall von Iran und Guatemala waren wirtschaftliche Interessen und politische Entscheidungen eng verflochten. Vor allem in Guatemala schienen ökonomische, und nicht strategische Gesichtspunkte für die Intervention ausschlaggebend gewesen zu sein, die in erster Linie der United Fruit Company beziehungsweise der Anglo-Iranian Oil Company zugute kamen.

In beiden Fällen war dieser Eindruck zumindest teilweise berechtigt. Die Rolle der Anglo-Iranian Oil Company bei der Entwicklung von AJAX ist bis heute ungeklärt und wirft Fragen auf, die mehr noch die Ziele Großbritanniens als der Vereinigten Staaten betreffen. Fest steht, daß Roosevelt mit Vertretern der Ölgesellschaft zusammentraf. Die USA hatten das politische Erbe der Briten angetreten und konnten nicht umhin, auch ihre wirtschaftlichen Interessen zu übernehmen. Und die Anglo-Iranian Oil Company war in diesem Bereich ein dominierender Faktor, vor allem aus der Sicht der Iraner.

Die Position der United Fruit Company war noch stärker als die der Anglo-Iranian Oil Company und in außergewöhnlichem Maß mit den politischen Entscheidungsträgern in Washington – von Foster Dulles über „Tommy the Cork" bis zu „Beetle" Smith – verknüpft. Man braucht nicht unbedingt zu denen zu gehören, die überall eine Verschwörung wittern, um die amerikanische Intervention als einen Weg zu betrachten, der die Monopolstellung von *La Frutera* in der guatemaltekischen Wirtschaft sichern sollte. Kein Wunder also, daß Guatemala und andere lateinamerikanische Staaten genau *das* darin sahen. Die Vereinigten Staaten mußten sich den Vorwurf gefallen lassen, private und öffentliche Interessen nicht voneinander zu trennen.

Das gilt auch, wenn man heute der Fairneß halber davon ausgeht, daß sich die amerikanischen Politiker zum Handeln entschlossen, weil sie glaubten, die strategische, und nicht die wirtschaftliche Schlüsselstellung der USA sei bedroht. Sie sahen in der Verstaatlichung der Anglo-Iranian Oil Company und in Arbenz' Maßnahmen, die sich gegen die wirtschaftlichen Interessen Amerikas richteten, eine Bestätigung, daß beide Regierungen Werkzeuge der Kommunisten seien. Dieser „Beweis" nahm in ihren Überlegungen einen höheren Stellenwert ein als spezifische wirtschaftliche Faktoren. Man erinnere sich nur daran, wie Dulles die Politik der Eisenhower-Administration verteidigte: In seinen Augen war das Problem „die Infiltration der Kommunisten in Guatemala" und nicht die United Fruit Company.[27]

Die United Fruit Company erreichte durch ihre ausgezeichneten Beziehungen lediglich, daß man in Washington auf ihre Situation aufmerksam wurde. Sobald das Interesse der Politiker geweckt war, prüften sie die Argumente der United Fruit Company unter dem Gesichtspunkt, der für sie ausschlaggebend war – nämlich aus der Perspektive der nationalen Sicherheit, und nicht der wirtschaftlichen Vormachtstellung Amerikas. Man sollte nochmals erwähnen, daß Washington in den fünfziger Jahren Arbenz' und Mossadeghs Bemühungen um eine Verstaatlichung der Schlüsselindustrien als zwingendes Indiz deuteten, daß diese beiden Staatsmänner Kommunisten oder zumindest ein willfähriges Werkzeug der Kommunisten seien.

Als Amerika beschloß zu handeln, ließ sich nicht vermeiden, daß es mit den Zielen und Interessen seiner Partner identifiziert wurde, ob es den Washingtoner Politikern nun paßte oder nicht. Für Howard Hunt schmälerte diese Gleichsetzung den Erfolg in Guatemala: ,,Wir haben das Richtige aus den falschen Gründen getan. Dieser Gedanke erfüllt mich nach wie vor mit Abscheu. Ich war kein Söldner im Dienste der United Fruit.“ [28]

Die Gefahr, daß die Vereinigten Staaten eine Mesalliance eingehen und sich gefallen lassen müssen, mit den Zielen ihrer Bündnispartner identifiziert zu werden, ist nicht auf das spezifische Klima in den fünfziger Jahren beschränkt und macht sich auch bei Gruppierungen bemerkbar, die weniger augenfällig als die United Fruit Company ihre eigenen Interessen verfolgen. Im März 1970 stimmte der Ausschuß 40 den ,,propagandistischen Störaktionen“ im chilenischen Wahlkampf zu. Im darauffolgenden Monat nahm der Business Council on Latin America (= Wirtschaftsrat für Lateinamerika) Kontakt zum Staatssekretär für Lateinamerika, Charles Meyer, auf, der seine Karriere als Manager der lateinamerikanischen Dependancen der Firma Sears Roebuck gegen eine politische eingetauscht hatte. Sie drängten ihn, Allessandri tatkräftig zu unterstützen, der sich als einziger Kandidat gegen die Verstaatlichung ausländischer Besitzungen ausgesprochen hatte. C. Jay Parkinson, Aufsichtsratsvorsitzender der Firma Anaconda – einer der Giganten in der chilenischen Kupferindustrie – erklärte, seine und andere interessierte amerikanische Firmen seien bereit, 500 000 Dollar zur Verfügung zu stellen, um die Wahl von Allende zu verhindern.

Meyer wollte sich nicht festlegen, und Korry brachte seinen Unmut über die Einmischung amerikanischer Unternehmen in der für ihn typischen blumigen Formulierung zum Ausdruck.[29] Allessandri sei der Kandidat der Reichen und könne es sich leisten, seine Wahlkampagne selber zu finanzieren. Korry befürchtete, daß jede Intervention der Vereinigten Staaten, die über die verdeckten, gegen Allende gerichteten ,,Störaktionen“ hinausging und auf eine aktive Unterstützung des rechten chilenischen Flügels hinauslief, sich als Bumerang erweisen könnte.

Im Sommer wandte sich John McCone – ehemaliger Direktor der Central Intelligence und nun im Aufsichtsrat von ITT, zu deren Tochtergesellschaften 1970 noch die staatliche chilenische Telefongesellschaft zählte – an Helms. Es ging dabei um ein von CIA und ITT gemeinsam zu entwickelndes Programm zur Unterstützung Allessandris. Als Direktor der Central Intelligence hatte eine Gruppe privater Investoren eineinhalb Millionen Dollar für die Finanzierung von Freis Wahlkampf angeboten, um Allendes Sieg zu verhindern. Der Vorschlag wurde vom Nachfolger des Ausschusses 40, dem Ausschuß 303, zurückgewiesen, der damit einen Präzedenzfall schuf. Der Ausschuß hielt, genau wie Hunt 1954, eine Verquickung von privaten Motiven und öffentlichem Interesse für unehrenhaft. Darüber hinaus befürchteten die CIA-Beamten, daß sich im Falle einer Zusammenarbeit die propagandistischen Störaktionen im chilenischen Wahlkampf nur schwer geheimhalten ließen.[30]

Dennoch wurden die Kontakte zwischen ITT und CIA aufrechterhalten. Im Juli suchte McCone erneut Helms auf, nachdem ein Public-Relations-Experte der ITT namens Harold Hendrix in Santiago mit einem Beamten der CIA Verbindung aufgenommen hatte. Helms arrangierte ein Treffen zwischen Harold Geneen, dem Direktor der ITT, und William Broe, dem Chef der CIA-Abteilung für die Westliche Hemisphäre. Geneen bot Broe an, eine Million Dollar für die Unterstützung von Allessandris Wahlkampf bereitzustellen. Die CIA lehnte ab, gab der ITT jedoch Informationen, wie sich das Geld heimlich an Allessandri weiterleiten ließ. Später sorgte sie auch dafür, daß die ITT Gelder an die Nationalpartei weiterleiten konnte, und zwar über zwei Mittelsmänner, die gleichzeitig auf der Gehaltsliste der Behörde standen und ,,Störaktionen'' durchzuführen hatten.[31]

Auch als der September und damit die Wahlen näherrückten, blieben die CIA-Beamten mit der ITT sowohl in Santiago als auch in Washington in Kontakt. Sie fungierten in erster Linie als Berater. Die ITT unterstützte Allessandri mit rund 250 000 Dollar und die Nationalpartei mit 100 000

Dollar. Aus den Akten der CIA geht hervor, daß man Korry zwar von der Rolle der Behörde beim Transfer der Gelder für Allessandri, nicht aber für die Nationalpartei informierte. Andere amerikanische Multis subventionierten den Wahlkampf mit weiteren 350 000 Dollar, allerdings ohne Beteiligung der CIA.

Durch die Beraterfunktion, die die CIA gegenüber der ITT einnahm, unterstützte sie de facto eine Politik, die von der amerikanischen Regierung strikt abgelehnt worden war. Diese Episode demonstriert weniger die Eigenmächtigkeit der Behörde, sondern ist vielmehr ein weiteres Beispiel für das Bemühen der Washingtoner Politiker, klar zwischen zwei Zielsetzungen zu differenzieren – in diesem Fall zwischen den gegen Allende gerichteten ,,propagandistischen Störaktionen" und einem Propagandafeldzug zur Unterstützung Allessandris – und ein Beweis dafür, wie frustrierend die politische Realität in diesem Operationsgebiet für Washington gewesen sein muß.

Diese privaten wie offiziellen Verbindungen wurden auch nach den Wahlen aufrechterhalten. Einige Tage nach Bekannntgabe der Wahlergebnisse bat der zutiefst besorgte Geneen McCone erneut, Kontakt mit Helms aufzunehmen. Bevor Helms jedoch reagieren konnte, lief Track II an. Agustín Edwards, Herausgeber des *El Mercurio*, war Besitzer der chilenischen Pepsi-Cola-Fabrik und seit langem mit dem Direktor von Pepsi-Cola, Donald Kendell, befreundet, der seinerseits zum Freundeskreis und den politischen Verbündeten Richard Nixons zählte. Edwards reiste nach Washington, um vor der Katastrophe zu warnen, die in seinen Augen im Fall einer Amtsübernahme Allendes drohte, und sich für die Sache der chilenischen Opposition einzusetzen. Kendell schien beeindruckt und arrangierte ein Treffen zwischen Edwards und Helms sowie ein privates Frühstück für den Vormittag des 15. September, bei dem Edwards mit Henry Kissinger und Justizminister John Mitchell zusammentraf. Genau an diesem Tag fand die Sitzung statt, auf der Nixon das Spiel mit dem Track II-Schachzug eröffnete.

Nach Helms' Aussagen bestand zwischen privaten und offiziellen Kontakten ein Unterschied: „Ich habe den Eindruck, daß der Präsident die Sitzung einberief (auf der das Startzeichen für Track II fiel), weil sich Edwards in Washington aufhielt und wir von Kendell darüber informiert wurden, wie Edwards die Situation und die weitere Entwicklung in Chile einschätzte."[32] Dieser Kommentar beantwortet jedoch nicht die Frage, welchen Einfluß die privaten Kontakte auf die Genehmigung von Track I und Track II hatten.

Wichtig ist in diesem Zusammenhang die Tatsache, daß man Amerika fast ausnahmslos mit den Interessen seiner Bündnispartner identifizierte. Sowohl die United Fruit Company als auch ITT waren Partner, die sich nicht mit gewöhnlichen Maßstäben messen lassen. Das Problem taucht aber auch dann auf, wenn es sich um weniger bizarre Gruppierungen handelt.

Das Gebot der Geheimhaltung erschwert dieses Problem noch. Da sich die Vereinigten Staaten nicht offiziell zu dem bekannten, was sie tatsächlich getan hatten, konnten sie auch nicht klarstellen, was sie *nicht* getan hatten. Die Ziele der ITT und anderer amerikanischer Unternehmen galten in Santiago als offenes Geheimnis. Unter diesen Umständen war man in Chile geneigt zu glauben, daß die CIA mit den Multis unter einer Decke stecke. Diese Überzeugung hätte sich auch dann durchgesetzt, wenn die CIA bereit gewesen wäre, in Santiago auf jegliche Aktivitäten zu verzichten. Als das Ausmaß amerikanischer Interventionen später bekannt wurde, maß man solch subtilen Unterschieden zwischen privaten und öffentlichen Interessen wenig Bedeutung bei. Die Enthüllungen schienen die Ansicht, die Vereinigten Staaten hätten mit den amerikanischen Wirtschaftsunternehmen konspiriert, um Allendes Wahlsieg zu verhindern, nicht ins Wanken zu bringen, sondern vielmehr zu bestätigen.

Signale senden und empfangen

Die Vereinigten Staaten geben den von ihnen unterstützten Gruppen im Ausland nicht nur aufschlußreiche, sondern bisweilen auch irreführende Informationen, und manchmal täuschen sie sogar sich selbst. Kurz nach Reagans Amtsantritt nahm ich an einer CIA-Konferenz über die Entwicklung in Westeuropa teil. Nach der Sitzung setzte ich mich mit einigen Analytikern des Nachrichtendienstes bei einem Bier zusammen. Sie grollten wegen des NIE (National Intelligence Estimate), einer Studie, die primär in den Bereich der nachrichtendienstlichen Auswertung fiel und damals zum Thema Terrorismus vorbereitet wurde.

In der ersten Fassung hatte man sich skeptisch darüber geäußert, inwieweit die Sowjetunion die internationale Terroristenszene unterstützte. Diese Schlußfolgerung deckte sich jedoch nicht mit der vorgefaßten Meinung der neuen politischen Führung, der die CIA unterstand. Die Studie wurde zurückgegeben mit der Anmerkung, man möge sich doch einmal bei Claire Sterling informieren, die gerade ein Buch geschrieben und eine Reihe von Beispielen dafür angeführt habe, daß die Sowjetunion die Terroristen sehr wohl unterstütze.[33]

Die Analytiker konnten dem Gedanken wenig abgewinnen, sich an einer Autorin orientieren zu müssen, die ihr Wissen allein aus öffentlich zugänglichen Quellen bezog, aber sie prüften die umfangreichen Beispiele nach. Es stellte sich heraus, daß es sich dabei fast ausschließlich um Desinformationen handelte – Artikel, die von den geheimen Kontakten der CIA in verschiedenen Zeitungen plaziert worden waren. Die Autorin hatte sie in gutem Glauben zitiert, damit ihre These untermauern zu können. An dieser Episode zeigt sich, daß die rechte Hand oft nicht weiß, was die linke tut, sogar in der sonst so reibungslos funktionierenden Regierungsmaschinerie. Washington hatte sich bei dem Versuch, das Ausland mit falschen Informationen zu füttern, selbst in die Irre geführt.

Es gibt Fälle, in denen sich ein derartiges Informationsdefizit gravierender auswirkt. Das Komplott im Iran 1953 wurde in Washington offiziell noch lange Zeit geheimgehalten, obwohl die Rolle der Vereinigten Staaten bei allen politischen Gruppierungen in Teheran bekannt war. Die amerikanischen Politiker, die anschließend mit dem Iran Verbindung aufnahmen, wußten möglicherweise wirklich nichts von den Vorgängen. Besonders extrem sind in diesem Zusammenhang die Attentatsversuche der CIA auf Castro – zwischen 1961 und 1965 mindestens acht an der Zahl.[34]

Stellen Sie sich vor, welche Schlußfolgerungen Castro aus diesen Mordanschlägen zog. Sie galten in Washington noch zehn Jahre nach dem letzten Attentatsversuch als das bestgehütete Geheimnis, aber Castro muß gewußt haben, wer die Drahtzieher waren. Er hat mit Sicherheit vermutet, daß die CIA ihm nach dem Leben trachtete. Im August 1975 übergab er Senator George McGovern eine Liste, auf der 24 Anschläge aufgeführt waren, hinter denen seiner Meinung nach die CIA steckte.[35] Castro tat recht, den Worten oder Versprechungen der Vereinigten Staaten zu mißtrauen.

Die ranghohen Regierungsbeamten – einschließlich der Präsidenten der Vereinigten Staaten, soweit es aus den Dokumenten ersichtlich ist – schienen damals den spezifischen, vorrangigen Grund für Castros Mißtrauen nicht gekannt zu haben. Seine Reaktion auf die Vorschläge Amerikas mußte ihnen folglich übertrieben, unlogisch, ja geradezu hysterisch vorkommen. Castro hat mit Sicherheit angenommen, daß die amerikanischen Präsidenten über die Attentatsversuche der CIA auf ihn informiert waren. Ausländische Politiker neigen nahezu ausnahmslos zu der irrigen Annahme, daß die USA über einen Regierungsapparat verfügen, der als eine geschlossene Einheit entscheidet und handelt. Deshalb sind insbesondere die Führer der Dritten Welt, die die Gegnerschaft Amerikas zu spüren bekommen, versucht, in dem Mangel an Kohärenz eine Methode zu sehen.

Die USA signalisierten ihre feindselige Einstellung gegenüber dem Castro-Regime sowohl offen als auch heimlich. Castro hätte die CIA wohl auch dann für die Mordanschläge verantwortlich gemacht, wenn die Beweise weniger zwingend gewesen wären. Für die Vereinigten Staaten gab es nur ein Thema, über das man mit Castro zu verhandeln gedachte, nämlich die Bedingungen für seinen Rücktritt. Auch in anderen, weniger dramatischen Fällen hat sich die amerikanische Regierung über die Wirkung ihrer Signale auf ausländische Politiker getäuscht, vor allem, wenn ihr die heimlichen entgangen sind.

Während der Nicaragua-Episode in den achtziger Jahren blieb das heimliche Signal, die Hilfe für die Contras, der Weltöffentlichkeit nicht verborgen. Die Vereinigten Staaten befürworteten offiziell eine politische Einigung durch den Contadora-Friedensprozeß. Mit der finanziellen Unterstützung der Contras sollte die sandinistische Regierung gezwungen werden, sich an den Verhandlungstisch zu setzen. Vielleicht erreichte man damit wirklich das anvisierte Ziel: Nach 1981 wurden die Hilfeleistungen der Sandinistas an die Rebellen in El Salvador nach und nach eingestellt. Aber selbst dann war die Tatsache, daß die Sandinistas sich mit einem Feind außerhalb der Landesgrenzen konfrontiert sahen, der von einer Weltmacht im Norden unterstützt wurde, noch in zweifacher Hinsicht zweckdienlich: Sie gab der sandinistischen Revolutionsbewegung neue Impulse und rechtfertigte in den Augen vieler Lateinamerikaner, einschließlich der Regimegegner, daß die Sandinistas die Hilfe Kubas akzeptierten.

Das Signal, das die Sandinistas in der Unterstützung der Contras sahen, stand in krassem Widerspruch zum offiziellen politischen Kurs der Vereinigten Staaten. Die amerikanische Regierung hatte zweifellos nicht nur eine Überprüfung der weltweiten Auswirkungen sandinistischer Aktivitäten, sondern auch eine Analyse des Regimecharakters auf die Tagesordnung gesetzt. Es ließ sich nicht übersehen, daß ihr wahres Ziel darin bestand, einen Regierungswechsel herbeizuführen, und daß sie sich nicht damit bescheiden würde, den Aktionsradius der Sandinistas auf das nicaraguanische Territorium einzugrenzen.

Unter diesen Umständen entsprach es wohl nicht gerade einer Wahnvorstellung, wenn die Machthaber in Managua die Signale der Vereinigten Staaten folgendermaßen deuteten: Sie geben offen zu, daß sie einen Regierungswechsel begrüßen würden, sie unterstützen die Contras, deren Ziel eben darin besteht – also was gibt es da noch auszuhandeln, abgesehen von den Kapitulationsbedingungen? Viele Beobachter der Szene innerhalb wie außerhalb der USA mutmaßten, daß diese Signalwirkung beabsichtigt gewesen sei. Falls nicht, mußte sich die amerikanische Regierung den Vorwurf gefallen lassen, daß ihre Handlungsweise ihre wahren Absichten Lügen strafte: Wenn sie bestrebt war, den Sturz des Regimes herbeizuführen und gleichzeitig versuchte, einen modus vivendi mit ihm auszuhandeln, konnte man mit dieser Taktik möglicherweise die Verhandlungsbereitschaft der Sandinistas erzwingen. Man bestärkte sie aber auch in der Annahme, daß es nur einen Verhandlungspunkt gab, nämlich ihren Rücktritt.

Bedrohungen und Reaktionen

Eine Möglichkeit, die Entscheidung für eine geheime Intervention auszuloten, besteht darin, sie als Reaktion auf eine imminente Bedrohung zu betrachten. Im Fall von Angola hätte beispielsweise keiner der Washingtoner Politiker bestritten, daß ein Sieg der MPLA mit sowjetischer Hilfe eine direkte Bedrohung für die nationale Sicherheit der Vereinigten Staaten darstellte. Die Befürworter einer Intervention führten Argumente an, die vor einer zweifachen indirekten Bedrohung warnten: erstens käme ein solcher Sieg im internationalen Machtkampf mit der Sowjetunion einer Niederlage der USA gleich; die Vereinigten Staaten müßten ihre Glaubwürdigkeit verlieren. Und zweitens, die Sowjetunion wäre damit in der Lage, ihren Machtbereich auf eine weitere Nation auszudehnen, was in den Augen Amerikas eine Verletzung der 1972 getroffenen, sowjetisch-amerikanischen Vereinbarung über den ,,Verhaltenskodex" in der Dritten Welt darstellte. Für Kissinger war die Glaubwürdigkeit Amerikas ein entscheidender Faktor in der West-Ost-Kontroverse, und eine verdeckte Aktion bot die Möglichkeit, Moskau zu zeigen, daß die Vereinigten Staaten Übergriffe der Kommunisten selbst auf dem afrikanischen Kontinent nicht tatenlos hinnehmen würden.

Im Falle Angolas gibt es Beweise dafür, daß zumindest die Afrikaexperten in der Regierung skeptisch waren, ob die Bedrohung, die die Entwicklung in Angola darstellte, eine Intervention oder eine verdeckte Aktion rechtfertige. Was Chile vor und nach dem Allende-Regime anbetrifft, so lassen sich eine Reihe von Entscheidungen über verdeckte Aktionen mit den gleichzeitig erfolgten Lagebeurteilungen seitens der amerikanischen Regierung vergleichen, die die Entwicklung in Chile und ihre Auswirkung auf die amerikanische Interessenssphäre betrafen.

Diese Lagebeurteilungen wurden in verschiedener Form präsentiert. Die bekanntesten sind wohl die NIEs (National Intelligence Estimates), die sämtliche amerikanischen Nachrichtendienststellen gemeinsam erarbeiten, wobei abweichende Meinungen einzelner Behörden in Fußnoten dokumentiert werden.[36] Die amerikanischen Nachrichtenexperten lieferten zwischen 1969 und 1973 jährlich eine Situationsanalyse über Chile. Darüber hinaus wurde das Thema Chile in mehreren Denkschriften und offiziellen Mitteilungen der Nachrichtendienste behandelt, die sowohl von der CIA als auch vom Büro für Nachrichtendienst und Forschung im Außenministerium stammten.

Diese Lageberichte spiegeln die Unzulänglichkeiten wider, die der Zwang, bei der Beurteilung einen Konsens zu erzielen, unausweichlich mit sich bringt. Sie stellen eine Kompromißlösung dar, in der voneinander abweichende Meinungen nicht hervorgehoben, sondern durch die Formulierung geglättet und kaschiert werden. Langgediente Politiker sehen darin selten eine echte Entscheidungshilfe; sie messen speziell für sie angefertigten Analysen oder auch einzelnen, noch unausgewerteten Informationsbruchstücken zumeist größeres Gewicht bei. Aber sie repräsentieren trotz aller Vorbehalte die offizielle Meinung „der Regierung" und werden, da sie als Dokument gelten, in sämtlichen Dienststellen in Umlauf gesetzt.

Die zum Thema Chile erstellten Lagebeurteilungen geben nur unzureichend Aufschluß über die Bedrohung, die das Allende-Regime in den Augen der Verfasser darstellte. Nachrichtenanalytiker scheuen in der Regel vor derartigen Schlußfolgerungen zurück, *die von der jeweiligen Definition amerikanischer Interessen abhängig sind.* Und diese fällt in die Zuständigkeit der Politiker, und nicht der Experten für nachrichtendienstliche Auswertung.

Es gibt nur eine Denkschrift, die nach dem 4. September 1970 herausgegeben wurde und konkretere Schlußfolgerungen zuläßt, inwieweit man in dem Wahlergebnis eine Bedrohung sah. Die CIA galt zwar als Verfasser des Memorandums, aber es spiegelt die Meinungen der Gruppe wider, die für lateinamerikanische Angelegenheiten zuständig war. Sie hatte bereits eine Studie (NSSM 97) ausgearbeitet und setzte sich aus Repräsentanten des Außen- und Verteidigungsministeriums, des Weißen Hauses und der CIA zusammen.

In dieser Denkschrift kam man zu dem Schluß, daß die Vereinigten Staaten keine lebenswichtigen Interessen in Chile zu verteidigen hätten, daß das Gleichgewicht der Kräfte innerhalb der Machtblöcke durch einen Amtsantritt Allendes nicht wesentlich gestört würde und daß sein Wahlsieg den Frieden in der unmittelbar betroffenen Region nicht gefährde. Er bedrohe allerdings den Zusammenhalt der gesamten westlichen Hemisphäre und stelle eine weitere Verbreitung der marxistischen Ideologie und eine psychologische Niederlage für die USA dar.

Wenn man zwischen den Zeilen der NIEs liest, erkennt man die Bedrohung, die man in spezifischen Entwicklungstendenzen erkannt zu haben glaubte, zum Beispiel in den zunehmend engeren Beziehungen Chiles zum sozialistischen Block, insbesondere zur Sowjetunion und Kuba. 1969 prognostizierten die NIE-Verfasser, daß Chile nach einem Machtwechsel – gleichgültig ob die neue Regierung sozialistisch oder konservativ geprägt sei – seine Beziehungen zum Ausland breiter fächern werde. Man könne jedoch davon ausgehen, daß insbesondere Allende sich hüten würde, eine allzu enge Bindung mit den kommunistischen Ländern einzugehen, da sich die chilenischen Nationalisten einer Bevormundung durch Moskau oder Havanna widersetzen würden. Im Lagebericht des darauffolgenden Jahres prophezeite man, Allende werde das revolutionäre Kuba völkerrechtlich anerkennen (was er auch tat). Man äußerte sich besorgt über den wachsenden Einfluß der Sowjetunion und zog sogar die Möglichkeit einer starken militärischen Präsenz der UdSSR in Chile in Betracht.

Im Laufe der Amtszeit Allendes schien die Besorgnis über die Bedrohung allerdings nicht zu wachsen, sondern eher zu schwinden. Als Chile beispielsweise seine Beziehungen zu den sozialistischen Ländern enger gestaltete, wies man im Lagebericht von 1971 darauf hin, daß Allende sich bemühe, in erster Linie die Interessen Chiles zu wahren und keinen offenen Bruch mit den nicht-sozialistischen Nationen riskieren werde, auf deren Unterstützung das Land angewiesen sei. Sowohl aus der Analyse von 1971 als auch 1972 geht hervor, daß man Allende als einen unabhängigen, nationalistischen und besonnenen Politiker einschätzte, der bestrebt war, sich im Ost-West-Konflikt neutral zu verhalten.

1971 äußerten die NIE-Experten, die Beziehung Kuba – Chile beruhe zwar auf einer entfernten ideologischen Verwandschaft, sei aber primär wirtschaftlicher Natur. Trotz Allendes langjähriger Freundschaft mit Fidel Castro habe er Kubas Staatschef keine nennenswerten Avancen gemacht. Im nächsten Jahr mutmaßten sie, daß Havanna in Chile keine geeignete Ausgangsbasis für eine Revolution nach kubanischem Modell sah.

Was die militärische Präsenz der Sowjetunion betraf, so änderten die NIE-Experten ihre im Vorjahr noch vertretene Meinung und glaubten nunmehr, daß „*wahrscheinlich*" – eines der gebräuchlichsten Worte in den Lagebeurteilungen – weder Allende noch die chilenischen Militärs eine ständige Stationierung sowjetischer Truppen dulden würden. Die Sowjetunion werde den Kontakt zu Allende auch weiterhin über die kommunistische Partei Chiles pflegen, aber „*wahrscheinlich*" würde sie nach wie vor an Allendes Bereitschaft zweifeln, seine Unabhängigkeit aufzugeben. 1972 ging man auf die Haltung der Sowjets ein, die man als vorsichtig und zurückhaltend einstufte; Moskau müsse ansonsten eine offene Konfrontation oder einen wirtschaftlichen Wettbewerb mit den Vereinigten Staaten in Chile befürchten, und beider Ausgang sei ungewiß. Das gleiche Thema und insbesondere die mangelnde Bereitschaft der Sowjetunion, Chile wirtschaftlich im selben Ausmaß wie Kuba zu unterstützen, wird auch in einem Lagebericht der Nachrichtendienste des Außenministeriums angesprochen, der verfaßt wurde, nachdem Allende im Dezember 1972 die Sowjetunion besucht hatte.

Als Bedrohung galt außerdem die Möglichkeit, daß Chile in der gesamten Region subversive Aktivitäten unterstützen würde. Im September 1970 hieß es in einem Memorandum der CIA-Nachrichtenexperten, Chile sei schon seit längerem ein Tummelplatz für Linksextremisten, denen unter einem Allende-Regime Tür und Tor offenstehen würden. Andrerseits ließe sich nicht übersehen, daß die chilenischen Kommunisten radikalen Gruppierungen wenig abgewinnen konnten. Diese Tatsache und Allendes Bemühen, die Streitkräfte seines eigenen Landes nicht zu Vergeltungsmaßnahmen zu provozieren, legten die Vermutung nahe, daß er die Unterstützung der Extremisten auf ein Minimum reduzieren werde.

Diese Voraussagen fanden sich auch in einem Bericht der

Nachrichtendienste des Außenministeriums wieder. Dort hieß es, daß Allende im Gegensatz zu früheren Erkenntnissen vielleicht doch geneigt sei, Aufständischen in benachbarten Staaten Unterstützung zu gewähren. Allerdings bemühe er sich, solche Aktionen zu vermeiden, die die Beziehung zu seinen Nachbarn belasten könnten. Den Lateinamerikanern, die aus ihrer Heimat ausgebürgert worden waren und sich in Chile niederlassen wollten, wurde zur Auflage gemacht, daß sie auf jegliche politischen Aktivitäten verzichteten. Manche der ehrgeizigeren Asylanten wurden sogar aufgefordert, das Land zu verlassen.

Die Experten zogen die Bilanz, daß Allende wohl nicht bereit sei, Aufständische im Ausland zu unterstützen. 1972 wies man darauf hin, daß Allende sich die allergrößte Mühe gegeben habe, seine Nachbarn davon zu überzeugen, daß ihm Castros revolutionäre Berufung fehle. Einige revolutionäre Gruppen hätten zwar Waffen und Geld von Mitgliedern der Allende-Koalition erhalten, aber Allende selbst habe den Transfer vermutlich nicht angeordnet (obwohl er davon gewußt haben könne).

Aufschlußreich ist auch ein Vergleich zwischen den Berichten der amerikanischen Nachrichtendienste und den Annahmen, auf denen die Entscheidungen für verdeckte Aktionen basierten. Die 1970 herausgegebene Studie über Chile, die noch vor den Septemberwahlen erarbeitet wurde, war ebenso umstritten wie die Frage, ob man eine verdeckte Aktion einleiten sollte: Die Lateinamerikaexperten im Außenminsterium sahen die Lage weit positiver als der amerikanische Botschafter und die CIA-Außenstation in Chile.

Die Ansichten von Botschaft und Station wogen in diesem Lagebericht schwerer. Man mutmaßte, daß ein Wahlsieg Allendes nach und nach zur Bildung eines Regimes nach klassischem Muster führen könne. Die Demokratie habe vielleicht noch ein paar Jahre lang eine Überlebenschance, aber Allende werde sich in den sechs Jahren seiner Amtstätigkeit bemühen, aus Chile einen sozialistischen Modellstaat sowjetischer Prägung zu machen. Er müsse zwar mit Widerstand rechnen – seitens der Militärs, der Kirche, der Christdemokraten, des Kongresses und einiger Gewerkschaften – aber er sei mit Hilfe einer zeitweilig verstärkten Wahlpropaganda in der Lage, in den für 1973 anberaumten Wahlen das Parlament entscheidend zu beeinflussen. Chile befände sich durch seine *vía pacífica*-Politik (Friedenskurs) auf dem Weg zum Sozialismus marxistischer Prägung.

Im Lagebericht von 1971 – Allende hatte sein Amt bereits seit neun Monaten inne – waren die Töne weniger schrill: Allende werde es trotz seiner Popularität nur schwer gelingen, einen marxistischen Führungsstil durchzusetzen. Der Ausgang seiner Bemühungen sei bestenfalls ungewiß. Bisher habe er sich an die Verfassung gehalten. Um sein Ziel zu erreichen, müsse er zu Mitteln und Methoden am Rande oder außerhalb der Legalität greifen.

Der nächste Bericht erfolgte im Juni 1972. Hier wurden die Erfolgsaussichten für ein Überleben der Demokratie in Chile höher bewertet, als es seit Allendes Amtsantritt je der Fall war. Das demokratische System habe sich als bemerkenswert resistent erwiesen. Alle Beschlüsse der Regierung seien ordnungsgemäß erfolgt, und die regimetreuen politischen Gruppierungen hätten sich auch an solche Verordnungen gehalten, die ihren Vorstellungen zuwiderliefen. Den Oppositionsparteien im Kongreß sei es gelungen, bestimmte Regierungsprogramme zu stoppen und Allendes Macht zu beschneiden; die regimefeindlichen Medien hätten sich nicht einschüchtern lassen und ihre Kritik weiterhin offen geäußert. Die NIE-Experten sagten voraus, daß Allende im Verlauf des kommenden Jahres das Tempo der revolutionären Veränderungen bremsen werde, um die Opposition zu beschwichtigen und das zu bewahren, was er bereits erreicht habe.

Es wurde noch ein letzter Lagebericht vor Allendes Sturz im September 1973 ausgearbeitet, in dem sich allerdings keinerlei Hinweise auf den bevorstehenden Staatsstreich befinden. Die NIE-Experten schilderten die Polarisierung in Chile, die die sprichwörtliche Kompromißbereitschaft der politischen Kräfte untergrabe; aber es gäbe für eine Intervention der chilenischen Militärs kaum mehr als eine „vage Chance“. Sie waren zu der Ansicht gelangt, Allende übe äußerste Zurückhaltung in seinen politischen Entscheidungen, da es ihm bisher nicht gelungen sei, seine Macht zu konsolidieren – ungeachtet der Popularität, die er genieße, trotz unbestrittener Führungskompetenz und obwohl gerade die einkommensschwachen Klassen der chilenischen Bevölkerung glaubten, in ihm einen Vertreter ihrer Interessen gefunden zu haben.

Das Widersinnige an dieser Lagebeurteilung ist, daß die Verfasser keine Ahnung von der verdeckten Aktion der Vereinigten Staaten hatten. Aufgrund der Aufgabenteilung innerhalb der CIA konnten die Analytiker, die die NIEs ausarbeiteten, nicht wissen, welche Aktionspläne ihre ‚Kollegen‘ vom DDO dem Ausschuß 40 vorlegten. Der 1972 verfaßte Bericht, in dem sie das Durchhaltevermögen der chilenischen Opposition erwähnten, wurde in Unkenntnis der wahren Sachlage geschrieben: Die Analytiker wußten nicht, daß eben diese Opposition von den Vereinigten Staaten finanzielle Unterstützung erhielt. Ob sie *ohne* diese Hilfe überlebensfähig gewesen wäre, wurde folglich nicht untersucht.

Und deshalb sind die Schlußfolgerungen, die sich in bezug auf die Stärke der chilenischen Opposition ziehen lassen, widersprüchlich. Einerseits lassen die Lageberichte keinen Hinweis darauf erkennen, daß die Opposition vor einem Zusammenbruch stand. Deshalb gab es auch kein stichhaltiges Argument, das eine verdeckte Aktion Amerikas gerechtfertigt hätte. Die vom Ausschuß 40 bewilligten Geldmittel wurden in dem Augenblick erhöht, als die Verfasser der Lageberichte die Überlebenschancen der Opposition optimistischer zu beurteilen begannen. Andrerseits könnte man Stärke und Erfolgsaussichten der Dissidentenbewegungen, auf die in den Lageberichten zwischen 1970 und 1972 hingewiesen wurde, auch als Beweis für den Erfolg der vielen verdeckten Aktionen Amerikas betrachten.

In den Analysen läßt sich nicht das geringste Anzeichen entdecken, daß man das Allende-Regime als eine Bedrohung für die USA oder Chiles Nachbarstaaten betrachtete. Die Berichte vor Allendes Amtsantritt machen eine gewisse Beunruhigung über potentielle subversive Aktivitäten und eine starke militärische Präsenz der Sowjetunion deutlich. Aber diese Besorgnis schwand nach der Machtübernahme. Die Bilanz, die die Auswertungsspezialisten zogen, deckt sich in etwa mit Kissingers inzwischen berühmter Replik während einer Pressekonferenz: „*Chile ist ein Dolch, dessen Spitze auf das Herz der Antarktis weist!*" Für Kissinger war dieser Ausspruch eine ironische Zusammenfassung der Situation, und keine ernstzunehmende Analyse: Allende war lästig und machte die Hoffnungen der Vereinigten Staaten zunichte, in diesem Teil Lateinamerikas die Vorherrschaft zu erringen. Aber weder er noch sein Regime stellten für die nationale Sicherheit Amerikas eine ernsthafte Bedrohung dar.

Die Repräsentanten der amerikanischen Regierung sahen in der Zeit von 1970–1973 in einer verdeckten Aktion gegen Chile nicht den letzten oder einzigen Rettungsanker, nach dem man nur griff, wenn die politische Entwicklung eines Landes eine unmittelbare Bedrohung für die Vereinigten Staaten darstellte. In ihren Augen war sie vielmehr ein ganz normales, außenpolitisches Instrument, eine Art „goldener Mittelweg".

Die Summe der Ergebnisse

Eine Möglichkeit, verdeckte Aktionen zu beurteilen, besteht darin, sie als Reaktion auf eine damals vermutete Bedrohung zu betrachten. Wir sind in noch stärkerem Maß auf Spekulationen angewiesen, wenn wir sie aus heutiger Sicht nach den Ergebnissen bewerten, die damit erzielt wurden.

„Mißerfolge“ sind schon definitionsgemäß sichtbarer als „Erfolge“. Das Unternehmen in der Schweinebucht war ein Mißerfolg auf ganzer Linie: das Leben zahlreicher, tapferer Exilkubaner wurde geopfert, die Intervention der Vereinigten Staaten bekannt und das Interventionsziel nicht erreicht. Oberflächlich gesehen verhielt es sich mit der Intervention Amerikas 1975 in Angola ähnlich: die MPLA übernahm die Macht, während die Rolle, die die USA gespielt hatten, um eben dieses Ergebnis zu verhindern, ans Licht der Öffentlichkeit drang.

Trotzdem ist die Behauptung, Amerika habe in Angola einen Mißerfolg zu verbuchen, ein zweischneidiges Schwert. Wenn man davon ausgeht, daß die verdeckte Aktion darauf abzielte, der MPLA und ihren sowjetischen und kubanischen Helfern den Sieg so teuer wie möglich zu machen, dann könnte man das Ergebnis als „kurzfristigen Erfolg“ bewerten. Aber die amerikanische Regierung erweckte nicht den Anschein, als ob ihre Ziele, damals und später, so begrenzt gewesen wären. Sie hätten auch nicht das Risiko gerechtfertigt, daß die Intervention Amerikas bekannt wurde.

Die Geschichte gestattet weder Laborexperimente, die unter künstlichen Bedingungen stattfinden, noch gibt sie uns die Möglichkeit, das Rad der Zeit zurückzudrehen, um zu sehen, was geschehen wäre, wenn.... Es mag sein, daß die Intervention nur eine Randbedeutung hatte und gerade ausreichte, um durch die „Unterstützung unserer Freunde“ das Gleichgewicht der Kräfte in einem bestimmten Land zu verändern. Andrerseits ist es aber auch möglich, daß die Vereinigten Staaten einen „Erfolg“ auf ihrem Konto verbuchten, der auch ohne ihre Mithilfe erzielt worden wäre. Dann müßte man alle verdeckten Aktionen der USA als den Versuch werten, sich überflüssigerweise in die Innenpolitik eines souveränen Staates einzumischen und den „Erfolg“ mit dem Etikett „Made in America“ zu versehen, sobald die geheime Intervention an die Öffentlichkeit dringt.

Betrachten wir noch einmal die Ereignisse in Chile während der Amtszeit Allendes. Es steht außer Frage, daß die oppositionellen Parteien und Medien vom Allende-Regime stark unter Druck gesetzt wurden. Die Pressionen reichten von Verboten, bei Arbeitnehmer-Arbeitgeber-Kontroversen Partei zu ergreifen, bis hin zur Annullierung von Werbeaufträgen und massiven Einschüchterungsversuchen juristischer Natur, einschließlich der zeitweiligen Verhaftung von Zeitungsverlegern. Man kann allerdings nur schwer einschätzen, inwieweit diese Taktik von den in Lateinamerika üblichen, gegen Dissidenten gerichteten Methoden abweicht, die aus ihrer ,,Außenseiterposition" plötzlich in den Brennpunkt des Geschehens rücken, was sich besonders gravierend in einem Land auswirkt, in dem die politische Meinung polarisiert ist.

Eindeutig ist allerdings das Signal, das die Vereinigten Staaten mit ihrer verdeckten Aktion gaben. Die meisten objektiven Analytiker sind zu der Auffassung gelangt, daß Allendes Experiment in Chile ohnehin zum Scheitern verurteilt gewesen sei.[37] Ariel Dorfman, ein chilenischer Dichter und Anhänger des Allende-Regimes, der nach dem Staatsstreich 1973 einige Jahre im Exil verbrachte, glaubt, daß die verdeckte Aktion der Vereinigten Staaten zwar mit zu Allendes Sturz beigetragen habe, daß der Putsch aber ,,von vielen, möglicherweise sogar der Mehrzahl der Chilenen als Befreiung von einer künftigen Diktatur begrüßt wurde."[38]

Aber die Geschichte läßt nicht die Deutung zu, daß Allende seinen Sturz selbst zu verantworten habe. Sie legt vielmehr die zwingende Schlußfolgerung nahe, daß die Vereinigten Staaten ihn verursachten, auch wenn man ihr keine unmittelbare Beteiligung zur Last legen kann: Washington hatte den Putsch nicht geplant, und weder die CIA noch die amerikanischen Streitkräfte waren als Akteure in Erscheinung getreten. Die Tatsache, daß die Vereinigten Staaten eine verdeckte Aktion gegen Chile eingeleitet hatten, trübt unser geschichtliches Resümee. Aber ein Fazit läßt sich zumindest ziehen: ich habe vor rund einem Jahrzehnt anläßlich einer Pressekonferenz über die Ergebnisse des Untersuchungsausschusses des Senats mit der typischen Untertreibung eines Neulings vor der Kamera gesagt: „Man muß fairerweise die Schlußfolgerung ziehen, daß sich die Vereinigten Staaten zumindest einer gewissen Verantwortung an Allendes Sturz nicht entziehen können."[39]

Auch für die geheimen Operationen 1953 im Iran und 1954 in Guatemala läßt sich unmöglich mit Sicherheit sagen, was passiert wäre, wenn Amerika nicht heimlich interveniert hätte. Aus der Distanz von drei Jahrzehnten betrachtet scheinen weder Mossadegh noch Arbenz Marionetten der kommunistischen Kräfte ihrer Länder, geschweige denn der Sowjetunion gewesen zu sein. Mossadegh war in erster Linie Nationalist und erklärter Gegner der Briten. Er besaß demokratischere Neigungen als der Schah, auch wenn er keinerlei Anstalten machte, sie in die Praxis umzusetzen. Arbenz war ein engagierter Reformer, dem möglicherweise das nötige politische Durchsetzungsvermögen fehlte.

Beide Staatsmänner versuchten die Beziehungen zu den Vereinigten Staaten aufrechtzuerhalten und Zeichen ihres guten Willens zu bekunden. Beide Nationen waren, was ihre Rüstung und ihre Strategien anbetrifft, mangelhaft auf eine Konfrontation mit Amerika vorbereitet. Angesichts dieser Umstände drängt sich die Frage auf, ob Arbenz und Mossadegh die Verbindung nicht doch aufrechterhalten hätten, anstatt den USA den Rücken zu kehren, nachdem sie zu heimlichen Angriffszielen deklariert worden waren!? Dasselbe gilt für das Castro-Regime auf Kuba und möglicherweise auch für die sandinistische Regierung in Nicaragua.

Mir geht es mehr um die Haltung der Vereinigten Staaten als um den politischen Kurs der Nationen, die zum Ziel geheimer Aktionen wurden. Die USA mußten fast zwangsläufig eine feindselige Beziehung zu ihnen entwickeln. Diese Feindseligkeit machte sich offen wie geheim bemerkbar, und deshalb kann es keinen Zweifel daran geben, daß sie auch ohne verdeckte Aktionen bestanden hätte. In diesem Sinne wäre es nicht fair, verdeckten Aktionen zu großes Gewicht in den außenpolitischen Entscheidungen der Vereinigten Staaten beizumessen.

Washington ging nicht abrupt auf Konfrontationskurs mit Kuba, und auch die nicaraguanische Wirtschaft wurde in den ersten Jahren des sandinistischen Regimes noch unterstützt. Dennoch stellten die einzelnen Phasen der revolutionären Veränderungen in beiden Ländern wohl eine Provokation dar, die die USA nicht hinnehmen konnten. Die Grenzen ihrer Toleranz wurden in weit größerem Maße von der weltweiten politischen Lage diktiert. Die Möglichkeit, ihre nationalen Interessen mit Hilfe verdeckter Aktionen oder anderer politischer Instrumente durchzusetzen, spielte dabei nur eine untergeordnete Rolle. Deshalb war es geradezu unvermeidlich, daß sich die Spirale der Feindseligkeiten weiterdrehte, was in Anbetracht des damaligen Zeitgeistes in Amerika auch für Arbenz und Mossadegh gelten könnte.

Deshalb sollte man auch den Projekten AJAX und SUCCESS nicht allzuviel Gewicht – ob in positiver oder negativer Hinsicht – für die nachfolgende Entwicklung im Iran respektive in Guatemala beimessen. Einerseits gelang es, dem Schah mit Hilfe von AJAX den Pfauenthron zu sichern, auf dem er sich nahezu ein Vierteljahrhundert hielt, und Iran in eine pro-westliche Bastion inmitten eines Krisengebietes zu verwandeln. 25 Jahre der Stabilität sind kein mageres Ergebnis angesichts der Turbulenzen in der weltweiten politischen Entwicklung.

Andrerseits hatte man mit der verdeckten Aktion erreicht, daß die Weltöffentlichkeit den Iran und den Schah in stärkerem Maße mit den Vereinigten Staaten identifizierte, als es beiden lieb sein konnte. Dazu kam, daß sich dadurch auf seiten des Schahs eine psychologische Abhängigkeit entwickelte, die Amerika anfangs schmeichelte, 1977 und 1978 aber äußerst lästig wurde. Man könnte auch argumentieren, daß AJAX eine politische Entwicklung im Iran verhinderte, die auf lange Sicht den Interessen der USA vielleicht weit mehr entgegengekommen wäre als die vom Schah gesteuerte. Mossadeghs Nationale Front hätte sich unter Umständen als die demokratische, patriotische Kraft entpuppt, die Washington ein Vierteljahrhundert später im Iran so dringlich wünschte. Die Beziehung zu Mossadegh wäre kurzfristig vermutlich problembeladen, aber langfristig vielleicht vorteilhafter gewesen.

Aber das sind Spekulationen. Tatsache ist, daß bestimmte Aspekte der amerikanischen Politik dem Schah 1979 zum Verhängnis wurden: Man warf ihm vor, ein Diener der Vereinigten Staaten zu sein, bei den umfangreichen Käufen amerikanischer Waffensysteme Verschwendung und Korruption im eigenen Land Vorschub geleistet und sich in eine ungesunde Abhängigkeit von den USA begeben zu haben. All diese Beschuldigungen waren eher auf die amerikanische Politik der siebziger Jahre als auf die Ereignisse im Jahre 1953 zurückzuführen.

Zu einer ähnlichen Schlußfolgerung kommt man, wenn man die Entwicklung 1954 in Guatemala betrachtet. Aus heutiger Sicht scheint der „Erfolg" des Projektes SUCCESS zweifelhaft. Vielleicht hätte sich Arbenz als national gesinnter Reformer erwiesen und Guatemala aus dem Zugriff der kleinen Clique von Feudalherren befreit, die das Land beherrschten, um ihm eine gerechtere und stabilere politische Basis zu geben. Oder nehmen wir an, Arbenz' Aktivitäten wären für Washington weit bedrohlicher gewesen, als es heute scheint, und er hätte tatsächlich starke linksextreme Tendenzen gezeigt. Dadurch wären die USA gezwungen gewesen, sich ernsthaft mit einer Lösung des Zentralamerika-Problems auseinanderzusetzen – aber in den fünfziger, und nicht in den achtziger Jahren.

Der Erfolg der verdeckten Aktionen gestattete der amerikanischen Regierung genau das zu tun, was sie im Fall Guatemala beabsichtigte – das Problem ad acta zu legen. Das quietschende Rad war entfernt und nicht geölt worden, aber der Karren schien auch ohne das fehlende Teil weiterzurollen. Guatemala geriet, wie der Rest von Mittelamerika, für die amerikanische Außenpolitik in Vergessenheit, ein

Schicksal, zu dem es in den meisten geschichtlichen Epochen verdammt war. Die verdeckte Aktion hatte für eine schnelle und saubere Lösung des Guatemala-Problems gesorgt.

Im Fall Iran verdient die amerikanische Außenpolitik mehr Lob oder Tadel als die verdeckte Aktion. PBSUCCESS gewährleistete nicht, sondern ermöglichte nur, daß Washington das Problem Guatemala vergessen konnte. David Phillips beklagte sich einmal: ,,Castillo Armas war ein schlechter Präsident, der die Korruption in seiner Regierung duldete und mehr vor der United Fruit Company liebedienerte als vor seinen eigenen Landsleuten.'' Aber er meinte auch, die Vereinigten Staaten hätten ,,dies verhindern können, wenn sie bereit gewesen wären, auf diplomatischem Weg starken Druck auszuüben....um sicherzugehen, daß er soziale Reformen für viele und nicht eine vorübergehende Befriedigung für einige wenige durchsetzte. Statt dessen stieß man in Washington einen kollektiven, erleichterten Seufzer aus und wandte sich anderen internationalen Problemen zu.''[40]

Der nahezu spielerisch errungene Erfolg in Guatemala enthält auch eine Lektion für alle ,,Möchtegern-Revolutionäre'' – eine Lektion, die die amerikanische Außenpolitik und nicht nur eines ihrer Instrumente, die verdeckte Aktion, betrifft. Ein 25jähriger Arzt aus Argentinien, der mit Arbenz in Guatemala zusammengewesen war und ihn auf seiner Flucht nach Mexiko begleitete, wo er einen jungen Kubaner namens Raúl Castro kennenlernte, zog daraus folgende Lehre:

> *daß kein lateinamerikanisches Reformprogramm, gleichgültig wie gerechtfertigt es ist, von den Vereinigten Staaten akzeptiert wird, falls es den wirtschaftlichen Interessen Amerikas zu schaden droht. Er (Castro) war auch überzeugt, daß Arbenz' Mißerfolg bei der Bewaffnung der Bauern letztlich seinen Sturz verursacht habe...Lateinamerikanische Revolutionäre müssen seiner Meinung nach eine Armee aufbauen, die der Regierung*

treu ergeben und nicht unabhängig ist, sowie jede Mäßigung ablehnen, weil Mäßigung angesichts der Feindseligkeit Amerikas müßig scheint. Als die CIA sieben Jahre später nach Kuba ging, um Castro das anzutun, was sie Arbenz angetan hatte, waren Guevara und die Castro-Brüder vorbereitet.[41]

Der junge Argentinier war Ernesto ,,Che" Guevara. Phillips erinnert sich, daß er damals begonnen hatte, rein routinemäßig eine Akte über ihn anzulegen. Dieses Dossier ,,wurde das umfangreichste, das die CIA je besessen hat."[42]

Lehren für die Zukunft

Von Anfang an gab es nichts Geheimes an den geheimen Interventionen der Vereinigten Staaten in Nicaragua. Weder die Aktionspläne vom November 1981 noch die Entscheidungen selbst unterlagen strengen Geheimhaltungsvorschriften. Die Reporter erhielten Kopien aller verfügbaren Unterlagen. Nachdem in der *Washington Post* im März 1982 ein ausführlicher Artikel darüber erschienen war, bestätigte Senator Barry Goldwater (Vorsitzender des Überwachungsausschusses des Senats) daß „alle Angaben im Bericht der Washington Post der Wahrheit entsprechen". Im Juli berichtete die *New York Times*, der Präsident habe den geheimen Operationen in Nicaragua im November des Vorjahres zugestimmt.

Diese „offene" verdeckte Aktion war ein Novum, wenn auch nicht ohne Beispiel in der Nachkriegsgeschichte. Sie ließ sich nicht nur deshalb als offen bezeichnen, weil sie in der Öffentlichkeit ähnlich umstritten war wie der generelle politische Kurs Washingtons gegenüber den mittelamerikanischen Staaten oder weil der Kongreß in einer offenen Sitzung darüber abstimmte, sondern weil die Reagan-Regierung selbst wenig Wert auf Geheimhaltung legte. Sie betrachtete die Unterstützung der Contras als legitime politische Taktik, als einen Teil ihres weit umfangreicheren Programms, die marxistischen Staaten der Dritten Welt und insbesondere solche, die als Verbündete Moskaus galten, unter Druck zu setzen.

Im November 1986 stellte sich jedoch heraus, daß die

Reagan-Administration eine verdeckte Operation durchgeführt hatte, die geheim war: nämlich den Waffenverkauf an den Iran. Außerdem wurde bekannt, daß diese Transaktion mit der finanziellen Unterstützung für die Contras gekoppelt war, die man offensichtlich auch vor dem Präsidenten geheimgehalten hatte. Diese „offene" verdeckte Aktion neuen Stils, die in Nicaragua stattfand, wurde im gleichen Zeitraum wie eine geheime Operation im Iran durchgeführt, die dem üblichen Muster folgte. Sie wurde relativ schnell publik, und man erzielte damit ein Ergebnis, das sich wesentlich von dem unterschied, was Washington beabsichtigt hatte.

Von der geographisch bedingten strategischen Eröffnung zur Geiselnahme

Im November 1986 veröffentlichte die pro-syrische Beiruter Zeitung *Al Shirra* einen bizarren Artikel: Es wurde behauptet, der ehemalige Sicherheitsberater des Weißen Hauses, Robert McFarlane, habe im Mai heimlich den Iran besucht.[1] Die Meldung wäre sicher als eine weitere fingierte Propagandanachricht obskurer Partisanenbewegungen im Mittleren Osten eingestuft worden – wenn sie nicht auf Tatsachen basiert hätte: Der Besuch wurde von Ali Akbar Hashemi Rafsanjani, Sprecher des Iranischen Parlamentes, und anschließend von McFarlane selbst bestätigt.

Die Geschichte nahm immer verworrenere Formen an. McFarlane war, wie es schien, überraschend mit einem Flugzeug in Teheran gelandet, das Ersatzteile für die Hawk-Flugabwehrraketen mit sich führte. Seine Begleiter hatten als Gastgeschenk angeblich eine Torte in Schlüsselform überreicht, die Amerikas Angebot an den Iran symbolisieren sollte. McFarlane und seine Gruppe wurden während der tagelangen, immer wieder unterbrochenen Gespräche im obersten Stockwerk des ehemaligen Hilton Hotels in Teheran einquartiert. McFarlane hatte damit gerechnet, alle amerikanischen Geiseln im Austausch für weitere Waffenlieferungen freizubekommen. Als die iranischen Unterhändler das Angebot strikt ablehnten, wurden die Verhandlungen abgebrochen. Eine Geisel wurde im Juli freigelassen. Danach gab der Präsident seine Zustimmung, den Rest der im Mai versprochenen Waffen auszuliefern.

McFarlanes Waffentransport in den Iran war Teil einer Transaktion, die im August 1985 begonnen hatte. Die beiden ersten Lieferungen, bestehend aus TOW-Panzerabwehrsystemen, wurden in August und September 1985 über Mittelsmänner von Israel in die Wege geleitet, mit Billigung und der Zusage der Vereinigten Staaten, das Arsenal der Israelis wiederaufzufüllen. Eine zweite amerikanische Geisel kam im September frei. Die Operation, über die nur ein kleiner Kreis in Washington informiert war, wurde von Oberstleutnant Oliver North vom NSC-Stab geleitet. Sein wichtigster Kontaktmann war Manucher Ghorbanifar, ein iranischer Geschäftsmann, der in Frankreich lebte. Washingtons strikte Geheimhaltungsmaßnahmen machten sich darin bemerkbar, daß die offiziellen Instanzen, die für die Genehmigung verdeckter Aktionen zuständig waren, umgangen wurden und daß es bei den Sitzungen weder schriftlich vorbereitetes Informationsmaterial noch Protokolle über die Ergebnisse gab.

An der dritten Lieferung vom November 1985, die wieder aus HAWKs bestand, waren die Vereinigten Staaten direkt beteiligt. Sie erwies sich als eine Komödie der Irrungen: Ein Kontaktmann von North, der pensionierte Luftwaffengeneral Richard V. Secord, konnte anfangs keine Landerechte für die aus Israel stammende Lieferung erhalten und dann kein Flugzeug finden, das den Weitertransport in den Iran übernahm. North setzte sich daraufin mit Duane Clarridge, dem CIA-Abteilungschef für Europa, in Verbindung, der Secord bei einer Flugchartergesellschaft einführte, die im Besitz der CIA und von ihr mehrmals in Anspruch genommen worden war.

Als John McMahon, der stellvertretende Direktor der CIA, von den Machenschaften seiner Behörde erfuhr, forderte er seine Mitarbeiter wutentbrannt auf, eine formelle Situationsanalyse vorzubereiten, die vom Präsidenten unterzeichnet werden und die augenblickliche wie künftige Rolle der CIA bei dieser Operation rechtlich absichern sollte. Der Präsident unterschrieb schließlich das Dokument, aber erst im Januar – als sich die Operation bereits ihrem Ende näherte. Im Dezember traf sich McFarlane, der am 30. November aus der Regierung ausgeschieden war, anscheinend erstmalig mit Ghorbanifar in London. Das Gespräch war wohl nicht gerade ein Erfolg, denn er empfahl dem Präsidenten, keine weiteren Tauschgeschäfte – Waffen gegen Geiseln – mehr zu planen. Der Präsident stimmte ihm zu. Aber Norths israelische Kontakte, allen voran Amiram Nir, Berater des ehemaligen Premierministers Shimon Peres in Angelegenheiten der Terrorismusbekämpfung, gaben der Operation genau in dem Augenblick neuen Antrieb, als sie im Sande zu verlaufen begann.

Der Lagebericht vom Januar hatte zur Folge, daß sich die Interventionen der USA ausweiteten: Secord erhielt den Auftrag, amerikanische Waffen, die die CIA vom Pentagon gekauft hatte, von Amerika aus nach Israel zu schicken, wo sie an den Iran weitergeleitet werden sollten. Präsident Reagan schrieb am 17. in sein Tagebuch: „Ich habe den Waffenverkauf an den Iran genehmigt.“[2] Zwei Lieferungen, bestehend aus je 500 TOWs, gingen im Februar ab. Aber entgegen der im Lagebericht vom Januar enthaltenen Prämisse wurden weder Geiseln freigelassen, noch kam ein Treffen mit den offiziellen Vertretern der iranischen Regierung zustande. Trotzdem trafen McFarlane und die avisierten Waffen im Mai in Teheran ein.

Diese Transaktion war zugleich die letzte, die über Ghorbanifar getätigt wurde. McFarlane hatte ihm seit der ersten persönlichen Begegnung mißtraut, und außerdem war Ghorbanifar im Januar bei einem Lügendetektor-Test von der CIA durchgefallen. Sein Dossier las sich für die amerikanischen Regierungsbeamten wie eine Lebensgeschichte, die auf Irrtümern und gebrochenen Versprechen aufgebaut war. Im Juli schlug ein Iraner, der in London lebte, einem Geschäftspartner von Secords namens Albert Hakim vor, einen zweiten Verbindungsweg zu schaffen, und zwar über den Verwandten eines hohen iranischen Regierungsbeamten, bei dem es sich vermutlich um Rafsanjani handelte. North, Secord und George Cave, ehemaliges Mitglied der CIA und Iranspezialist, trafen sich im Laufe des Sommers und im Herbst mehrmals mit diesem zweiten Kontaktmann. Die Operation nahm immer bizarrere Formen an. Bei einem Treffen überreichte North dem Iraner eine vom Präsidenten signierte Bibel. Der darin enthaltene Sinnspruch, den North vorgeschlagen hatte und über Admiral John Poindexter, McFarlanes Nachfolger im Beraterstab des Weißen Hauses, dem Präsidenten übermitteln ließ, stammte aus den Briefen des Apostels Paulus an die Galater und lautete: „In dir sollen alle Völker gesegnet sein."[3]

Diese Kontakte begannen gerade in dem Augenblick Früchte zu tragen, als die gesamte Operation bekannt wurde. Zwischen Juni 1985 und September 1986 wurden keine weiteren amerikanischen Geiseln genommen. Aber im September und Oktober fanden die nächsten drei Geiselnahmen statt. Angesichts dieses neuen Dramas unterzeichnete der Präsident am 29. Oktober eine weitere Lieferung von TOWs und HAWKs. Die Iraner versprachen, eine, möglicherweise auch zwei der Geiseln freizulassen und sich für die anderen zu verwenden. Am 2. November konnte einer der Gefangenen in die Heimat zurückkehren. Zwei Tage später flog die Operation auf.

Der Transfer ergab sich aus früheren Waffengeschäften, die Israel mit dem Iran getätigt hatte. Es ist wohl als Ironie des Schicksals zu bezeichnen, daß die Vereinigten Staaten an einer Operation teilnahmen, die im Grunde Israel und den Iran betraf – wie schon drei Jahrzehnte zuvor, als sie sich an einer britischen Aktion beteiligten. Der Waffenverkauf zeigte, daß das strategische Interesse der Vereinigten

Staaten am Iran und die Bemühungen des Präsidenten, die sechs im Libanon gefangengehaltenen amerikanischen Geiseln freizubekommen, im Einklang standen. *Am Engagement des Präsidenten kann kein Zweifel bestehen:* Der Leiter des Beraterstabes im Weißen Haus berichtete, daß dieser die allmorgendlich stattfindende Lageberichterstattung mit der Frage an Poindexter einleitete, ob es etwas Neues über die Geiseln gäbe. Im Laufe der Zeit war man zu der Überzeugung gelangt, daß sich die Position der „Gemäßigten" innerhalb und außerhalb des iranischen Regimes vielleicht stärken ließe, wenn sich die USA entgegenkommend zeigten.

Im Mai 1985 überprüften die amerikanischen Nachrichtenexperten noch einmal die Situation im Iran. Der umstrittene Bericht stellte ein ungewöhnliches Gemeinschaftsprojekt dar. Er wurde von Graham Fuller, Mitglied des Beratungsausschusses des Präsidenten für die Nachrichtenbeschaffung im Inland und Nahost- und Südasienspezialist, sowie Howard Teicher, NSC-Mitglied und Iran-Experte, erstellt und wies auf die strategische Bedeutung des Irans sowie eine Bedrohung durch die Sowjetunion hin. Die Vereinigten Staaten hätten zwar wenig Möglichkeiten einer direkten Einflußnahme, könnten aber das Waffenembargo einschränken und ihre Verbündeten auffordern, militärische Güter in begrenztem Ausmaß an den Iran zu liefern: „Bis zu welchem Grad hier eine militärische Lücke geschlossen werden kann, ist ein kritischer Faktor, an dem die Fähigkeit des Westens, den sowjetischen Einflußbereich einzugrenzen, gemessen werden wird."[4]

Was die CIA anbetrifft, so wurde ihr Interesse an dem Tauschgeschäft von dem verzweifelten Bemühen diktiert, William Buckley, den Stationschef in Beirut, freizubekommen, der im Mai 1984 von pro-iranischen Extremisten im Libanon entführt worden war. Als Entführer die TWA-Maschine mit der Flugnummer 847 im Juni 1985 in Beirut in ihre Gewalt brachten, gelangten immer mehr amerikanische Politiker zu der Überzeugung, daß der Iran bei der Freilassung der amerikanischen Geiseln, die von der schiitischen Gruppe Hisbollah („Partei Gottes") gefangengehalten wurden, eine Schlüsselstellung einnehmen würde.

Als die Geschichte an die Öffentlichkeit drang, leugnete der Präsident zunächst, die Geiseln gegen Waffen freigekauft zu haben. Er erklärte am 13. November: „Wir haben keine – ich wiederhole – keine Waffen oder irgend etwas anderes gegen amerikanische Geiseln getauscht und werden es auch künftig nicht tun." Er behauptete zunächst, es sei in erster Linie darum gegangen, einen Dialog mit dem Iran einzuleiten; die Waffen wären nichts weiter als ein Zeichen des guten Willens – was Nachrichtendienstexperten als bona fides-Arrangement bezeichnen – und die Freilassung der Geiseln eine begrüßenswerte Zugabe gewesen. Wörtlich sagte er:

> *Aufgrund der strategischen Bedeutung des Irans und seines Einflusses in der islamischen Welt haben wir beschlossen, uns um bessere Beziehungen zwischen unseren Ländern zu bemühen.... Diejenigen, mit denen wir dabei in Kontakt standen, gingen ein beträchtliches Risiko ein und erwarteten ein sichtbares Zeichen unserer ernsthaften Absichten, das sie motivierte, sich für die Wiederaufnahme und Erweiterung des Dialogs einzusetzen.*[5]

Welche Beweggründe anfangs auch ausschlaggebend waren, sich auf das Tauschgeschäft einzulassen – das Schicksal der Geiseln nahm bald eine Vorrangstellung ein. In der am 17. Januar 1986 erteilten schriftlichen Genehmigung für die Operation rechtfertigte der Präsident den Waffenverkauf und die dahinterstehenden Motive mit einer Formulierung, die seinen späteren Aussagen eher entsprach: Die Transaktion diene dem Zweck, „Kontakt zu den gemäßigten Elementen innerhalb wie außerhalb der iranischen Regierung aufzunehmen, indem man sie mit Waffen ausrüste." Aber aus dem von Oberstleutnant North vorbereiteten zusätzlichen Hintergrundmaterial geht eindeutig hervor, welche Rolle die Geiseln bei der Kontaktnahme spielten: „....diese Methode ist vielleicht die einzige, mit der sich eine Freilassung der in Beirut festgehaltenen Amerikaner erzielen läßt.....Falls nach Lieferung der ersten 1000 Waffen nicht alle Geiseln freigelassen werden, würden wir weitere Lieferungen einstellen.“ Im Original ist diese Textstelle markiert. Der Präsident selbst gab später zu, daß seine „Sorge um das Schicksal der Geiseln auf Bereiche übergriff, in die sie nicht gehörte.“[6]

Die Geschichte wurde noch verworrener, als Informationen an die Öffentlichkeit drangen, daß die Gewinne aus den Waffenverkäufen an die Contras in Nicaragua geflossen seien. Die CIA erhielt vom Iran rund 20 Millionen Dollar mehr für die Waffen, als sie dem Pentagon gezahlt hatte. North war es gelungen, die Gelder mit Hilfe eines ausgeklügelten Systems auf Schweizer Konten zu transferieren und zu „waschen“, wo sie von den Contras abgehoben werden konnten. Diese Enthüllung zog eine Reihe personeller Veränderungen nach sich: North wurde fristlos entlassen, sein Vorgesetzter Poindexter trat von seinem Amt zurück. Frank Carlucci, der ehemalige stellvertretende Verteidigungsminister, wurde Sicherheitsberater des Präsidenten.[7]

Wie geheim ist geheim?

Die Episode enthält eine wichtige Lektion: Verdeckte Aktionen größeren Stils werden früher oder später aufgedeckt, oft noch vor Beendigung der Operation. Das zeigte sich nicht erst in der Ära nach Watergate, sondern gilt auch für andere, frühere Aktionen. Richard Bissell erklärte ein Vierteljahrhundert nach dem Fiasko in der Scheinebucht:

> *Es gab keine Meinungsverschiedenheiten darüber, daß dieses Unternehmen inzwischen zu einer öffentlichen Angelegenheit geworden war und wir gut daran tun würden, es als solche zu betrachten; und daß wir – falls uns die Publicity mißfiel – lieber ganz auf den Plan verzichten oder die Erfolgsaussichten verbessern sollten, falls wir beschließen würden, das Projekt weiterzuverfolgen.*[8]

Sobald sich die Pläne änderten (ohne daß es irgend jemand außerhalb der CIA richtig bemerkte) und die Guerillaoperation zu einer Invasion mit modernsten Amphibienfahrzeugen ausgeweitet wurde, gab es kaum noch eine Chance, ein solches Unternehmen geheimzuhalten.

Auch die paramilitärischen Operationen in Guatemala und Angola nahmen mit ihrer Expansion an „Lautstärke" zu. Es waren z.B. Stützpunkte im Ausland, Waffentransporte und Ausbildungslager erforderlich, die von der CIA geleitet wurden. All diese umfangreichen Vorbereitungen ließen sich nur schwer geheimhalten, zumindest nicht für lange. Die militärische Ausbildung eines Rebellenverbandes, und insbesondere einer so undisziplinierten Horde wie Castillo Armas' „Befreiungsarmee", brauchte ihre Zeit. Mit jedem Tag wuchs die Gefahr, daß neugierige Journalisten Fragen zu stellen begannen oder Informationen durchsickerten. Unter Umständen schleusten diejenigen, gegen die sich die Operation richtete, ihre Agenten ein, wie im Fall PBSUCCESS. Oder die Teilnehmer brüsteten sich vielleicht mit ihren Kenntnissen in irgendeiner Bar oder änderten ihre ursprünglichen Absichten, sich auf ein solches Wagnis einzulassen.

Es gab allerdings mehrere kurze und weniger umfangreiche Interventionen – zumindest was den Einsatz von Menschen, wenn nicht gar die Ziele selbst betraf – die eine Weile geheimgehalten werden konnten. In den fünfziger Jahren fanden beispielsweise Operationen statt, die sogar erst viel später aufgedeckt wurden: Noch heute ist wenig über den geheimen Krieg der CIA in Tibet bekannt. Der Kampf gegen den indonesischen Präsidenten Sukarno fand kaum mehr Beachtung.[9] Track II geriet erst fünf Jahre später in das Kreuzfeuer der öffentlichen Kritik, und die gegen Castro gerichteten Attentatsversuche blieben zehn Jahre lang verborgen.

Die Wahlmanipulationen der CIA in Chile konnte man ebenfalls recht gut kaschieren, obwohl sie umfangreich waren, gemessen an der kleinen Zahl der von ihr unterstützten

Kandidaten und der Gesamtsumme, die man für die Wahlkampagne insgesamt ausgab. Aber diese Interventionen erfolgten in konzentrierter Form. Die Vorausplanung konnte von der CIA-Station im Rahmen ihrer üblichen Tätigkeiten übernommen werden.

Die massive finanzielle Unterstützung oppositioneller Gruppen ließ sich schwerer verbergen. Die Turbulenzen in Chile während des Allende-Regimes konnte man nicht übersehen, wohl aber die Tatsache, daß die chilenische Opposition weitaus aktiver war, als ihre begrenzten Geldmittel es erlaubten, obwohl niemandem entgangen sein konnte, daß diese Gruppierungen noch von anderer Seite finanzielle Unterstützung erhielten, angefangen bei wohlhabenden Chilenen bis hin zu kapitalkräftigen Brasilianern.

Zukünftig wird es sich nicht vermeiden lassen, daß geheime Interventionen größeren Ausmaßes an die große Glocke gehängt werden. Heute nimmt die amerikanische Öffentlichkeit, nach dem Watergate-Skandal um eine Illusion ärmer, aber um eine Erfahrung reicher geworden, eine weit kritischere Haltung gegenüber der Regierung ein. Als Ronald Reagan, der zeitweilig beliebteste Präsident der Vereinigten Staaten, 1986 zum erstenmal eine Beteiligung an dem Tauschgeschäft Waffen gegen Geiseln dementierte, glaubten die wenigsten seinen Beteuerungen. Diese Skepsis wurde noch durch andere gesellschaftliche Entwicklungen verstärkt, z.B. durch die Journalisten, die heute ihre eigenen Recherchen durchführen, gezielte Fragen stellen, nach Schwachstellen in der Kommunikationskette suchen und nicht länger bereit sind, der Regierung unbesehen zu glauben. In den sechziger Jahren genügten noch einige klärende Worte des Präsidenten der Vereinigten Staaten, um die Herausgeber der *New York Times* zu veranlassen, detallierte Informationen über eine geheime Operation zurückzuhalten.

Wenn die Presse sich bemüht, Informationsmaterial über „geheime" Operationen zu suchen, wird sie in den meisten Fällen auch fündig. Schwachstellen in der Kommunikationskette sind etwas so Alltägliches, daß Washington damit zu leben gelernt hat. Manche Regierungsbeamten geben ihre Kenntnisse nur allzu gerne weiter, um sich bei Pressevertretern, die teilweise größere Publizität genießen als sie selbst, lieb Kind zu machen. Oder sie plaudern politischer Gründe wegen aus der Schule, um die Opposition wachzurütteln oder – was allerdings seltener vorkommt – Unterstützung zu finden. Jede Regierung zieht, ungeachtet ihrer politischen Doktrin, gegen die Informanten zu Felde, aber nur selten mit dem erhofften Erfolg. Dafür gibt es einen einfachen Grund: Meine Kollegen aus der Carter-Administration und ich haben oft im Scherz gesagt, das „Staatsschiff" ist genausowenig gegen Lecks im Oberdeck gefeit wie jeder Ozeanriese. Die hohen Washingtoner Regierungsbeamten sind meistens in geheime Operationen eingeweiht und geneigt, ihre Aversion gegen bestimmte Regierungsprogramme öffentlich zu bekunden. Was für die Exekutive gilt, ist in noch stärkerem Maß für den Kongreß relevant, in dem eine so erbitterte Parteienpolitik betrieben wird, daß diese Partisanenkämpfen mitunter nicht nachsteht. Insgesamt gesehen haben die Untersuchungsausschüsse des Repräsentantenhauses und des Senats Geheimnisse zumindest so gut zu bewahren verstanden wie die Exekutive. Aber da ihre Rolle darin besteht, verdeckte Aktionen zu überwachen, sind vermutlich eher die Abgeordneten über ein laufendes Projekt informiert, deren Einwände man befürchtet. Der Entscheidungsfindungsprozeß trägt zu Frustrationen und letztlich dazu bei, daß der eine oder andere seiner Verärgerung in der Öffentlichkeit Luft macht.

Selbst wenn die Informanten nicht in Regierungskreisen zu finden sind, greifen die amerikanischen Nachrichtenagenturen im Ausland Gerüchte auf. 1986 wurde beispielsweise ein Artikel über geheime Operationen in einer Beiruter Zeitung in Arabisch gedruckt. Trotz der oft mit Repressalien gekoppelten Bemühungen der Dritte-Welt-Staaten, den Informationsfluß einzugrenzen, sind die Medien dieser Nationen heute wesentlich aktiver und findiger als noch vor drei Jahrzehnten. Dazu kommt, daß unter Umständen sowohl die Presse als auch die Regierungen in den Entwicklungsländern ein lebhaftes Interesse daran haben, geheime Operationen zu enthüllen, vor allem, wenn ihr Land von den Vereinigten Staaten zum Operationsziel erklärt worden ist.

Warum geheim?

Nicht jedes Exposé hat zu einer öffentlichen Kontroverse geführt, in der die amerikanische Regierung Stellung beziehen mußte. Manche verstauben in den Archiven namhafter Tageszeitungen oder sind bestenfalls für eine kurze Meldung auf der letzten Seite gut. Im Fall von Guatemala gerieten nicht die Operationen selbst, sondern die Informanten in das Kreuzfeuer der Kritik. Die bilderreiche Sprache des Magazins *Time* spiegelt den Zeitgeist und die vorherrschende Meinung in Washington wider. Dort hieß es, das Durchsickern der Informationen sei ,,von Moskau geplant und diene dazu, die Aufmerksamkeit von Guatemala, dem rot angehauchten Problemkind der westlichen Hemisphäre abzulenken''.[10] Aufschlußreich ist, daß trotz der Aufklärungsarbeit der Medien nicht einmal die geplante Invasion in der Schweinebucht – von den Eingeweihten, mit Ausnahme von ein oder zwei Beratern des Präsidenten und Senatoren, einstimmig befürwortet – eine öffentliche Kontroverse entzünden konnte, bevor der Plan in die Tat umgesetzt wurde.

Heute sind geheime Operationen, falls Informationen durchsickern, in Regierungskreisen und Öffentlichkeit weit stärker umstritten. Die Kette der Ereignisse, die zum Vietnam-Debakel führte, hat uns kritischer gegenüber der Behauptung gemacht, jeder x-beliebige Aufruhr in den wirtschaftlich benachteiligten Ländern der Erde stelle für die Interessen Amerikas eine Bedrohung dar, die eine geheime oder offene Intervention rechtfertige. Diese Skepsis spiegelt sich auch in der zwiespältigen Einstellung der Öffentlichkeit zum Problem Nicaragua wider: Einerseits gab das politische Programm der Sandinistas Anlaß zu Besorgnis, vor allem, wenn es eine Annäherung an Moskau oder Havanna beinhaltete, andrerseits schien man nicht gewillt, amerikanische Soldaten zu opfern, um dieser bedrohlichen Entwicklung Einhalt zu gebieten. Die Aktivitäten der CIA waren zwar umstritten, aber letztlich doch einer militärischen Lösung vorzuziehen.

Wie eh und je konzentriert sich die Aufmerksamkeit der amerikanischen Öffentlichkeit auf bestimmte Problemkreise, die den jeweils herrschenden Zeitgeist widerspiegeln. Heute sind Themen wie das Machtstreben der Sowjetunion, ein drohender Atomkrieg oder der Weltfriede mehr oder weniger vorrangig. Zu Beginn der achtziger Jahre teilten die meisten Amerikaner die Besorgnis des Präsidenten über eine Bedrohung durch die Sowjetunion. Ähnlich erging es ihren parlamentarischen Vertretern im Kongreß, die darauf drängten, das Verteidigungsbudget zu erhöhen – und verdeckte Aktionen in Betracht zu ziehen. Deshalb gelang es Ronald Reagan, dem Präsidentenamt wieder eine gewisse Autorität sowie einen größeren Entscheidungs- und Handlungsspielraum zu verschaffen, die nach Vietnam und Watergate stark gelitten hatten. Diese Errungenschaften könnten jedoch durch die Konsequenzen, die sich aus der Iran-Contra-Affäre ergeben, wieder zunichte gemacht werden.

Aber auch heute ist nicht jede geheime Operation umstritten. Von den schätzungsweise 40 verdeckten Aktionen, die in den achtziger Jahren eingeleitet wurden, fand nicht mehr als die Hälfte Eingang in die Medien. Und von diesen lösten nur wenige so vehemente Kontroversen aus, daß eine massive Berichterstattung angeraten schien. Die restlichen verdeckten Aktionen galten mehr oder weniger als offenes Geheimnis, das eher unbeachtet als unentdeckt blieb. Die Mehrheit der Kongreßabgeordneten sah darin – wie die meisten amerikanischen Bürger, die davon wußten, und die Journalisten, die darüber berichteten – eine sinnvolle Problemlösung. Colby, der ehemalige Direktor der Central Intelligence, schilderte die Reaktion der heimischen Medienszene und der Öffentlickeit auf die Enthüllung, daß die USA den afghanischen Widerstand unterstützt hätten, mit den Worten: „Afghanistan wurde an einem Tag in einem zweispaltigen Bericht der *Washington Post* abgehandelt; danach hörte man wenig darüber."[11]

Wichtig ist in diesem Zusammenhang allein die Tatsache, daß fast jede geheime Aktion irgendwann einmal an die Öffentlichkeit dringt. Wenn man davon ausgeht, daß das *Time* Magazin, ebenso wie alle anderen seriösen amerikanischen Medien, die Propaganda der Sowjetunion als Fiktion betrachten und deshalb auf eine Berichterstattung verzichten, heißt das noch lange nicht, daß sie Informationen über geheime Operationen der Vereinigten Staaten derselben Kategorie zuordnen. Und wenn solche Meldungen erst einmal die Aufmerksamkeit der Medien geweckt haben, dann muß man heutzutage mehr als in den fünfziger Jahren damit rechnen, daß die amerikanische Öffentlichkeit geteilter Meinung darüber ist.

Erfolgreiche Interventionen

Dieser Wandel, der sich vor allem im innenpolitischen Bereich bemerkbar macht, erschwert es den Vereinigten Staaten, ihre Ziele auf geheimen Wegen zu erreichen. In den Ländern der Dritten Welt, die zu den vorrangigen Operationszielen der USA zählen, haben so gravierende Veränderungen stattgefunden, daß es für die USA heute weitaus schwieriger ist, verdeckt oder offen zu intervenieren. Trotz der Kontroversen, die geheime Operationen auslösen, und der mystischen Aura, die sie umgeben, hat die Geschichte gezeigt, daß ihnen nichts Mystisches innewohnt, daß es sich hier um den ganz profanen Tatbestand handelt, bestimmten Gruppierungen im Ausland – heimlich – Geld, Waffen oder militärische Ausbildung zukommen zu lassen und ihnen die Unterstützung der USA zu signalisieren.

Die meisten verdeckten Aktionen wurden unter dem Siegel der Geheimhaltung und in bescheidenem Umfang geplant. Man konnte mehr oder weniger davon ausgehen, daß sie geheim blieben. Aber dabei scheint man vergessen zu haben, daß derartige Interventionen in der Praxis oft nur dann den gewünschten Erfolg zeitigen, wenn sie ausgeweitet werden. Und das setzt vermehrte Aktivitäten auf nahezu allen Gebieten voraus: Die CIA-Mitarbeiter der Außenstationen waren gezwungen, sich in noch stärkerem Maß zu exponieren; es waren zusätzliche Luftlandestützpunkte, Ausbildungslager, Sitzungen in Washington und Propagandaaktionen erforderlich – was die Chancen, die Gegner einer solchen Option zu beschwichtigen, erheblich verminderte.

Den ersten gelungenen Operationen, in die wenige eingeweiht waren, räumten selbst die Befürworter nur eine Erfolgschance von 50 zu 50 ein. Und im Laufe der Zeit begann sich mehr und mehr abzuzeichnen, daß man mit bescheidenen finanziellen oder militärischen Hilfsprogrammen keine ehrgeizigen politischen Ziele verwirklichen konnte. Anfang der sechziger Jahre mußte die CIA im Kongo täglich mehrere Millionen investieren, um einen äußerst zweifelhaften „Erfolg“ mit derartig undurchsichtigen Aktionen zu erzielen, daß selbst die außenpolitischen Experten heute kaum mehr imstande sind, das Konzept in allen Einzelheiten nachzuvollziehen. Oder denken wir an die Aktivitäten 1975 in Angola: Mit ein paar Millionen Dollar das weitere Schicksal dieses Landes bestimmen zu wollen, war bestenfalls reines Wunschdenken und schlimmstenfalls eine Selbsttäuschung, zumal die CIA annehmen mußte, daß die Sowjetunion und andere ausländische Mächte die Unterstützung der Vereinigten Staaten mit verstärkten eigenen Hilfeleistungen quittieren würden.

Oder betrachten wir den Kontrast zwischen den beiden mittelamerikanischen Ländern Guatemala und Nicaragua vor rund drei Jahrzehnten. Castillo Armas' Befreiungsarmee zählte kaum mehr als ein paar hundert Mitglieder. Die „Invasion“ hatte zwar auf dem Papier eine bombastische Wirkung, nicht aber in der Realität. Dennoch beherrschte sie den Luftraum, was sie vor allem der Tatsache verdankte, daß Arbenz – verunsichert, ob er sich auf die Loyalität seiner Streitkräfte verlassen konnte – kein Risiko eingehen wollte und seinen Piloten Startverbot erteilte. Die gefürchteten „*Sulfatos*“ und Gerüchte über einen bevorstehenden Einmarsch der Rebellenarmee reichten aus, um Arbenz zur Kapitulation zu zwingen. Im Fall Nicaragua hatten die Contras Mitte der achtziger Jahre rund zehntausend Männer unter Waffen, aber selbst ihre vehementesten Fürsprecher in Washington mußten bald erkennen, daß man mit der Unterstützung der Vereinigten Staaten die Sandinistas eher zum Einlenken als die Militärs zu einem Putschversuch bewegen würde.

Die Führer revolutionärer Bewegungen haben ihre eigenen Lehren aus den verdeckten Aktionen der Vereinigten Staaten gezogen. Wie Che Guevara, so sind auch heute die meisten entschlossen, Arbenz’ und Mossadeghs Fehler nicht zu wiederholen. Sie versuchen, sich die Loyalität ihrer Streitkräfte zu sichern oder, falls dies mißlingt, Rebellenverbände aufzubauen, auf deren Treue sie sich verlassen können. Und sie haben noch eine Lektion daraus abgeleitet: Sollten die Vereinigten Staaten ihnen drohen oder ein Waffenembargo verhängen, dann gibt es noch andere Mächte, an die sie sich um Hilfe wenden können, einschließlich der Sowjetunion. Und im Gegensatz zu Arbenz und Mossadegh haben sie sich diese Quelle rechtzeitig gesichert. Sogar die CIA-Beamten, die das Unternehmen in der Schweinebucht planten, waren sich über eines im klaren: Wenn man mit der Invasion bis zum Eintreffen der modernen sowjetischen Kampfflugzeuge auf der Zuckerinsel gewartet hätte, wäre das Projekt von vorneherein zum Scheitern verurteilt gewesen. Als die Brigade 2506 in der Schweinebucht landete, traf sie auf eine disziplinierte kubanische Revolutionsarmee, und nicht, wie man ihnen weisgemacht hatte, auf einen ungeordneten Haufen, der beim ersten Anzeichen eines bevorstehenden Kampfes Fersengeld geben oder sich gar den Invasionstruppen anschließen würde.

Manche der Revolutionäre, die den Vereinigten Staaten zunehmend Sorge bereiteten, besaßen Profil und wußten sehr wohl zwischen Freund und Feind zu unterscheiden. Che Guevara war zu der Schlußfolgerung gelangt, daß die USA keine echten Reformen dulden würden. Viele politische Führer der Dritten Welt leiteten aus der Geschichte die Lektion ab, daß ein radikaler Wandel mehr Erfolg als ein gemäßigter Kurs versprach. Gerade das Beispiel Chile unter dem Allende-Regime zeigte ihnen, daß Reformen nach demokratischem Modell zum Scheitern verurteilt waren.

Die Vereinigten Staaten waren für manche als Feind von größerem Nutzen denn als Verbündeter. Arbenz, Mossadegh, ja sogar Allende suchten anfangs Washingtons Zustimmung oder zumindest eine stillschweigende Billigung ihres Regierungsprogramms. In Mossadeghs Augen stellte die Warnung der US-Regierung, der Iran sei kein sicherer Aufenthaltsort für die dort ansässigen amerikanischen Bürger, gleichzeitig seine Führungsfähigkeiten in Frage. Im Gegensatz dazu dienten die Vereinigten Staaten Castro, den Sandinistas und Ayatollah Khomeini bestenfalls als willkommenes Feindbild, das der Revolution neue Impulse gab – auch wenn die Sandinistas die Hilfe der Vereinigten Staaten akzeptierten, solange sie gewährt wurde und der revolutionäre Iran es nicht unter seiner Würde fand, die USA um Ersatzteile für seine militärischen Güter zu bitten. 1979 nahmen Iraner Botschaftsangehörige als Geiseln und waren erst dann bereit, diese Leute freizulassen, als diese ihren Nutzen in den Verhandlungen zwischen den einzelnen revolutionären Gruppen verloren hatten.

Heute lassen sich nur wenige Länder der Dritten Welt als Bananenrepublik karikieren. Die meisten, wenn auch nicht alle, sind heute politisch stabiler und ernstzunehmendere Partner oder Gegner der Vereinigten Staaten als früher. Die Machthaber versuchen ihre Völker politisch zu mobilisie-

ren, um sich selbst zu schützen. 1953 hatte es noch den Anschein, als sei der Iran nicht in der Lage, seine Ölraffinerien ohne die Hilfe ausländischer Techniker zu betreiben – zumindest war das der Eindruck, den man innerhalb wie außerhalb des Irans gewann. In den achtziger Jahren zeigte sich, daß dies ein Trugschluß war.
Als die Carter-Administration Ende 1978 und Anfang 1979 über den Kurs gegenüber dem revolutionären Iran beriet, konzentrierte sie sich vor allem auf das Militär. Es konnte keinen Zweifel daran geben, daß die Streitkräfte eine starke Stütze der Revolution darstellten. Die Frage war lediglich, ob alle militärischen Führer diese Pflichtauffassung teilten. Die Diskussion führte nicht zu geheimen Aktionsplänen, der Zusicherung auf militärische Ausbildung oder bescheidene Waffenlieferungen. Es wurden nicht einmal Gerüchte über eine Unterstützung der Amerikaner in Umlauf gesetzt. Verdeckte Aktionen der Art, wie sie hier geschildert werden, standen damals nicht zur Debatte. Erst später wurde diese Option in Betracht gezogen, als Washington nach Mitteln und Wegen suchte, der Herrschaft Khomeinis ein Ende zu setzen, um die amerikanischen Geiseln freizubekommen.[12]

Natürlich gibt es auch heute noch immer Staaten in der Dritten Welt, die Amerika Sorge bereiten, weil sie politisch instabil sind. Dazu zählen Angola, Mozambik, Kambodscha und auch Libyen oder Afghanistan. Es sind zumeist Länder, deren Wirtschaft vor dem Bankrott steht und deren Regierungen sich die bange Frage stellen, inwieweit sie überhaupt noch Einfluß auf die Bevölkerung besitzen. Mehrere sind für Rebellionen extrem anfällig. Aber es ist unwahrscheinlich, daß eine geringfügige Intervention der Vereinigten Staaten einschüchternde Wirkung haben könnte, denn gerade der bewaffnete Konflikt stellt für ihre russischen, kubanischen (oder vietnamesischen) Verbündeten eine willkommene Gelegenheit dar, ihre Hilfe anzubieten und die loyalen Truppenverbände und Milizen mit Waffen und militärischer Ausbildung zu versorgen.

Andrerseits bietet gerade die wirtschaftliche Instabilität mancher Entwicklungsländer langfristige Lösungen an, die nicht zwangsläufig auf einen Sturz des herrschenden Regimes abzielen, sondern eher auf das Bemühen, sie auf einen Amerika genehmeren politischen Kurs zu bringen. Da die Landesgrenzen heute keine unüberwindliche Barriere für Informationen aus dem Ausland darstellen, haben es die Regierungen der Dritten Welt inzwischen schwer, die wirtschaftliche Zwangslage vor der eigenen Bevölkerung geheimzuhalten, auch wenn es viele versuchen. Angola und Mozambik mag die Militärhilfe Kubas und der Sowjetunion für die Verteidigung ihrer Regimes willkommen sein, aber sie wissen, daß der Rubel ihre Wirtschaft nicht retten oder die sowjetische Industrie ihnen den Anschluß an den weltweiten technologischen Standard nicht sichern kann. Aus diesen Gründen sind sie auf den Westen und seine Unterstützung angewiesen.

Die organisatorischen Zusammenhänge

Wenn man davon ausgeht, daß Interventionen heute schwieriger zu bewerkstelligen sind als früher, dann stellt sich die Frage, warum Amerika verdeckte Aktionen heute noch genauso oft als letzten Ausweg betrachtet wie ehedem? Die Antwort ist zum Teil in der Organisationsstruktur der Central Intelligence Agency zu suchen sowie in den Überwachungs- und Entscheidungsprozessen, die der strikten Geheimhaltung unterliegen. *Eine entscheidende Rolle spielt dabei auch, wie die amerikanischen Präsidenten und hohen Regierungsbeamten ihre eigene Aufgabenstellung definieren.*

In jeder großen öffentlichen oder privaten Organisation, deren Operationen sichtbar oder heimlich stattfinden, weisen Prozesse, die die Organisationsstruktur und Entscheidungsfindung betreffen, ein ähnliches Muster wie das in verdeckten Aktionen vorhandene auf: Diejenigen, die ein bestimmtes Programm leiten, setzen sich zunehmend dafür ein, daß es weiterverfolgt wird; Projekte werden eher ausgeweitet als begrenzt, wenn sich die Gegebenheiten ändern; und die Planer fühlen sich in zunehmendem Maße persönlich für diejenigen verantwortlich, mit denen sie zusammengearbeitet haben. Was verdeckte Aktionen aus diesem Rahmen fallen läßt, ist nicht nur ihre Größenordnung oder die Tatsache, daß es sich hier um eine ganz andere Kategorie von Aktivitäten handelt, sondern die Kombination aus Geheimhaltung und der besonderen Organisationsform, die die CIA darstellt.

Die amerikanischen Präsidenten haben sich fast ausnahmslos an die CIA gewandt, wenn es eine schwierige Aufgabe zu meistern galt. Ich erinnere mich noch gut an ein Gespräch, das ich 1975 mit Theodore Shackley, damals Chef der Fernostabteilung der CIA und später der zweitmächtigste Mann im Geheimdienst, führte. Es ging dabei eigentlich um verdeckte Aktionen in seinem Arbeitsbereich, aber wir wichen bald vom Thema ab und kamen auf seine Karriere und die CIA zu sprechen. Er erklärte mit großem Nachdruck: ,,Ich arbeite in einer Branche, die Spione produziert; hätte ich Haushaltsgeräte herstellen wollen, wäre ich in die Privatindustrie gegangen.''

Die ,,Wir-schaffen-das-schon-Mentalität'' der CIA und das Gewicht, das sie der Geheimhaltung beimißt, spiegelt sich auch in der außergewöhnlichen Organisationsstruktur der Behörde wider. Die CIA weist stolz auf ihre Innovationsfreudigkeit hin: Wie viele Regierungsstellen verfügen denn über einen ,,außerordentlichen Reservefonds'', der im Bedarfsfall ausgeschöpft werden kann und die Möglichkeit zu kreativen Lösungen bietet? Und Beamte, die sich im Außendienst bewährt haben, machen Karriere, ohne sich in der Hierarchie des Washingtoner Regierungsapparates nach oben dienen zu müssen! In allen Fallbeispielen stellte die CIA eine Sondereinsatzgruppe zusammen, die eigenständig und gleichberechtigt neben der Abteilung des DDO operierte (welche normalerweise für das jeweilige Land zuständig war) und aus Gründen der Geheimhaltung mitunter sogar die Abteilungschefs aus dem Kreis der Eingeweihten ausschloß.

Diese Sondereinsatzgruppen wurden vor allem der Geheimhaltung wegen gegründet. Sie gewährleisteten aber auch die absolute Konzentration auf ein bestimmtes Aufgabengebiet und einen raschen Kommunikationsaustausch. Die Einsatzgruppe berief CIA-Beamte von Außenposten ab, um sie mit spezifischen Problemlösungen zu betrauen. Wichtige Entscheidungen wurden von einem kleinen Gremium getroffen, zu dem in der Regel der Leiter der Einsatzgruppe, der zuständige Abteilungschef der CIA, der Direktor des Operationsdirektoriums und der Direktor der Central Intelligence zählten. Die DCIs waren stets eingeweiht, bisweilen sogar in die jeweils anfallenden Routineaufgaben – ein Zeichen, daß die Operationen in der Behörde den Vorrang vor der Analyse hatten und daß man ihnen, zumindest zeitweilig, höchste Priorität einräumte. Diese Sondereinsätze waren für das Ansehen der DCIs bei den führenden Politikern von entscheidender Bedeutung.

Der Wandel, der sich in den USA in der Nachkriegsperiode bemerkbar machte, ging auch an der CIA nicht spurlos vorbei. Im Laufe der Zeit und aufgrund der Nachforschungen, die die Kongreßausschüsse über umstrittene Operationen einleiteten, entwickelte sie sich immer mehr zu einer Organisation, die den übrigen Regierungsstellen glich. Wenn man den Worten Colbys Glauben schenken darf, der erklärte, das Rohmaterial sei heute besser als früher, dann heißt das wohl auch, daß der Entscheidungs- und Ermessensspielraum der CIA inzwischen eingeschränkt ist und die Organisation insgesamt bürokratischere Züge trägt. Diese Tendenz wird noch durch die räumliche Distanz vom restlichen Regierungsapparat in Washington verstärkt. Mitte der achtziger Jahre bestand die Führungsspitze aus Männern, die ihre Karriere in der CIA begannen und beendeten – im Gegensatz zur Generation der OSS-Mitglieder, die sich vor oder nach ihrer Tätigkeit für die Behörde in der Wall Street profilierten.

Diese Entwicklung hatte zur Folge, daß die CIA heute in stärkerem Maße einer schwerfälligen, bürokratisch geführten Organisation gleicht. Es kann mitunter ein ganzes Jahr dauern, bis ein Projekt bewilligt wird. Selbst Operationen bescheidenen Umfanges erfordern einen zeit- und arbeitsaufwendigen Schriftverkehr. Obwohl die amerikanische Regierung ihre Vorliebe für geheime Aktionen neu entdeckt zu haben scheint, behalten die CIA-Beamten ihre politischen Vorgesetzten außerhalb der Exekutive scharf im Auge; denn niemand möchte im Mittelpunkt der nächsten Untersuchungen der Kongreßausschüsse stehen. Die Behörde läßt inzwischen größere Vorsicht walten. Es ist durchaus verständlich, daß sich CIA-Beamte – wie McMahon, als er zum erstenmal von der Beteiligung der CIA am Waffentransport in den Iran hörte – durch eine schriftliche Genehmigung abzusichern trachten.

Als Terroristen beispielsweise ein Flugzeug entführten, verfügte die CIA – wie sich später herausstellte – bereits über eine Technik, die es erlaubte, die Türen zu sprengen, ohne die Passagiere dadurch in Gefahr zu bringen. Deshalb bat ein Sonderkommando für die Terrorismusbekämpfung, das zu einem NATO-Staat gehörte, die CIA um Beistand. Die Station vor Ort schickte daraufhin ein Telegramm an die Zentrale, um die Genehmigung einzuholen. Sie wartete zwei Tage lang auf Antwort. Das Einsatzkommando, das Washingtons Reaktion nicht abwarten konnte, wandte sich an den Nachrichtendienst eines anderen westlichen Landes, der diese Technik ebenfalls beherrschte, um Hilfe, die ihm spontan per Telefon zugesagt wurde. Innerhalb weniger Stunden machte sich ein Spezialistenteam auf den Weg, und es gelang ihm nach kurzer Zeit, die Türen zu sprengen.[13]

Trotz aller Bürokratie halten die CIA-Beamten ihre Arbeit für produktiv. Im Gegensatz dazu ist die Aufgabenstellung des Außenministeriums in den Augen vieler Politiker passiver Natur und auf die Pflege der guten Beziehungen zum Ausland begrenzt, die zwar angemessen erscheint, gleichzeitig aber auch reinem Selbstzweck dient. Diese Auffassung wurde von vielen Präsidenten geteilt: zum Beispiel hat sich Rusk vielleicht deshalb jeglicher Kritik an der geplanten Invasion in der Schweinebucht enthalten, weil er befürchtete, andernfalls als zu weich oder zu wenig kämpferisch abgestempelt zu werden. Und 25 Jahre später distanzierte sich sein Nachfolger George Shultz, vielleicht aus ähnlichen Überlegungen heraus von der Operation im Iran, von der man ihn ohnehin ausklammerte.

Geheimhaltung und die Vorrangstellung von Operationen

Seit Bestehen der Behörde hat die CIA Operationen eine Vorrangstellung gegenüber der Nachrichtentätigkeit eingeräumt. Zu denen, die im DCI Karriere machten, gehörten Männer wie Helms oder Colby – Pragmatiker, und keine Analytiker. In Anbetracht des handwerklichen Geschicks, das dem Operationsstab zu eigen sein muß, ist es nicht verwunderlich, daß dieser Teil der Behörde einen geschlossenen Zirkel darstellt. Erst nach Beendigung einer Operation, z.B. in Vietnam, wurden die Mitglieder der DDO-Projektgruppen für analytische Aufgaben abgestellt. Ein Transfer in entgegengesetzte Richtung kommt seltener vor.

Innerhalb des DDO machten die mit verdeckten Aktionen, und nicht mit Spionage befaßten Spezialisten Karriere. Ein Beobachter meinte, ,,die drei CIAs" – Spionage, verdeckte Aktionen und Nachrichtenauswertung – seien in Langley ähnlich integriert wie die Teilstreitkräfte Armee, Marine und Luftwaffe im Pentagon.[14] Noch heute stellt die Spionagetätigkeit einen langsamen, wenig dramatischen Prozeß dar. Die ,,Kontakte", die ein Führungsoffizier entwickelt, sind erst in ferner Zukunft, wenn überhaupt je von Nutzen. Zu diesem Zeitpunkt hat er vielleicht schon längst ein anderes Einsatzgebiet übernommen, und der Erfolg wird nicht auf seinem Konto, sondern auf dem seines Nachfolgers verbucht.

Im Gegensatz dazu verlangen die in diesem Buch beschriebenen verdeckten Aktionen einen schnellen und effektvollen Einsatz, bei dem der Nachwuchs in engem Kontakt zur Führungsspitze steht. Wer sich hier profiliert, macht Karriere. David Phillips, der damals noch zu den frischgebackenen CIA-Beamten zählte, beschreibt die Generalprobe für PBSUCCESS, die vor der Besprechung mit dem Präsidenten im Garten von Allen Dulles' Haus in Georgetown stattfand:

> *Am National Airport in Washington warteten zwei Limousinen auf uns. Wir wurden direkt zu Allen Dulles' Haus an der Wisconsin Avenue gefahren...Dulles, in formeller Kleidung, rauchte Pfeife und strich sich gelegentlich über den dichten Oberlippenbart. Wäre es um die Besetzung in einem Agentenfilm gegangen, dann hätte man ihn wohl für die Rolle des Meisterspions ausersehen...Wir tranken Eistee und nahmen an einem runden Tisch in Dulles' Garten Platz, der hinter dem Haus lag. Man konnte die angestrahlte Säule des Washington-Monuments durch die Bäume schimmern sehen.*[15]

Die Planung des Unternehmens in der Schweinebucht lag anfangs in Händen des Operationsdirektoriums der CIA, die von Haus aus das größte Interesse an der Weiterführung des Projektes haben mußte. Alle Modifikationen, die sich bei der Entwicklung der Pläne ergaben, wurden von Allen Dulles und seinen Kollegen offensichtlich für sinnvoll erachtet. Ihrer Meinung nach betrafen sie lediglich die Durchführung der Operation, die in ihren Aufgabenbereich, und nicht in die Zuständigkeit der ranghohen Washingtoner Regierungsbeamten fiel. Aber die Summe der einzelnen Veränderungen hatte eine ungeheure Auswirkung. Das Resultat glich nicht im mindesten dem „Guatemala-Szenario", das ursprünglich als Modell diente. Die endgültige Version sah eine umfangreiche Invasion mit Amphibienfahrzeugen vor, bei der es keine Rückzugsmöglichkeit gab und deren Erfolg oder Mißlingen sich – ebenso wie die Rolle der Vereinigten Staaten – nicht lange geheimhalten ließ.

Dazu kam, daß die Regierungsbeamten, die mit der Beurteilung dieser Modifikationen betraut waren, sich wie Eindringlinge fühlten, die sakrosanktes Gebiet betraten. Wie durften sie es wagen, Entscheidungen von kompetenten Männern in Frage zu stellen, die ihr ganzes Leben im Nachrichtendienst verbracht hatten? Die Einwände, die sie vorbrachten, waren wenig überzeugend. Ein ähnliches Problem stellt sich für die führenden Politiker im Umgang mit den Militärs.

Bei verdeckten Aktionen wird die Meinungsvielfalt durch die exakt definierte Aufgabenstellung der CIA-Spezialisten gehemmt. Die Mitarbeiter in der Nachrichtenauswertung wußten – und wissen – in den meisten Fällen nicht, was ihre Kollegen vom DDO (früher DDP genannt) planen. Wie immer man die Landeoperation in der Schweinebucht auch bewerten mag, eines steht fest: Sie basierte auf der Annahme, daß die Dissidentenbewegung auf Kuba nur auf ein Signal zum Losschlagen wartete und den Invasionstruppen schnurstracks zu Hilfe eilen würde. Diese Grundvoraussetzung für das Gelingen des Unternehmens wäre von den Analytikern der CIA vielleicht pessimistischer beurteilt worden. Aber sie hatten keine Gelegenheit, ihre Einwände zu äußern, denn sie waren in den Invasionsplan nicht eingeweiht. Dulles und Bissell kannten mit Sicherheit ihren Standpunkt, aber sie ignorierten ihn, weil er in ihren Augen eine abstrakte Ansicht, und keine konkrete Beurteilung der Erfolgsaussichten darstellte.

Ähnlich verhielt es sich im Fall von Chile vor und während der Regierung von Allende. Die Entscheidungen, die den verdeckten Aktionen zugrunde lagen, basierten nicht auf den Studien der Nachrichtenexperten in den verschiedenen Regierungsstellen, die zwar anfänglich eine gewisse Besorgnis über die Begleiterscheinungen des Allende-Regimes anklingen ließen, aber keine echte Bedrohung für die nationale Sicherheit der Vereinigten Staaten prognostizierten. Tatsache ist vielmehr, daß die Analytiker sich im Laufe der Zeit mit dem Allende-Regime aussöhnten. Wie sie den Fall Angola beurteilten, wissen wir nicht genau, aber der (behördenübergreifende) NSC-Ausschuß bezweifelte, ob die Voraussetzungen für eine verdeckte Aktion gegeben waren, und selbst die DDO-Angehörigen beurteilten die Aussichten skeptisch, ein Projekt von einer Größenordnung geheimhalten zu können, mit dem sich die gewünschten Veränderungen erzielen ließen.[16]

Der Druck von oben

Bei den meisten Entscheidungen über geheime Interventionen waren die amerikanischen Präsidenten nicht ,,Gefangene'' von Organisationen, die sie nicht verstanden, oder von Prozessen, auf die sie keinen Einfluß hatten. Im Gegenteil: Sie neigten eher dazu, die CIA unter Druck zu setzen als umgekehrt. Karamessines ließ keinen Zweifel offen, wie stark ihn der Erfolgszwang während Track II belastete. Das Projekt war von Präsident Nixon initiiert worden, und sein Gelingen schien nur in geringem Maße vom Geschick der CIA-Beamten abhängig zu sein. Im Fall Angola entschieden sich Präsident Ford und Außenminister Henry Kissinger für die verdeckte Aktion, die sie als ,,goldenen Mittelweg'' betrachteten – trotz der Einwände der Afrikaabteilung des State Department und der CIA-Mitarbeiter, die mit der Operation betraut waren. Das Weiße Haus leitete nicht nur den geheimen Waffenverkauf an den Iran in die Wege, sondern überließ auch – zumindest zeitweilig – dem National Security Council (= Beratungsausschuß des Präsidenten in Angelegenheiten der nationalen Sicherheit) die Durchführung der Operation. Als John McMahon, der stellvertretende Direktor der CIA, 1986 von seinem Amt zurücktrat, beruhte seine Entscheidung zum Teil auch auf der Besorgnis, die Interventionen der Vereinigten Staaten in Nicaragua und Afghanistan könnten eskalieren.[12]

Wenn man diesen Druck von oben betrachtet, der die CIA zum Handeln zwang und noch durch die Geheimhaltungsvorschriften, die Vorrangstellung von Operationen, die strikte Aufgabenteilung und das wachsende Engagement für bestimmte Aktionen verstärkt wurde, dann werden die aus heutiger Sicht wie unverzeihliche Fehler wirkenden Mißgriffe der Behörde eher verständlich. Von der CIA erwartet man, daß sie Risiken eingeht. Kim Roosevelt gelang es, die drohende Katastrophe in einen spektakulären Erfolg zu verwandeln. Castillo Armas' Einmarsch in Guatemala war zum Stillstand gekommen, bis die CIA beschloß, ein letztes Mal mit hohem Einsatz zu pokern und den Bombenangriff auf die Hauptstadt, kombiniert mit einem Propaganda-Blitzfeldzug, inszenierte. Aus der Perspektive der Behörde erscheinen Entscheidungen wie die Bombardierung der *Springfjord*, die Landung der Invasionstruppen an einen isolierten Küstenstreifen Kubas zu verlegen – weitab von den Bergen, die notfalls Zuflucht boten – oder Minen in den nicaraguanischen Hafenstädten zu legen, weniger als unverzeihliche Fehler, sondern vielmehr als höchst riskante, mißlungene Unternehmen einer Organisation, die unter extremem Druck stand.

In manchen, vor allem länger zurückliegenden Episoden war allerdings die CIA die treibende Kraft, wenn es galt, einen Plan in die Praxis umzusetzen. Eisenhower und Kennedy waren sich dessen wohl bewußt, als sie sich trotz der anfänglichen Zustimmung für PBSUCCESS und das geplante Unternehmen in der Schweinebucht das Recht vorbehielten, die Operation jederzeit zu stoppen. Aber in beiden Fällen handelte es sich bei dieser Einschränkung eher um eine Formsache. Die Projekte waren bereits weit gediehen, als sie ihre vorläufige Genehmigung erteilen. Man hatte inzwischen eine Armee aufgestellt und ausländische Staatsmänner gebeten, Ausbildungslager auf ihrem Territorium zur Verfügung zu stellen. Das Projekt war längst kein abstrakter Plan mehr, sondern hatte eine konkrete Form angenommen. Der Präsident besaß nunmehr ein begründetes Interesse an seinem Gelingen. Als es um das geplante Unternehmen in der Schweinebucht und das „Dispositionsproblem" ging, das die Exilkubaner darstellten, zweifelte selbst der Präsident daran, ob sich die Brigade 2506 auf seinen Befehl hin entwaffnen ließ.

Zu diesem Zeitpunkt schien eine andere Wahl als die des „goldenen Mittelweges" kaum mehr möglich. Und bis zum Unternehmen in der Schweinebucht trug das Ansehen der CIA nicht minder dazu bei, andere Optionen auszuklammern. Warum sollte man auf einen scheinbar so leicht zu erzielenden Erfolg verzichten? Bei der verdeckten Aktion 1970 in Chile gerieten die Gegner geheimer Interventionen aufgrund der positiven Erfahrungen, die man hier mit dieser Handlungsalternative bereits gemacht hatte, in Beweiszwang. Für die Einflußnahme auf die chilenischen Wahlen stand nicht nur der erforderliche Apparat bereits zur Verfügung, sondern geheime Interventionen waren inzwischen gang und gäbe. Diejenigen, die verdeckte Aktionen ablehnten, mußten ihren Standpunkt überzeugend darstellen.

Auch manche Präsidenten und ihre Berater machten sich für den „goldenen Mittelweg" stark. Die Geheimhaltung scheint dabei eine entscheidende Rolle zu spielen. Was verdeckte Aktionen unterscheidet, ist die Annahme der Politiker, daß nicht nur die Entscheidung, sondern auch die Aktion selbst, oder zumindest die Rolle der Vereinigten Staaten, geheimgehalten werden kann. An der Entscheidung, einen Plan für die Befreiung der 1980 im Iran gefangengehaltenen Geiseln auszuarbeiten und dem nachfolgenden Beschluß, den Aktionsplan zu genehmigen, war nur ein kleiner Kreis beteiligt. Es gab keine undichte Stelle, niemand erfuhr von den Vorbereitungen. Trotzdem waren sich alle, die von dieser Entscheidung Kenntnis hatten, darüber im klaren, daß sich die Operation selbst nicht geheimhalten ließ. Sie mußten davon ausgehen, daß die Öffentlichkeit sie für den Erfolg oder das Mißlingen der Aktion verantwortlich machen und somit ihre Entscheidung als weise oder töricht beurteilen würde.

Bei verdeckten Aktionen geht die Regierung davon aus, daß sich die Rolle der Vereinigten Staaten kaschieren läßt. Die Annahme verleitet geradewegs dazu, sich für diese Option zu entscheiden. Man hat wenigstens etwas in der Hand, das weniger als eine offene Kriegserklärung, aber immerhin besser als tatenloses Zusehen ist. In dieser Hinsicht ähneln Entscheidungen über verdeckte Aktionen anderen Maßnahmen, die einen „goldenen Mittelweg" darstellen, beispielsweise Wirtschaftssanktionen. Ein Wirtschaftsboykott bietet im Gegensatz zu verdeckten Aktionen jedoch nicht die geringste Gewähr, daß er sich geheimhalten läßt. Er zwingt die Regierung vielmehr zu einem Kurs, der für die Öffentlichkeit sichtbar ist.

Da man davon ausgeht, daß sich die anfangs noch begrenzte Intervention geheimhalten läßt, stellt sie eine immense Versuchung dar. Die führenden Politiker sind eher geneigt, sie auszuweiten als darauf zu verzichten – ein Merkmal menschlichen Verhaltens, das nicht nur bei verdeckten Aktionen, sondern auch in weniger ungewöhnlichen Situationen zu beobachten ist. Die Operation im Iran 1985 eskalierte schrittweise: Aus der Fühlungnahme mit dem Iran wegen der strategischen Schlüsselstellung des Landes entwickelte sich der Kontakt mit den gemäßigten Gruppierungen und schließlich das Tauschgeschäft Waffen gegen Geiseln. Damit hat man nicht unbedingt gutes Geld schlechtem hinterhergeworfen, sondern in jeder Phase geglaubt, die Operation werde gelingen und der nächste Schritt sei gerechtfertigt. Aus der geschichtlichen Distanz lassen sich die Warnsignale heute eindeutiger erkennen, als es damals den Beteiligten möglich war.

Auch die Annahme, daß sich verdeckte Aktionen vor der Öffentlichkeit verbergen lassen, trägt maßgeblich dazu bei, langfristige Implikationen zu ignorieren. Und selbst wenn man sich dieser Konsequenzen bewußt sein sollte, argumentiert man, daß sie nicht zwangsläufig zum Tragen kommen müssen. Aber die Geschichte hat uns gelehrt, daß dies ein Trugschluß ist: Die Operation wird sich mit an Sicherheit grenzender Wahrscheinlichkeit nicht verbergen lassen, ebensowenig wie die Rolle der Vereinigten Staaten, über die die Weltöffentlichkeit zu urteilen hat.

Was sie können, können wir auch

Die Lektionen, die uns die Praxis lehrt, führen deshalb unweigerlich zu Fragen, die die Moral betreffen. Amerikas Verhalten wird ja nicht nur im eigenen Land, sondern auch von der Weltöffentlichkeit beurteilt. In den Vereinigten Staaten sind die Meinungen über die Rechtmäßigkeit von Interventionen in die innenpolitischen Belange souveräner Staaten – vor allem, wenn es sich um geheime handelt – geteilt. Schon seit langem gibt es leidenschaftliche Debatten zwischen den ,,Realisten", die die Welt so nehmen, wie sie ist, und den ,,Idealisten", die sie ihren Vorstellungen gemäß zu verändern trachten. Diese Kontroverse ist so alt wie die Geschichte der Menschheit.

Die hier angesprochenen Probleme sind nicht auf geheime Interventionen beschränkt, obwohl sie in diesem Themenkreis eine Vorrangstellung einnehmen. Offene Interventionen, wie beispielsweise die Invasion in Grenada im Jahre 1983 oder militärische Offensiven wie die Bombardierung Libyens 1986, werfen ähnliche Fragen nach Moral und Angemessenheit der Mittel auf. Die Probleme, mit denen sich die USA konfrontiert sehen, sind nicht abstrakter Natur, sondern müssen in Zusammenhang mit der Intensität der Bedrohung und der Angemessenheit anderer verfügbarer Optionen bewertet werden.

In beiden Fällen glichen die Überlegungen, die zu einer offenen Intervention führten, den Entscheidungsfindungsprozessen bei geheimen Interventionen. Man stellte sich die Frage, ob die Reaktion der Öffentlichkeit auf den Eingriff

Amerikas potentielle kurzfristige Vorteile zunichte machte. Würde die junge Generation Lateinamerikas oder Westeuropas die Episode als Beispiel für den Versuch werten, in dieser Region das Gleichgewicht der Kräfte zwischen der Sowjetunion und den USA zu erhalten – zweier Supermächte, die in bezug auf ihren außenpolitischen Kurs für diejenigen, die sich für eine der beiden zu entscheiden hatten, schwer zu unterscheiden, wenn nicht gar identisch waren? Oder würde die unübersehbare Kooperation der Nachbarstaaten Grenadas und die Tatsache, daß die Betroffenen selbst die US-amerikanische Invasion begrüßten, das Urteil beeinflussen? Und gab es zwingende Gründe für die Annahme, daß die Intervention zeitlich befristet und die demokratische Basis in Grenada stark genug sein würde?

Im Falle Libyens mußte man sich fragen, ob der Angriff Libyen dazu zwingen würde, auf eine weitere Unterstützung terroristischer Aktivitäten zu verzichten, selbst wenn es nicht gelingen würde, das militärische Potential zu schwächen? Würde die Bombardierung als ein Zeichen für die Stärke der Vereinigten Staaten und die Entschlossenheit bewertet werden, zu ihrem gegebenen Wort zu stehen? Würden die Länder der Dritten Welt, ja selbst die arabischen Führer, den Angriff auf einen exzentrischen Politiker insgeheim begrüßen, auch wenn diplomatisches Kalkül sie daran hinderte, ihr Einverständnis offen zu demonstrieren? Würde die amerikanische Öffentlichkeit Amerikas Vorgehen ungeachtet seiner Auswirkung auf Libyen als ein beruhigendes Zeichen werten? All diese Überlegungen mußten mit dem Risiko verglichen werden, daß die Vereinigten Staaten ihr weltweites Ansehen und das Vertrauen ihrer Verbündeten durch den Alleingang einbüßten, der wie der Kampf eines Giganten gegen einen Zwergstaat erschien. Die USA liefen Gefahr, Gaddafi durch diesen Gewaltakt zum Helden zu stempeln – ein Resultat, das wohl kaum im Sinne Washingtons war.

Selbst wenn das Verhalten der Sowjetunion für die Überlegungen Amerikas keine ausschlaggebende Rolle spielt, so ist es dennoch ein wichtiger Faktor. Soweit aus den Akten hervorgeht, beherrscht die Sowjetunion sämtliche Spielarten geheimer Aktivitäten.[18] Ob sie es darin zu größerer Meisterschaft als die USA gebracht hat, könnte man bezweifeln. Wenn man Angola als Erfolg für die Sowjetunion betrachtet, dann ist dieser nicht nur der Schlagkraft der kubanischen Truppen zu verdanken, sondern primär darauf zurückzuführen, daß die Sowjetunion und ihre kubanischen Verbündeten nach der Intervention Südafrikas in den Augen der Weltöffentlichkeit auf der „richtigen", und die USA auf der „falschen" Seite standen.

Der sowjetische Einfluß wuchs in einer Reihe von Staaten, die nach Selbstbestimmung strebten, vor allem auf dem afrikanischen Kontinent. Auch hier war die Tatsache ausschlaggebend, daß die UdSSR wieder einmal mit der „richtigen" Seite paktierte, während die westlichen Nationen mit den Kolonialmächten im Bündnis blieben.

In den Fällen, wo durch einen Umsturz Regierungen an die Macht gelangten, die der Sowjetunion ideologisch näherstanden – in den fünfziger Jahren beispielsweise Ägypten und der Irak, in den sechziger Jahren Peru, Syrien und Libyen und in den siebziger Jahren Grenada und Surinam – spielte die Sowjetunion selbst fast immer eine Nebenrolle. Nur im Südjemen 1978 und in Äthiopien Mitte der siebziger Jahre, wo ihre Rolle noch umstrittener war, hatte sie entscheidenden Einfluß auf das Geschehen.[19] Die Sowjetunion versteht sich besser darauf, einem ihr freundlich gesonnenen Regime die Macht zu sichern, wozu sie sich verschiedener, eher halbverdeckter als strikt geheimer Maßnahmen bedient. Dazu gehören militärische Hilfeleistungen, die Unterstützung pro-sowjetischer Gruppierungen, die in ihren Augen eine Art „Vorhut" darstellen; vor allem der Aufbau eines Geheimdienstes und regimetreuer Milizen mit Hilfe Kubas (und manchmal der DDR). Wenn die Sowjetunion überhaupt einen klaren Vorteil vor den USA in den Schattenkriegen der Dritten Welt verzeichnen kann, dann hat sie diesen dem Bündnis mit Kuba zu verdanken.

Falls ein sowjetischer Analytiker die verdeckten Aktionen seines Landes nach vergleichbaren Kriterien wie die in diesem Buch aufgeführten beurteilen sollte, würde er zu ähnlichen Schlußfolgerungen gelangen: *daß nämlich die Geschichte bewiesen hat, daß die meisten damit erzielten Erfolge aus der zeitlichen Distanz heraus unbedeutend, zweifelhaft oder vergänglich erscheinen.* Ein Überläufer aus dem KGB enthüllte den Japanern, die Operationsziele seiner Behörde bestünden darin, Mißtrauen zwischen Japan und den Vereinigten Staaten zu schüren, eine prosowjetische Lobby in Japan zu schaffen und Tokio daran zu hindern, sich gegen den Machtanspruch der UdSSR auf die nördliche Inselgruppe zur Wehr zu setzen.[20] Auffallend ist, wie weit diese ehrgeizigen Ziele von einer Verwirklichung entfernt sind. Generell gesehen nehmen die verdeckten Methoden im Vergleich zum sichtbaren politischen Kurs, beispielsweise der mangelnden Bereitschaft der Sowjetunion, den Japanern die Kurilen zurückzugeben, nur eine Randstellung ein.

Der sowjetische Analytiker würde wahrscheinlich auch den Einmarsch der Russen in Afghanistan ähnlich beurteilen. Nach unseren Erkenntnissen begann die Afghanistan-Affäre mit einer möglicherweise sogar geheimen Operation bescheidenen Ausmaßes, die von der Partei und dem KGB initiiert worden war, um die politische Führung Afghanistans durch ein Regime zu ersetzen, von der sich die Sowjetunion größere Loyalität erhoffte.[21] Als dieser Plan scheiterte, sah sich die Sowjetunion vor die Wahl gestellt, eine Niederlage zu akzeptieren oder durch die Entsendung von starken Truppenverbänden bessere Voraussetzungen für einen Erfolg zu schaffen. Die politische Enthaltsamkeit hätte zur Folge gehabt, die zunehmende Entfremdung eines ideologisch verwandten und benachbarten sozialistischen Regimes tatenlos hinzunehmen. Und da Moskau dies nicht akzeptieren wollte, beschloß man, die Intervention auszuweiten.

Gehen wir, um die Grundzüge der amerikanischen Politik

auszuloten, einmal von der Annahme aus, daß die Sowjetunion ihre außenpolitischen Interessen mit Hilfe verdeckter Aktionen sowohl mit großem Ehrgeiz als auch ohne Skrupel verfolgt. Nehmen wir des weiteren an, daß sie – den Klischeevorstellungen entsprechend – als geschlossene Gesellschaft beträchtliche Vorteile bei der Durchführung geheimer Operationen hat. Zumindest lassen sich diese vor der Öffentlichkeit leichter verbergen als es in Amerika der Fall sein dürfte. Was den Handlungsspielraum anbetrifft, könnte man die Position der sowjetischen Regierung mit der Sonderstellung der CIA in den fünfziger Jahren vergleichen.

Aber mit dem Hinweis auf die sowjetischen Methoden läßt sich das Problem nicht lösen. Die Behauptung, wir seien gezwungen, zu verdeckten Aktionen zu greifen, weil sie in der Sowjetunion üblich seien, läßt sich weder moralisch noch aus der Perspektive der Angemessenheit der Mittel rechtfertigen. Im Dezember 1976, in der Zeit des Übergangs von der Ford- zur Carter-Administration, arbeitete ich gemeinsam mit einigen alten Bekannten einen Entwurf für die Zuständigkeiten der Ausschüsse des Nationalen Sicherheitsrates aus. Wir beschlossen, die von Ford konzipierten Grundstrukturen – ein dichtes Netzwerk von Unterausschüssen, die mit spezifischen Aufgaben betraut waren, beizubehalten. Als neue Administration im Weißen Haus mußten wir natürlich die Bezeichnungen der Ausschüsse ändern, und so sannen wir über geeignete Namen nach. Der Ausschuß 40, Präsident Fords Beratungsausschuß auf dem Gebiet verdeckter Aktionen, wurde von uns scherzhaft in „Was sie können, können wir schon lange"-Komitee umgetauft.

Wir unterscheiden uns grundlegend von der Sowjetunion, und wir sind überzeugt, daß dieser Unterschied nicht nur für unsere innenpolitische Entwicklung, sondern auch für Ansehen und Einfluß der Vereinigten Staaten im Ausland eine entscheidende Rolle spielt. Obwohl unsere Handlungen unsere Worte nicht selten Lügen strafen, herrscht die Überzeugung vor, daß keine Nation das Recht hat, sich in die inneren Angelegenheiten ihrer Nachbarn einzumischen. Dieses Gebot, das genauso ausgeprägt ist wie unsere Abneigung gegen die Machtpolitik, die das europäische Staatensystem kennzeichnet, ist ein unverzichtbarer Bestandteil unseres moralischen Rüstzeugs.

Aus dieser Perspektive gesehen stellt die Nichteinmischungspolitik mehr dar als ein moralisches Prinzip. Sie ist ein gewichtiges Instrument, das uns von der Sowjetunion unterscheidet und dazu beiträgt, Amerikas Einfluß weltweit zu stärken. Wir sind der Meinung, daß das demokratische Gesellschaftssystem einen Beispielcharakter hat, dem sich keine Nation entziehen kann, wenn man ihr die Chance zu einem echten Vergleich gibt. Folglich müssen wir diese demokratische Gesinnung nicht nur in unseren innenpolitischen Arrangements, sondern auch in unserem außenpolitischen Verhalten beweisen. Wenn man davon ausgeht, daß die Welt der Demokratie den Vorzug gibt, dann muß jeder Versuch, einer Nation unsere Gesellschaftsform aufzuzwingen, auf Widerstand stoßen und ist möglicherweise von vorneherein zum Scheitern verurteilt. Es läßt sich nicht leugnen, daß das Bestreben, ein Regime zu stürzen – auch wenn es sich wie im Fall Chile 1970 um eines handelt, das durch relativ knappe Wahlergebnisse an die Macht gelangte – mit der demokratischen Tradition unvereinbar ist.

Mit derartigen Aktionen beweisen wir nicht nur unsere Unfähigkeit, unsere Ideale zu verwirklichen, sondern schaden auch unserem Ansehen als Protagonisten der Demokratie. Es gibt zweifellos Unterschiede zwischen dem Einmarsch der Sowjetunion in Afghanistan und der Unterstützung, die Amerika den Contras angedeihen läßt. Aber diese Unterschiede machen sich primär im Ausmaß, und weniger in der Natur der Intervention bemerkbar. Es ist frustrierend, wenn man befürchten muß, daß Afrikaner, Asiaten, Lateinamerikaner, ja sogar die junge Generation Europas im Verhalten der Sowjetunion und der Vereinigten Staaten kaum mehr einen Unterschied entdecken könnten.

Für all diese Länder weisen die Sowjetunion und die Vereinigten Staaten aufgrund ihres Status als Supermächte weit mehr Gemeinsamkeiten als Unterscheidungsmerkmale in ihrem außenpolitischen Kurs auf. Wenn wir durch unser Verhalten dazu beitragen, diese Überzeugungen zu verfestigen, müssen wir außenpolitisch gesehen einen Verlust hinnehmen.

Aus dieser Perspektive sind selbst die ,,Erfolge" verdeckter Aktionen in der Retrospektive von zweifelhaftem und vergänglichem Wert. Sie wurden nur dadurch erzielt, daß wir den tradierten Wertvorstellungen und dem weltweiten Ansehen unserer Nation geschadet haben. Erst aus der geschichtlichen Distanz läßt sich klarer erkennen, was uns dieser Erfolg gekostet hat. Und Episoden jüngeren Datums, zum Beispiel Angola, zeigen, daß wir nicht nur interveniert, sondern schlimmer noch, auch erfolglos interveniert haben.

Auch der Vergleich mit anderen Nationen kann das Problem nicht lösen. Israel scheint auf dem Gebiet geheimer Operationen beispielsweise recht versiert zu sein. Es hat viele seiner Erfolge eher der Geduld erfordernden Spionagetätigkeit – durch Einschleusen von Agenten in terroristische und andere oppositionelle Gruppierungen – als spektakulären verdeckten Aktionsplänen zu verdanken. Vielleicht würde ein israelischer Analytiker das Resultat der geheimen Aktivitäten genauso skeptisch wie sein sowjetischer Kollege beurteilen.

Allerdings: Israel ist nicht Amerika, sondern ein Land mit einer vergleichsweise geringen Bevölkerungszahl und einer weit geschlosseneren militärischen und nachrichtendienstlichen Organisation. Die Auffassung, daß es von seinen Nachbarstaaten unmittelbar und ernsthaft bedroht wird, hat zwar im Laufe der Zeit an Überzeugungskraft eingebüßt, ist aber noch immer stark genug, um bei Entscheidungen über verdeckte Aktionen zu einem erstaunlichen Konsens zu führen. Israel kann – und sollte – den Vereinigten Staaten in keiner Hinsicht als Modell dienen; Israel gilt, zu Recht oder Unrecht, als Paria, und das ist eine Entwicklung, die wir sicher nicht begrüßen würden.

Die Unterstützung unserer Verbündeten

Vom Standpunkt der „Realisten" aus betrachtet ist die Welt ein wenig erfreulicher, reichlich verworrener Ort. Aus dieser Perspektive wird die seit langem bestehende Ambivalenz zwischen dem hohen moralischen Anspruch und der Auffassung, die internationale Politik sei nun einmal ein schmutziges Geschäft, eher verständlich. Der Abgeordnete Stephen Solarz erklärte einmal: „In Anbetracht der Tatsche, daß die Sowjetunion permanent weltweit akzeptierte Normen verletzt..", ist es für die Vereinigten Staaten..., „weder politisch praktikabel noch stategisch klug, stets eine indifferente Haltung einzunehmen."[22]

Dazu kommt, daß sich die politischen Entscheidungen eines Landes auf so vielfältige Weise auf andere Nationen auswirken, daß eine allzu exakte Definition des Begriffes „Intervention" zweifelhaft erscheint. Alle recherchierten Beispiele haben gezeigt, daß die verdeckten Aktionen der Vereinigten Staaten nur einen Teilbereich ihrer Politik darstellen. Die Vereinigten Staaten hatten darüber zu entscheiden, ob sie Kuba, Chile oder Angola wirtschaftlich unterstützen oder das Vermögen iranischer Bürger in den USA freigeben sollten oder nicht. Den meisten Entscheidungen lagen ausschließlich politische Kriterien zugrunde. Selbst wenn diese bei der Lösung von Problemen mit anderen Staaten nicht den Ausschlag gaben, so mußten die Entscheidungen dennoch auf die politische Situation in den betroffenen Ländern ihre Wirkung zeigen.

Dasselbe gilt für Maßnahmen, die von „privaten" Akteuren eingeleitet wurden. Amerikanische Unternehmen entscheiden darüber, ob sie in einem bestimmten Land investieren wollen oder nicht. Dieser Beschluß hat nicht nur wirtschaftliche, sondern auch politische Auswirkungen, selbst wenn dabei politische Erwägungen im engeren Sinn des Wortes keine Vorrangstellung einnehmen. Für die meisten Konzerne oder Großbanken, die darauf verzichteten, unter einem Allende-Regime in Chile zu investieren, standen trotz des Drucks, den Washington ausübte, keine spezifischen politischen Motive im Vordergrund. ITT stellte in dieser Hinsicht eine Ausnahme dar. Die Beweggründe waren in erster Linie geschäftlicher Natur und basierten auf dem herrschenden Klima in Chile. Die Entscheidung wurde primär von wirtschaftlichen Gesichtspunkten getragen, auch wenn die politische Instabilität das ihre dazu beigetragen haben mag.

Die Definition des Begriffes 'Intervention' wird noch verworrener, wenn wir Aktionen betrachten, die unverkennbar politischen Zwecken dienen. Radiostationen der östlichen wie westlichen Hemisphäre strahlen Propagandasendungen aus, die von der Gegenseite empfangen werden können. Bis Ende der sechziger Jahre wurde zwei amerikanische Radiostationen, *Radio Freies Europa* und *Radio Liberty,* insgeheim von der CIA betrieben. Heute werden sie offen vom amerikanischen Kongreß finanziert. Die politischen Parteien Westdeutschlands erhalten Zuschüsse vom Staat. Sie investieren in den Aufbau politischer und gewerkschaftlicher Organisationen ihrer Schwesterparteien in den Entwicklungsländern. Die weltweiten Verbindungen zwischen den kommunistischen Parteien haben einen pseudolegitimen Anstrich, der Amerikanern doppelbödig erscheint.

Manche Bedrohungen für die nationale Sicherheit Amerikas erfordern eine Reaktion. Und manche unserer Bündnispartner in der Dritten Welt verdienen Unterstützung. 1961 forderte Präsident Kennedy seine Mitbürger auf: Wir müssen „jeden Preis zahlen, jede Bürde tragen, jeder Härte begegnen, jeden Freund unterstützen, uns jedem Feind entgegenstellen, um das Überleben und den Erfolg der Freiheit zu gewährleisten." Heute erscheint uns dieser Appell, der durch seine mangelhafte Differenzierung und den Hang zur Intervention auffällt, reichlich antiquiert – ein Spiegelbild des damals herrschenden Zeitgeistes. Fest steht jedoch, daß die amerikanische Öffentlichkeit und ihre parlamentarischen Vertreter trotz umstrittener Manifestationen der Reagan-Doktrin die Hilfsaktionen für die Verbündeten der

Vereinigten Staaten in der Dritten Welt weitgehend begrüßen. In den sechziger Jahren hatte die Frage, welche „Befreiungskriege" Amerika ablehnte, Vorrang; heute geht es darum, welche die Vereinigten Staaten unterstützen – und auf welche Weise.

Der Hang zur Offenheit

Die Frage, ob Interventionen moralisch zu verantworten sind oder nicht, läßt sich nur von Fall zu Fall entscheiden. Ob es uns gefällt oder nicht – wir leben nun einmal in einer Welt, die nicht unseren Idealvorstellungen entspricht. Das erschwert es uns, allgemeingültige Normen zu setzen oder verdeckte Aktionen gegen bestimmte Nationen klar zu definieren und einzugrenzen. Wie vieles andere hängt auch die Entscheidung für oder wider verdeckte Aktionen vom jeweiligen Fall und dem Urteilsvermögen des einzelnen ab.

Wenn es um geheime Interventionen geht, wird das Urteilsvermögen der führenden Politiker oftmals von der Annahme getrübt, daß sich sowohl die Aktion als auch die Entscheidung geheimhalten ließen. Sie gehen fälschlicherweise davon aus, die Vereinigten Staaten könnten von der Aktion profitieren, ohne daß man sie als Initiator entlarvt. Anstatt die verdeckte Aktion, wie eine offene militärische Intervention, als allerletzte Zuflucht einzustufen, auf die man nur dann zurückgreift, wenn die Bedrohung für die nationale Sicherheit ernst und jede andere verfügbare Handlungsalternative ausgeschöpft ist, betrachtet man sie als „goldenen Mittelweg" – als naheliegenden, und nicht letzten Ausweg aus einem Dilemma.

Die Geheimhaltung spielt zwar bei vielen Entscheidungen, die in einer Krisenstimmung gefällt werden, eine vorrangige Rolle, ist aber unter Umständen weniger zwingend, als es auf den ersten Blick scheinen mag. Wenn sich eine verdeckte Aktion ohnehin nicht lange geheimhalten läßt, warum sollte man dann nicht gleich offen intervenieren? John Brosse hat beispielsweise erklärt:

Die Identifizierung mit ausländischen Sponsoren kann dazu beitragen, daß eine Dissidentenbewegung mit patriotischen Motiven zu einer Gruppe von Landesverrätern abgestempelt wird. Die Geheimhaltung trägt außerdem dazu bei, eine Konfrontation mit anderen Machtblöcken zu verhindern, die ein Interesse am Operationsgebiet haben und sich durch einen Regierungswechsel (oder den Weiterbestand des Regimes) bedroht fühlen.[23]

Falls eine Identifizierung mit den Vereinigten Staaten für unsere Verbündeten tatsächlich einem Todeskuß gleichkommt, wie die Gegner offener Aktionen glauben, dann müssen sie in unserer Umarmung ersticken. In diesem Fall wäre es nur logisch, wenn wir unsere Feinde unterstützten – eine Taktik, die die CIA zeitweilig, zu Propagandazwecken, verfolgt hat. Und falls die Unterstützung der Vereinigten Staaten wie im Falle Angolas nicht bekannt geworden wäre *und* Kuba und die Sowjetunion nicht interveniert hätten, wäre IAFEATURE vielleicht mehr Erfolg beschieden gewesen.

Keines dieser beiden von Bross genannten Argumente sollte man kategorisch ausklammern. Das eine oder andere kann bei der Entscheidung für oder wider verdeckte Aktionen sogar ausschlaggebend sein. Aber bei beiden geht man von der Voraussetzung aus, daß sich verdeckte Hilfeleistungen bis zu einem gewissen Grad geheimhalten lassen – eine Fehleinschätzung, die immer wieder vorkommen wird. Vielleicht war es für Eduardo Frei tatsächlich von Vorteil, daß die Vereinigten Staaten seinen Wahlkampf „insgeheim" (und möglicherweise sogar ohne sein Wissen) finanzierten. Aber in Chile war es kein Geheimnis, daß die USA ihm den Vorzug gaben und Salvador Allende ablehnten. Die Frage, ob ihm diese Identifizierung mit den Vereinigten Staaten letztlich genutzt oder geschadet hat und ob man die Unterstützung als offen oder verdeckt bezeichnen will, ist irrelevant angesichts der Tatsache, daß sie in Chile eine politische Realität darstellte.

In anderen Fällen – vor allem jüngeren Datums – hat

sich die Annahme, die Intervention Amerikas ließe sich geheimhalten, schon bald als Trugschluß erwiesen, wie man am Beispiel der FNLA und der UNITA in Angola oder der Contras in Nicaragua erkennt. FNLA und UNITA brachte man nur in den ersten Monaten des Jahres 1975 nicht mit den Vereinigten Staaten in Verbindung, solange die Hilfeleistungen noch verdeckt und nicht offen erfolgten. Bei der finanziellen Unterstützung der Contras spielte die verdeckte Form allerdings keine nennenswerte Rolle. Außerdem hätte es den Empfängern möglicherweise nicht das mindeste ausgemacht, wenn ihre Geldgeber bekannt geworden wären. Mit verdeckten Hilfeleistungen geht man noch ein weiteres Risiko ein. Wenn die Vereinigten Staaten ihre Freunde nur im geheimen unterstützen, könnte die Verbindung mit den USA zwielichtig erscheinen und Anlaß geben, etwas in sie hineinzuinterpretieren, was nicht den Tatsachen entspricht.

Die Neigung, offen zu intervenieren, mag stark ausgeprägt ein, ist aber schwer in die Praxis umzusetzen. Man wäre gezwungen, sich einzugestehen, die Politik eines souveränen Staates beeinflussen zu wollen, und das ist ein ebenso unliebsames wie umstrittenes Thema. Dazu kommt, daß ein Staat, der sich durch die offene Hilfestellung der Vereinigten Staaten bedroht fühlt, eher geneigt ist, Gegenmaßnahmen zu ergreifen, als wenn diese verdeckt erfolgt. Aus diesem Grund lassen sich nicht alle akuten, schwerwiegenden Probleme mit Hilfe einer offenen Intervention lösen. Was geschieht beispielsweise, wenn die Sandinistas eine offene Unterstützung oppositioneller Parteien oder Medien in Nicaragua mit allen verfügbaren Mitteln verhindern? Was geschieht, wenn die Republik Südafrika genauso verfährt?

Es kommt vor, daß man geheime Aktivitäten nach Bekanntwerden offen weiterführt. Die in München stationierten amerikanischen Sender *Radio Freies Europa* und *Radio Liberty*, die ihre Sendungen nach Osteuropa und in die Sowjetunion ausstrahlen, waren der Form nach Privatunternehmen; sie forderten die Amerikaner in Werbekampagnen auf, einen Spendenbeitrag zur Finanzierung zu leisten. Tatsache ist jedoch, daß sie – insgeheim – von der CIA als Propagandawerkzeug gegründet und finanziert wurden. Als 1967 erste Informationen über den wahren Sachverhalt durchsickerten, betrieb man die Radiostationen trotzdem weiter. Man unterstellte sie lediglich einem Aufsichtsrat und finanzierte sie mit Geldern, die der Kongreß bewilligte.

Ein offenes Modell stellen auch die Stiftungen der großen politischen Parteien in Westdeutschland dar, die von den Parteien verwaltet und mit staatlichen Geldern bezuschußt werden, ohne daß man ein Geheimnis daraus macht. Damit unterstützt man offen ideologisch nahestehende politische und gewerkschaftliche Organisationen in aller Welt. Bisweilen, beispielsweise in Mittelamerika, war Washington dieses finanzielle Engagement lästig. Aber während der Wirren nach der portugiesischen Revolution 1974 hat man es zu schätzen gelernt. In beiden Fällen wurde den Vereinigten Staaten bewußt, daß ihnen ein vergleichbares, vor allem offenes, Instrument fehlt.

Noch vor zwei Jahrzehnten sah es so aus, als ob die CIA diese offene Funktion übernehmen würde. Die Reagan-Administration entschloß sich 1983, den National Endowment for Democracy (= Nationale Stiftung für die Demokratie) einzurichten, der sich in etwa mit den Stiftungen der deutschen Parteien vergleichen läßt. Die Stiftung, die 1985 über ein Budget von 18 Millionen Dollar verfügte, leitet ihre Gelder an die beiden großen politischen Parteien sowie an die AFL-CIO (American Federation of Labor – Committee of Industrial Organization; eine Gewerkschaftsorganisation) und an eine private Unternehmergruppe weiter, die damit demokratische Institutionen, primär in der Dritten Welt, subventionieren. Dieses Modell hat zwar nicht immer die gewünschten Erfolge gezeitigt, ist aber im Ansatz vielversprechend. Die Stiftung und ihre vier bevollmächtigten Organisationen haben die Geldmittel umsichtig und den politischen Richtlinien entsprechend verteilt: Empfänger waren beispielsweise zwei Jahre lang die Gruppe *Amerikanische Freunde Afghanistans,* die insgesamt 400 000 Dollar für die Entwicklung von pädagogischen und kulturellen Einrichtungen in den Teilen des Landes erhielten, die von den Widerstandsgruppen kontrolliert wurden – eine Aktion, die man zu anderen Zeiten vielleicht als die „zivile" Komponente einer paramilitärischen Operation bezeichnet hätte.[24]

Die AFL-CIO hat während der Nachkriegszeit die nichtkommunistischen Gewerkschaften, vor allem in Lateinamerika, unterstützt. Viele Aktionen der AFL-CIO gerieten durch ihre starke ideologische Ausprägung und die enge Verbindung zur CIA in Verruf, ein Beispiel dafür, daß verdeckte Aktionen gelegentlich ihre Schatten werfen. Aber vielleicht verblaßt der Makel durch die offene Unterstützung, die die Stiftung leistet, im Laufe der Zeit.

Daß die Stiftung schon bald zwischen zwei Fronten geriet, war unvermeidlich. Mit der finanziellen Unterstützung des nicaraguanischen Oppositionsblattes *La Prensa*, das vom sandinistischen Regime stark unter Druck gesetzt wurde, leistete sie genau die Art von Hilfestellung, die die CIA verdeckt in Chile und vermutlich auch in Nicaragua anbot. In Anbetracht der politischen Fehde, die zwischen Nicaragua und den USA herrschte, war es verständlich, daß das sandinistische Regime die Unterstützung einer amerikanischen Institution nicht länger dulden konnte.

Offen bleibt auch die Frage, ob sich in Anbetracht der amerikanischen Außenpolitik eine staatliche Unterstützung mit den individuellen und umstrittenen Initiativen „privater" Gruppen vergleichen lassen. Das Budget der Stiftung beläuft sich nur auf ein Achtel der Gelder, die den Stiftungen der politischen Parteien in Deutschland zur Verfügung stehen. 1985 kürzte der Kongreß das Budget der Stiftung um die Hälfte und lehnte eine weitere Finanzierung von Organisationen der republikanischen und demokratischen Partei ab. Diese Verfügung wurde im nächsten Jahr allerdings wieder gelockert.

Traurig, aber wahr ist, daß der Kongreß aufgrund der politischen Richtlinien eher bereit scheint, Geldmittel insgeheim für die CIA als offen für andere Institutionen zu bewilligen, selbst wenn beide ähnliche Zwecke damit verfolgen. Wenn die CIA beispielsweise beschließt, heimlich die Teilnahme einer lateinamerikanischen, sozialdemokratischen Frauengruppe an einer Tagung der Feministinnen in Afrika zu finanzieren, läßt sich dieses Vorhaben problemlos bewerkstelligen. Wenn der Stiftung der Sinn danach stünde, müßte sie damit rechnen, den Senator Proxmire-,Orden' für die Verschwendung öffentlicher Mittel verliehen zu bekommen. Daß solche Unterschiede gemacht werden, liegt zum Teil daran, daß die CIA im Vergleich zu der neuen und noch unerfahrenen Institution für ihre nahezu sprichwörtliche Kompetenz bekannt ist. Dennoch hält man es für nötig, die Budgets der CIA unter dem Deckmantel der nationalen Sicherheit zu bewilligen. Denkbar wäre natürlich auch, daß es den Kongreßmitgliedern im Grunde ganz recht ist, bestimmte Aktivitäten insgeheim zu finanzieren, weil sie ihren Wählern nur ungerne die Frage beantworten würden, warum sie gerade diese und nicht andere, den amerikanischen Bürgern zugute kommende Aktionen unterstützten.

In absehbarer Zukunft wird die offene finanzielle Unterstützung auf bescheidene, politisch orientierte – und möglichst wenig umstrittene – Projekte beschränkt bleiben. Langfristig gesehen würde ein solch offener Kurs die Auffassung widerspiegeln, daß die nationalen Grenzen gegen Ende unseres Jahrhunderts zunehmend durchlässiger werden. Das hätte möglicherweise zur Folge, daß Gruppierungen, denen die Vereinigten Staaten Unterstützung anbieten, dieses Hilfsangebot weniger skeptisch beurteilen, vor allem wenn es offen erfolgt. Washington könnte beispielsweise sagen: „Wir sind bereit, euch zu unterstützen, aber nur in offener Form. Wir glauben, daß dies besser für euch ist; und wir wissen, daß es besser für uns ist."

Die geheime Variante

Es gibt gewisse Umstände, die verdeckte Aktionen größeren Stils sinnvoll erscheinen lassen, aber derartige Situationen findet man heute immer seltener. Die Unterstützung der afghanischen Widerstandskämpfer ist zum Beispiel ein solcher Fall jüngeren Datums. Initiiert wurde sie in geringem Umfang im letzten Amtsjahr Präsident Carters. Sie eskalierte beträchtlich Mitte der achtziger Jahre. 1985 investierten die USA schätzungsweise 280 Millionen Dollar in die Lieferung von Waffen, Kleidung und Hilfsgütern für Afghanistan.[25] Nicht nur der Kongreß, sondern auch die amerikanische Öffentlichkeit begrüßte diese Unterstützung.

Die Hilfeleistung war ein offenes Geheimnis. Die Rolle Amerikas wurde nicht unbedingt geheimgehalten, sondern eher stillschweigend übersehen. Der ägyptische Ministerpräsident Anwar el-Sadat sagte noch im September 1981, zwei Wochen vor seinem Tod, in einem Interview der NBC-Nachrichtensendung: „Ich möchte Ihnen ein Geheimnis enthüllen: In dem Augenblick, als die Ereignisse in Afghanistan ihren Anfang nahmen (der Einmarsch der Sowjetunion Ende Dezember 1979) haben die USA Kontakt mit mir aufgenommen. Der für Afghanistan bestimmte Waffentransport wurde von Kairo aus mit amerikanischen Flugzeugen durchgeführt."[26] Der Grund für dieses Bekenntnis war die riskante Position der pakistanischen Regierung, die den USA geholfen hatte, den logistischen Nachschub an die Aufständischen zu regeln. Pakistan war zwar bereit, seinen Beitrag zu leisten, scheute aber davor zurück, sich dabei zu sehr zu exponieren – aus Furcht, sich die Sowjetunion zum Feind zu machen. Unter diesen Umständen war das Eingreifen der CIA anstelle einer militärischen Intervention eher von der Diskretion der Beteiligten als von der Geheimhaltung abhängig.

Inzwischen hängt die Wahl zwischen stillschweigener Billigung und Geheimhaltung von Interventionen mehr von den Entscheidungsinstanzen als vom dabei eingesetzten Instrumentarium ab, wie aus dem Beispiel Nicaragua hervorgeht, wo die verdeckte Aktion ihre Bezeichnung nicht verdiente. Als der Kongreß erkannte, daß sich das Hilfsprogramm für die Contras nicht mehr stoppen ließ, verlangten seine Gegner, es zumindest auf „nicht-lebensgefährdende“ Hilfsmaßnahmen zu beschränken, die vom State Department, und nicht von der CIA, überwacht werden sollten. Sie waren bereit, politische Zwecke zu unterstützen, um sich nicht dem Vorwurf auszusetzen, die Sandinistas allzu „nachgiebig“ zu behandeln.

Der Kompromiß, den man im August 1985 erzielte, erscheint heute nur schwer verständlich. Der Begriff „nicht-lebensgefährdend“ war mehr oder weniger eine Fiktion und nicht nur schwer zu definieren – fällt z.B. ein Lastwagen, auf dem Soldaten transportiert werden, unter die Rubrik „lebensgefährdend“? –, sondern warf auch ein weiteres Problem auf: Falls die Contras außer den Vereinigten Staaten noch weitere Geldgeber fanden, konnten sie aufgrund der „nicht-lebensgefährdenden“ Unterstützung Amerikas ihre finanziellen Ressourcen für den Kauf von Waffen und Munition aufsparen. Dazu kam, daß das State Department mit der Überwachung des Programms überfordert war.

Die Bereitstellung von Transportflugzeugen, von Landeplätzen, auf denen die Übergabe der Hilfsgüter stattfindet, und entsprechender Tarnmaßnahmen gehört nicht gerade zu den üblichen diplomatischen Aufgaben und ist vor allem dann schwer zu bewerkstelligen, wenn diese nicht-lebensgefährdenden Hilfeleistungen in aller Stille, wenn nicht gar geheim erfolgen mußten. Dem State Department wurde bald der Vorwurf gemacht, es habe dafür gesorgt, daß die Contras außer der „nicht-lebensgefährdenden“ staatlichen Unterstützung auch „privat“ finanzierte Waffenlieferungen erhielten, oder es seien Gelder in den geheimen Kanälen der Contras verschwunden.

Merkwürdig mutet an, daß man mit der Hilfe für die Regierung El Salvadors, die damit einen bewaffneten Aufstand in den achtziger Jahren verhinderte, die amerikanischen Streitkräfte betraute, während die Unterstützung der Contras im benachbarten Nicaragua in die Zuständigkeit der CIA fiel – obwohl die Abstimmung über die Höhe der finanziellen Zuwendungen in beiden Fällen nicht geheim durchgeführt wurde. Ein ähnliches Rätsel gibt Vietnam auf: *Warum baute die CIA in Laos eine eigene Luftflotte auf? Es gab doch schon eine amerikanische Luftwaffe!*

Im Fall von Vietnam erklärte Colby, der ehemalige Direktor der Central Intelligence, man habe – sogar bei „offenen" verdeckten paramilitärischen Operationen – auf die Streitkräfte verzichtet, weil diese den Einsatz als militärische Offensivaktion durchgeführt hätten. Paramilitärische Operationen wiesen eigene Charakteristika auf – sie erfordern zunächst den Aufbau einer politischen Basis, und die US-amerikanischen Streitkräfte seien nicht politisch orientiert."[27]

Tatsache ist, daß paramilitärische Einsätze keine zentrale Rolle in der Aufgabenstellung der Teilstreitkräfte spielen, nicht einmal für die Marine. Sie verfügt zwar, ebenso wie die Armee, über ein bestimmtes Kontingent an Menschen und Material für die unkonventionelle Kriegsführung; aber ihre Spezialeinheiten sollen die regulären Truppen unterstützen und nicht bewaffneten Aufständischen insgeheim Hilfestellung leisten.

Es könnte auch sein, daß die weniger „lautstarken", wenn auch nicht geheimen paramilitärischen Operationen der CIA dem Einsatz der Streitkräfte deshalb vorgezogen wurden, weil das Risiko, eine offene Konfrontation mit der Sowjetunion heraufzubeschwören, geringer war. Die USA laufen weniger Gefahr, sich zu exponieren, wenn die CIA diese Einsätze übernimmt, vor allem, wenn die Intervention eskaliert, was manchmal unvermeidlich zu sein scheint. Wenn ein amerikanischer CIA-Angehöriger in Pakistan bei einem Angriff der Russen auf eine afghanische Widerstandsbasis ums Leben kommt, ist es unwahrscheinlich, daß man seinen Sarg, in die amerikanische Flagge gehüllt, in die Heimat überführt. Anders verhält es sich, wenn es sich dabei um einen Oberst der Armee handelte. Auch der Druck auf die politische Führung Amerikas, Vergeltungsmaßnahmen einzuleiten, wäre mit Sicherheit geringer.

Es bleibt noch die Frage nach der Verantwortlichkeit. Flexibilität und Verantwortlichkeit sind oftmals entgegengesetzte Seiten derselben Medaille. Die CIA kann wohl auch deshalb ,,lautloser" vorgehen, weil die Überwachung ihrer Aktivitäten größtenteils unter Ausschluß der Öffentlichkeit stattfindet. Sie genießt heute zwar nicht mehr dieselbe ,,Narrenfreiheit" wie in den fünfziger Jahren, aber ihr Handlungsspielraum ist immer noch größer als der des Militärs. Entsprechend geringer ist auch die Gefahr, daß sie für ihre Aktionen öffentlich zur Verantwortung gezogen wird – zumindest befürchten das viele Amerikaner.

In seltenen Fällen erfordern die Umstände den geheimen Transfer von Geldmitteln an pro-amerikanische politische Parteien oder Gewerkschaften. Portugal in der Zeit nach der Revolution 1974 gehörte zu diesen Ausnahmen. Die politischen Kräfte waren dort annähernd im Gleichgewicht, obwohl man mit einem Linksruck rechnen mußte. Die strategischen Interessen der Vereinigten Staaten lagen hier klar auf der Hand: Portugal zählt zu den NATO-Staaten. Die USA haben auf den Azoren größere Stützpunkte eingerichtet. In dieser Hinsicht ist Portugal nicht mit Chile zu vergleichen, obwohl es sich dabei eher um Unterschiede handelt, die den Grad der amerikanischen Präsenz betreffen.

Manche Ziele konnten die Vereinigten Staaten offen anstreben. Ende 1974 gewährten sie Portugal einen Kredit in Höhe von 20 Millionen Dollar, eine Maßnahme, mit der man das Prestige des damaligen Außenministers und Führers der sozialistischen Partei, Mario Soares, aufzuwerten hoffte. Außerdem ging es darum, die Wettbewerbsstärke der sozialistischen Partei gegenüber den portugiesischen Kommunisten zu stärken – ein Ziel, das die USA gemeinsam mit ihren Verbündeten in Westeuropa verfolgten. Im Frühjahr 1975 begann die CIA der sozialistischen Fraktion mehrere Millionen Dollar monatlich über ihre Schwesterparteien in Westeuropa zufließen zu lassen, bevor letztere sich zu einer direkten Unterstützung entschlossen.

Als die Presse auf die Hilfeleistung der CIA aufmerksam wurde, weigerte sich das State Department, einen Kommentar abzugeben. Soares erklärte seinerseits, die Vereinigten Staaten hätten ihm lediglich „diplomatische Unterstützung gewährt.“[29] Damit endete die Episode. Die Operation war in relativ kurzer Zeit beendet und hätte sicher den Beifall der amerikanischen Öffentlichkeit gefunden, wenn diese informiert gewesen wäre. Sie wurde von den Kongreßmitgliedern befürwortet, die Kenntnis davon hatten, und sie deckte sich mit den sichtbaren politischen Leitlinien der USA.

In wenigen Fällen ist das Gleichgewicht der politischen Kräfte in einem Land so fragil, wie beispielsweise im Iran 1953, daß ein Mindestmaß an Unterstützung seitens der USA ausreicht, um die Waagschale zugunsten einer Fraktion zu senken. Es gibt allerdings Operationsziele, die auch in den neunziger Jahren politisch noch so instabil und daher anfällig für die Einflußnahme fremder Mächte sein könnten, wie Guatemala es in den fünfziger Jahren war.

Die Entscheidung für offene Aktionen

Wenn es um die Entscheidung für oder wider eine offene Intervention geht, sollten sich umsichtige Politiker eine Reihe von Fragen stellen, die mit „Was ist, wenn...“ beginnen. Das gilt nicht nur für den innen- und außenpolitischen Bereich generell, sondern insbesondere für die Kategorie der verdeckten Aktionen, weil hier die Annahme, die geplanten Aktivitäten ließen sich geheimhalten, am stärksten ausgeprägt ist.[30]

Die Frage, die sich in diesem Zusammenhang aufdrängt, lautet: „Was ist, wenn die Aktion bekannt wird, nachdem sie angelaufen ist? Verdeckte Aktionen größeren Ausmaßes lassen sich selten lange geheimhalten. Diese Mahnung spricht sich zwar leicht aus, läßt sich aber schwer beherzigen, wenn die politische Entscheidungsfindung unter Druck stattfindet oder von reinem Wunschdenken beherrscht wird. Vielleicht wäre man bereit gewesen, den Invasionsplan für Kuba aufzugeben. Oder hätte man eine andere Schlußfolgerung gezogen: Wenn sich die Beteiligung der Vereinigten Staaten schon nicht verbergen ließe, dann müsse man *alles* daransetzen, das Unternehmen zum Erfolg zu führen.

Falls es gelungen wäre, die Operation im Iran 1985 – 1986 noch für einige Jahre nach Freilassung aller Geiseln geheimzuhalten, hätte dieser Erfolg vielleicht die Nachteile überwogen, die das Bekanntwerden des Tauschgeschäftes Waffen gegen Geiseln mit sich brachte. Mit Sicherheit kann das aber niemand wissen. Man muß allerdings kein professioneller Analytiker sein, um zu erkennen, daß die Verfolgung eines verdeckten politischen Zieles, das sich gegen eine bestimmte Gruppe von Iranern richtete, von den politischen Fraktionen des Irans bei Bekanntwerden als Affront gewertet werden konnte. Als das Tauschgeschäft mit einer Nation, die Amerika des öfteren terroristischer Umtriebe bezichtigt hatte, ruchbar wurde, konnte es keinen Zweifel daran geben, daß die Verbündeten der Vereinigten Staaten, ein großer Teil der Welt und vor allem die amerikanische Öffentlichkeit dieses Verhalten unverzeihlich fanden.

Ein Frühwarnsignal, das schon vor der Entscheidung als Orientierungshilfe gelten sollte, ist die Frage: Widerspricht die Intervention unseren erklärten politischen Leitlinien? Wenn ja, wie im Fall des Waffenverkaufs an den Iran, kann man nahezu ausschließen, daß die Operation sich lange geheimhalten läßt. Der Waffenverkauf stand in krassem Gegensatz zu den offen deklarierten politischen Zielen der amerikanischen Regierung, die sich die größte Mühe gegeben hatte, ihre Verbündeten zu einem Waffenembargo zu überreden, sie zu überzeugen, daß eine Beendigung des Krieges zwischen dem Iran und dem Irak ohne Sieger und Besiegte vorzuziehen und Verhandlungen mit Terroristen über die Freigabe von Geiseln, geschweige denn Waffenlieferungen, indiskutabel seien.

Die zweite „Was ist, wenn...“-Frage sollte lauten: „Was sollen wir tun, wenn das Ziel mit der ersten Intervention nicht erreicht wird?“ Wenn eine verdeckte Aktion geheim bleiben soll, darf sie in der Regel ein gewisses Ausmaß nicht überschreiten. Die Zielsetzung muß diesem Ausmaß entsprechen. Man sollte auf allzu ehrgeizige Ziele verzichten, denn eine verdeckte Aktion kann keine Wunder wirken. Amerika hat zum Beispiel im letzten Jahrzehnt die Terroristenszene zum Ziel verdeckter Aktionen erklärt. Wenn man darüber öffentlich abgestimmt hätte, wäre diese Zielsetzung mit Sicherheit in die politischen Leitlinien aufgenommen worden. Viele Aktivitäten wurden nur mit Rücksicht auf die mögliche Gefährdung der Verbündeten und anderer Nationen, auf deren Hilfe Amerika dabei angewiesen war, verdeckt durchgeführt. Die geheimen, gegen Libyen gerichteten Aktionen, über die man Mitte der achtziger Jahre viel debattierte, wären von der Öffentlichkeit aus den genannten Gründen wahrscheinlich akzeptiert worden. Umstritten war allerdings, ob eine Operation geringeren Ausmaßes nicht ausgereicht hätte.[31]

Es scheint jedoch kein Zweifel daran zu bestehen, daß die verdeckte Aktion nur eines von vielen Instrumenten der Terrorismusbekämpfung darstellt. Gelegentlich hat man damit wohl auch den gewünschten Erfolg erzielt. Aber wir dürfen mit relativ großer Sicherheit davon ausgehen, daß man damit keine nennenswerten Erfolge verbuchen konnte, denn diese lassen sich für gewöhnlich nicht lange verbergen. In der Terrorismusbekämpfung rangieren verdeckte Aktionen weit hinter anderen, wirksameren Maßnahmen und Methoden, z.B. der effektiven Arbeit der Polizei oder einer verstärkten Observierung verdächtiger Personen.

Oft lagen Operationen mit anfangs geringem Ausmaß ehrgeizige Zielvorstellungen zugrunde, die dem Instrument nicht angemessen waren. Sobald sich zeigte, daß das Ziel nicht realisiert werden konnte, neigten die führenden Politiker dazu, die nächste Planungsphase einzuleiten, wie beispielsweise beim Unternehmen in der Schweinebucht, im

Fall von Angola oder im Iran in den achtziger Jahren. Gelegentlich wurden nach Erreichen des begrenzten Ziels die Hoffnungen höher geschraubt – siehe Angola oder Nicaragua. Die Frage „Was tun wir jetzt?“ erfordert zumindest, daß man den Planern verdeckter Aktionen vermehrte Aufmerksamkeit widmet und nach Anzeichen dafür sucht, daß die Erfolgsaussichten des ursprünglichen Planes skeptisch beurteilt werden.

Als drittes sollte man sich fragen: „Welche Signale lassen sich von wem empfangen, und wie reagiert man darauf?“ Die Antwort darauf läßt sich klarer aus der Retrospektive ableiten; sie beinhaltet Überlegungen, die die Bedrohung und die Interessen der USA betreffen. Indikatoren dafür sind beispielsweise in den Studien der CIA oder des State Department zu finden. 1985 und 1986 standen nur wenige nachrichtendienstliche Informationen über den Iran zur Verfügung. Aber diese schienen die Überzeugung zu bestätigen, daß es dort „Gemäßigte“ gab. Später tauchten allerdings Zweifel an der unmittelbaren Bedrohung des Iran durch die Sowjetunion auf, eine Annahme, die im ursprünglichen CIA-Papier ihren Ausdruck fand.

Schon die Wahl der Gruppen, die von den Vereinigten Staaten insgeheim unterstützt werden sollen, kann Warnsignale enthalten. Da die Verbindung geheim bleiben muß, fällt es der CIA mitunter schwer, diese Gruppierungen zu einem Verhalten zu zwingen, das den Vorstellungen Washingtons entspricht. Die Unterstützung der Contras ist nicht zuletzt deshalb so umstritten, weil viele der Rebellen aus der verhaßten Nationalgarde Somozas stammen und wiederholt unter Anklage standen, gegen die Menschenrechte verstoßen zu haben. Auch die Unterstützung der afghanischen Widerstandsbewegungen könnte man als zweischneidiges Schwert betrachten: Einerseits stellt sie ein Mittel dar, die sowjetischen Besatzer unter Druck zu setzen; andrerseits läßt sie sich wohl kaum als eine Möglichkeit bezeichnen, aus Afghanistan einen „demokratischen“ Staat zu formen.

Zu den weiteren Indikatoren zählt die Einstellung der benachbarten Staaten im Operationsgebiet. Im Fall von Afghanistan wurde die Unterstützung der Vereinigten Staaten mehr oder weniger begrüßt, z.B. von Pakistan oder Ägypten und Saudi-Arabien bis hin zu China. In Mittelamerika schien die Haltung zwiespältig. Die meisten Länder äußerten ihre Besorgnis über die Unterstützung der Contras, hofften dennoch auf ein Ende des sandinistischen Regimes.

Die zweite Runde verdeckter Aktionen in Angola warf die Frage auf, ob die beabsichtigten Signale richtig verstanden wurden. Eine gewisse Orientierungshilfe bot dabei die Entwicklung im Jahre 1975. Im Juli 1985 setzte der Kongreß auf Drängen der amerikanischen Regierung den Clark-Tunney-Zusatzartikel außer Kraft, der erst vor einem Jahrzehnt in die Verfassung aufgenommen worden war und jegliche verdeckte Hilfeleistung an die Rebellen in Angola verbot. Damals verteidigte Washington sein Ansinnen mit dem Argument, dieser Zusatzartikel sei zu vage gehalten und behindere eine flexible Reaktion auf die aktuelle Entwicklung in Afrika. Die geheime Unterstützung der von Jonas Savimbi geführten UNITA, mit der die CIA nachweislich seit 1979 in Kontakt stand, war selbst in Regierungskreisen umstritten.

Im Januar 1986 reiste Savimbi auf Einladung von konservativen Kreisen zu einer Lagebesprechung nach Washington, wo er unter anderem auch mit Reagan zusammentraf. Der Besuch ließ den Widerstand von Außenminister Shultz dahinschmelzen, der die Auffassung vertreten hatte, daß die Unterstützung der UNITA Verhandlungen über den Abzug der kubanischen Truppen im Wege stünde. Ähnliche Zweifel seitens der Kongreßausschüsse, die mit der Überwachung der Nachrichtendienste befaßt waren, wurden gleichermaßen vom Tisch gefegt. Man bewilligte der CIA ein Budget von 15 Millionen Dollar, mit dem Waffen für die UNITA beschafft werden sollten – z.B. Stinger-Luftabwehrraketen, die besonders umstritten waren, weil sie für den Fall, daß sie in falsche Hände fielen, auch von Terroristen eingesetzt werden könnten.[32]

Das Signal, das die Reagan-Regierung zu senden beabsichtigte, war eine Kampfansage an den Kommunismus. Für sie schienen die Ziele, antikommunistische Gruppen in Angola und Anti-Apartheid-Bewegungen in Südafrika zu unterstützen, nicht unvereinbar zu sein. Aber die Realität auf dem afrikanischen Kontinent trug das ihre dazu bei, die Unterscheidungsmerkmale in den Köpfen der amerikanischen Politiker nach und nach zu verwischen, wie so oft, wenn die politische Situation im Ausland nicht den Vorstellungen Washingtons entsprach. Welche Vorzüge Savimbi in ihren Augen auch immer vorzuweisen vermochte, er hatte einen Fehler, der sich als tragisch erweisen sollte: Er war nahezu vollständig von Südafrika abhängig. Seine Truppen waren beinahe ein Teil der südafrikanischen Armee. Eine massive Unterstützung der Vereinigten Staaten hätte es ihm unter Umständen ermöglicht, sich von Südafrika zu lösen, obwohl der logistische Nachschub nur schwer zu regeln gewesen wäre, ohne dabei südafrikanisches Territorium zu verletzen. Mit ihrer bescheidenen Hilfe signalisierte Amerika den afrikanischen Staaten lediglich, daß es mit Südafrika im Bunde war.

All diese Erkenntisse haben bewirkt, daß man bei der Entscheidung für oder gegen verdeckte Aktionen heute höhere Maßstäbe ansetzt. Die Orientierungshilfen sind vornehmlich negativ und bestehen aus einer Reihe von Vorsichtsmaßnahmen. Sie werden nicht gerade geschätzt von Männern und Frauen, die es sich zum Ziel gesetzt haben, etwas *zu tun*, und nicht, etwas zu unterlassen. Dieses Charaktermerkmal ist in der amerikanischen Bevölkerung tief verwurzelt und wird noch verstärkt durch die Umstände, die eine verdeckte Aktion als Handlungsalternative nahelegen. Aber wenn man sowohl den Wandel in den USA als auch weltweit berücksichtigt, der sich in der Nachkriegsperiode vollzogen hat, dann sind die Fälle, die eine umfangreiche verdeckte Aktion als politische Lösung rechtfertigen, sehr begrenzt.

Ähnliche Orientierungshilfen wurden vor einem Jahrzehnt von Cyrus Vance (später Außenminister in der Carter-

Administration) aufgestellt und 1978 in die Exekutiv-Richtlinien 12036 integriert. Für Vance war die Formulierung des Gesetzes von 1947 – „die nationale Sicherheit betreffend" – zu vage, als daß sie den Standard für verdeckte Aktionen setzen konnte. Er empfahl, geheime Interventionen nur dann in Betracht zu ziehen, wenn es „*für die nationale Sicherheit absolut unerläßlich*" sei und alle anderen Möglichkeiten erschöpft wären.[33] Die Entscheidung wurde zwar von Fall zu Fall getroffen, aber keine trug zur Verbesserung der von Vance ausgearbeiteten Richtlinien bei.

Die größte Paradoxie: Verdeckte Aktionen in einer offenen Gesellschaft

Solange die Vereinigten Staaten verdeckte Aktionen als Handlungsalternative betrachten, sehen wir uns mit der Widersinnigkeit konfrontiert, daß geheime Operationen in einer offenen, demokratischen Gesellschaft akzeptiert werden. Paradox ist daran, vor allem in Anbetracht der Veränderungen in den Grundzügen der amerikanischen Politik, die Beziehung zwischen Kongreß und Exekutive. Der Waffenverkauf an den Iran, die Abzweigung der daraus geschöpften Gewinne an die Contras und die Rolle der Regierung bei der finanziellen Unterstützung auf „privater" Basis haben zu einer lautstarken Kontroverse geführt, die sowohl den politischen Wandel als auch die nach wie vor bestehende Paradoxie akzentuiert.

Contras, Waffen und Geiseln

Als der Kongreß das Hilfsprogramm für die Contras 1984 zum erstenmal einstellte und im darauffolgenden Jahr nur Gelder bewilligte, die „nicht-lebensgefährdenden" Zwecken dienen sollten, machte man der Regierung – und vor allem dem NSC-Mitglied Oberstleutnant Oliver North – wiederholt den Vorwurf, diese Bedingungen mißachtet und den Contras private oder ausländische Geldquellen beschafft zu haben. Diese Anschuldigungen mehrten sich im

Oktober 1986, als ein ziviles Frachtflugzeug mit Munition und Hilfsgütern für die Contras an Bord im Süden Nicaraguas abgeschossen wurde.[1] Der amerikanische Flugkapitän und sein Co-Pilot wurden dabei getötet, ein dritter Amerikaner, Eugene Hasenfus, gefangengenommen, vor Gericht gestellt und später zu dreißig Jahren Haft verurteilt, bevor die sandinistische Regierung eine Amnestie erließ. Hasenfus war schon während des Vietnam-Krieges im Dienste der CIA für die Abwicklung des Luftfrachtverkehrs in Südostasien zuständig gewesen. Die Maschine, die er betreute, gehörte der Southern Air Transport, die von 1960 bis 1973 zu den Tarnfirmen der CIA im Operationsgebiet zählte. Hasenfus leugnete, CIA-Agent zu sein, gab aber zu, geahnt zu haben, daß die CIA hinter der Operation stand.[2]

Die Reagan-Administration bestritt jegliche Verantwortung für diesen Flug. Sie habe sich strikt an die 1984 herausgegebene Verordnung gehalten, die eine direkte Unterstützung der Contras verbot. Elliott Abrams, stellvertretender Außenminister, erklärte: ,,Ich bestreite das. Die Überwachungsausschüsse behielten uns ständig im Auge. Sie haben nie etwas gefunden.‘‘[3] Tatsache ist, daß das Repräsentantenhaus 1985 mehrfach Untersuchungen durchgeführt hatte, um ähnlichen Beschuldigungen wegen Amtsmißbrauchs nachzugehen, die jedoch kein Ergebnis brachten.

Als die Kongreßausschüsse das geheime Hilfsprogramm für die Contras im Herbst 1983 auf 24 Millionen Dollar kürzten, versperrten sie der CIA gleichzeitig auch jede Möglichkeit, ihren Reservefonds anzutasten. Sie untersagten den Mitgliedern der Exekutive, einschließlich der CIA, jedoch nicht ausdrücklich, nach anderen Geldgebern Ausschau zu halten. Ende 1983 und Anfang 1984, als das Budget von 24 Millionen Dollar erschöpft war, genehmigte der Präsident den Vorschlag des DCI Colby, anderweitig Unterstützung für die Contras zu suchen. Casey und eine Reihe weiterer Repräsentanten der Regierung wandten sich an verschiedene Staaten um Hilfe, wie beispielsweise Israel, Brunei und Saudi-Arabien. Es gelang ihnen, Zusagen von privaten

Gruppen in den Vereinigten Staaten, Südkorea, Taiwan und Lateinamerika zu erhalten. Diese private Hilfe soll allein während des Zeitraums, als das offizielle Programm eingestellt war, rund 25 Millionen Dollar betragen haben. Die Zahlen für die gesamte Periode der Contra-Aktivitäten sind weit höher anzusetzen.[4]

Als das vom Kongreß bewilligte 24 Millionen Dollar-Budget im März 1984 aufgezehrt war, stellte sich Oberstleutnant North inoffiziell als Koordinator der privaten Hilfeleistungen zur Verfügung. Als der Kongreß im Oktober jegliche Beteiligung der CIA an diesen Transaktionen untersagte, gab die Behörde an ihre Außenstationen die Weisung, sämtliche diesbezüglichen Aktivitäten „sofort einzustellen". Im Herbst 1985 leitete North die Operation. Er überwachte die Weitergabe der mit privaten Geldern gekauften Waffen an die Contras sowie den Bau eines geheimen Flugplatzes in Costa Rica.[5] 1986 richtete er eine eigene, abhörsichere Relaisstation ein, zu der unter anderem auch 15 Chiffriergeräte gehörten, die er von der National Security Agency erhalten hatte. Rund ein Dutzend CIA-Beamte waren an Norths Operation beteiligt, die somit den Anstrich einer offiziellen Billigung seitens des Weißen Hauses erhielt.

North, der seine Operation „*Projekt Demokratie*" nannte, hatte ein umfangreiches Netz von Kontakten zu konservativen Organisationen und ehemaligen Angehörigen der Streitkräfte aufgebaut, zu dem auch zwei Generäle im Ruhestand gehörten: Richard V. Secord, der schon beim Waffenverkauf an den Iran eine Schlüsselrolle spielte, und John Singlaub. Secord war außerdem als ehemaliger Unterstaatssekretär im Verteidigungsministerium mit dem internationalen Waffenhandel vertraut. Singlaub, der von Präsident Carter wegen seiner öffentlichen Kritik an der Korea-Politik der Regierung aus dem Amt entlassen worden war, arbeitete im Auftrag Präsident Reagans für dessen private Organisation U.S.Council for World Freedom.[6]

Die private Hilfeleistung für die Contras warf ähnliche

Fragen auf, wie sie sich bei anderen verdeckten Aktionen aufdrängte. Die Vereinigten Staaten konnten die Beziehungen zu den von ihr unterstützten Gruppen nicht so ohne weiteres abbrechen, selbst wenn sie es gewollt hätten. Die Mitglieder der Exekutive bekamen die Schwere dieser Verantwortung ganz besonders intensiv im Sommer 1986 zu spüren, als der Kongreß die Geldmittel für „lebensgefährdende" Güter zwar wieder bewilligt hatte, der Transfer aber noch nicht angelaufen war. Als das Programm dann gestrichen wurde, konnten die Contras andere Geldquellen auftreiben, was die Vereinigten Staaten jedoch nicht von einer gewissen Verantwortung für weitere Aktionen der Rebellen entband. Die subtilen Unterschiede, die Washington machte, waren für die mittelamerikanischen Staaten nur schwer sichtbar. Als die amerikanische Regierung lediglich „humanitäre" Hilfe leistete, wurde auch diese heimlich gewährt. Man benutzte dieselben Transportwege und Flugzeuge, die an einem Tag beispielsweise von der Regierung bereitgestellte Nahrungsmittel und Medikamente und am nächsten privat finanzierte Waffen und Munition herbeischafften. In einem Fall wurden 15 000 Dollar des Budgets für humanitäre Zwecke für Waffenkäufe abgezweigt.[7]

Alarmierend war an dieser Episode, daß die Unzulänglichkeiten in der Überwachungsfunktion des Kongresses klar zutage traten. Die Regierung hatte die CIA von der Operation abgezogen, befürwortete aber weiterhin und öffentlich die Unterstützung der Contras. Über die privaten Hilfsmaßnahmen äußerte sich der Präsident, der sich gelegentlich selbst als „Contra" bezeichnete, folgendermaßen: „Es ist uns nicht entgangen, daß private Gruppen und einzelne Bürger versucht haben, den Contras zu helfen. Aber wir wissen nicht genau, wie sie das bewerkstelligen."[8] Noch deutlicher formulierte es North in seiner geheimen Botschaft an Poindexter, datiert im Mai 1986: „..... der Präsident weiß offensichtlich, warum er sich mit einigen Leuten getroffen und ihnen für ihre ‚Unterstützung der Demokratie' in Cent Am (Zentralamerika) gedankt hat."[9]

Robert „Bud“ McFarlane, damaliger Sicherheitsberater des Präsidenten, glaubte, die Regierung habe sich an das Gesetz gehalten, aber sein Urteil spiegelt die Argumente von David Phillips wider:

Wir hatten ein nationales Interesse daran, mit dem aktuellen Geschehen in Kontakt zu bleiben und zweitens, das Vertrauen der Freiheitskämpfer nicht zu enttäuschen. Und was bedeutet es, dieses Vertrauen nicht zu enttäuschen? Nicht mehr und nicht weniger, als daß die Vereinigten Staaten klar zeigen, daß sie an das glauben, was sie tun. Wir konnten keine Unterstützung mehr gewähren, aber wir waren in der Lage, klarzustellen, daß wir weiterhin Unterstützung (beim Kongreß) suchen würden. Wir waren bestrebt, die Kontinuität unserer Politik zu gewährleisten.[10]

Die Hasenfus-Episode wurde jedoch bald überschattet von der wohl schwersten Krise, in die die Reagan-Regierung aufgrund der Iran-Contra-Affäre geriet. Die Untersuchungen, die 1987 von beiden Kammern des Kongresses eingeleitet wurden, waren ein Zeugnis staatsbürgerlicher Pflichterfüllung und ein grandioses Schauspiel, in dem Oliver North, zumindest kurzfristig, die Rolle des Volkshelden übernahm. Aber weder dem Kongreß noch dem Staatsanwalt, der mit gesonderten Ermittlungen betraut wurde, gelang es, nach dem Tod William Caseys Anfang 1987 und aufgrund der lückenhaften Erinnerungen der wichtigsten Beteiligten – allen voran der Präsident und Poindexter – den gordischen Knoten zu lösen und die Frage zu beantworten, wer was zu welchem Zeitpunkt gewußt hatte.

Die Schlußfolgerungen, die sich aus dieser Affäre ziehen lassen, sind dennoch klar – und uns inzwischen vertraut: Trotz der Untersuchungen des Kongresses ein Jahrzehnt zuvor und der daraus resultierenden Reformen in der Gesetzgebung, trotz der Kontroverse, die die Contra-Operation zwischen Kongreß und Exekutive auslöste und zu einer Einschränkung des Handlungs- und Ermessensspielraumes führte, zeigte sich in aller Deutlichkeit, *wie unzulänglich die*

Überwachungstätigkeit des Kongresses in der Praxis gehandhabt wurde, wenn ein Präsident entschlossen war, seine Entscheidungen durchzusetzen. Und der Präsident hatte überdies die Möglichkeit, die Kontrolle über eine verdeckte Aktion zu lockern, wie es in der Blütezeit der überzeugenden Dementis üblich war.

Poindexter schneiderte sich diese lockere Kontrolle und den trügerischen Schutz, den die Dementis boten, nach seinen eigenen Vorstellungen zurecht: Für ihn war die Abzweigung der Gelder lediglich ,,ein Detail....bei der Umsetzung der politischen Richtlinien des Präsidenten in die Praxis....Obwohl ich der Überzeugung war, der Präsident hätte zugestimmt, wenn er informiert gewesen wäre, habe ich aus eigenem Antrieb beschlossen, ihn nicht zu fragen; damit wollte ich ihm die Möglichkeit offenlassen, sich von der Aktion zu distanzieren und eine Beteiligung an der Entscheidung zu dementieren...falls sie je bekannt werden sollte."[11]

Diese Schwachstellen in der Überwachung kennzeichnen die Episode vom Anfang bis zum Ende. Außenminister Shultz deutete an, er habe seine ablehnende Haltung gegenüber dem Waffenverkauf in zwei Vollversammlungen des NSC – am 6. Dezember 1985 und am 7. Januar 1986 – in denen das Thema auf der Tagesordnung stand, und bei mindestens einer weiteren Gelegenheit nachweislich bekundet. Verteidigungsminister Weinberger, der geschrieben hatte: ,,Das ist beinahe zu absurd, um sich darüber zu äußern...fast so, als würde man Gaddafi zu einem trauten Beisammensein einladen". Die Rede ist hier von der ursprünglichen Fassung des Memorandums, das als NSC-Entscheidungsdirektive im vorhergehenden Sommer in Umlauf gesetzt wurde. Auch Weinberger äußerte seine Bedenken am 7. Januar.[12] Nach McMahons Einspruch gegen eine Beteiligung der CIA an dem geplanten Waffenverkauf ohne die formale Zustimmung des Weißen Hauses genehmigte der Präsident den im Januar vorgelegten Aktionsplan, stellte allerdings die Bedingung, die CIA dürfe die

Überwachungsausschüsse nicht darüber informieren. Tatsache ist, daß er das Papier nicht unterschrieb. Poindexter hielt die mündliche Zusicherung nach der Lagebesprechung lediglich schriftlich fest.

Sowohl Shultz als auch Weinberger verließen die Konferenz im Dezember, bei der es um das Waffengeschäft ging, in dem festen Glauben, hier handle es sich – um Weinberger zu zitieren – um ,,ein Baby, das schon in der Wiege erdrosselt wurde.'' Im Januar war sich Shultz nicht einmal ganz sicher, ob überhaupt eine endgültige Entscheidung vorlag: ,,In dieser Besprechung wurde die Entscheidung nicht klar formuliert...es war nicht so, als ob ein konkreter Beschluß vorgelegen hätte.'' Bei einigen Sitzungen während der Iran-Contra-Affäre fehlten sowohl schrifliche Arbeitsunterlagen, die vorher verteilt worden, als auch Protokolle, in denen die Entscheidungen schriftlich festgehalten waren.

Shultz sagte aus, daß er von dem Aktionsplan erst im darauffolgenden November erfahren habe. Er brachte seine Ansichten zum Ausdruck und zog sich dann aus der Schußlinie zurück, teils weil man ihn nicht mehr einweihte, teils weil er es anscheinend vorzog, nichts zu wissen. Weinberger schien sich für eine ähnliche Vogel-Strauß-Politik entschieden zu haben, obwohl die Waffen aus Pentagon-Beständen stammten.

Donald Regan, Mitglied des Beraterstabes des Weißen Hauses, war die Sorge seines Vorgesetzten über das Schicksal der Geiseln nicht verborgen geblieben. Er wurde zum glühenden Befürworter des Transfers. In dieser Atmosphäre, die der Exekutive immensen Freiraum ließ, konnte North die enthusiastischen Äußerungen des Präsidenten über die Contras und den Waffentransfer an den Iran miteinander koppeln und einen Plan ausarbeiten, für den er zunächst bei Casey und dann bei Poindexter um offizielle Genehmigung nachsuchte. Er hatte sich seine eigene Version für ein überzeugendes Dementi zurechtgelegt. Auf diese Definition hatte die CIA schon seit langem verzichtet, und deshalb war sie nicht bereit, sie in diesem spezifischen

Fall wieder in Anwendung zu bringen. Sie beschloß daher, nicht ohne die ausdrückliche schriftliche Zustimmung des Präsidenten zu handeln.

Eine neue Horde wildgewordener Elefanten?

Die Operation im Iran unterschied sich insofern von der Hilfsaktion für die Contras, als daß die Regierung über erstere geteilter Meinung war, letztere jedoch einstimmig begrüßte. Aber schon bevor die beiden gekoppelt wurden, wiesen sie einige Gemeinsamkeiten auf: Beide wurden vom Weißen Haus geleitet und unterlagen strikter Geheimhaltung. Im Mai 1986 warnte Poindexter North: ,,Von jetzt an werden Sie mit niemandem außer mir über Ihre Rolle in diesem Projekt sprechen, nicht einmal mit Casey.'' An beiden Operationen waren in hohem Ausmaß Privatpersonen beteiligt, und beide wurden extrem amateurhaft durchgeführt – man erinnere sich nur an Norths Probleme, die für den Iran bestimmten Waffenlieferungen über portugiesisches Territorium weiterzuleiten, oder an die Vermutungen, daß der größte Teil des Geldes aus dem Waffenverkauf in geheimen Kanälen verschwand, die zu den Contras führten. Und bei beiden gab es so gut wie keine Dokumente, anhand derer sich eindeutig zurückverfolgen ließ, wer die Operationen genehmigt hatte und in wessen Verantwortungsbereich sie somit entfielen – ein Relikt aus der Praxis der verdeckten Aktionen in den fünfziger und sechziger Jahre, mit dem Unterschied, das dieses Mal die Drahtzieher unter den NSC-Mitgliedern und im Beraterstab des Weißen Hauses zu suchen waren. In Caseys Augen stellte – laut Aussage von North vor dem Untersuchungsausschuß des Kongresses – die Umleitung der Gelder nicht nur ,,eine schier unermeßliche Ironie, die verdeckte Aktion par excellence'', sondern auch den Beginn einer ,,irregulären, sich selbst tragenden und beispiellosen'' Finanzierungsform für verdeckte Aktionen dar, die außerhalb der Kontrollgewalt der Regierung lag.[13]

Die Kombination der beiden Operationen erweiterten das Spektrum der neuen, ,,wildgewordenen Elefantenhorde", die sich dieses Mal nicht in der CIA, sondern im Weißen Haus ausgetobt hatte – ein Spektrum, das ein Jahrzehnt zuvor zur Gründung des Church-Ausschusses geführt hatte. Als der Ausschuß 1975 seine Arbeit aufnahm, stand die Watergate-Affäre im Mittelpunkt der Recherchen. Ehemalige Angehörige des Nachrichtendienstes, wie beispielsweise E. Howard Hunt, der für die Propagandaaktivitäten während der Laufzeit von PUBSUCCESS verantwortlich zeichnete, gehörte zu den sogenannten ,,Klempnern" der Nixon-Administration, deren Aufgabe darin bestand, undichte Stellen im Kommunikationsnetzwerk aufzuspüren und abzusichern. Die Presse erging sich in zahllosen Verdächtigungen – von denen leider manche der Wahrheit entsprachen –, daß die Nachrichtendienste einer Reihe von gesetzeswidrigen Aktivitäten nachgegangen seien, unter anderem illegal Telefone angezapft, die sogenannten Neuen Linken in den Vereinigten Staaten nachrichtendienstlich überwacht und die Antikriegs- sowie Bürgerrechtsbewegungen unter Druck gesetzt hätten.

Noch besorgniserregender war der Eindruck, daß sich die Nachrichtendienste zu einem Machtfaktor entwickelt hatten, der außerhalb des Gesichtskreises des Kongresses operierte und nicht einmal mehr der Kontrolle des amerikanischen Präsidenten unterstand. Manche der internen Untersuchungen der CIA über eine Beteiligung der Behörde an der Ermordung ausländischer Politiker waren bereits in den amerikanischen Medien veröffentlicht worden und hatten zu Senator Churchs Vergleich zwischen der CIA und ,,wildgewordenen Elefanten" geführt.

Damals konnten wir nur wenige Anzeichen dafür entdecken, daß sich die wildgewordenen Elefanten in der CIA befanden. Wir stellten vielmehr fest, daß die tobende Horde wohl eher die typische Handschrift des FBI trug. Im Laufe der Zeit begannen wir sogar mit den CIA-Kandidaten, die im Mittelpunkt unserer Untersuchungen standen, über diese Metapher zu scherzen. Als der damalige CIA-Direktor William Colby seine Aussage vor dem Ausschuß machen sollte, fand ich ein Foto, das eine Elefantenfamilie mit ineinandergehakten Rüsseln und Schwänzen darstellte. Wir zeigten die Aufnahme während der Sitzung mit dem Kommentar: „Direktor Colby und seine Mitarbeiter bei der Aussage vor dem Untersuchungsausschuß."

Eine Frage, die wir in ähnlicher Form auch in diesem Buch erörtert haben, beschäftigte uns während der Untersuchungen weit mehr, als die Suche nach den Schuldigen in der CIA: Welche Rolle spielen die – vor allem spezifischen – Aktivitäten der CIA im außenpolitischen Gesamtkonzept der Vereinigten Staaten? Damals wie heute lassen sich Fragen nach der Struktur und dem Inhalt des Entscheidungsprozesses nicht voneinander trennen. Wir stellten fest, daß die Praxis der überzeugenden Dementis eine allzu lockere Handhabung der Überwachungs- und Kontrollfunktionen bei den verdeckten Aktionen der Exekutive begünstigte, obwohl den jeweils amtierenden Regierungen, die von der Möglichkeit Gebrauch machten, sich expressis verbis davon zu distanzieren, wenig Erfolg beschieden war. In der Anfangszeit gefiel sich der Kongreß in der Rolle des „Kumpanen". „Informelle Absprachen" wurden zwischen dem CIA-Direktor und einigen wenigen, langjährigen Kongreßmitgliedern getroffen.

„Glaubhafte Dementis" und „Kumpanei"

Ich erinnere mich noch an Richard Helms' Aussage vor dem Church-Ausschuß, der sich 1975 zu der Beschuldigung äußerte, die CIA sei an Attentatsversuchen auf Castro beteiligt gewesen. Er schilderte lebhaft die Konzeption der Dementis und lamentierte über ihre Auswirkungen in der Praxis:

Jedem, der an der Operation beteiligt war, wurde ausrei-

chend klargemacht, daß der Wunsch bestand, das Castro-Regime und Castro loszuwerden.....wobei klarzustellen ist, daß dieser Begriff eine recht allgemeine Redewendung darstellte ...aber man war schließlich mit den traditionellen Vorstellungen der damaligen Zeit aufgewachsen, und so hätten sich die meisten von uns schwergetan, in Gegenwart des Präsidenten der Vereinigten Staaten über Attentate zu sprechen. Ich glaube, wir alle hatten das Gefühl, daß es unsere Aufgabe sei, solche Dinge aus dem Oval Office herauszuhalten.[14]

Hätte er je geahnt, daß er später einmal vor dem Kongreß aussagen müsse, sinnierte Helms, dann hätte er auf schriftlichen Vollmachten bestanden.

Eigenen Angaben zufolge wußte nicht ein Mitglied des Nationalen Sicherheitsrats, das nicht der CIA angehörte, von den Attentatsplänen oder hatte seine Zustimmung dazu gegeben.[15] Selbst in CIA-Kreisen ist bis heute nicht geklärt, inwieweit der damals amtierende Direktor der Central Intelligence Agency, John McCone, informiert war.[16] Richard Bissell, der zur Zeit der ersten Mordanschläge das Amt des DDP innehatte, erklärte, selbst in der CIA ,,habe man gezögert, über manche Aspekte dieser Operation offen zu sprechen oder Gespräche aufzuzeichnen.''[17]

Die Folge war, daß die CIA-Beamten sich untereinander einer Art Code bedienten und sich bewußt indirekt ausdrückten oder zu Umschreibungen griffen, falls die Rede in Gegenwart von Außenseitern auf diese Attentatsversuche kam. Deshalb brauchte 1975 der Ausschuß Stunden, um zu klären, ob in den Dokumenten festgehaltene Redewendungen wie ,,verschwinden'', ,,direkte positive Aktion'' oder ,,neutralisieren'' sich auf einen Mordanschlag bezogen. Gesicherte Erkenntnisse gibt es in diesem Zusammenhang bis zum heutigen Tage nicht. Und genau das ist es, was man mit einem überzeugenden Dementi bezweckt. Die CIA-Beamten, die auf euphemistische Umschreibungen zurückgriffen, konnten anführen, sie hätten das getan, was sie für ihre Pflicht hielten. Ihre politischen Vorgesetzten hatten die Möglichkeit, sich ihre eigene Deutung zurechtzulegen und entweder um zusätzliche Informationen zu bitten oder auf weitere Fragen zu verzichten. Falls die Pläne scheiterten, konnten sie mehr oder weniger den Tatsachen entsprechend behaupten, nichts davon gewußt zu haben.

Die Möglichkeit, eine Beteiligung zu dementieren, wurde in bezug auf die Attentatspläne, die sich gegen Castro richteten, extrem ausgeschöpft, war aber auch in den verdeckten Aktionen der fünfziger und sechziger Jahre in ähnlicher Form vorhanden. Dean Rusk, Außenminister unter den Präsidenten Kennedy und Johnson, erklärte, er habe normalerweise wenig Einblick in die Aktivitäten der CIA gehabt: „Ich habe zum Beispiel nie ein CIA-Budget zu Gesicht bekommen."[18] Es gab im Zeitraum von 1949 bis 1968 Tausende von Aktionsplänen, aber nicht mehr als 600 drangen über CIA-Kreise hinaus und wurden den Ausschüssen des Nationalen Sicherheitsrates vorgelegt, die damals mit der Überwachung dieser geheimer Operationen betraut waren.

Die CIA hatte es sich zur Angewohnheit gemacht, nur für solche verdeckten Aktionen eine Vollmacht zu erwirken, die politisch gesehen soviel Zündstoff boten, daß die Billigung des NSC unumgänglich schien. In den fünfziger Jahren, als die Operationen im Iran und in Guatemala liefen, gab es keine Körperschaft des Nationalen Sicherheitsrates, die sich mit der Überprüfung geheimer Aktionspläne befaßte, und selbst die erste Gruppe, die mit dieser Aufgabe betraut wurde – der Ausschuß 5412 – tagte nur sporadisch. Damals wie heute lag die Initiative bei der CIA. Ihre Angehörigen waren als einzige in der Lage, ein Urteil darüber abzugeben, ob ein Projekt durch bereits erteilte Vollmachten ausreichend abgedeckt oder so vielschichtig und brisant war, daß die besondere Aufmerksamkeit und Zustimmung von Entscheidungsinstanzen außerhalb der CIA angeraten erschien.

Wenn dem Überwachungsausschuß des NSC ein Aktionsplan vorgelegt wurde, achtete man darauf, nur ein

Mindestmaß an schriftlichen Unterlagen zu verwenden – gemäß dem Grundsatz, daß es möglich sein mußte, derartige Aktivitäten notfalls zu dementieren. Erst ab 1959 traf sich die *Special Group*, die den Ausschuß 5412 ablöste, regelmäßig. Aber selbst wenn geheime Aktionspläne den NSC-Gremien vorgelegt wurden, hatten Mitglieder, die nicht der CIA angehörten, es schwer, ein kompetentes Urteil zu fällen. Diese Unzulänglichkeit der Außenseiter zeigte sich auch bei Projekten, die vor 1959 zur Diskussion standen, z.B. in der Sitzung, die für AJAX ausschlaggebend war. Noch deutlicher tritt sie bei der Planung des Unternehmens in der Schweinebucht zutage. Die Initiative lag in diesem Fall eindeutig bei der CIA. Selbst die erfahrenen Politiker, die am Erfolg des Projektes zweifelten, waren aufgrund mangelnder Sachkenntnis nicht in der Lage, die strategischen Details der Operation anzufechten. Nur deshalb konnte sich der ursprünglich geplante Guerillaaufstand zu einer Invasion mit Amphibienfahrzeugen entwickeln und der Landeplatz geändert werden.

Nicht viel besser erging es ihnen, wenn es galt, die Voraussetzungen und Auswirkungen eines spezifischen verdeckten Aktionsplanes zu beurteilen. In den wenigen Jahren, die bis zum Unternehmen in der Schweinebucht blieben, sahen sich die Ausschußmitglieder mit den spektakulären Erfolgen der CIA im Iran und in Guatemala sowie der charismatischen Persönlichkeit von Allan Dulles konfrontiert, die jegliche Kritik erschwerten. Die CIA konnte zahllose Erfolge vorweisen und hatte es verstanden, sich dabei mehr oder weniger bedeckt zu halten. Was gab ihnen das Recht zu behaupten, diese Erfolge ließen sich nicht wiederholen – vor allem, wenn Dulles vom Gelingen des Planes überzeugt war? Dazu kam, daß Kritik – vor allem während der Amtszeit Kennedys – leicht als mangelnde Einsatzbereitschaft im Kampf gegen den Kommunismus gedeutet werden konnte. Vielleicht behielt Rusk deshalb etwaige vorhandene Zweifel für sich.

Der Kongreß war weit mehr daran interessiert, daß die

CIA alles hatte, was sie für den Einsatz gegen den Kommunismus brauchte, als an seiner Aufgabe, die Operationen der Behörde zu überwachen. Das Schicksal mehrerer, vom Kongreß ausgehender Initiativen, die die Handhabung der Aufsichtspflicht verbessern sollten, legt beredtes Zeugnis sowohl vom damals herrschenden Zeitgeist als auch von der Einstellung der Kongreßabgeordneten ab. Anfang 1955 legte Senator Mike Mansfield, der später den Vorsitz des außenpolitischen Ausschusses des Kongresses übernahm, eine Resolution vor, in der die Gründung eines interdisziplinären Überwachungsausschusses gefordert wurde; sie resultierte aus einer Untersuchung des Kongresses über die Mittel und Methoden der Exekutive. Die Resolution wurde von 35 Abgeordneten unterzeichnet und traf nicht nur auf den Widerstand der Exekutive, sondern auch des ,,Clubs" langjähriger Kongreßmitglieder. In den Anhörungen, die die Resolution begleiteten, ließ sich Senator Leverett Saltonstall, ein hochkarätiger Republikaner, Angehöriger des Streitkräfte-Ausschusses und des Verteidigungs-Unterausschusses, zu folgendem Kommentar hinreißen:

> *Es geht nicht darum, daß die CIA-Angehörigen zögern, uns Rede und Antwort zu stehen. Es geht vielmehr darum, daß wir Zurückhaltung üben, uns in bezug auf bestimmte Themen Informationen und Kenntnisse zu beschaffen, die ich persönlich, nicht als Mitglied des Kongresses und Staatsbürger, lieber nicht besäße, es sei denn, ich wäre davon überzeugt, es sei meine Pflicht, sie zu besitzen, weil das Leben amerikanischer Bürger auf dem Spiel stehen könnte.*[19]

Im April 1956 wurde die Resolution mit 59 zu 27 Stimmen abgelehnt. Ein halbes Dutzend der Unterzeichner hatte dagegen gestimmt.

Die Debatte führte jedoch zur Gründung eines formalen CIA-Unterausschusses in den Streitkräfte-Ausschüssen sowohl des Repräsentantenhauses als auch des Senats. Das informelle Kommunikationsnetzwerk, das den Verdacht der Kumpanei nahelegte, blieb allerdings bestehen. Dulles, der inzwischen zur Legende geworden war, amtierte noch immer als DCI. Sein zwangloser und offener Umgangston in Gegenwart von langgedienten Kongreßabgeordneten weckte absolutes Vertrauen. Senator Richard Russell ernannte als Mitglieder des CIA-Unterausschusses, der dem Streitkräfte-Ausschuß des Senats zugeordnet werden sollte, zwei Senatoren, mit denen er schon inoffiziell in Angelegenheiten der CIA zusammengearbeitet hatte – Saltonstall und Robert Byrd. Später kamen noch Lyndon Johnson und Styles Bridges dazu. Als der Bewilligungsausschuß 1957 einen Unterausschuß ins Leben rief, der für die CIA zuständig sein sollte, zählten Russell, Byrd und Bridges zu seinen Mitgliedern. Oft standen in einer Sitzung beide Themen – „Erteilung von Vollmachten" und „Bewilligung des Budgets" - auf der Tagesordnung.[20] Die meisten CIA-Aktivitäten wurden wie gewohnt abgeklärt – von Dulles und Russell, in einem informellen Gespräch.

„Mißerfolge" und ihre Auswirkungen

Das Unternehmen in der Schweinebucht signalisierte für die CIA das Ende einer Ära. Eine erfolgsgewohnte Behörde mußte zum erstenmal eine Niederlage auf ganzer Linie hinnehmen. Präsident Kennedy übernahm zwar die volle Verantwortung für das Debakel, aber Dulles und Bisell wurden zum Rücktritt gezwungen und durch John McCone (DCI) und Richard Helms (DDP) ersetzt. Das „Dulles-Zeitalter" war vorüber.

Aber weder in den Methoden der Exekutive noch in den Überwachungspraktiken des Kongresses machten sich grundlegende Veränderungen bemerkbar. Das Prinzip der überzeugenden Dementis schien abgedroschen. Weder Kennedy noch sein Vorgänger Eisenhower konnten darauf zurückgreifen, als die Sowjetunion im Mai 1960 ein U-2-Aufklärungsflugzeug der CIA über Rußland abschoß und die USA auf Vergeltungsmaßnahmen sannen. Nach der Tragödie in der Schweinebucht wurde im Taylor-Report – benannt nach General Maxwell Taylor, dem neuen militärischen Berater des Präsidenten – die Aufgabenstellung der Special Group neu definiert, die nun für die Koordinierung paramilitärischer Einsätze zuständig war. Später schuf die Regierung zwei weitere Varianten der Special Group. Die eine befaßte sich mit der Planung von Maßnahmen gegen Bewegungen von Aufständischen, die andere mit dem geheimen Krieg gegen Kuba.

1963 hatten CIA und Special Group gemeinsam Auswahlkriterien für die verdeckten Aktionspläne entwickelt, die der Special Group vorgelegt werden sollten. Bis zu diesem Zeitpunkt stand diese Entscheidung im Ermessen des Direktors der CIA. Die Kriterien wurden allerdings nicht schriftlich festgehalten und konnten nicht präzise formuliert werden. Die Special Group und die CIA einigten sich darauf, nur solche Projekte vorzulegen, die ein Budget von 25 000 Dollar überstiegen. Als weiterer Maßstab sollten drei Risikofaktoren gelten – die Gefahr, sich zu exponieren, die Erfolgsaussichten und der Grad der politischen Brisanz.

Im Februar 1970 wurde die inzwischen 15 Jahre alte Direktive NSC 5412/2, die als wichtigste Orientierungshilfe für die Durchführung geheimer Aktionen galt, durch das *National Security Decision Memorandum (NSDM) 40* ersetzt. Abgesehen davon, daß die Gruppe, die für die Bevollmächtigung zuständig war, den Namen Ausschuß 40 erhielt, wurde die Exekutive nur insofern in ihrem Freiraum eingeschränkt, als daß nunmehr *alle* Projekte, auch solche, die bereits genehmigt waren, dem Ausschuß 40 einmal im Jahr zur Überprüfung vorgelegt werden mußten.

Das Unternehmen in der Schweinebucht, dem ein Jahrzehnt verdeckter Aktionen – und umfangreicher Geheimoperationen in Asien auf dem Höhepunkt des Vietnam-Krieges – folgte, führte zu einer Formalisierung der Entscheidungsprozesse, die die Exekutive betrafen. Die Mitglieder des Ausschusses 40 setzten zwischen März 1970 und Oktober 1973 das Thema Chile dreiundzwanzigmal auf die

Tagesordnung.[21] Nicht jedesmal wurde eine Sitzung anberaumt. Manche Fragen wurden lediglich telefonisch geklärt. Aber bedeutsam war, daß man über wichtige Entscheidungen debattierte. Der Themenkreis war zwar eingegrenzt, aber deshalb nicht weniger umstritten: Man denke zum Beispiel an die Entscheidung für die Töraktionen im chilenischen Wahlkampf, an die 1970 getroffene Entscheidung, Allessandri nicht zu unterstützen, oder – später – die finanzielle Hilfe für die chilenische Opposition einzuschränken, oder 1975 in Angola zu intervenieren.

Dennoch wurde die Mehrheit der Entscheidungen für verdeckte Aktionen innerhalb der CIA gefällt. Ein besonders brisantes Projekt, Track II, nimmt – wie die Attentatspläne gegen Castro – selbst im Rahmen des Ungewöhnlichen eine Sonderstellung ein. Meistens handelte es sich um Aktionen geringen Ausmaßes, die vornehmlich Propagandazwecken dienten und angesichts der recht vagen Durchführungsbestimmungen des NSC keine außergewöhnlichen Risiken zu bergen schienen. Anfang der siebziger Jahre wurden dem NSC-Prüfungsausschuß deshalb auch nur ein Viertel sämtlicher verdeckter Aktionspläne vorgelegt.

Der Genehmigungsprozeß wurde und wird noch durch die ungenaue Trennlinie zwischen verdeckten Aktionen und Spionagetätigkeit oder Gegenspionage erschwert. Bei verdeckten Aktionen, die politischen Zwecken dienen – z.B. Unterstützung der Gewerkschaften, politischer Parteien oder Medienorganisationen – greift man oft auf Kontaktpersonen zurück, deren eigentliche Aufgabe in der Nachrichtenbeschaffung liegt. Diese Informationssammlung war für verdeckte Aktionen eine unerläßliche Voraussetzung. Die Auswertung blieb der CIA vorbehalten. Im Extremfall kann sie per se eine Spielart verdeckter Aktionen darstellen: Denken wir nur an die Besorgnis, daß die chilenischen Militärs, die von der CIA den Auftrag hatten, Informationen über einen geplanten Staatsstreich zu sammeln, nach Allendes Amtsantritt den Kontakt zu der Behörde als stillschweigende Billigung ihrer eigenen Ziele deuten könnten, nämlich selbst aktiv zu werden und Allende durch einen Militärputsch zu entmachten.

In welchem Umfang verdeckte Aktionen – selbst „Routinefälle" – mit dem Außenministerium und dem jeweiligen Botschafter abgesprochen wurden, läßt sich heute genausowenig feststellen wie früher. Die Stationschefs waren und sind Herr in ihrem eigenen Königreich und bedienen sich ihrer eigenen Methoden und Kommunikationskanäle. Die CIA war aus Sicherheitsgründen Anlaufstelle für alle Kontakte mit der Botschaft.

Die Mitarbeiter der Außenstationen haben die Möglichkeit, den gesamten Schriftverkehr mit dem Außenministerium einzusehen, abgesehen von einigen besonders chiffrierten Meldungen, während der Botschafter und seine Ansprechpartner im Außenministerium keinen vergleichbaren Zugang zum CIA-Schriftverkehr besitzen. 1961 schickte Präsident Kennedy ein Rundschreiben an alle amerikanischen Botschafter, in dem er ihnen die Verantwortung für alle amerikanischen Aktivitäten in ihren jeweiligen Gastländern übertrug. Seine Nachfolger erließen ähnliche Direktiven. 1974 wurde dieses Konzept in die Gesetzessammlung aufgenommen.

Aber das Problem an sich ließ sich weder durch Rundschreiben der Präsidenten noch Gesetzesvorschriften lösen. Der Botschafter konnte aufgrund seiner Stellung als „Primus inter pares" einigen Einfluß ausüben und den CIA-Staionschef auffordern, aber nicht zwingen, seine Informationen an ihn weiterzugeben. Manche Botschafter zogen es vor, nicht allzu viel zu wissen, um zu vermeiden, daß man sie mit der CIA identifizierte. In anderen Fällen einigten sich CIA und State Department stillschweigend darauf, daß es besser sei, sie nicht allzu freigiebig mit Informationen zu versorgen. Diese Überlegungen spiegeln sich auch in den CIA-internen Direktiven wider. Dort hieß es, daß ein geheimer Aktionsplan vor der Weitergabe an den Ausschuß 40 vom Außenministerium überprüft werden sollte und im „Regelfall" mit dem zuständigen Botschafter abzusprechen sei.[23]

In der Praxis waren die Beziehungen zwischen CIA und Außenministerium von der Persönlichkeit des Botschafters und des Stationschefs abhängig. Die meisten Botschafter waren und sind über die laufenden verdeckten Aktionen oder andere geheime Aktivitäten in ihren Gastländern zumindest oberflächlich informiert. Sie kannten und kennen allerdings nicht immer die Einzelheiten einer Operation, z.B. Agenten, Geldempfänger oder die Kanäle, durch die die Mittel fließen. Manchmal zogen sie es auch vor, nichts darüber zu wissen. Botschafter Edward Korry und der CIA-Stationschef in Santiago, Henry Heckscher, befanden sich zwar meistens auf Kollisionskurs, aber dennoch scheint Korry im allgemeinen gewußt zu haben, was die CIA gerade plante. Er unterbreitete oft eigene Vorschläge für verdeckte Aktionen oder Tarnmaßnahmen. Eine Ausnahme war Track II. *In diesem Fall ließ man Korry genauso in Unkenntnis wie den Rest der Regierungsbeamten.* Korrys Nachfolger, Nathaniel Davis, wurde über manche, wenngleich nicht alle Desinformations-Manöver informiert, die die CIA bei seinem Amtsantritt in den Reihen der chilenischen Militärs durchführte.

Beide Männer machten sich Sorgen darüber, daß man ihnen unter Umständen nicht alles sagte, was sie wissen müßten, und daß die Botschaft durch eine CIA-Operation, von der sie keine Kenntnis besaßen, diskreditiert werden könnte. Mit dieser Besorgnis standen sie nicht alleine da. Korry schilderte sie treffend in unserem Gespräch über Track II:

> *Die CIA konnte hinter meinem Rücken operieren und nicht nur mit dem amerikanischen Präsidenten, sondern auch mit Chilenen und amerikanischen Privatleuten zusammenarbeiten, denn auch im Spionage- und Nachrichtendienstbereich ist Wissen Macht, und die CIA war die einzige permanente Organisation, die die Vergangenheit mit der Gegenwart zu verknüpfen vermochte.*[24]

Heute werden mehr Ausschüsse von der CIA mit umfangreicheren Informationen versorgt, als es anfänglich der Fall war. 1967 wurden zusätzlich zu den vier ständigen Überwachungsausschüssen noch 13 weitere Ausschüsse in die Pläne der CIA eingeweiht![25] Meistens ging es dabei um nachrichtendienstliche Aktivitäten, nicht um geheime Operationen. Darüber informierte die CIA den Kongreß nur spärlich, und dieser verzichtete meistens auf Fragen. Die Rolle des Kongresses hatte sich kaum verändert. Noch immer sah er sich in erster Linie als passiver Informationsempfänger und nicht als Überwachungsinstanz für geheime Operationen. 1961, nach dem Desaster in der Schweinebucht, und 1966 versuchte Senator Eugene McCarthy noch einmal vergeblich, seine Idee von einem Überwachungsausschuß für die Operationen der CIA durchzusetzen. Die Zeit war noch nicht reif dafür.

Chile ist ein Beispiel für dieses Verhaltensmuster und signalisiert gleichzeitig den Beginn einer Einstellungsänderung, vor allem seitens des Kongresses. Aus den Akten der CIA geht hervor, daß die Behörde den Kongreß zwischen 1964 und 1974 insgesamt dreiundfünfzigmal über die Lage in Chile aufklärte.[26] Einunddreißigmal wurde dabei über verdeckte Aktionen diskutiert, von denen 23 den Zugang zum Reservefonds der CIA erforderten. Von den 33 verdeckten Aktionen, die die CIA mit Genehmigung des Ausschusses 40 in diesem Zeitraum unternahm, wurde der Kongreß in acht Fällen informiert, die die Hälfte des 13 Millionen Dollar-Budgets, über das die CIA damals in Chile verfügte, verschlangen. Meistens wurde er jedoch erst lange nach Eintreten des Tatbestandes eingeweiht. Man braucht wohl nicht zu betonen, daß er keine Kenntnis von „sicherheitsempfindlichen“ Projekten erhielt, die nicht dem Ausschuß 40 vorgelegt wurden – beispielsweise Track II –, oder solchen Aktivitäten, die unter der Bezeichnung „Informationssammlung“ liefen, in Wirklichkeit aber verdeckte Aktionen waren.

Vor 1973 beschränkte sich der Kontakt mit dem Kongreß und den Bewilligungs- und Streitkräfteausschüssen beider Kammern auf das gesetzlich vorgeschriebene Maß. Nachdem die Chile-Affäre in den Blickpunkt der Öffentlichkeit gerückt war, nahmen die Gesprächsbereitschaft der CIA und die Themenbreite zu. Zwischen März 1973 und Dezember 1974 fanden 13 Sitzungen statt, an denen nun auch die neu gegründeten Gremien des Kongresses teilnahmen, wie beispielsweise der außenpolitische Senats-Unterausschuß für multinationale Unternehmen und der außenpolitische Unterausschuß des Repräsentantenhauses für lateinamerikanische Angelegenheiten.

Das Klima ändert sich: Die Geschichte der zwei DCIs

Früher zeigte der Kongreß wenig Bereitschaft, Fragen zu stellen, und die CIA schien wenig geneigt, Informationen freiwillig preiszugeben. Watergate und Chile, die gegen Ende des Vietnam-Krieges hohe Wellen schlugen, änderten beides. Der Kongreß verabschiedete 1974 den Hughes-Ryan-Zusatzartikel, eine Durchführungsverordnung, in der es heißt:

> *Geldmittel, die kraft dieser oder einer anderen Verordnung bewilligt wurden, dürfen weder direkt noch indirekt für (CIA-) Auslandsoperationen verwendet werden, die anderen Zwecken als der Beschaffung unerläßlicher Nachrichten dienen, es sei denn, der Präsident bestätigt, daß eine solche Operation für die nationale Sicherheit der Vereinigten Staaten wichtig ist, und legt einen in sprachlichem Stil und Umfang angemessenen Bericht über die Operation den entsprechenden Ausschüssen des Kongresses vor.*[27]

Dieser vom Gesetz geforderte Bericht des Präsidenten wurde „Beurteilung“ genannt. Es handelte sich dabei um ein Dokument, das von ihm persönlich zustimmend oder ablehnend abgezeichnet werden mußte. Wie so oft versuchte der Kongreß, den Verhaltenskodex der Exekutive nicht dadurch zu beeinflussen, daß er spezifische Entscheidungskriterien aufstellte, sondern indem er den Entscheidungsfindungs- und Genehmigungsprozeß veränderte. Die Hughes-Ryan-Verordnung zeigt, daß man nunmehr die Möglichkeit, eine Beteiligung der Regierung glaubhaft zu dementieren, ausklammerte. Sie hatte noch Mitte der siebziger Jahre bewirkt, daß der Handlungsspielraum der Exekutive nicht exakt eingegrenzt und der Kongreß über die wahren Absichten getäuscht werden konnte, ohne daß sie der politischen Führung ausreichenden Schutz bot.

Die Hughes-Ryan-Verordnung sah vor, daß der Präsident seine schriftliche Genehmigung für eine Operation erteilte und damit sein Ansehen aufs Spiel setzte. Sie sollte künftige Desaster, wie beispielsweise die Attentatspläne, verhindern. Verdeckte Aktionen, gleichgültig ob sie angemessen oder politisch kurzsichtig waren, spiegelten von nun an die Entscheidungen des amerikanischen Präsidenten wider. Es konnte nun keinen Zweifel mehr geben, wer letztlich die Verantwortung trug. Damit waren allerdings auch dem Kongreß die Hände gebunden: Die Behauptung, man habe ihn im unklaren gelassen, büßte an Glaubwürdigkeit ein.

Im Februar 1973 wurde Helms, seit kurzem amerikanischer Botschafter im Iran, aufgefordert, wieder einmal zu einer Anhörung vor dem außenpolitischen Ausschuß des Senats zu erscheinen. Senator Stuart Symington (Missouri) fragte ihn: „Hat die Central Intelligence Agency versucht, die Regierung in Chile zu stürzen?" Helms antwortete „Nein, Sir." Symington: „Wurden die Opponenten Allendes von Ihnen finanziell unterstützt?" Wieder lautete Helms' Antwort: „Nein, Sir." Symington fuhr fort: „Die Gerüchte über eine Beteiligung (der CIA) an diesem Krieg sind also falsch?" Helms: „Ja, Sir. Ich habe Senator Fulbright schon vor Monaten erklärt: Falls die CIA die anderen Kandidaten tatsächlich unterstützt und Geld usw. investiert hätte, wäre die Wahl wohl anders ausgegangen." Aufgrund dieser eidesstattlichen Aussage wurde Helms vier Jahre später von einem der zwei damit befaßten Gerichte für schuldig befunden, unvollständige und unklare Aussagen vor dem amerikanischen Kongreß gemacht zu haben.

Einen Monat später, im März 1973, stand Helms erneut vor demselben Ausschuß. Wieder ging es um eine Untersuchung, die die Exekutive betraf. Dieses Mal fragte ihn Frank Church: „Hat die CIA nach der (1970 stattfindenden) Präsidentschaftswahl und der Entscheidung des chilenischen Kongresses, Allende im Amt zu bestätigen, versucht, diese Abstimmung zu beeinflussen?“[29] Helms fragte: „Welche Abstimmung?“ „Die des Kongresses“, erklärte Church. „Nein, Sir“, erwiderte Helms. Diese Behauptung führte ebenfalls dazu, daß Helms von einer der zwei Strafkammern wegen unvollständiger und ungenauer Aussagen verurteilt wurde.

Durch den Klimawandel befand sich Helms in einem Loyalitätskonflikt: Auf der einen Seite hatte er vor dem außenpolitischen Senatsausschuß eine wahrheitsgemäße Aussage zu machen. Helms erklärte später dem Gericht: „Ich wollte nicht lügen. Ich wollte den Ausschuß nicht in die Irre führen.“ Auf der anderen Seite hatte er sich beim Eintritt in die CIA zu absoluter Geheimhaltung verpflichtet. Er konnte die Aussage nicht einfach verweigern, denn das wäre einem Schuldbekenntnis gleichgekommen. Aber noch größeren Stellenwert als die staatsbürgerliche Pflicht besaß die lange Zugehörigkeit zur Behörde, in der er zuletzt die Position des DCI bekleidet hatte. Eine Enthüllung der verdeckten Aktionen, selbst vor einem Ausschuß des Kongresses, ließ sich weder mit seiner Persönlichkeit noch mit seinem Berufsethos vereinbaren. Dazu kam, daß der außenpolitische Senatsausschuß nicht die offiziell zuständige Überwachungsinstanz der CIA war. Dieses Problem machte sich besonders in den Hearings im März bemerkbar, in denen es um ein Thema ging, das Helms eigenen Aussagen zufolge nicht erwartet hatte. Deshalb schienen ihm Churchs Fragen juristisch unzulässig und den Rahmen einer solchen Anhörung zu sprengen.

Helms löste den Konflikt dadurch, daß er seine Pflicht

gegenüber der CIA der gegenüber dem Kongreß voranstellte. In der Hitze des Gefechtes konnte eine Enthüllung zu diesem Zeitpunkt – seiner Meinung nach – die Operationen gefährden. Da die Presse bereits auf die verdeckten Aktionen der CIA in Chile aufmerksam zu werden begann, mußte eine Bestätigung derartiger Aktivitäten die Behörde und die Regierung diskreditieren – ganz zu schweigen davon, daß er als frischgebackener DCI noch um Anerkennung in seinem Amt rang.

Zwei Jahre später sah sich Helms' Nachfolger William Colby mit einem ähnlichen Loyalitätskonflikt konfrontiert. Er traf eine andere Entscheidung. Er glaubte, daß die veränderte Atmosphäre einen Wandel in den Beziehungen zwischen Behörde und Kongreß erforderte. Diese Entscheidung sollte ihn seine Stellung in der Ford-Administration kosten. Aber sie leitete für den Kongreß eine neue Periode ein, in der die CIA und ihre verdeckten Aktionen strikter überwacht wurden.

Im Herbst 1975 lieferten sich Regierung und die beiden Untersuchungsausschüsse des Kongresses – der Church-Ausschuß und ein ähnlicher Ausschuß des Repräsentantenhauses unter dem Vorsitz des Abgeordneten Otis Pike aus New York – einen erbitterten Kampf um den Zugang zu geheimen Dokumenten. Für die Ausschußmitglieder spiegelte sich darin eine Haltung wider, die schon in „normalen" Zeiten für den Kongreß typisch zu sein schien: Er machte Druck und nahm dann eine Abwartehaltung ein. Tagelang wurden hektische Vorbereitungen für die Anhörungen getroffen, die dann in letzter Minute vertagt werden mußten, weil die Regierung wichtiges Beweismaterial zurückgehalten hatte.

Diese Zwangspausen waren frustrierend, aber sie boten uns die Möglichkeit, ausgiebige Gespräche zu führen, mit Hilfe öffentlich zugänglicher Quellen Nachforschungen anzustellen und die zahlreichen Informationen, die man uns freiwillig anbot, zu sondieren. Bei den meisten handelte es sich schlichtweg um Unsinn. Die Recherchen schienen geltungsbedürftige Psychopathen geradezu magisch anzuziehen. Wir hatten deshalb unsere eigene ,,Flak" aufgebaut – eine Reihe von Frauen einer bestimmten Altersgruppe, die außerhalb unserer abhörsicheren Büros in einem Sitzungssaal des Senats (der nach den Watergate-Anhörungen frei geworden war) dieser Informantengruppe freundlich, aber entschieden Absagen erteilten.

Manche der Geschichten, die wir zu hören bekamen, ließen sich allerdings nicht einfach als Nonsens abtun. Manche enthielten operationelle Details – Codenamen und ähnliches – die den Erzählern normalerweise nicht hätten bekannt sein dürfen. Und deshalb nutzten wir die Atempausen zu einigen ungewöhnlichen Exkursionen. Die wohl bizarrste war ein Besuch des Gefängnisses im New Yorker Stadtteil Queens, wo wir mit einem Häftling sprachen, der behauptete, Waffen für die CIA nach Chile geflogen zu haben. Wir hatten keinen Grund, seinen Bericht für wahr zu halten, und er schien auch wenig plausibel, aber einige der Einzelheiten waren aufgrund ihrer Genauigkeit alarmierend. Der Mann war verurteilt worden, weil er seine Frau mit 20 Messerstichen getötet hatte. Wir verließen die Strafanstalt mit unseren besorgniserregenden Neuigkeiten – und dem Gefühl, daß ein Anwalt die Verteidigung eines Mordfalles wohl für ergiebiger als Waffenschmuggel gehalten hatte.

Die Verhandlungen über die Herausgabe des geheimen Informationsmaterials bescherten uns eine Zwangspause und Colby ein Dilemma, das Helms bereits in ähnlicher Form durchlebt hatte. Colby war zu der Schlußfolgerung gelangt, daß sich die Zeiten geändert hatten und neue Verhaltensmuster seitens der Nachrichtendienste erforderten. Er erklärte:

Es gab Zeiten, da ein Hearing vor den nachrichtendienstlichen Unterausschüssen des Senats ausreichend erschien, um ....die Affäre zu beenden. Senatoren mit der langjährigen Regierungszugehörigkeit und dem Einfluß eines McClellan und Stennis konnten damals Forderungen ih-

rer jüngeren Kollegen nach weiteren Maßnahmen unterbinden. Das war nun nicht mehr möglich.[30]

Colby reagierte eher resigniert auf diesen Wandel, als daß er ihn begrüßte: „Die Lektion war eindeutig. Die alte Machtstruktur des Kongresses schien für jüngere Kollegen nicht mehr relevant....Die CIA mußte sich selbst schützen.“ Dennoch hielt er die neue Rolle des Kongresses letztlich für angemessen, eine Einstellung, die ihn auf Konfrontationskurs mit vielen Mitgliedern der Ford-Administration brachte: „Ich muß sagen, daß ich im Gegensatz zu vielen Angehörigen des Weißen Hauses und im übrigen auch der Nachrichtendienste der Überzeugung war, daß der Kongreß das von der Verfassung verbriefte Recht hatte, eine längst überfällige und gründliche Untersuchung der CIA-Aktivitäten anzuberaumen.“[31]

Colbys Differenzen mit seinen Vorgesetzten auf politischer Ebene erreichten im September 1975 ihren Höhepunkt. Der Pike-Ausschuß beabsichtigte, einen Bericht über die Fehlschläge der CIA im nachrichtendienstlichen Bereich zu veröffentlichen. Daß dieser Report vornehmlich aus den hausinternen Nachrufen der CIA ‚zusammengestrickt‘ worden war, gab ausreichend Anlaß zur Verbitterung; dazu kam, daß Colby glaubte, die Auszüge aus den CIA-Dokumenten könnten die nachrichtendienstlichen „Quellen und Methoden“ gefährden. Pike erklärte sich einverstanden, manche, aber nicht alle Punkte zu streichen. Der Präsident untersagte daraufhin dem Ausschuß den Zugang zu weiteren Akten, bis man sich auf eine Lösung geeinigt habe, und der Ausschuß beschloß seinerseits, Colby wegen Mißachtung des Kongresses unter Anklage zu stellen.

Colby fühlte sich der Regierung zunehmend entfremdet. Er hatte zwar in diesem Fall gegen eine Enthüllung plädiert, aber seiner eigenen Aussage zufolge glaubte er nicht, „daß die Exekutive einen Kongreßausschuß langfristig gesehen von einer Untersuchung nachrichtendienstlicher Aktivitäten abhalten kann.“[32] Das Weiße Haus machte keinerlei Anstalten, die Pattsituation zu beenden. Colbys Position innerhalb der „Tauben" geriet ins Wanken. Am Ende ergriff doch das Weiße Haus die Initiative. Es beschloß, den gesamten Pike-Report ‚einzufrieren'. Und wieder begann sich das Klima im Kongreß wie auch in der amerikanischen Öffentlichkeit zu verändern: In der Presse erschienen mehr Berichte über den Schaden, der den amerikanischen Nachrichtendiensten zugefügt worden war, als über die Exzesse der Behörde – ein Trend, der sich im Dezember 1975 mit der brutalen Ermordung von Richard Welch, CIA-Stationschef in Athen, abzuzeichnen begann. Aufgrund der zu diesem Zeitpunkt herrschenden Atmosphäre nahmen die Kongreßmitglieder mit zunehmendem Unbehagen die negative Publicity zur Kenntnis, die ihnen der Pike-Ausschuß eingetragen hatte.

Aber noch war Colby ein Mann, dessen Stimme in Regierungskreisen zählte. Der Gong für die letzte Runde wurde seiner Meinung nach im September 1975 geschlagen, als sich der Church-Ausschuß in seinem ersten offenen Hearing mit dem Thema Toxine befaßte, die von der CIA hergestellt und entgegen dem internationalen Abkommen nicht vernichtet worden waren. Dieses Versäumnis entsprang nicht boshaften Absichten, sondern bürokratischer Unzulänglichkeit. Colby befand sich nunmehr in der peinlichen Lage, „vor laufenden Kameras mit einigem Unbehagen die Geschichte von den Giften und präparierten Waffen ausbreiten zu müssen."[33] Das war ein schwarzer Tag für Colby. Kein Senator konnte der Versuchung widerstehen, sich mit der präparierten Waffe in der Hand ablichten zu lassen und dazu einen dem Ernst der Situation angemessenen Kommentar abzugeben. Für viele Mitglieder der Ford-Administration war dies der endgültige Beweis dafür, daß es besser gewesen wäre, die Untersuchungen der Kongreßausschüsse schon zu Beginn abzuwürgen, und daß Colbys Kooperationsbereitschaft dies mit verhindert habe. Colby vertrat jedoch nach wie vor die Auffassung: „Der Kongreß hat das verfassungsmäßige Recht, die Aktivitäten der Nachrichtendienste zu untersuchen, und ich fühle mich als Leiter dieser Behörde gesetzlich verpflichtet, mit dem Kongreß zusammenzuarbeiten. Jede andere Methode muß meiner Meinung nach scheitern."[34]

Am ersten Sonntag im November beorderte man Colby um acht Uhr morgens ins Weiße Haus. Dieses Mal handelte es sich nicht um seine Teilnahme an einer Krisensitzung; er wurde fristlos entlassen.

Die „Geheimnisse" der Regierung entschleiern

Welche Ergebnisse sie auch immer vorzuweisen vermochten – die Ausschüsse, insbesondere der Church-Ausschuß –, stellten eine Neuerung in den gesetzlich festgelegten Beziehungen zwischen Exekutive und Kongreß dar.[35] Unser Sprachgebrauch signalisiert bereits, wie umstritten die Definition des Begriffes „Regierung", vor allem im außenpolitischen Sektor, ist. Das Gesetzbuch weist den Kongreß als einen gleichberechtigten Zweig der „Regierung" aus. Aber oft verwenden wir das Wort im engeren Sinn und bezeichnen damit *eine amtierende Administration.* Im Mittelpunkt unserer Kontroversen mit der Ford-Administration über den Zugang des Ausschusses zu geheimen Dokumenten stand eine Frage verfassungsrechtlicher Art: Waren die Akten – von der CIA oder dem Außenministerium angelegt und als geheim eingestuft – alleiniges Eigentum der Exekutive? Oder hatten sie als „Regierungs"-Unterlagen zu gelten, die dem Kongreß unter bestimmten Bedingungen und nur auf Beschluß der Regierung und der Exekutive zur Einsicht überlassen werden sollten?

1975 und 1976 konnten wir diese fundamentale Frage nicht eindeutig klären, was wohl auch an der Sonderstellung lag, die wir innerhalb des Regierungsapparates einnahmen. Aber wir kamen nach langem Überlegen zu der Schlußfolgerung, daß der Kongreß selbst in bezug auf geheime Operationen das Recht und die damit verbundenen Pflichten hatte, Einsicht in die geheimen Unterlagen der ,,Regierung" zu nehmen. Um diese Bestrebung verwirklichen zu können, achtete der Church-Aussschuß auf absolute Geheimhaltung. Soweit mir bekannt ist, drang keine vertrauliche Mitteilung über den Kreis der Eingeweihten hinaus.[36]

Die Ford-Administration entwickelte sich bei der Neugestaltung der Beziehungen zwischen Exekutive und Kongreß zu einem äußerst zurückhaltenden und schwierigen Verhandlungspartner. Einige Regierungsmitglieder, unter anderem Colby, waren der Ansicht, die Umstrukturierung sei im Ansatz wünschenswert. Andere glaubten wohl, der Regierung bliebe im Grunde keine andere Wahl. Entsprechend zwiespältig war auch die Haltung der Regierung gegenüber dem Church-Ausschuß: Einerseits widersetzte sie sich schon aus Prinzip den Untersuchungen und den daraus resultierenden Ergebnissen. Sie behauptete, die Veröffentlichung eines Zwischenberichtes über die Attentatsversuche sei ein Fehler und schade dem Ansehen der Vereinigten Staaten. Andrerseits war sie bereit, mit dem Church-Ausschuß zusammenzuarbeiten, vor allem um die nachrichtendienstlichen Quellen und Methoden zu schützen. In dieser Hinsicht hatten Regierung und Ausschuß ein gemeinsames Interesse: Wir sahen keine Veranlassung, die Praxis der Nachrichtensammlung oder das Leben der Agenten unnötig zu gefährden – ganz im Gegenteil. Als es um den Bericht über die Attentatsversuche ging, konnten wir uns darauf einigen, nur 33 CIA-Beamte namentlich zu nennen. Die Regierung argumentierte, durch die Bekanntgabe der Namen bestehe die Gefahr, daß die Betreffenden enttarnt und möglicherweise in Lebensgefahr gebracht würden. Colby wandte sich in dieser Angelegenheit sogar an das zuständige Bezirksgericht.

Am Ende einigten sich Ausschuß und Regierung auf einen vernünftigen Kompromiß. Der Ausschuß verzichtete auf die namentliche Nennung von 20 CIA-Mitarbeitern, was weder der Vollständigkeit noch der Glaubwürdigkeit des Berichtes Abbruch tat. Die restlichen Namen blieben.

Bei den meisten handelte es sich um langjährige Mitglieder der Behörde, die ohnehin bekannt waren. Außerdem schien es nur fair, sie aufgrund ihrer Position zur Verantwortung zu ziehen. [37]

Während der Ausschuß noch um eine Änderung der Verfassung rang, konzentrierte ich mich auf Chile. Der Ausschuß hatte sich von Anfang an darauf geeinigt, eine verdeckte Aktion der Öffentlichkeit preiszugeben. Das schien uns für ein geschichtliches „Großreinemachen", wie es nur einmal in einer Generation üblich ist, von entscheidender Bedeutung zu sein. Die Kette der Anklagen hob nicht gerade das Ansehen der CIA, und wenn wir eine Aktion aufdecken wollten, dann war die Chile-Affäre eine logische Wahl. Die Pressemeldungen über diesen Fall hatten zur Gründung des Ausschusses beigetragen. Präsident Ford war im September 1974 bereit gewesen, auf das Feigenblatt der plausiblen Dementis zu verzichten und sich auf einer Pressekonferenz öffentlich zu der Operation zu bekennen. Mitte 1975 war der Schleier des Geheimnisses um diese Aktion bis auf wenige Einzelheiten gelüftet.

Der Ausschuß geriet 1975 wegen Chile in eine harte Kontroverse mit der Regierung, die lediglich für die Dauer der Untersuchungen, die den Attentatsversuchen galten, unterbrochen wurde. Trotz der Einwände Washingtons, eine öffentliche Anhörung müsse die nationale Sicherheit der Vereinigten Staaten gefährden, beschlossen wir nach langem Überlegen, an unserem Entschluß festzuhalten. Die Haltung der Regierung war im Fall von Chile genauso zwiespältig wie gegenüber den Recherchen zum Thema Mordanschläge: Im Prinzip lehnte sie jedes Hearing ab und verbot sowohl den noch diensttuenden als auch pensionierten CIA-Beamten, eine eidesstattliche Aussage in einem offenen Verfahren zu leisten. Andrerseits war sie bereit, mit uns zusammenzuarbeiten, um „Quellen und Methoden" zu schützen.

In Anbetracht der Hartnäckigkeit der Regierung, die Zeugenaussage der CIA-Beamten, die an der Chile-Operation beteiligt waren, um jeden Preis zu verhindern, beschloß der Ausschuß, einen Bericht herauszugeben, der den Hergang der Ereignisse in groben Zügen skizzierte. Die erste Fassung basierte auf den Akten von CIA und Außenministerium sowie auf zahlreichen Gesprächen mit den Beteiligten. Die Anhörung wurde für den 4. und 5. Dezember 1975 anberaumt. Thema unserer Gespräche sollten eigentlich die Quellen und Methoden der CIA sein, aber wir überprüften jede einzelne Zeile des Berichts. War eine bestimmte Schlußfolgerung, sofern sie nicht als gesichert galt, in Anbetracht der Tatbestände vertretbar? Erschien eine bestimmte Formulierung überspitzt?

Die Exekutive vertrat ihren Standpunkt, der Ausschuß den seinen. Keiner der beiden Gesprächspartner wich davon ab. Aber wir waren bereit, gemeinsamer, höherer Interessen wegen zusammenzuarbeiten, um unnötigen Schaden zu vermeiden. Diese Gespräche zwangen meine Kollegen aus dem Senat und mich, unsere Beweismittel wieder und wieder zu überprüfen und unsere Formulierung zu schärfen. Denn letztlich war es der Ausschuß, der entschied, ob der Bericht veröffentlicht werden sollte oder nicht und was wir aufnehmen bzw. ausklammern wollten.

Wie schon beim Bericht über die Attentatspläne ging es bei den Diskussionen in erster Linie wieder um die Anonymität der Beteiligten. Wir verzichteten weitgehend auf Namen, aber es gab auch solche Fälle, wo eine Bekanntgabe unerläßlich schien oder die Personen bereits im Scheinwerferlicht der Öffentlichkeit standen, so daß wir bei einem Verzicht auf Namensnennung mit dem Vorwurf rechnen mußten, wir hätten bewußt versucht, etwas zu vertuschen. Zum Beispiel verlangten unsere Freunde von der CIA, wir sollten den Namen „*El Mercurio*" durch „eine große Tageszeitung in Santiago" ersetzen. Diese Umschreibung konnte angesichts der Aufmerksamkeit, die Chile in den Medien geweckt hatte, niemanden täuschen. Wir hätten damit eher Verwirrung gestiftet oder uns dem Verdacht eines Verschleierungsmanövers ausgesetzt, als daß es uns gelungen wäre, jemanden zu schützen.

Die Beziehungen ändern sich

Als ich den Ausschuß 1976 verließ, stellte ich fest, daß wir mit unserer Arbeit wenige, aber dafür wichtige Ziele erreicht hatten. Für unser Land waren die Untersuchungen wichtig, weil sie dazu beitrugen, unsere staatsbürgerlichen Rechte zu gewährleisten und durch die Offenlegung der Fälle von Amtsmißbrauch ähnliche Fehler in Zukunft zu vermeiden. In bezug auf den außenpolitischen Kurs berechtigten sie zu der Hoffnung, daß man aus den verdeckten Aktionen gelernt hatte, die uns rückblickend und kritisch betrachtet unklug erschienen. Juristisch gesehen war unser Vermächtnis an die Nachwelt wenig spektakulär. Gesetze, die Attentate verbieten, sind notwendig, aber die verabscheuungswürdigen und überdies fehlgeschlagenen Mordkomplotte waren nur unter so ungewöhnlichen Umständen, wie sie damals herrschten, möglich.

Der Ausschuß hatte gehofft, eine Satzung für die verschiedenen Nachrichtendienststellen ausarbeiten zu können, um gesetzlich, und nicht nur anhand von internen Durchführungsbestimmungen, festzulegen, was erlaubt und was verboten war. Dieses Unterfangen sollte sich als äußerst prekär und umstritten erweisen. Es führte nicht nur zu der wachsenden Besorgnis, mit derartigen Restriktionen die Arbeit der amerikanischen Nachrichtendienste zu beeinträchtigen, sondern entfachte auch aufs neue den Streit um die Frage, inwieweit dem Direktor der Central Intelligency Agency ein Verfügungsrecht über das umfangreiche Budget der Nachrichtendienste einzuräumen sei, das zum Verteidigungshaushalt und *nicht* zum Etat der CIA zählt. Der Klimawechsel, der sich 1974 in der amerikanischen Öffentlichkeit und dem Kongreß abzuzeichnen begann und auf ein wachsendes politisches Engagement hindeutete, schien sich zum Zeitpunkt der Chile-Anhörungen wieder dem Nullpunkt zu nähern. Die Satzung mußte ad acta gelegt werden, bis ein neuer Kongreß darüber entschied.

Unsere wichtigste Empfehlung bestand darin, den Ausschuß als ständiges Gremium beizubehalten. Wir hofften, daß sich im Laufe der Zeit sämtliche Aufsichtsfunktionen auf ihn übertragen ließen, so daß er für den Kongreß als einziger Ansprechpartner im Bereich der nachrichtendienstlichen Überwachung galt. Unsere Hoffnung ließ sich verwirklichen. Zunächst gelang es dem neuen, ständigen Ausschuß allerdings nur, die Anzahl der nachrichtendienstlichen Überwachungsausschüsse des Kongresses von sechs auf sieben – bzw. acht, wenn man den Bewilligungsausschuß des Repräsentantenhauses mitzählt – zu erhöhen. Diese besaßen allerdings weit bessere Möglichkeiten, sich Zugang zu verfügbaren Informationen zu beschaffen.

Die Organisationsstruktur der ständigen Ausschüsse in beiden Kammern des Kongresses hatte Modellcharakter. Die Mitglieder der nachrichtendienstlichen Überwachungsausschüsse gehören gleichzeitig den Streitkräfte-, Verfassungs-, Bewilligungs- und den außenpolitischen Sicherheitsausschüssen an. Sie haben dadurch die Möglichkeit, ihre Arbeit auf einen bestimmten Bereich zu konzentrieren, ohne sich von den übrigen Funktionen ausgeschlossen zu fühlen. Das Rotationsprinzip sorgt für eine breitgefächerte Präsenz im Kongreß und beugt darüber hinaus dem Verdacht oder dem Tatbestand der Kumpanei vor.

Die verfahrenstechnischen Veränderungen, auf die man sich in zähem Ringen um verfassungsmäßig garantierte Rechte einigte, waren mindestens ebenso wichtig wie die insitutionellen Neuerungen. Dem Kongreß gelang es, sich den Zugang zu nachrichtendienstlichen Informationen zu sichern. Er wurde von nun an als verbrieftes Recht, und nicht länger eine höfliche Geste der Exekutive betrachtet. Geheime Dokumente galten von jetzt an als Eigentum der ,,Regierung'' und nicht länger als Besitztum der Exekutive.

Daß der Präsident größere verdeckte Aktionen künftig gegenzeichnen mußte und der Kongreß aufgrund seines Zuganges zu geheimen Dokumenten nachprüfen konnte, ob die schriftliche Genehmigung vorlag, würde die Regierung vielleicht zwingen, von nun an gründlicher zu überlegen, ob eine geheime Intervention angeraten erschien. Wir hofften, daß sich der Präsident im Laufe der Zeit dazu durchringen konnte, in den Überwachungsinstanzen ein kampferprobtes Beratergremium zu sehen, das die politische Brisanz einer verdeckten Operation objektiver zu beurteilen vermochte und somit einen Ausgleich zur ,,Hau-Ruck-Mentalität" der CIA oder den oft subjektiven Interessen des Beraterstabes im Weißen Haus schuf. Der neu konzipierte Entscheidungs- und Genehmigungsprozeß diente außerdem dazu, den Kongreß vom ,,Start " eines Projektes – wie ein Mitglied des Beraterstabes es formulierte – bis zur ,,Landung" in die Pflicht zu nehmen.

Durch den hohen Wellengang aufgeschreckt, den die Untersuchungen des Kongresses ausgelöst hatten, versprach Präsident Carter weitere Reformen im nachrichtendienstlichen Bereich. Auch er scheute während seiner Amtszeit vor einer entsprechenden Verfassungsänderung zurück, erließ aber im Januar 1978 die Direktive 12036, die sämtliche nachrichtendienstlichen Aktivitäten reglementierte. Der von Carter geschaffene NSC-Koordinierungsausschuß für Sondereinsätze (SCC) übernahm als Nachfolger des Ausschusses 40 die Überwachung verdeckter Aktionen in der Exekutive. Zu den Mitgliedern zählten, wie schon bei seinen Vorläufern, der Außen- und Verteidigungsminister, der DCI, der Vorsitzende der Vereinten Stabschefs, der Direktor des Amtes Planung und Budget, der persönliche Berater des Präsidenten in Angelegenheiten der Nationalen Sicherheit und erstmalig der Justizminister, der zweifellos eine Bereicherung in diesem Kreis darstellte. Um der Tatsache Rechnung zu tragen, daß auch geheime Operationen, die nicht als verdeckte Aktionen deklariert werden, bisweilen politische Wirkung zeitigen, wurde der SCC außerdem noch mit der Überprüfung von ,,sicherheitsempfindlichem" Informationsmaterial und Gegenspionageprojekten betraut.

Die Carter-Administration straffte auch die Überprüfungsverfahren der Exekutive im Bereich verdeckter Aktionen. Sie bemühte sich, zumindest in den ersten zwei Jahren, den Entscheidungsprozeß für einen verdeckten Aktionsplan zu erschweren. Das Operationsdirektorium hatte seine Vorschläge künftig verschiedenen Dienststellen und Funktionsträgern innerhalb der CIA zu unterbreiten, z.B. dem Rechnungsprüfer, den Sicherheits- und Rechtsberatern und – einer Praxis folgend, die schon während Colbys Amtszeit eingeführt wurde – dem DCI, das damals den Namen National Foreign Assessment Center (=Abteilung für die Auswertung der Erkenntnisse des Auslandsnachrichtendienstes) trug. Die Analytiker der Behörde besaßen damit die Möglichkeit, festzustellen, was die Planer geheimer Operationen ausbrüteten.

Bevor der DCI einen Plan abzeichnete, wurde er von zwei Instanzen außerhalb der CIA geprüft – dem State Department und einer Arbeitsgruppe des SCC, die sich aus Delegierten sämtlicher im SCC vertretenen Dienststellen zusammensetzte. Die Arbeitsgruppe hatte eine beratende Funktion und war nicht entscheidungsbefugt. Wie früher – oder später – hing das Ergebnis zwar in hohem Maße vom Urteil des einzelnen ab, aber die Entscheidung, welche Projekte die Aufmerksamkeit des SCC, die Unterschrift des Präsidenten oder eine Beratung im Kongreß verdienten, blieb nicht länger der CIA allein überlassen.

Die Kontakte zwischen der Carter-Administration und dem Kongreß blieben auf ein Mindestmaß beschränkt, wenn es um verdeckte Aktionen ging. Carter setzte die von Ford eingeführte Praxis fort, Beurteilungen blanko zu unterzeichnen. Daß bisweilen ein breites Spektrum geheimer Aktionspläne, z.B. gegen terroristische Aktivitäten, mit einer einzigen Unterschrift genehmigt wurde, schien ihm ebenso wenig Sorge zu bereiten wie die Ablehnung des DCI Stansfield Turner, den Kongreß schon vor dem „Startzeichen" über ein Projekt zu informieren.[38]

Eine in die Verfassung integrierte Änderung der Charta für die Nachrichtendienste durchzusetzen erwies sich zwar als undurchführbar, aber Regierung und Kongreß erarbeiteten gemeinsam den *Intelligence Oversight Act*, der 1980 verabschiedet wurde und wohl als wichtigster Erlaß des Kongresses zur Regulierung verdeckter Aktionen gilt.[39] Die Exekutive war künftig verpflichtet, *beiden* Ausschüssen zur Überwachung nachrichtendienstlicher Tätigkeit Auskunft über verdeckte Aktionen zu geben. Daraus ging klar hervor, daß der Kongreß über sämtliche verdeckten Aktivitäten, nicht nur solche, die von der CIA ausgeführt wurden, unterrichtet werden wollte. Geheime Absprachen mit anderen Regierungsstellen, insbesondere den Streitkräften, wurden untersagt.

Außerdem bemühte sich der Kongreß, die Exekutive zu rechtzeitigen Informationen über bevorstehende geheime Aktionen zu verpflichten. Die Formulierung „*zeitlich angemessen*“, die im Hughes-Ryan-Zusatzartikel verankert war und eine Benachrichtigung nach vollendetem Tatbestand erlaubte (worunter man in der Regel 24 Stunden verstand), wurde im Erlaß von 1980 in den Begriff „*umfassende und aktuelle Informationen*“ umgewandelt, die auch „alle absehbaren wichtigen nachrichtendienstlichen Aktivitäten“ betrafen. Aber die Aufklärung des Kongresses war noch immer keine unabdingbare Voraussetzung für die Einleitung einer verdeckten Aktion. Der Erlaß ließ dem Präsidenten einen Fluchtweg offen: Er hatte in Krisensituationen das Recht, den Kreis der Eingeweihten auf acht Personen zu beschränken – den Vorsitzenden und die Repräsentanten der Minderheiten in den nachrichtendienstlichen Überwachungsausschüssen beider Kammern, den Sprecher und den Vorsitzenden der Minderheitspartei im Repräsentantenhaus sowie die Vertreter der Mehrheit und Minderheit im Senat – die bald als „die Achterbande“ bekannt wurden.

Unvermeidliche Spannungen

Die Spannungen zwischen Exekutive und Kongreß, die sich im Rahmen des Erträglichen hielten, solange die amtierende

Regierung und die Überwachungsausschüsse des Kongresses die Ansicht teilten, verdeckte Aktionen müßten ein äußerst sparsam einzusetzendes Instrument bleiben, nahmen in den achtziger Jahren mit der nächsten Welle geheimer Aktionen zu. Die Reagan-Administration zeigte sich schon bei Amtsantritt entschlossen, die geheime Unterstützung der „Freiheitskämpfer" in aller Welt zu einem Schlüsselelement ihrer Außenpolitik zu machen, mit der man die Sowjetunion weltweit unter Druck zu setzen gedachte. Als der Präsident das Rahmenprogramm vorstellte, das später als Reagan-Doktrin bezeichnet wurde, erklärte er, die Krisenherde in der Dritten Welt seien „Folge einer von außen aufoktroyierten Ideologie..., die Nationen spaltet und Regime hervorbringt, die ihren eigenen Landsleuten den Krieg erklärt haben....In jedem einzelnen Fall weitet sich der marxistisch-leninistische Kampf zu einem Kampf mit den Nachbarstaaten aus." [40]

Reagans Direktive 12333 erweiterte die Cartersche Definition des Begriffes „verdeckte Aktionen", die nun „spezifische Aktivitäten" genannt wurden. Verblüffend ist – aus der Sicht nachfolgender Ereignisse – daß die CIA damit die volle Verantwortung für derartige Aktivitäten erhielt, abgesehen von Kriegszeiten oder auf ausdrückliche, anderslautende Anordnung des Präsidenten hin.[41]

Die Regierung sorgte ebenfalls für eine Reorganisation der Überwachungsinstanzen, um die wachsende Anzahl verdeckter Aktionen zu bewältigen. Nachfolger des SCC wurde die National Security Planning Group (NSCP = Planungsgruppe in Angelegenheiten der Nationalen Sicherheit), zu deren Mitgliedern der Vizepräsident, der Verteidigungs- und Außenminister, der Direktor der CIA und der Berater des Präsidenten in Angelegenheiten der Nationalen Sicherheit zählten. Aus Geheimhaltungsgründen verzichtete man auf die übrigen SCC-Mitglieder. Man ergänzte die Gruppe durch drei Berater des Präsidenten – den Chef des Beraterstabes im Weißen Haus, seinen Stellvertreter und den juristischen Berater des Präsidenten. Auch der Präsident gehörte der Gruppe an. Durch diese Umstrukturierung beschleunigte man den Entscheidungsfindungsprozeß und trug dem Wunsch des Präsidenten nach einem vermehrten Einsatz verdeckter Aktionen Rechnung. Das hatte allerdings zur Folge, daß die Meinungen von neutralen und unter Umständen kritischen Experten, z.B. des Justizministers oder der Vereinten Stabschefs, unberücksichtigt blieben.

1985 hatte die Regierung eine weiteres Gremium komplementär zur NSPG geschaffen, dem ähnliche Aufgaben zufielen wie dem SCC während der Carter-Zeit. Wie sein Vorgänger setzte es sich aus den Delegierten der NSPG-Mitglieder zusammen. Die Gruppe erhielt die Bezeichnung Ausschuß 208, nach dem Sitzungssaal im alten Bürokomplex, der sich auf dem Areal des Weißen Hauses befand.

Während der Amtszeit der neuen Regierung änderten sich die Einstellungen in noch größerem Maße als die verfahrenstechnischen Aspekte. Ein Kongreßausschußmitglied bezeichnete beispielsweise Männer wie Oliver North als ,,Frontbeamte", als Aktivisten, die über viel Energie, aber wenig politische Weitsicht verfügen. William Miller, Stabsleiter des Church-Ausschusses und des ersten ständigen Senatsausschusses zur Überwachung nachrichtendienstlicher Aktivitäten, erklärte, in der CIA und ihren Schwesterbehörden hätten Ende der siebziger Jahre Leute den Ton angegeben, die mit den Untersuchungsverfahren und Reformen hinlänglich vertraut gewesen seien. ,,Sie kannten sich so gut mit der Verfassung aus, daß sie auf Anhieb die richtige Textstelle zitieren konnten. Rechte und Gesetzesvorschriften zu berücksichtigen schien für sie etwas ganz Natürliches zu sein." Im Gegensatz dazu besaßen in der Reagan-Administration die ,,Juristen den größten Einfluß, Leute, die stets versuchten, institutionelle und gesetzliche Bestimmungen zu umgehen, und auf Mittel und Wege sannen, ihre Ziele zu verwirklichen."[42]

Nicaragua war der erste Punkt auf der Tagesordnung, der dazu beitrug, die Spannungen zwischen Exekutive und Kongreß zu verschärfen. Man konnte sich nur schwer darauf einigen, aus welchem Etat das Hilfsprogramm für die Contras bestritten werden sollte. Der Interessenkonflikt schien nahezu vorprogrammiert, denn Reagan und seine Regierungsmannschaft bevorzugten, wie schon ihre Vorgänger unter Ford und Carter, Beurteilungen, die allgemein gehalten waren, so daß die CIA flexibel auf veränderte Gegebenheiten zu reagieren vermochte. Der Kongreß war dagegen wenig geneigt, einen Blankoscheck zu unterschreiben, vor allem im Hinblick auf die Tatsache, daß die Regierung ganz offensichtlich in stärkerem Maße zu verdeckten Aktionen zu greifen gedachte, als der Ausschuß – zumindest des Repräsentantenhauses – zu genehmigen bereit war. Carters DCI, Turner, faßte diesen Konflikt zusammen:

> *Bei einer breit gefächerten Beurteilung läßt sich eine Operation beträchtlich ausweiten; bei einer eingegrenzten muß die CIA den Präsidenten um eine Revision bitten, sobald sich die Größenordnung ändert. Der Kongreß begegnet einer breit gefächerten Beurteilung mit Vorsicht, weil sie die Möglichkeit des Mißbrauchs bietet. Die CIA hält nicht viel von einer eng eingegrenzten; sie ist mitunter frustrierend.*[43]

McGeorge Bundy, der unter Kennedy und Johnson den Vorsitz über den Ausschuß 303 führte, schilderte die Schwierigkeiten, mit denen die Aufsichtsinstanzen außerhalb der CIA konfrontiert wurden. Er sagte: „Ich glaube, es ist schon vorgekommen, daß eine Operation ganz anders durchgeführt wird, als sie dargestellt und vom Ausschuß genehmigt wurde.“[44]

Ob eine Änderung während der Laufzeit eines Projektes einer modifizierten Beurteilung des Präsidenten bedurfte, gab Anlaß zu weiteren Spannungen. Der Hughes-Ryan Zusatzartikel verlangte eine Beurteilung des Präsidenten bei verdeckten Aktionen, „die für die nationale Sicherheit wichtig“ waren. Aber daraus geht nicht hervor, inwiefern sich gerade in diesem undurchsichtigen Bereich „wichtige“ von „Routinefällen“ unterscheiden. Erhöht sich durch die

Änderung das Risiko, daß die amerikanische Regierung sich exponiert oder Schaden nimmt, falls die Operation bekannt wird? Handelt es sich um eine Änderung, die das grundlegende Konzept der Operation betrifft? Werden die Kosten dadurch merklich gesteigert?

All diese Fragen hatten zur Folge, daß die Kongreßausschüsse gezwungen waren, sich intensiver mit den Einzelheiten einer Operation zu befassen. Wichtige Details konnten bei dem Informationsaustausch verlorengehen, selbst wenn beide Parteien guten Willens waren. Und es ist wohl überflüssig zu erwähnen, daß es ihnen nicht selten an dieser Bereitschaft mangelte, wie sich im Fall von Nicaragua zeigte, als die CIA die Hafenstädte bombardierte. Die Operation war von Anfang an äußerst riskant, da nicht nur nicaraguanische, sondern auch Schiffe anderer Nationen, einschließlich der Verbündeten der Vereinigten Staaten, bei dem Angriff gefährdet wurden. Der Präsident genehmigte den Aktionsplan im Winter, vermutlich im Dezember 1984.[45] Die sandinistische Regierung beschuldigte am 3. Januar die Contras, Minen in nicaraguanischen Häfen zu legen; und die Rebellenführer erklärten am 8. Januar, genau das sei ihre Absicht.

Am 31. Januar traf sich der Direktor der Central Intelligence Agency, Casey, mit dem Ausschuß des Repräsentantenhauses, dessen Mitglieder zu den hartnäckigsten Gegnern der Nicaragua-Operation zählten. Er erwähnte dabei auch die Bombardierung, obwohl eigentlich die Bewilligung von weiteren Geldmitteln im Rahmen des generellen Hilfsprogrammes für die Contras auf der Tagesordnung stand. Möglicherweise waren auch einige Angehörige des Senatsausschusses und ihre engsten Mitarbeiter darüber informiert. Der Senat hatte auf seiner im Februar getroffenen Entscheidung bestanden, die finanziellen Zuwendungen zu kürzen, und die Regierung bat zweimal darum, die Sitzungen zu vertagen, um Außenminister Shultz die Teilnahme zu ermöglichen. Das Resultat war, daß man den Senatsausschuß noch immer nicht voll informiert hatte und viele –

vielleicht sogar die meisten – Mitglieder nichts von der Operation und insbesondere der Rolle, die die CIA darin spielte, wußten. Zu ihnen gehörte auch der Stabsleiter.

Caseys erstes Gespräch mit dem vollzähligen Ausschuß fand am 8. März statt und dauerte eine Stunde. Dabei ging es primär um die Bewilligung der Mittel, ein Thema, das zu einem Rechtsstreit zwischen dem Ausschuß führte, der für die Überwachung der Nachrichtendienste, und demjenigen, der für die Bewilligung der Budgets zuständig war. Nur in einem einzigen Satz wurde die Bombardierung abgehandelt, und dieser ging in Caseys charakteristischem Gemurmel unter.[46] Viele der Anwesenden erfuhren erst einen Monat später, mehr oder weniger zufällig, im Sitzungssaal des Senats davon.

Casey folgte mit seiner kurzen Erklärung dem Buchstaben des Gesetzes, aber die Episode erzürnte sogar Senator Barry Goldwater, den Vorsitzenden des Ausschusses, der nicht grundsätzlich gegen geheime Aktionen war. Er hatte Caseys Anspielung nicht verstanden. Als er bei einer Vollversammlung am 2. April von der Operation erfuhr, war er wütend. Sein Brief an Casey, von dem die Presse Wind bekam, zeugt nicht nur von seiner unkonventionellen Sprache, sondern auch von seinem Mißfallen: „Das Ganze läßt sich in einem einzigen kleinen, simplen Satz zusammenfassen: Ich fühle mich verarscht!“[47]

Es mag sein, daß die Ausschußmitglieder, wie Goldwater, nicht richtig zugehört hatten. Aber die Episode deckt auch eine andere Schwachstelle in der Überwachung auf. Man kann nicht nur davon ausgehen, daß *beide* Kammern der Exekutive mißtrauen, sondern daß sie sich – gleichgültig welche Partei an der Macht ist – untereinander als Rivalen verstehen und von daher nicht grundsätzlich bereit sind, Informationen auszutauschen. Wenn Casey mit seiner Kurzinformation, wie Turner schloß, tatsächlich dem Buchstaben des Gesetzes Genüge tat, dann lag das „kaum in seiner Absicht...Die CIA gab vor, ihrer Informationspflicht nachzukommen, aber sie sprach nicht laut genug.“[48]

Meistens war und ist es nicht schwierig, die Kongreßmitglieder zum Zuhören zu bewegen, wenn es um verdeckte Aktionen geht. Ich habe mich während meiner Arbeit im Church-Ausschuß immer wieder gewundert, wie fasziniert die Mitglieder in den geheimen Sitzungen stundenlangen Ausführungen über Dechiffriertechniken oder Satellitenaufklärung lauschten, während ihre Mitarbeiter wegen der erzwungenen Untätigkeit schäumten, ihre Wähler warteten und andere Anhörungen, bei denen es um Themen ging, die weniger romantisch, dafür der politischen Karriere aber zuträglicher waren, ohne sie stattfanden. Als 1987 der hundertste Kongreß seine Legislaturperiode begann, hatten sich 60 Mitglieder für die vier offenen Stellen im nachrichtendienstlichen Ausschuß des Repräsentantenhauses beworben.

Aber selbst für die Mitglieder der Ausschüsse ist eine bestimmte Operation nur eine unter vielen. Es fällt ihnen schwer, mit der aktuellen Entwicklung von zahlreichen komplexen Aktionsplänen in allen Einzelheiten Schritt zu halten. Ein Mitglied klagte einmal: „Wie soll man wissen, welches Detail sich plötzlich als Bumerang erweisen wird? Das Ganze entwickelt sich in rasantem Tempo. Wieviel Zeit ist denn vom Beginn bis zum Ende der Bombardierung vergangen? Nicht mehr als ein paar Wochen. Selbst zwischen Druck und Verteilung des Handbuches (für die Contras) lagen nur drei Monate.“[49]

Die Überwachungstätigkeit ist überdies eine unliebsame Aktivität. Die wenigsten Ausschußmitglieder reißen sich darum, ganz im Gegenteil: Manchmal haben sie das Gefühl, mehr zu wissen, als ihnen lieb ist. Daniel Inouye, der erste Vorsitzende des ständigen Senatsausschusses für die Überwachung der Nachrichtendienste bemerkte einmal sehr treffend: „Wie würde es Ihnen denn gefallen, wenn sie wüßten, daß sich ein sehr, sehr hohes Mitglied einer bestimmten ausländischen Regierung auf unserer Gehaltsliste befindet?“[50]

Sobald die Ausschußmitglieder Kenntnis von einer Operation und ihren Ablauf verstanden haben, befinden sie sich in einer Zwickmühle. Sie wissen davon, könnten sie aber nur schwer stoppen. Normalerweise informiert die CIA das Weiße Haus über abweichende Meinungen in den Ausschüssen. Fehlt eine starke Opposition, geht die Regierung davon aus, daß die geplante Aktion stillschweigend gebilligt wird. Deshalb beinhalten Lagebesprechungen mehr als eine Informationsaufnahme. Es geht für den einzelnen darum, seine Zustimmung zu äußern oder zu verweigern, selbst wenn der Ausschuß in dem Augenblick, wo man ihn über eine bestimmte Aktion aufklärt, überhaupt nicht darüber abstimmt.

Die Verantwortung der Ausschüsse ist weit größer als ihre Machtbefugnis. Wenn die Regierung entschlossen ist, ein Projekt zu verfolgen, kann sie dieses ein Jahr lang aus dem Reservefonds finanzieren.[51] Erst in der nächsten Planungsperiode haben die Ausschußmitglieder die Möglichkeit, das Projekt an die entsprechenden Gremien weiterzuleiten, damit sie bei der Aufstellung der regulären Einzelbudgets berücksichtigt werden.

Die Stärke des Ausschusses liegt darin, daß seine Empfehlungen Gewicht haben. Der Präsident kann sie nicht so ohne weiteres ignorieren, vor allem wenn sie von langjährigen Mitgliedern geäußert werden, deren Interessen parteipolitische Grenzen überschreiten. Die CIA muß sich mit den Ausschüssen wegen der Bewilligung des Budgets und verschiedener nachrichtendienstlicher Themen auseinandersetzen. Der Präsident ist aus Gründen, die über die nachrichtendienstliche Überwachung hinausgehen, auf gute Beziehungen zu den langjährigen Mitgliedern bedacht. Den Ausschüssen stehen verschiedene Möglichkeiten offen, ihre Empfehlungen deutlich zu machen. Um sicherzugehen, daß der Präsident ihre Absichten nicht mißversteht, können sie ihm schreiben oder ihn um ein persönliches Gespräch bitten. Der Senatsausschuß hat verschiedentlich formal über einen Vorschlag abgestimmt, der ihm mißfiel. Dieses Votum hat den Präsidenten, wie es scheint, mehr als einmal bewogen, seine Genehmigung für eine bestimmte Operation zurückzuziehen.[52] Wie im Fall Nicaragua kann der Ausschuß den Präsidenten zwingen, seine Beurteilung konkreter zu formulieren, um Zuständigkeit und Verantwortung bei einer geplanten Operation transparenter zu machen.

Der schmutzige Handel

Wenn eine Regierung entschlossen ist, eine Operation trotz Opposition der Ausschüsse weiterzuverfolgen, bleiben dem Kongreß verschiedene Möglichkeiten, sich durchzusetzen, die jedoch nicht immer fair oder vor der Öffentlichkeit geheimzuhalten sind. Die Ausschußmitglieder können beispielsweise der Presse Informationen zuspielen, was allerdings selten vorkommt. Oder sie tragen ihre Einwände in einer Vollversammlung vor, die geheim abgehalten wird. Damit erhöht sich jedoch die Wahrscheinlichkeit, daß Einzelheiten der Operation durchsickern, weil es zu viele Eingeweihte gibt. Außerdem führt man auf diese Weise den Überwachungsprozeß ad absurdum, den man ja – um Zuständigkeit und Verantwortung für verdeckte Aktionen transparenter zu machen – dem Kongreß als zentraler Instanz überantwortet hat.

In extremen Fällen, als die Gefühle in den gegnerischen Lagern in Aufruhr und die Kongreßmitglieder besonders frustriert waren, haben diese auch schon von ihrem Recht Gebrauch gemacht, verdeckte Aktionen durch eine Abänderung der Rechtsvorschriften zu blockieren, beispielsweise mit dem Clark-Tunney-Zusatzartikel im Fall von Angola und dem Boland-Zusatzartikel, als es um die Operation in Nicaragua ging. In beiden Fällen sagte der Kongreß damit de facto aus, daß man der Regierung oder den von ihr ernannten Überwachungsinstanzen – oder beiden – mißtraute.

Vor mehr als einem Jahrzehnt, als die neuen Gremien mit

der Überwachung der Nachrichtendienste betraut wurden, war man sich bereits darüber im klaren, daß verdeckte Aktionen eines der heikelsten Aufgabengebiete darstellten. Dem Kongreß stand der Zugang zu Informationen und somit die Möglichkeit offen, Empfehlungen auszusprechen. Verschiedene Abläufe im Überwachungsprozeß beider Kammern sollten die Zuständigkeiten und Verantwortung transparenter machen und einen echten Informationsaustausch selbst bei den geheimsten Operationen der Regierung gewährleisten. Der Kongreß hatte allerdings nicht das Recht, vor Beginn oder bei jeder größeren verdeckten Aktion abzustimmen. Das erschien nicht klug oder notwendig und wäre weder im Sinn der Exekutive noch des Kongresses gewesen.

In der Regel scheint der Informations- und Entscheidungsfindungsprozeß wie geplant verlaufen zu sein. In anderen Fällen stellten sie, wie ein Mitglied erklärte, lediglich die Frage: „Wissen Sie eigentlich, wie riskant das ist?“[53] und behielten, wenn die Antwort „Ja“ lautete, ihre Einwände für sich. In den meisten Fällen konnte der Prozeß geheimgehalten werden. Die Reagan-Administration beabsichtigte, weit mehr Gebrauch von verdeckten Aktionen als ihre Vorgänger zu machen, und die Überwachungsinstanzen, die die Einstellung des Kongresses und vermutlich auch der amerikanischen Öffentlichkeit repräsentierten, stimmten diesem Vorhaben zu.

Man hat den Ausschüssen wiederholt vorgeworfen, die Nachrichtendienste eher geschützt als überwacht zu haben – ein Risiko, das für alle Beziehungen zwischen Kongreß und Behörden der Exekutive, vom Landwirtschafts- bis hin zum Verteidigungsministerium, typisch ist. Diese abgebliche oder tatsächliche Gefahr versucht man durch das Rotationsprinzip zu verringern. Der Vorwurf wurde allerdings selten in Zusammenhang mit verdeckten Aktionen laut. Es entspricht den Tatsachen, daß die Ausschüsse maßgeblich daran beteiligt waren, das Gesamtbudget der CIA in nur einem Jahrzehnt auf mehr als 20 Millionen Dollar pro Jahr zu verdreifachen. Der größte Teil des Geldes wurde dabei für technisch hochentwickelte Systeme der Informationssammlung ausgegeben. In einem oder zwei Fällen haben sich die Ausschüsse sogar noch *vor* der Regierung für die Bewilligung von Geldern, beispielsweise für die Spionageabwehr in den Vereinigten Staaten, stark gemacht, weil sie der Meinung waren, Washington tue nicht genug, und weil sie demonstrieren wollten, daß ihre Einstellung nicht grundsätzlich negativ sei, daß sie ebenso gut ,,Ja" wie ,,Nein" sagen könnten.

Gelegentlich befindet sich der Kongreß allerdings in einem Gewissenskonflikt, um den ihn niemand beneidet: Er hat entweder die Möglichkeit, über eine Operation, die er ablehnt, Stillschweigen zu bewahren oder Maßnahmen zu ergreifen, die mit Sicherheit die Öffentlichkeit darauf aufmerksam machen. Schweigt er, kann die Exekutive die Gelegenheit nutzen. Alarmiert er die Öffentlichkeit, ist die Chance, eine Operation geheim durchzuführen, vertan.

Als der Kongreß beispielsweise die finanzielle Unterstützung der Contras zunächst kürzte, dann ganz einstellte und schließlich wiederaufnahm, sah er sich mit einer Regierung konfrontiert, die entschlossen war, Mittel und Wege zu finden, um das Hilfsprogramm fortzusetzen, und das Argument anführte, die Vereinigten Staaten hätten eine Verpflichtung gegenüber den Contras. Unter diesen Umständen mußten Kongreß und Regierung verschiedener Meinung über die gesetzlichen Bestimmungen sein, zumal die 1984 gültige Formulierung in der Tat äußerst zweideutig war. War darunter zu verstehen, daß es einem von dieser Regelung betroffenen Regierungsmitglied auch verboten war, anderswo um Unterstützung nachzusuchen? Wie wollte der Kongreß die Einhaltung der Bestimmungen überprüfen, vor allem, wenn es sich dabei um geheime Recherchen handelte? Die Rechtsunsicherheit nahm im Dezember 1985 noch zu, als die Überwachungsausschüsse den Contras eine bestimmte Summe für ,,Kommunikationszwecke" und ,,Beratung" bewilligten, wobei die einzelnen Bedingungen mit den Ausschußmitgliedern ausgehandelt werden sollten. Aus dem darauffolgenden Schriftverkehr geht hervor, daß die beiden Ausschußvorsitzenden unsicher oder uneins darüber waren, was gesetzlich erlaubt und was verboten war.[54]

Es gibt keine endgültige Lösung für dieses Dilemma, dessen Wurzeln auf die Widersinnigkeit geheimer Operationen in einer demokratischen Gesellschaft zurückzuführen sind. Auch heute erscheint es nicht angemessen, daß der Kongreß jeder verdeckten Aktion im voraus zustimmen muß. Man könnte sich, wie der frühere DCI Colby es formulierte, darüber streiten, ob diese Genehmigung als eine ,,gesetzgebende Funktion'' zu definieren ist. Dagegen spricht auch, daß es Monate dauern kann, bis eine Operation von den Überwachungsausschüssen genehmigt und ein spezifisches Budget vom Kongreß bewilligt wird. Das Dilemma ließe sich unter Umständen – zumindest teilweise – lösen, wenn die Ausschüsse sämtliche Entnahmen aus dem Reservefonds der CIA bewilligen müßten. Dadurch laufen die Ausschußmitglieder zwar Gefahr, in die Schußlinie der übrigen Kongreßabgeordneten zu geraten, aber es würde ihnen zumindest die unangenehme Wahl zwischen stillschweigender Mißbilligung und Enthüllung einer Operation ersparen.

Bis heute ist es selten vorgekommen, daß eine Regierung nur die ''Achterbande'' über eine Aktion informiert hat, wenn strikte Geheimhaltung angesagt war.[55] Wären die Beziehungen zwischen Casey und den Ausschüssen besser gewesen, hätte die Reagan-Administration sie vielleicht in das Waffengeschäft mit dem Iran eingeweiht. Wir wissen nicht, ob man dann zu einer politisch weniger brisanten Lösung gelangt wäre, denn es ist durchaus denkbar, daß die ,,Achterbande'' über ihr strategisches Interesse am Iran hinaus der Freilassung der Geiseln den gleichen hohen Stellenwert wie der Präsident beigemessen hätte. Aber das Hauptthema der Debatte, die sich nach Bekanntwerden der Affäre entspann, wäre dann wohl die politische Weitsicht der Entscheidung, und nicht die Frage gewesen, ob der Kongreß bewußt getäuscht wurde.

Vielleicht ist es inzwischen an der Zeit zu überlegen, ob man die beiden Ausschüsse des Senats und des Repräsentantenhauses nicht zu *einem* verantwortlichen Ausschuß zusammenziehen sollte. Dadurch ließe sich das Risiko von Mißverständnissen zwischen den beiden Kammern, wie bei der Bombardierung Nicaraguas der Fall, weitgehend mindern, auch wenn sich Spannungen wohl kaum vermeiden lassen. Wenn es nur *einen* Ausschuß gäbe, würde die Gefahr, daß Informationen aus den Reihen des Kongresses durchsickern, zwar nicht geringer, aber man könnte zwei Dinge mit dieser strukturellen Änderung erreichen: Der Präsident hätte keinen Anlaß mehr, dem Kongreß Informationen mit der Begründung vorzuenthalten, er stelle ein zu großes „Sicherheitsrisiko" dar; und mit etwas Glück könnte es dem Ausschuß gelingen, das gute Einvernehmen zwischen den einzelnen Bereichen der Exekutive und den Überwachungsinstanzen im Kongreß herzustellen, um das wir uns schon vor einem Jahrzehnt bemüht hatten.

Auch der politische Entscheidungsfindungsprozeß hängt, wie so vieles andere, in hohem Maß von der Persönlichkeit der Teilnehmer ab. Reagan und Casey waren nicht immer geneigt, den Empfehlungen des Kongresses in bezug auf verdeckte Aktionen zu folgen oder Kritik zu begrüßen. Ein republikanischer Angehöriger des Senatsausschusses beschrieb einmal die Einstellung eines inzwischen verstorbenen CIA-Beamten, der im Geheimdienst Karriere gemacht und als Verbindungsmann zum Kongreß gedient hatte, mit den Worten: „Washington war für ihn ein fremdes Land, und er fühlte sich wie ein Stationschef auf feindlichem Territorium, der Operationen gegen den Kongreß inszeniert."[56]

Es gibt eine einzige grundlegende und logische Schlußfolgerung, die sich aus offenen „geheimen" Aktionen wie in Nicaragua ableiten läßt: Wenn umfangreiche geheime Operationen und die generelle außenpolitische Linie, deren Teil sie sind, vehementen Widerstand bei den führenden amerikanischen Politikern hervorrufen, können solche Operationen nicht lange geheim bleiben. Das ist kein Zeichen dafür, daß der Überwachungsprozeß Schwachstellen aufweist, sondern daß in unserer demokratischen Gesellschaft ein geheimer, noch so ordnungsgemäß ablaufender Prozeß langfristig keine Überlebenschance hat. Senator Dave Durenberger, ehemaliger Vorsitzender des Überwachungsausschusses des Senats meinte dazu: „Seit mindestens einer Generation bahnen sich eine Reihe von Konflikten geringeren Ausmaßes an, die unsere nationale Sicherheitspolitik formen...die amerikanische Öffentlichkeit wird auf irgendeine Weise darin verwickelt werden, auch wenn sie noch nicht genau weiß, wie." [57] Und um ein Senatsmitglied zu zitieren, das sich auf das Ende dieser Entwicklung bezog: „Gleichgültig, wie sehr ich die Flasche auch mochte, ich denke, daß der Geist, den wir gerufen haben, sich nicht wieder darin einschließen läßt."

Solange die Vereinigten Staaten einen Geheimdienst als Notwendigkeit, vor allem bei der Durchführung verdeckter Aktionen, betrachten, so lange läßt sich die Diskrepanz zwischen Verantwortung und praktischen Erfordernissen nicht beheben. Das gilt für die Exekutive und in noch stärkerem Maße für den Kongreß. Verdeckte Aktivitäten und die Geheimhaltung, die hier eine zentrale Rolle spielt, machen es unumgänglich, die Zahl der Eingeweihten *auf ein Mindestmaß* zu beschränken. Verantwortung heißt aber, diesen Kreis zu erweitern und den Kongreß sowie Menschen einzubeziehen, deren Perspektiven und politische Interessen sich von denen der Planer verdeckter Aktionen unterscheiden. Dieser Entwicklungsprozeß könnte unangenehm sein, sowohl für die Exekutive als auch für ihre Überwachungsinstanzen.

Die Planer verdeckter Aktionen werden vielleicht das Gefühl haben, daß ihre politischen Vorgesetzten in den Exekutivbehörden und im Kongreß ihnen ständig über die Schulter blicken und daß die Befehlskette so lang ist, daß sie flexible Reaktionen auf Veränderungen im Operationsgebiet nicht zuläßt. Und die Überwachungsinstanzen, allen voran der Kongreß, hegen möglicherweise den Verdacht , das Geheimhaltungsgebot diene mehr noch dazu, ihnen Informationen vorzuenthalten als verdeckte Aktionen vor denen zu verbergen, gegen die sie gerichtet sind. Sie hatten in der Vergangenheit genügend Gründe für diese Vermutung. Und sie werden auch in Zukunft das Gefühl haben, weniger zu wissen, als sie wissen sollten.

Lektionen, nicht Prozesse

Auf den ersten Blick scheinen diese Konflikte zwischen Exekutive und Kongreß bei der Iran-Contra-Affäre keine Rolle gespielt zu haben. Die im Januar erfolgte Anweisung war klar genug: Der Kongreß wird nicht informiert. Die Mitglieder der Überwachungsausschüsse wurden erst im darauffolgenden Herbst auf die Operation aufmerksam – und eben nicht, wie vorgeschrieben, „*umfassend und laufend informiert*". Später war es der Präsident, den man über die Kombination Waffenverkauf/Unterstützung der Contras im unklaren ließ.

Dennoch läßt sich nicht leugnen, daß unser „Frühwarnsystem" – wenn auch in anderer Beziehung – „funktioniert hat". Mit der Entscheidung, dem Iran Waffen zu verkaufen, verfolgte der Präsident einen außenpolitischen Kurs, der sowohl von seinem Außen- als auch von seinem Verteidigungsminister mißbilligt wurde. Er wagte es nicht, die Überwachungsausschüsse über die Operation zu informieren, mußte aber damit rechnen, daß revolutionäre Gruppen im Iran sie enthüllen würden, falls es ihren politischen Zielen entgegenkäme. Es gibt kaum ein System, das mehr Warnsignale enthält. Wenn die Opposition einer Mehrheit langjähriger Regierungsmitglieder zur Folge hat, daß man sie bei einer politischen Entscheidung ausklammert, dann befindet sich vermutlich derjenige, der die Entscheidung trotz des Widerstandes trifft, auf dem Holzweg, und nicht diejenigen, die ihr trotzen. Der Präsident erkannte das nicht und rannte blindlings in sein Verderben.

Was die Weiterleitung der Gewinne aus dem Waffengeschäft an die Contras betrifft, so läßt sich daraus nicht die Lehre ziehen, daß der NSC-Stab abgeschafft oder der Berater des Präsidenten in Angelegenheiten der Nationalen Sicherheit dem Senat Rede und Antwort stehen müßte. Jeder Präsident braucht einen persönlichen Ratgeber, der als eine Art Mittler zwischen den zahllosen Regierungsstellen fungiert, die mit Aktivitäten im Ausland befaßt sind. Die Affäre zeigte vielmehr, daß ein Präsident, der entschlossen ist, sein Ziel durchzusetzen, immer jemanden im Weißen Haus findet, der diese Aufgabe übernimmt. Und solange es in den Vereinigten Staaten einen Geheimdienst gibt, werden die Präsidenten immer versucht sein, eine verdeckte Aktion als „goldenen Mittelweg", und nicht als letzten Ausweg, zu betrachten.

Die Lektion enthält eine eindringliche Warnung an die Präsidenten und ihre Berater, nämlich keine Operationen vom Weißen Haus aus zu inszenieren. Noch vor zwei Jahrzehnten wäre eine derartige Initiative unmöglich gewesen. Damals waren die Präsidenten darauf bedacht, Distanz zu solchen Aktivitäten zu wahren, selbst wenn es ihnen schwerfiel, eine Beteiligung glaubhaft zu dementieren. Heute sollten verdeckte Aktionen, falls überhaupt, von *der* Organisation durchgeführt werden, die eigens zu diesem Zweck geschaffen wurde: der CIA, die sowohl über die nötige Erfahrung als auch entsprechende Überwachungsinstanzen verfügt. Diese Mahnung, die schon in Präsident Reagans Durchführungsbestimmung für die Exekutive anklingt, sollte als unabdingbare Voraussetzung gesetzlich verankert werden, obwohl es schwer sein wird, die Einhaltung zu überwachen.

Wenn sich die Berater des Präsidenten an einer geheimen Operation beteiligen, verliert der Präsident eine neutrale Informationsquelle, die ihm die Entscheidung über verdeckte Aktivitäten erleichtern sollte. Der engste Beraterkreis wird zu glühenden Befürwortern der Aktion – wie Allan Dulles beim Unternehmen in der Schweinebucht –, für die der

Schutz des Präsidenten von sekundärer Bedeutung ist (obwohl er mitunter nicht erkennt, daß er schutzbedürftig ist). So war es mit McFarlane und Poindexter: Sobald sie sich für das Projekt erwärmt hatten, besaßen sie gute Gründe, die Warnsignale, die sich im Verlauf der Entwicklung zeigten, zu ignorieren. Wenn man den Kongreß ausklammert, klammert man auch eine ,,politische Reibungsfläche", eine Informationsquelle aus, die Aufschluß darüber geben könnte, was das amerikanische Volk akzeptabel finden würde. Und somit erhöht man auch das Risiko, daß fehlgeleitete Männer wie North die Interessen des Präsidenten so interpretieren, wie es ihren eigenen Bedürfnissen entspricht.

In William Millers Erinnerungen an die Untersuchungen des Church-Ausschusses über die Iran-Contra-Affäre heißt es: ,,Wenn man nicht vor einem Jahrzehnt klare Grenzen gezogen hätte, gäbe es heute kein Heulen und Zähneklappern."[58] Wir können nur hoffen, daß die Iran-Contra-Affäre gezeigt hat, daß diese Grenzen noch klarer nachgezogen werden müssen und daß sie einige Lektionen für alle künftigen Regierungen enthält. Auch wenn der Überwachungsprozeß keine Garantie gegen unkluge politische Entscheidungen bietet, so kann er zumindest dafür sorgen, daß die führenden Politiker gewarnt werden. Die Androhung von Freiheitsstrafen würde die Beraterstäbe im Weißen Haus mit Sicherheit von derartig finsteren Machenschaften wie der Iran-Contra-Affäre abschrecken und dazu beitragen, daß sie schneller eine Lektion lernen, die die ,,Klempner" vor rund einem Jahrzehnt gelernt haben. Vielleicht würden sie sich – oder auch dem Präsidenten – trotz des Drucks, zu handeln, erklären: ,,Ja, Mister Präsident, ich bin dazu bereit, aber Sie wissen, daß ich unter Umständen dafür ins Gefängnis muß."

Bildteil

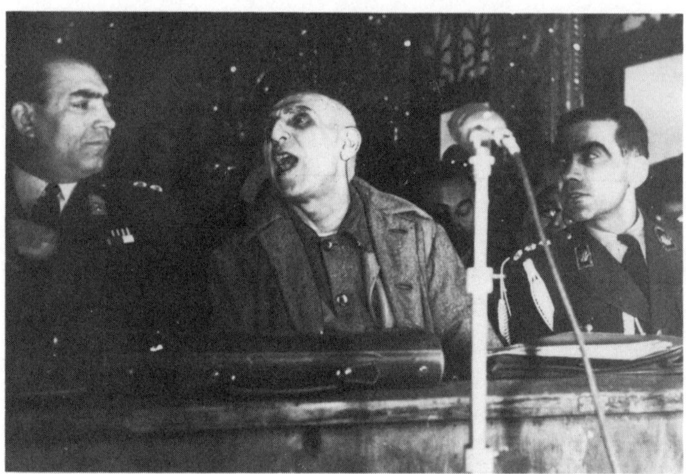

Abb. 1: Mossadegh auf der Anklagebank. Der Prozeß gegen den ehemaligen iranischen Premierminister fand im November 1953 im Spiegelsaal der Saltanabad-Kaserne in Teheran statt.

Abb. 2: Gefangene der Aufständischen wurden am 19. Dezember 1958 die Soldaten der kubanischen Garnison in Fomento. Vorne rechts im Bild (mit Baskenmütze) Che Guevara.

Abb. 3: Revolutionäre unter sich; von links: Regierungschef Fidel Castro, Industrieminister Che Guevara und Capitán Omar Fernandez, der neue Transportminister.

Abb. 4: Ernesto Gomez de la Serna alias Che Guevara als kubanischer Industrieminister bei der UNO-Vollversammlung am 11. 12. 1964

Abb. 5: Salvador Allende zusammen mit Augusto Pinochet, am 23. 08. 1973, drei Wochen vor dem Regierungsumsturz.

Abb. 6: Weltbestes Pressefoto 1973: „Allendes letzter Tag" Das Foto zeigt den Staatspräsidenten mit der Waffe in der Hand, wie er während des Putsches am 11. September 1973, zusammen mit Leibwächtern, im Moneda-Palast einen geeigneten Verteidigungsort sucht.

Abb. 7: Eduardo Frei, Ex-Präsident von Chile, während einer Kundgebung

Abb. 8: Antonio Agostinho Neto (1922–1979), Staatsoberhaupt von Angola nach der Unabhängigkeit und Chef der Volksbefreiungsbewegung MPLA

Abb. 9: Dr. Jonas Savimbi, Chef der angolanischen Rebellenbewegung UNITA, hier in Lobito, Angola, im November 1975

Abb. 10: Das ganze Land in fester Hand: Anastasio Somoza, nicaraguanischer Diktator bis zu seiner Vertreibung 1979. Der Somoza-Clan herrschte unangefochten seit 1937.

Abb. 11: US-Außenminister George Shultz und der nicaraguanische Staatspräsident Daniel Ortega bei einem Treffen im Hotel Victoria Plaza in Montevideo, der Hauptstadt Uruguays, am 2. März 1985; in der Mitte ein Dolmetscher.

Abb. 12: Treffen Ronald Reagans mit Vertretern der Contras im Weißen Haus, am 5. August 1987; von links: Alfonso Robelo, Aristedes Sanchez, María Azucena Fery, – Joaquín Chamorro, Alfredo Cesar und Adolf Calero

Abb. 13: US-Jagdbomber griffen in der Nacht zum 15. April 1986 die libysche Hauptstadt Tripolis und die Hafenstadt Bengasi an. 70 Menschen fanden den Tod. Revolutionsführer Muammar al Gaddafi stand im Blickpunkt des Weltgeschehens.

Abb. 14: Wieviel wußte der Präsident? – Oberstleutnant Oliver North vor dem Untersuchungsausschuß des Repräsentantenhauses zur Iran-Affäre, am 9. Dezember 1986

Abb. 15: US-Präsident Ronald Reagan hat tatsächlich eine ledergebundene Bibel mit einem Vers versehen und signiert, die dann einem iranischen Unterhändler im Rahmen der Kontakte mit Teheran übergeben wurde. Der iranische Parlamentspräsident Haschemi Rafsandschani (links) präsentierte diese Bibel am 28. Januar 1987 westlichen Reporten in Teheran.

Abb. 16: Ein Mann für alle Fälle . . . Frank Carlucci, ehemals US-Botschafter in Portugal, dann, nach Richard Allen, Robert McFarlane und John Poindexter, 4. Sicherheitsberater Ronald Reagans und anschließend als Nachfolger Caspar Weinbergers im Pentagon US-Verteidigungsminister.

Anmerkungen

Vorwort

1 Siehe *Covert Action in Chile*, 1963 – 1973. Hearings vor dem Überwachungsausschuß des Senats zur Studie über nachrichtendienstliche Aktivitäten. 94. Kongr., 1. Sitzg. (18. Dez. 1975) (hiern. *Covert Action in Chile*).

Einführung

1 Auf einer Pressekonferenz im Kapitol, 19. Juli 1975.

2 ,,Should the U.S. Fight Secret Wars?'' *Harpers* (Sept. 1984): 41

3 Ibid., S. 37.

4 Das Kissinger-Zitat wurde damals in der Presse oft zitiert. Siehe Roger Morris, *Uncertain Greatness: Henry Kissinger and American Foreign Policy* (New York: Harper and Row, 1977), S. 241. Bezugnahme auf das Stimson-Zitat siehe Anne Karalekas, ,,History of the Central Intelligence Agency'' aus *Supplementary Detailed Staff Report on Foreign and Military Intelligence*, Buch 4 des *Final Report of the Senate Select Committee to Study ...Intelligence Activities,* 94. Kongr., 2. Sitzg. (23. April 1976) (hiern. ,,CIA-History''),S. 1.

Kapitel 1

1 *Foreign and Military Intelligence*, Buch 1 des *Final Report of the Senate Select Committee to Study ...Intelligence Activities*, 94. Kongr., 2. Sitzg. (26. Apr. 1976) S. 477.

2 Ibid., S. 445.

3 Das ist meine Schätzung. Ähnliche siehe auch Loch Johnson, ,,Covert Action and American Foreign Policy: Decision Paths for the 'Quiet Option,',,Papier, präsentiert anläßlich der Jahrestagung der American Political Science Association, Washington, D.C.1986; und "The CIA Report the President Doesn't Want you to Read: Die Pike-Papiere, ,,*Village Voice* (16. u. 23. Febr. 1975).

4 Das ist meine Schätzung, die sich in etwa mit der in der *New York Times* (7. Juli 1986) und der John Prados deckt; siehe *President's Secret Wars*; CIA *and Pentagon Covert Operations Since World War II* (New York: Morrow, 1986), S. 370.

5 Das ist meine Schätzung; sie basiert auf Interviews und verschiedenen öffentlichen Quellen. In einer wird das CIA-Budget für 1983 mit ca. 800 Mio. Dollar angegeben. Siehe Jeffrey T. Richelson, *The U.S. Intelligence Community* (Cambridge, Mass.: Ballinger, 1985), S. 21.

6 Die Beispiele über Chile aus diesem und dem nächsten Kapitel stammen, wenn nicht anders vermerkt, aus *Covert Action in Chile*, Hearings vor dem Überwachungsausschuß des Senats für die Nachrichtendienste, 94. Kongr., 1. Sitzg., (4. u. 5. Dez. 1975).

7 Siehe David Atlee Phillips, *The Night Watch* (New York: Atheneum, 1977), S. 41 ff.

8 John Stockwell, *In Search of Enemies : A CIA Story* (New York: Norton, 1978) S. 194.

9 *Alleged Assassination Plots Involving Foreign Leaders : Interim Report of the Senate Select Committee to Study ...Intelligence Activities*, 94. Kongr., 1. Sitzg. (20. Nov. 1975), S. 227. (hiern., *Assassination Report*).

10 Ibid., S. 71 ff.
11 Loch Johnson, *A Season of Inquiry : The Senate Intelligence Investigation* (Lexington: University Press of Kentucky, 1985), S. 55.
12 Stockwell, *In Search of Enemies*, S. 10.
13 Richelson, *The U.S. Intelligence Community*, enthält eine ausführliche Beschreibung der amerikanischen Nachrichtendienste.
14 Johnson, *A Season of Inquiry*, S. 83.
15 Richelson, *The U.S. Intelligence Community*, S. 222.
16 Die beste Geschichte über die Anfänge der CIA wurde für den ersten Überwachungsausschuß der Nachrichtendienste erarbeitet: Anne Karalekas, ''CIA History''. Neuere, detailliertere Berichte siehe auch John Ranelagh, *The Agency : The Rise and Decline of the* CIA (New York: Simon & Schuster, 1986).
17 Prados, *President's Secret Wars*, S. 17.
18 Zitiert in Walter Millis, Hrsg., *The Forrestal Diaries* (New York: Viking Press, 1951) S. 387.
19 Neuaufl., William M. Leary, Hrsg., *The Central Intelligence Agency: History and Documents* (University: University of Alabama Press, 1984), S. 131 – 33.
20 Der Satz stammt von John Bross; Interview vom 9. Jan. 1987.
21 Aussage vor dem Überwachungsausschuß des Senats, 28. Okt. 1975, zitiert in ,,CIA History'', S. 31.
22 Zitiert in Frank Church, ,,Covert Action: Swampland of American Foreign Policy'', *Bulletin of the Atomic Scientists* 32 (Febr. 1976): 9.
23 ,,CIA History'', S. 36.
24 Prados, President's Secret Wars, S. 81.
25 Brief an Autor, 25. Febr. 1987.
26 ,,CIA History'', S. 31 – 32.
27 Prados, *President's Secret Wars*, S. 80.
28 Wie zitiert ibid., S. 33.
29 ,,CIA History'', S. 38.
30 Ibid., S. 41.

Kapitel 2

1 Zitiert in Kermit Roosevelt, *Countercoup: The Struggle for the Control of Iran* (New York: McGraw-Hill, 1979), S. 199. Roosevelts Erzählung ist nicht durch neutrale Dokumente belegt und sollte daher als Erinnerung, nicht als Tatsachenbericht gewertet werden.
2 Der wohl authentischste Bericht über die Intervention in Guatemala stammt von Richard H. Immerman: *The* CIA *in Guatemala: The Foreign Policy of Intervention* (Austin: University of Texas Press, 1982).
3 Alle Kostenangaben beruhen auf groben Schätzungen, was auch bei einer nicht geheimen Bilanzierung der Fall gewesen wäre. In manchen wurden lediglich die Durchführungskosten aufgeführt, in anderen die laufenden Kosten für die beteiligten CIA-Beamten hinzugefügt. John Prados gibt in *President's Secret Wars:* CIA *and Pentagon Covert Operations Since World War II* (New York: Morrow, 1986) die Kosten der Iran-Operation mit 10 – 12 Millionen Dollar an, was um mindestens zwei Millionen zu hoch gegriffen erscheint. (S. 97).
4 Eisenhower, Tagebucheintragungen, 27. Jan. und 11. Juni 1949, zitiert in Immerman, *The* CIA *in Guatemala*, S. 15 – 16.
5 Formal, ,,A Report to the National Security Council by the Secretaries of State and Defense and the Director for Mutual Security on Reexamination of United States Programs for National Security,'' 19. Jan. 1953, zitiert in Immerman, *The* CIA *in Guatemala*, S. 11.

6 Eine ausgezeichnete Zusammenfassung dieser Periode stammt von John Gillen und K. H. Silvert, ,,Ambiguities in Guatemala'', *Foreign Affairs* 34, Nr. 3 (Apr. 1965): 474–75.

7 Stephen Schlesinger und Stephen Kinzer, *Bitter Fruit: The Untold Story of the American Coup in Guatemala* (Garden City, N. Y.: Doubleday, 1982), S. 58–59; Cole Blasier, *The Hovering Giant: U.S. Responses to Revolutionary Change in Latin America* (Pittsburgh: University of Pittsburgh Press, 1976), S. 155.

8 Bericht an den Präsidenten und Protokoll der Kabinettssitzung, 5. März 1954, beide zitiert in Immerman, *The* CIA *in Guatemala*, S. 18.

9 *New York Times*, 25. Febr. 1953.

10 Siehe Richard Cottam, *Nationalism in Iran* (Pittsburgh: University of Pittsburgh Press, 1979), S. 220 ff.

11 Ibid., S. 205.

12 Dean Acheson, *Present at Creation* (New York: Norton, 1969), S. 504.

13 *Multinational Oil Corporations and U.S.Foreign Policy*, Hearing vor dem außenpol. Senatsausschuß, 93. Kongr., 2. Sitzg. (2. Jan. 1975), S. 58.

14 Siehe Henry Grady, *U.S. News and World Report* (19. Okt. 1951): 13–17.

15 Barry Rubin, *Paved with Good Intentions* (New York: Oxford Univerity Press 1980), S. 95–96.

16 Stephen E. Ambrose und Richard H. Immerman, *Ikes's Spies: Eisenhower and the Intelligence Establishment* (New York: Doubleday 1981), S. 218; Schlesinger und Kinzer, Bitter Fruit, S. 70.

17 Das Corcoran-Interview wird geschildert in Ambrose, *Ike's Spies,* S. 92–93. Wie alle zeitlich weit zurückliegenden Erinnerungen sollte es mit Vorsicht betrachtet werden.

18 Blasier, *The Hovering Giant*, S. 169.

19 Cottam, *Nationalism in Iran*, S. 211.

20 Siehe ibid., S. 279; Rubin, *Paved with Good Intentions*, S. 66 ff.

21 Rubin, *Paved with Good Intentions*, S. 76.

22 Henderson an Dulles, 19. März 1953; RG 84, Box 2667, Iran-Akte 350, Washington National Records Center, wie zitiert in Rubin, *Paved With Good Intentions*, S. 78.

23 Beide Briefe wurden im U.S. Department of State *Bulletin*, 20. Juli 1953, S. 76–77, gedruckt.

24 E. Howard Hunt, ,,The Azalea Trail Guide to the CIA'', *National Review* (29. Apr. 1977); Allen Dulles, *The Craft of Intelligence* (New York: Harper & Row,1963), S. 221.

25 M. Richard Shaw, ,,British Intelligence and Iran'', *Counterspy* 6, Nr. 3 (Mai–Juni 1982): 119.

26 Siehe Rubin, *Paved with Good Intentions*, S. 81.

27 Roosevelt, *Countercoup*, S. 81.

28 Diese Ereignisfolge siehe auch ibid., S. 1–19.

29 Die beste Geschichte siehe Immerman, *The* CIA *in Guatemala*, S. 118–122.

30 Acheson, *Present at the Creation*, S. 48.

31 Adolf A. Berle, ,,Memorandum: The Guatemala Problem in Central America,'' 31. März 1953, Berle-Tagebuch, zitiert in Immerman, *The* CIA *in Guatemala*, S. 130–31.

32 Interview zitiert in Ambrose, *Ike's Spies*, S. 225.

33 Schlesinger und Kinze legen das Datum in *Bitter Fruit* auf Anfang August fest, aber Nachweise fehlen. Siehe Immerman, *The* CIA *in Guatemala*, S. 134.

34 Mehreren Berichten zufolge – auch seinem eigenen – soll man Roosevelt die Leitung der Einsatzgruppe *PBSUCCESS* angetragen haben. Siehe z.B. Prados, *President's Secret Wars*, S. 98; Der Zeitpunkt könnte stimmen, aber Roosevelts Position und Aufgabenstellung im Mittleren Osten lassen dies unglaubhaft erscheinen.

35 *New York Times*, 8. Nov. 1953.
36 Drew Pearson, *Diaries* 1949 – 1959, Tyler Abell, Hrsg. (New York: Holt,Rinehart & Winston, 1974), S. 299.
37 Siehe z.B. Schlesinger und Kinzer, *Bitter Fruit*, S. 132; der Immerman, *The* CIA *in Guatemala*, S. 136.
38 Thomas Powers, *The Man Who Kept Secrets: Richard Helms and the* CIA (New York: Knopf, 1979), S. 86.
39 ,,Memorandum for the President: The Situation in Guatemala as of 20 June,'' zitiert in Immerman, *The* CIA *in Guatemala*, S. 161 (Originalmarkierung).
40 Blasier, *The Hovering Giant*, S. 172; William R. Corson, *The Armies of Ignorance: The Rise of the American Intelligence Empire* (New York: Dial Press, 1977), S. 356.
41 Interview mit Howard E. Hunt, zitiert in Immerman, *The* CIA *in Guatemala*, S. 142.
42 Siehe Ambrose, *Ikes's Spies*, S. 226; und Schlesinger und Kinzer, *Bitter Fruit*, S. 121 – 122, insbesondere Interview mit Fred Sherwood, dem CIA-Agenten, der die Dissidentengruppe der Luftstreitkräfte führte.
43 ,,Memorandum for the President: The Situation in Guatemala as of 20 June,'' zitiert in Immerman, *The* CIA *in Guatemala*, S. 161.
44 David Wise und Thomas Ross, *The Invisible Government: The* CIA *and U.S. Intelligence* (New York: Random House, 1969), S. 191.
45 Dwight D. Eisenhower, *The White House Years: Mandate for Change* 1953 – 56 (Garden City, NY: Doubleday & Co., 1963), S. 426.
46 Zitiert in Immerman, *The* CIA *in Guatemala*, S. 264; Schlesinger und Kinzer, *Bitter Fruit*, S. 115.
47 E. Howard Hunt, *Undercover: Memoirs of an American Secret Agent* (New York: Berkeley, 1974), S. 97 – 99.
48 USIA, ,,Report on Actions Taken by the U.S. Information Agency in the Guatemalan Situation,'' 2. Aug. 1954, zitiert in Immerman, *The* CIA *in Guatemala*, S. 144.
49 Die Dokumente wurden erneut in einem Pamphlet abgedruckt, das vom Arbenz-Regime vorbereitet wurde; La *Democracia amenazada, el caso Guatemala*, zitiert in Blanche Wiesen Cook, *The Declassified Eisenhower: A Divided Legacy* (Garden City, NY: Doubleday & Co, 1981), S. 250; und Telegramm der U.S. Botschaft an das State Department, 12. Febr. 1954, zitiert ibid.; sowie *New York Times*, 30. Jan. 1954.
50 State Department, Presseerklärung, 30. Jan. 1954.
51 *New York Times*, 8. Febr. 1954.
52 Ambrose, *Ike's Spies*, S. 205.
53 Rubin, *Paved with Good Intentions*, S. 82.
54 *New York Times*, 4. Aug. 1953.
55 Henderson-Interview, zitiert in Ambrose, *Ikes's Spies*, S. 209.
56 *New York Times*, 19. Aug. 1953.
57 Corson, *The Armies of Ignorance*, S. 352 – 53.
58 Telegramm an das State Department Nr. 522, 18. Dez. 1953, zitiert in Eisenhower, *Mandate for Change*, S. 422 – 23.
59 Telefonat am 19. Mai 1954, zitiert in Immerman, *The* CIA *in Guatemala*, S. 160. Die CIA-Schlußfolgerung wird zitiert in *Hispanic Review* 7 (Aug. 1954): 12.
60 *New York Times*, 20. und 26. Mai 1953. Das Zitat stammt aus dem *Bulletin* des U.S. State Department vom 7. Juni 1954, S. 874.
61 David A. Phillips, *The Night Watch* (New York: Atheneum, 1977), S. 46.
62 Siehe Immerman, *The* CIA *in Guatemala*, S. 166 – 67.
63 Phillips, *The Night Watch*, S. 46.
64 Ibid., S. 46 – 47; Immerman, *The* CIA *in Guatemala*, S. 167 – 68.

65 Dieses und andere Zitate in diesem Abschnitt stammen aus Eisenhower, *Mandate for Change*, S. 510.

66 Phillips, *The Night Watch*, S. 48.

67 Siehe Corson, *The Armies of Ignorance*, S. 345.

68 Eisenhower, *Mandate for Change*, S. 164.

69 Richard und Gladys Harkness, ,,The Mysterious Doing of the CIA,“ *Saturday Evening Post* (6. Nov. 1954): 66 – 68.

70 Cottam, *Nationalism in Iran*, S. 227. Cottam hatte als junger CIA-Beamter Kenntnis von *AJAX* und war folglich daran interessiert, die Geschichte zu verharmlosen.

71 Zitiert in Immerman, *The* CIA *in Guatemala*, S. 178.

72 Eisenhower, *Mandate for Change*, S. 425 – 26.

73 Bryce Wood, ,,Self Plagiarism and Foreign Policy,“ *Latin American Research Review* 3 (Sommer 1968): 184 – 91.

74 Siehe u.a. Prados, *President's Secret Wars*, S. 105 – 06.

75 *New York Times*, 28. Apr. 1966. In einem späteren Interview schränkte er dieses Geständnis ein und erklärte, wie schwer es mitten in einer Operation gewesen sei, eng abgesteckte Grenzen zu setzen. Siehe Schlesinger und Kinzer, *Bitter Fruit*, S. 194.

76 Diese Direktive, formal ,,National Security Council Directive on Covert Operations,“ 12. März 1955, wurde 1977 freigegeben. Das Zitat stammt aus Prados, *Presidents' Secret Wars*, S. 112.

77 Die Direktive vom 28. Dez. 1955 wurde neu gedruckt in William M.Leary, Hrsg., *The Central Intelligence Agency :History and Documents* (University: University of Alabama Press, 1984), S. 146 – 47.

78 Zitiert in *Supplementary Detailed Staff Reports on Foreign and Military Intelligence*, Buch 4 des *Final Report of the Senate Select Committee to Study ...Intelligence Activities*, 94. Kongr., 2. Sitzg. (23. Apr. 1976) hiern. ,,CIA History“).

79 Memorandum 4. Apr. 1953, zitiert in Cook, *The Declassifed Eisenhower*, S. 266.

80 Haggarty-Tagebücher 1954, 20. Mai 1954, zitiert in ibid.

81 Guillermo Toriello, *La batalla de Guatemala* (Mexico City: Ediciones Cuadernos Americanos, 1955), S. 229 ff.

82 Blasier, *The Hovering Giant*, S. 156 – 57.

83 Ambrose, *Ike's Spies*, S. 199.

84 Eisenhower, *Mandate for Change*, S. 162.

85 Ibid., S. 422 – 23.

86 Zitiert in U.S. Department of State, *American Foreign Policy*, 1950 – 1955: *Basic Documents*, Bd. 1 (Washington, D.C.: Government Printing Office,1957), S. 1310.

87 Ähnliche Schlußfolgerungen siehe Ambrose, *Ike's Spies*, S. 222 – 23.

88 Cottam, *Nationalism in Iran*, S. 219.

89 Siehe Gary Sick, *All Fall Down* (New York: Random House, 1985).

90 Roosevelt, *Countercoup*, S. 209.

91 Ein CIA-Beamter, zitiert in Peter Wyden, *Bay of Pigs: The Untold Story* (New York: Simon & Schuster, 1979), S. 20 – 22.

92 ,,Narrative of the Anti-Castro Cuban Operation *Zapata*,“ 13. Juni 1961, Taylor-Report (I), veröffentl. als *Operation Zapata: The ,,Ultrasensitive“ Report and Testimony on the Bay of Pigs*, geheime Studien in der *Twentieth Century Diplomatic History*, Hrsg.-Serie Paul L. Kesaris (Frederick, Md.: Aletheia Books, 1981), S. 3.

Kapitel 3

1 Zitiert in Theodore Sorenson, *Kennedy* (New York: Harper & Row, 1965), S. 309.
2 Zitiert in *History of an Aggression* (Havanna: Venceremos, 1964), S. 402.
3 Kenneth P. O'Donnell und David F. Powers mit Joe McCarthy, *Johnny, We Hardly Knew Ye* (Boston: Little, Brwon, 1970), S. 272.
4 Der beste Kurzbericht über die Schweinebucht-Affäre wurde von der Kennedy School of Government, Harvard University, verfaßt: „Kennedy and the Bay of Pigs", KSG C14-80-279 (1983).
5 Peter Wyden, *Bay of Pigs: The Untold Story* (New York: Simon & Schuster, 1979), S. 19.
6 Maxwell D.Taylor, Vorsitzender der Studiengruppe Kuba, „Narrative of the Anti-Castro Operation *ZAPATA*," 13. Juni 1961, teilweise am 8. Mai 1977 freigegebene Version (Teil I des Taylor-Ausschuß-Reports), veröffentlicht unter dem Titel *Operation Zapata : The „Ultrasensitive" Report and Testimony of the Board of Inquiry on the Bay of Pigs*, geheime Studien über die Geschichte der Diplomatie im 20. Jahrhundert, Hrsg.-Serie Paul L. Kesaris (Frederick, Md.: Aletheia Books, 1981), S. 3 – 4 (hiern. *Operation Zapata*).
7 Zitiert in Wyden, *Bay of Pigs*, S. 31.
8 Siehe Interview mit Richard Bissell, Jr., Columbia Oral History Research Office, 1967, S. 29 – 30.
9 *Operation Zapata*, S. 6; *Bay of Pigs*, S. 69.
10 Siehe Bissell Interview, S. 30 – 31; und Arthur M. Schlesinger, Jr., *A Thousand Days: John F. Kennedy in the White House* (New York: Fawcett Premier, 1965), S. 220.
11 Schlesinger, *A Thousand Days*, S. 197 – 98.
12 Ibid., S. 213, 219; Wyden, *Bay of Pigs*, S. 69.
13 *Operation Zapata*, S. 9.
14 Ibid., S. 10.
15 Wyden, *Bay of Pigs*, S. 89 n.
16 Ibid., S. 92.
17 Aussage vor dem außenpolitischen Unterausschuß des Repräsentantenhauses für die westliche Hemisphäre, 16. Apr. 1985, neu gedr. in *First Principles* 10, Nr. 4 (Mai – Juni 1985).
18 Schlesinger, *A Thousand Days*, S. 225.
19 Ibid., S. 227.
20 O'Donnell und Powers, *Johnny*, S. 271.
21 *New York Times*, 10. Jan. 1961, zitiert in Wyden, *Bay of Pigs*, S. 46; *Time* (27. Jan. 1961): 26.
22 Taylor-Report.
23 Ibid.
24 Bissell-Interview, S. 25.
25 Schlesinger, *A Thousand Days*, S. 226.
26 Ibid., S. 239.
27 Ibid., S. 239 – 40.
28 Wyden, *Bay of Pigs*, S. 123.
29 Schlesinger, *A Thousand Days*, S. 236.
30 Tom Wicker, *On Press* (New York: Viking Press, 1978), S. 238.
31 Schlesinger, *A Thousand Days*, S. 258.
32 Sorenson, *Kennedy*, S. 296.
33 Wyden, *Bay of Pigs*, S. 100.
34 Ibid., S. 158.
35 Sein Telegramm an Rusk wird zitiert in ibid., S. 189 – 90.
36 O'Donnell und Powers, *Johnny*, S. 274.
37 Schlesinger, *A Thousand Days*, S. 266.

38 Zitiert in Sorenson, *Kennedy*, S. 308.

39 Diese Episode wird erzählt in Thomas Powers, *The Man Who Kept the Secret: Richard Helms and the* CIA (New York: Knopf, 1979), S. 233 ff. Ich war nicht die Quelle für Powers Bericht, aber er entspricht meinen Erinnerungen.

40 *Covert Action*, Band 7, Hearings vor dem Überwachungsausschuß des Senats zur Studie..über nachrichtendienstliche Aktivitäten, 94. Kongr., 1. Sitzg. (4. – 5. Dez. 1975) (hiern. *Covert Action*)

41 Siehe Powers, *The Man Who Kept the Secrets*, S. 223. Siehe auch den faszinierenden Wortwechsel zwischen Korry und Senator Richard Schweiker in *Covert Action*, S. 41 – 45. Schweiker sagte: ,,Ich denke, die lächerlichste Behauptung, die ich in den diesjährigen Hearings gehört habe, ist, daß wir eine verdeckte Aktion eingeleitet hätten, nur weil wir für das Alliance for Progress-Programm gestimmt haben.(S. 45).

42 Powers, *The Man Who Kept the Secrets*, S. 223.

43 *Covert Action*, S. 21.

44 CIA-Memorandum, ,,Policy Decisions Related to Our Covert Involvement in the September 1970 Chilean Presidental Election,'' 9.Okt.1970, zitiert in *Alleged Assassination Plots Involving Foreign Leaders: Interim Report of the Senate Select Committee to Study ...Intelligence Activities*, 94. Kongr., 1. Sitzg. (20. Nov. 1975) S. 230 (hiern. *,Assassination Report*).

46 CIA-Memorandum, 9. Okt. 1970, ibid., S. 230.

47 Ibid., offenbar ein Zitat aus einem früher autorisierten Dokument.

48 Korry an Meyer und Kissinger, Situationsbericht vom 21. Sept. 1970, ibid., S. 231.

49 CIA-Memorandum vom 9. Okt. 1970, ibid. S. 231; und Korry an Meyer und Kissinger, ibid., S. 231.

50 Station an Zentrale, Telegr. 424 vom 23. Sept. 1970, ibid., S. 234.

51 Zentrale an Station, Telegr. 075517 vom 7. Okt. 1970, ibid., S. 232, offensichtlich mit Genehmigung des Ausschusses 40.

52 Zentrale an Station, Telegr. 236 vom 21. Sept. 1970, ibid., S. 233.

53 Aussage vom 6. Aug. 1975, zitiert ibid., S. 235.

54 Ein kurzer Bericht über verdeckte Aktionen in Nicaragua siehe Jay Peterzell, *Reagan's Secret Wars (Washington, D.C.: Center for National Security Studies, 1984).*

55 Diskussion über diese Verhandlungen siehe Roy Guthman, ,,America's Diplomatic Charade,'' *Foreign Affairs (Herbst 1984).*

56 Wie in der *Washington Post* am 10. März 1982 berichtet. Die Zitate stammen aus NSC-Dokumenten, die in diesem Artikel zitiert werden. Die Berechnungen sind von mir und basieren auf einem Bericht in der *Washington Post* vom 19. Okt. 1986; sie stellen lediglich Schätzwerte dar.

57 Peterzell, *Reagan's Secret Wars*, S. 75 – 76.

58 Siehe Überwachungsausschuß des Senats, *Report* vom 1. Jan. 1983 bis 31. Dez. 1984, 98. Kongr., 2.Sitzg.(1985), S. 4 – 5.

59 Siehe ibid.; und *New York Times*, 15. Juni 1983.

60 Ein fesselnder, möglicherweise aber fehlerhafter Bericht siehe Edgar Chamorro, ,,Confessions of a ,Contra' '', *New Republic* (15. Aug. 1985).

61 *New York Times*, 25. Aug. 1985.

62 Siehe mein Bericht ,,U.S. Strategy in Central America'', *Survival* 28, Nr. 2 (März – April 1986): 128 – 39.

63 Zitiert in der *New York Times* am 27. Aug. 1985, bzw. am 6. Jan. 1986.

64 *Washington Post*, 6. Apr. 1986.

65 16. März 1986, wie in der *New York Times* vom 17. März 1986 veröffentlicht.

66 Powers, *The Man Who Kept the Secrets*, S. 88 – 92.

67 William E. Colby und Peter Forbath, *Honorable Men: My Life in the* CIA (New York: Simon & Schuster, 1978), S. 421.

68 Powers, *The Man Who Kept the Secrets*, S. 178 – 79.
69 Siehe *Washington Post* vom 24. Okt. 1984; und John Prados, *Presidents' Secret Wars*: CIA *and Pentagon Covert Operations Since World War II* (New York: Morrow), S. 378 – 88.

Kapitel 4

1 Peurifoy an den Außenminister, Telegramme vom 23. und 27. Juni 1954, zitiert in Richard H. Immerman, *The* CIA *in Guatemala: The Foreign Policy of Intervention* (Austin: University of Texas Press,1982), S. 174.
2 Telefongespräch mit Allen Dulles am 28. Juni 1954, zitiert in ibid., S. 174.
3 Siehe Peurifoy an den Außenminister, 29. Juni 1954, zitiert in ibid., S. 32.
4 Dulles an die Amerikanische Botschaft, Guatemala, 29. Juni 1954, zitiert in ibid., S. 176.
5 Telefongespräch mit Peurifoy, 1. Juni 1954, zitiert in ibid., S. 176. Dulles' Sekretär benutzte die Formulierung ,,ein paar Köpfe aneinanderkrachen lassen.''
6 Siehe Peurifoys Telegramm an den Außenminister; und Botschaft in Guatemala an das State Department, beide vom 7. Juli 1954, zitiert in ibid., S. 177.
7 Arthur M. Schlesinger, Jr. *A Thousand Days: John F. Kennedy in the White House* (New York: Fawcett Premier, 1965), S. 245.
8 Ibid.
9 Howard E. Hunt, *Give Us This Day* (New Rochelle, N.Y.: Arlington House, 1973), S. 188 – 89.
10 Schlesinger, *A Thousand Days*, S. 247.
11 Arthur M. Schlesinger, *Robert Kennedy and His Times* (Boston: Houghton Mifflin, 1978), S. 444.
12 Schlesinger, *A Thousand Days*, S. 250.
13 Hans Tanner, *Counter-Revolutionary Agent* (London: G. T. Foulis, 1962), S. 85; Schlesinger, *A THOUSAND DAYS*, S. 251.
14 Hunt, *Give us this Day*, S. 164.
15 Schlesinger, *A Thousand Days*, S. 252.
16 Zitiert in Wyden, *Bay of Pigs*: The Untold Story (New York: Simon & Schuster, 1979), S. 213.
17 Zitiert in Tanner, *Counter-Revolutionary Agent*, S. 85.
18 *Covert Action*, Band 7, Hearings vor dem Überwachungsausschuß des Senats zur Studie..über nachrichtendienstliche Aktivitäten, 94. Kongr., 1. Sitzg. (4. – 5. Dez. 1975), S. 36 (nach. *Covert Action*).
20 Helms an Kissinger, 18. Nov. 1970, Memorandum, ibid., S. 235.
21 Telegramm 363 vom 27. Sept. 1970, ibid., S. 238.
22 Telegramm 611 vom 7. Okt. 1970, ibid., S. 234.
23 Telegramm 762 vom 14. Okt. 1970, ibid.
24 Zentrale an Station, Telegramm 882, ibid.
25 Telegramm 424 vom 23. Sept. 1970; Telegr. 441 vom 1. Okt. 1970 und Telegr. 477 vom 7. Okt. 1970, alle ibid., S. 239.
26 Zentrale an Station, Telegr. 612 vom 7. Okt. 1970, ibid.
27 CIA, Bericht über die Aktivitäten der Einsatzgruppe Chile, 8. Nov. 1970, ibid., S. 240.
28 Station an Zentrale, Telegr. 483 vom 8. Okt. 1970, ibid.
29 Zitiert aus dem Tagebuch der Einsatzgruppe, 13. Okt. 1970; Station an Zentrale, Telegr. 504 vom 19. Okt. 1970; und Station an Zentrale, Telegr. 495 vom 9. Okt. 1970, alle ibid., S. 241.
30 Zentrale an Station, Telegr. 729 vom 13. Okt. 1970, ibid.
31 Tagebucheintragung der Einsatzgruppe vom 14. Okt. 1970, ibid., S. 242.

32 CIA-Memorandum zum Gespräch: Kissinger, Karamessines und Haig, vom 15. Okt. 1970, ibid.
33 Station an Zentrale, Telegr. 568 19. Okt. 1970, ibid., S. 243.
34 Zentrale an Station, Telegr. 854, 18. Okt. 1970, ibid., S. 244.
35 Station an Zentrale, Telegr. 566, 19. Okt. 1970, ibid.
37 Tagebucheintragung der Einsatzgruppe, 22. Okt. 1970, ibid.
38 Telegramm 592, 22. Okt.1970, ibid., S. 245.
39 Telegramm 598, 22. Okt. 1970, ibid., S. 246.
40 Telegramm 495, 9. Okt. 1975, ibid.
41 Aussage vom 6. Aug. 1975, zitiert in *Assassination Report*, S. 254.
42 David Phillips an Nathaniel Davis, zitiert in Nathaniel Davis, *The Last Two Years Of Salvador Allende* (Ithaca, NY: Cornell University Press, 1985), S. 314 (hiern. THE LAST TWO YEARS).
43 Ibid., S. 315.
44 Der Bericht wurde zusammengestellt aus *Covert Action*, S. 38, und aus Interviews mit Phillips, seinem Stellvertreter und anderen CIA-Offizieren; veröffentl. in Davis, *The Last Two Years*, S. 314 – 15.
45 *Covert Action*, S. 175.
46 Davis, *The Last Two Years*, S. 311 – 13.
47 *Covert Action*, S. 185 – 86.
48 Ibid., S. 185.
49 Davis, *The Last Two Years*, S. 311.
50 David Atlee Phillips, *The Night Watch* (New York: Atheneum, 1977), S. 238,274. Das zweite Telegramm wird auch erwähnt in William E. Colby und Peter Forbath, *Honorable Men: My Life in the* CIA (New York: Simon & Schuster, 1978), S. 305.
51 Siehe u.a. *New York Times*, 15. Sept. 1973.
52 Diese Abfolge stammt aus Davis, *The Last Two Years*, S. 360 und deckt sich weitgehend mit anderen Berichten.
53 Wie zitiert in *Assassination Report*, S. 254.
54 Colby und Forbath, *Honorable Men*: S. 305.
55 Multinational Corporations and United States Foreign Policy, Hearings vor dem Unterausschuß für multinationale Unternehmen des außenpolitischen Senatsausschusses, 93. Kongr. (1973), Teil 1, S. 402.
56 Diese und andere Zahlen stammen, falls nicht anders zitiert, aus *Covert Action*, S. 175 ff.
57 Davis, *The Last Two Years*, S. 309, n. 6.
58 *Covert Action*, S. 176.
59 Davis, *The Last Two Years*, S. 310.
60 Ibid., S. 177.
62 Davis, *The Last Two Years*, S. 329.
63 Interview mit Robert R. Simmons, 18. Jan. 1986.
64 U.S. State Department, *Communist Interference in El Salvador: Documents Demonstrating Communist Support of the Salvadorean Insurgency* (Washington, 21. Febr. 1981).
65 Wie zitiert in Barry Rubin, ,,Reagan Administration Policymaking and Central America,'' in Robert S. Leiken, Hrsg., *Central America: Anatomy of Conflict* (New York: Pergamon Press, 1984), S. 302.
66 *Washington Post*, 3. Apr. 1983.
67 Siehe Überwachungsausschuß des Senats, *Report* 1. Jan. 1983 bis 31. Dez. 1984, 98. Kongr., 2. Sitzg. (1985), S. 4 – 5.
68 Offiziell wurde das Verbot in das Budget-Gesetz für das fiskalische Jahr 1983 (Public Law 97 – 377, Abschnitt 793) und das Verteidigungsbudget für das fiskalische Jahr 1985 (Public Law 98 – 473, Abschnitt 8066) aufgenommen.

69 Im Bericht von der Konferenz des Senats und Repräsentantenhauses sprach man von „militärischer Hilfe Nicaraguas (einschl. Waffen, Ausbildung, Logistik, Anleitung und Überwachung sowie Kommunikationsmittel) an solche Gruppen, die den Sturz der Regierung in El Salvador planten." Siehe auch Report des Überwachungsausschusses des Senats, S. 6 – 7.
70 Wie zitiert in der *New York Times*, 3. Okt. 1985.
71 Wie zitiert ibid., 24. Aug. 1986.

Kapitel 5

1 John Marcum, "Lessons of Angola,", *Foreign Affairs* 54, Nr. 3 (Apr. 1976): 407.
2 Ibid., S.412.
3 John Stockwell, *In Search of Enemies: A* CIA *Story* (New York: Norton 1978), S.67.
4 Ibid.
5 Marcum spricht von begrenzten Lieferungen; siehe Marcum, "Lessons of Angola," S.413.
6 Stockwell, *In Search of Enemies*, S.67.
7 Wie zitiert in Marcum, "Lessons of Angola," S.408.
8 Sie u.a. ibid., S.414.
9 Stockwell, *In Search of Enemies*, S.68; Marcum, "Lessons of Angola," S.415.
10 Wie umschrieben in Stockwell, In Search of Enemies, S.54.
11 Wie umschrieben in ibid., S.52-53 (Originalmarkierung).
12 Zitiert in Nathaniel Davis, "The Angola Decision of 1975: A Personal Memoir," *Foreign Affairs* 57, Nr. 1 (Herbst 1978): 112-15.
13 Wie umschrieben in Stockwell, *In Search of Enemies*, S.47.
14 Davis, "The Angola Decision,", S.112.
15 Report des Überwachungsausschusses des Repräsentantenhauses (Pike-Ausschuß), neu gedruckt in *Village Voice* (16. Febr. 1976).
16 Stockwell, *In Search of Enemies*, S.162, 206; und Henry Kissingers Aussage in den *Angola Hearings*, Anhörungen vor dem Unterausschuß für Afrikanische Angelegenheiten des außenpolitischen Senatsausschusses, 94. Kongr., 2. Sitzg. (29. Jan. 1976), S.29.
17 Siehe Marcum, "Lessons of Angola," S.417.
18 Das sind Schätzungen der westlichen Nachrichtendienste. Siehe *New York Times*, 21. Nov. und 21. Dez. 1975, sowie 17. Jan. und 1. Mai 1976. Sie sind u.U. niedrig angesetzt; Siehe Jorge I.Dominguez, *Cuba: Order and Revolution* (Cambridge: Harvard University Press, 1978), der die Höchstsumme mit 20 000 Dollar angibt (S.354).
19 Berichte über diesen Ablauf, in den meisten Details ähnlich, siehe Robin Hallett, "The South African Intervention in Angola, 1975-76," *African Affairs* 77, Nr. 308 (Juli 1978); und Arthur Jay Klinghoffer, *The Angola War: A Study in Soviet Policy in the Third World* (Boulder, Colo.: Westview Press, 1980), S.44 ff.
20 Die südafrikanische Defense Force veröffentlichte ihren eigenen detaillierten, beinahe verschlüsselten Bericht. Er wurde am 4. Febr. 1977 im *Daily Mail* in Rand und in anderen südafrikanischen Zeitungen abgedruckt.
21 Zitiert im Londoner, *Guardian*, am 13. Jan. 1976.
22 Zitiert im Londoner *Observer*, am 30. Nov. 1975.
23 Was Kissinger betrifft siehe Marcum, "Lessons of Angola," S.422; Colby - siehe Interview vom 8. Jan. 1986.
24 Zitiert in Hallett, "The South African Intervention," S.364.
25 14. Dez. 1975, zitiert ibid., S.363.
26 Ibid., S.382.

27 Zitiert in U.S. Department of State, *American Foreign Policy,* 1950-1955, *Basic Documents*, Band 1 (Washington, D.C.: Government Printing Office, 1957), S.1310.

28 Dieses Interview wird zitiert in Stephen E. Ambrose und Richard H. Immerman, *Ike's Spies: Eisenhower and the Intelligence Establishment* (New York: Doubleday, 1981), S.218.

29 Siehe Powers, *The Man Who Kept the Secrets :Richard Helms and the* CIA (New York: Knopf, 1979), S.226-27.

30 *Covert Action*, Band 7, Hearings vor dem Überwachungsausschuß des Senats zur Studie.. über nachrichtendienstliche Aktivitäten, 94. Kongr., 1. Sitzg. (4.-5. Dez. 1975), S.163 (hiern. *Covert Action*) .

31 Ibid., S.160, 168.

32 Helms Aussage vom 15. Juli 1975, S. 4-5, zitiert in *Alleged Assassination Plots Involving Foreign Leaders: Interim Report of the Senate Select Committee to Study..Intelligence Activities*, 94. Kongr., 1. Sitzg. (20. Nov. 1975), S.228 (hiern. Assassination Report).

33 Claire Sterling, *The Terror Network: The Secret War of International Terrorism* (New York: Holt, Rinehart und Winston, 1981).

34 Der vollständigste Bericht über diese Mordanschläge siehe *Assassination Report*, S.71 ff.

35 Ibid., S.71. Laut CIA hatte dies nichts mit den Personen zu tun, die in 15 der Fälle namentlich genannt wurden. In den anderen neun Fällen stand sie mit den genannten Leuten in Kontakt, aber es ging dabei nicht um Castros Ermordung.

36 Ich hatte die Möglichkeit, diese geheimen Schätzungen 1975 einzusehen. Sie werden beschrieben in *Covert Action*, S. 190 – 195, auf denen der folgende Bericht basiert.

37 Siehe u.a. Connor Cruise O'Brien, ,,How Hot Was Chile?'' *New Republic* (26. Aug. 1985): 37.

38 Ariel Dorfman, ,,The Challenge in Chile,'' *New York Times Magazine* (29. Juni 1986): 26.

39 Presseerklärungen in Washington, D.C., 4. Dez. 1975.

40 David Atlee Phillips, *The Night Watch* (New York: Atheneum, 1977), S. 53.

41 Ambrose, *Ike's Spies*, S. 233 – 34.

42 Phillips, *Night Watch*, S. 54.

Kapitel 6

1 Dieser Bericht stützt sich vornehmlich auf den *Report of The President's Special Review Board*, bekannt als Tower-Kommission, nach seinem Vorsitzenden, dem früheren Senator John Tower, Neuaufl. bei Bantam und Times Books 1987 (hiern. Tower Commission).

2 *Tower Commission*, S. 38

3 *Tower Commission*, S. 544.

4 Offiziell war dieses Dokument eine Revision des Special National Intelligence Estimate, oder *SNIE*, 34 – 84, *Iran: Prospects for Near-Term Instability*, 20. Mai 1985. Siehe *Tower Commission*, S. 115.

5 Wie zitiert in der *New York Times* am 14. Nov. 1986.

6 Die Beurteilung wurde am 9. Jan. 1987 in der *Washington Post* veröffentlicht. Siehe auch *Tower Commission*, S. 215 – 17. Der Präsident wird zitiert in der *New York TIMES*, 13. Aug.1987.

7 Siehe Report des Generalstaatsanwaltes Edwin Meese, neu gedruckt in der *New York Times*, 26. Nov. 1986.

8 Interview mit Richard M. Bissell, Jr., Columbia Oral History Research Office, 1967, S. 25.

9 Beide Berichte siehe John Prados, *Presidents' Secret Wars: CIA and Pentagon Covert Operations Since World War II* (New York: Morrow, 1986), Kap. 8 und 9.

10 Time (8. Febr. 1954).

11 Interview vom 9. Jan.1986.

12 Der beste Bericht über Washingtons Kurs gegenüber dem revolutionären Iran siehe Gary Sick, *All Fall Down* (New York: Random House, 1986). Angaben zu den gegen Khomeini gerichteten verdeckten Aktionen siehe Interview mit Stansfield Turner, veröffentlicht in der *Baltimore Sun* am 12. Mai 1983.

13 Interviews mit CIA-Beamten, Nov. 1980, zitiert in Loch Johnson, ,,Covert Action and American Foreign Policy: Decision Paths for the ,Quiet Option,'" Papier, das bei der Jahrestagung der American Political Science Association in Washington, D.C., 1986 vorgelegt wurde.

14 Die Beobachtung machte mein Kollege und Pentagon-Experte Ernest May. Siehe Richard E. Neustadt und Ernest May, *Thinking in Time: The Uses of History for Decision-Makers* (New York: Free Press, 1986), S. 218.

15 David Atlee Phillips, *The Night Watch* (New York: Atheneum, 1977) S. 49.

16 Siehe u.a. Stockwell, *In Search of Enemies: A* CIA *Story (New York: Norton 1978), S. 68* – 9.

17 Wie in verschiedenen Presseberichten veröffentlicht, z.B. in der *New York Times*, 7. Juli 1986.

18 Nachweise siehe Jeffrey T. Richelseon, *Sword and Shield: Soviet Intelligence and Security Apparatus* (Cambridge, Mass.: Ballinger, 1986), besonders S. 137 ff.

19 Siehe Steven R. David, ,,Soviet Involvement in Third World Coups," *International Security* 11, Nr. 1 (Sommer 1986). Afghanistan könnte die Liste ergänzen, aber eine 100 000 Mann starke Truppe dorthin zu entsenden läßt sich kaum als ,,Erfolg", schon gar nicht in verdeckter Form, bezeichnen.

20 Berichtet in *Far East Economic Review* (24. März 1983): 18.

21 Der beste Bericht siehe Raymond L. Garthoff, *Detente and Confrontation: American-Soviet Relations from Nixon to Reagan* (Washington, D.C.: Brookings Institution, 1985), S. 887 ff.

22 Stephen Solarz, ,,When to Intervene," *Foreign Policy* 63 (Sommer 1986): 20 – 29.

23 John Bross an Autor, 8. Jan. 1986.

24 Siehe Rechenschaftsbericht 1985 und die Spendenliste von 1986.

25 Wie berichtet in der *New York Times*, 29. Juli 1986.

26 Wie zitiert in Jay Peterzell, *Reagan's Secret Wars* (Washington, D.C.: Center for the National Security Studies, 1984), S. 9.

27 Interview mit William Colby, 9. Jan. 1987.

28 Siehe *New York Times*, 25. Sept. 1975.

29 Wie zitiert ibid., 26. Sept. 1975.

30 Meine Checkliste ähnelt der von Solarz aufgestellten; Solarz, ,,When to Intervene," obwohl meine sich speziell auf verdeckte Aktionen bezieht.

31 Siehe auch Berichte der CIA und des Außenministeriums über Ghaddafis Verwundbarkeit. *Washington Post*, 3. Nov. 1985. Die Überwachungsausschüsse befürchteten, wie es hieß, daß ein Attentat geplant war.

32 Siehe *The Observer*, (London), 6. Apr. 1986.

33 Siehe *Covert Action*, Band 7, Hearings vor dem Überwachungsausschuß des Senats zur Studie...über nachrichtendienstliche Aktivitäten, 94. Kongr., 1. Sitzg. (4. – 5. Dez. 1975), S. 54.

1 Es gab zahlreiche Pressemeldungen. Siehe insbesondere die detaillierten Berichte in der *New York Times* vom 22. Okt. 1986 und im *Miami Herald* vom 28. Okt. 1986. Dieser Bericht bezieht sich ebenfalls auf den *Report of the President's Special Review Board*, nach seinem Vorsitzenden, dem ehem. Senator John Tower auch als Tower-Kommission bekannt, der 1987 bei Bantam und Times Books neu gedruckt wurde (hiern. *Tower Commission)*; und auf die Untersuchungen des Kongresses in der Iran-Contra-Affäre.
2 Siehe *New York Times*, 9. und 24. Okt. 1986.
3 Zitiert ibid., 11. Okt. 1986.
4 Geschätzt ibid., 25. Aug. 1985.
5 *Tower Commission*, S. 57 – 61.
6 *Washington Post*, 19. Okt. 1986.
7 Wie bei einer Untersuchung des U.S. General Accounting Office im Mai 1986 enthüllt; zitiert am 28. Okt. 1986 im *Miami Herald.*
8 Zitiert in der *New York Times*, 9. Okt. 1986.
9 *Tower Commission*, S. 476.
10 Wie zitiert im *Boston Globe*, 11. Aug. 1985.
11 Aussage vor dem Untersuchungsausschuß des Kongresses in der Iran-Contra-Affäre; zitiert in der *New York Times* am 16. Juli 1987.
12 Shultz'Aussage vor dem außenpolitischen Ausschuß des Repräsentantenhauses wurde in Auszügen ibid. am 6. Dez. 1986 veröffentlicht; Weinbergers vor dem Iran-Contra-Ausschuß ibid., 1. Aug. 1987.
13 Die Poindexter-Botschaft wurde neu gedruckt in *Tower Commission*, S. 60 – 61; Norths Aussage wird zitiert in der *New York Times*, 11. Juli 1987, und in der *Washington Post*, 9. Juli 1987.
14 *Alleged Assassination Plots Involving Foreign Leaders: Interim Report of the Senate Select Committee to Study ..Intelligence Activities*, 94. Kongr., 1. Sitzg. (20. Nov. 1975), S. 149 (nach. *Assassination Report*).
15 Siehe ibid., S. 108 ff.
16 Ibid., S. 99 ff.
17 Ibid., S. 95.
18 Mündlicher Bericht Nr. 86, mitgeschnitten von Hughes Cates am 22. Febr.1977, Richard B. Russell Bibliothek, University of Georgia, Athens, zitiert in Loch Johnson, ,,Covert Action and American Foreign Policy: Decision Paths for the ,Quiet Option' '', Papier, das bei der Jahrestagung der American Political Science Association vorgelegt wurde, Washington, D.C., 1986, S. 4.
19 Zitiert in Anne Karalekas, ,,History of the Central Inteligence Agency,'' in *Supplementary Detailed Staff Reports on Foreign and Military Intelligence*, Buch 4 des *Final Report of the Senate Select Committee to Study ...Intelligence Activities*, 94. Kongr., 2. Sitzg. (23. Apr. 1986), S. 54 (nach., ,,CIA History'').
20 Ibid., S. 55.
21 *Covert Action*, Band 7, Hearings vor dem Überwachungsausschuß des Senats zur Studie..über nachrichtendienstliche Aktivitäten, 94. Kongr., 1. Sitzg. (4. – 5. Dez. 1975), S. 189 (nach Covert Action).
22 Ibid., S. 188.
23 Ibid.
24 Korry an Senator Frank Church, 23. Okt. 1975, ibid., S. 125.
25 ,,CIA History,'' S. 72.
26 Die Zahlen in diesem und dem folgenden Abschnitt stammen aus *Covert Action*, S. 196.
27 Offiziell, Abschnitt 622 des Foreign Assistance Act von 1974.
28 Zitiert in Thomas Powers, *The Man Who Kept the Secrets: Richard Helms and the* CIA (New York: Knopf, 1979), S. 232.

29 Zitiert in ,,The Two Oaths of Richard Helms,'' Fallstudie C14-83-525, 1983, Kennedy School of Government, Harvard University.
30 William Colby und Peter Forbath, *Honorable Men: My Life in the* CIA (New York: Simon & Schuster, 1978), S. 402–4.
31 Ibid., S. 403–4.
32 Ibid., S. 436.
33 Ibid., S. 440.
34 Ibid., S. 444.
35 Ein interessanter Bericht des Überwachungsausschusses siehe Loch Johnson, *A Season of Inquiry: The Senate Intelligence Investigation* (Lexington: University Press of Kentucky, 1985).
36 Das gilt nicht für den Pike-Ausschuß, dessen Bericht an den Journalisten Daniel Schorr weitergegeben wurde, nachdem das Repräsentantenhaus gegen eine Veröffentlichung gestimmt hatte. Der Church-Ausschuß war häufiger das Opfer undichter Stellen als Informationsquelle. Siehe ibid., S. 206–7.
37 Z.B. betrachtet Colby das Ergebnis als ,,nicht unvernünftig''; siehe Colby und Forbath, *Honorable Men*, S. 429.
38 Siehe Stansfield Turner, *Secrecy and Democracy: The CIA in Transition* (Boston: Houghton Mifflin, 1985), S. 170.
39 Offiziell, Abschnitt 413 des Intelligence Oversight Act von 1980.
40 Ronald Reagan, Auszüge aus Reden, wie zitiert in der *Washington Post*, 25. Okt. 1985.
41 Die Order wurde in der *New York Times* am 5. Dez. 1981 veröffentlicht.
42 William Miller, Interview, 16. Jan. 1986.
43 Turner, *Secrecy and Democracy*, S. 169.
44 Zitiert im *Washington Star,* 12. Nov. 1975.
45 Siehe Berichte in der *New York Times:* ,,Central Intelligence Agency: In the Feud with Congress, No Quarter is Given,'' 13. Apr. 1984; ,,Democratic Candidates Assail Reagan on Salvador Aid Move,'' 16. Apr. 1984; und ,,C.I.A.Now Asserts It Put Off Sessions with Senate Unit,'' 17. Apr. 1984. Siehe auch Bericht des Überwachungsausschusses des Senats, REPORT, S. 4 ff.
46 Interviews mit Mitgliedern des Überwachungsausschusses, Jan. 1987.
47 Der Brief datiert vom 9. April; siehe *Washington Post,* 11. Apr. 1984.
48) Turner, Secrecy and Democracy, S. 168.
49 Interview vom 9. Jan. 1986.
50 Wie zitiert in der *New York Times,* 7. Juli 1986.
51 Interview mit CIA-Beamten im August 1986 und Januar 1987.
52 Ein Bericht bezieht sich auf eine Operation in Surinam Anfang 1983; siehe auch *New York Times,* 15. Juni 1983.
53 Interview, 9. Jan. 1987.
54 Tower Commission, S. 56.
55 Interviews mit CIA-Beamten im Januar 1987.
56 Interview, 18. Jan. 1987.
57 Durenberger wird zitiert in der *New York Times,* 7. Juli 1986; das Zitat der Ausschußmitglieder stammt aus meinen Interviews vom Januar 1987.
58 William Miller-Interview vom 16. Januar 1987.

Register